U0865169

THE NEW LEGISLATION LAW

Interpretation and Application

新《立法法》

条文精释与适用指引

冯玉军　主　编　　赵一单　副主编

法律出版社
LAW PRESS·CHINA
北京

图书在版编目(CIP)数据

新《立法法》条文精释与适用指引 / 冯玉军主编 ；赵一单副主编. -- 2 版. -- 北京 : 法律出版社, 2024
ISBN 978 -7 -5197 -8973 -2

Ⅰ. ①新… Ⅱ. ①冯… ②赵… Ⅲ. ①立法法－法律解释－中国②立法法－法律适用－中国 Ⅳ. ①D921.115

中国国家版本馆 CIP 数据核字(2024)第 064308 号

新《立法法》条文精释与适用指引
XIN《LIFAFA》TIAOWEN JINGSHI YU SHIYONG ZHIYIN

冯玉军 主 编
赵一单 副主编

责任编辑 冯高琼
装帧设计 李 瞻

出版发行 法律出版社
编辑统筹 法规出版分社
责任校对 张红蕊
责任印制 耿润瑜
经 销 新华书店

开本 787 毫米×1092 毫米 1/16
印张 24.75 字数 430 千
版本 2024 年 5 月第 2 版
印次 2024 年 5 月第 1 次印刷
印刷 固安华明印业有限公司

地址:北京市丰台区莲花池西里 7 号(100073)
网址:www.lawpress.com.cn
投稿邮箱:info@lawpress.com.cn
举报盗版邮箱:jbwq@lawpress.com.cn

销售电话:010－83938349
客服电话:010－83938350
咨询电话:010－63939796

版权所有·侵权必究

书号:ISBN 978 -7 -5197 -8973 -2
定价:88.00 元
凡购买本社图书,如有印装错误,我社负责退换。电话:010－83938349

作 者 简 介

主　编

冯玉军　新疆维吾尔自治区“天池英才特聘教授”（新疆大学），中国人民大学法学院教授、博士生导师。现任中国人民大学习近平法治思想研究中心主任、法治评估研究中心执行主任、当代政党研究平台研究员。2017—2018 年挂职河北经贸大学副校长，2019—2021 年任中国人民大学党委宣传部常务副部长，2021—2022 年任中国人民大学党委教工部部长。中国法学会常务理事、中国法学会立法学研究会常务副会长。全国政协参政议政特聘专家，全国人大常委会法工委立法规范专家，全国法治政府建设评估专家，中国政法大学等高校兼职教授，教育部“新世纪优秀人才”，国家百千万人才工程“有突出贡献中青年专家”，北京市教学名师，《朝阳法律评论》主编。

副主编

赵一单　中国政法大学法学院副教授，中国法学会立法学研究会理事。

编委会成员

裴洪辉　敖海静　冯　雷　周泽夏　王起超　刘　焓
陈禹铮　夏高庆　吉婷婷　贾阳春　韩晓洁　房奇勇
闫　畅　王成凤　张　悦　王登佩　龚秋剑　薛敏惠

写作任务分工

专题一(陈禹铮撰写,裴洪辉修订)
专题二(陈禹铮撰写,赵一单修订)
专题三(夏高庆撰写,赵一单修订)
专题四(吉婷婷撰写,王起超修订)
专题五(贾阳春撰写,王起超修订)
专题六(赵一单撰写并修订)
专题七(赵一单撰写并修订)
专题八(韩晓洁撰写,王起超修订)
专题九(赵一单撰写并修订)
专题十(房奇勇撰写,裴洪辉修订)
专题十一(冯雷撰写并修订)
专题十二(闫畅撰写,敖海静修订)
专题十三(裴洪辉撰写,赵一单修订)
专题十四(王成凤撰写,赵一单修订)
专题十五(裴洪辉撰写,敖海静修订)
专题十六(张悦撰写,裴洪辉修订)
专题十七(赵一单撰写)
专题十八(赵一单撰写,裴洪辉修订)
专题十九(赵一单撰写)
专题二十(赵一单撰写)
专题二十一(赵一单撰写并修订)
专题二十二(赵一单撰写,裴洪辉修订)
专题二十三(赵一单撰写,裴洪辉修订)
专题二十四(赵一单撰写)

专题二十五（王登佩撰写，赵一单、周泽夏修订）

专题二十六（赵一单撰写）

专题二十七（龚秋剑撰写，赵一单修订）

专题二十八（龚秋剑撰写，裴洪辉修订）

专题二十九（赵一单撰写，裴洪辉修订）

专题三十（赵一单撰写，裴洪辉修订）

专题三十一（赵一单撰写，裴洪辉修订）

专题三十二（薛敏惠撰写，赵一单修订）

专题三十三（房奇勇撰写，刘焓修订）

专题三十四（赵一单撰写）

专题三十五（房奇勇撰写，裴洪辉修订）

专题三十六（房奇勇撰写，裴洪辉修订）

编写说明

2000年《立法法》全文分为6章、94条、10,352字。2015年《立法法》修正后全文共6章、105条、14,073字,共有46个条文的修改、增加和删减。2023年《立法法》第二次修正后,全文仍为6章、120条、14,789字,第十三届全国人民代表大会常务委员会副委员长王晨所作《关于〈中华人民共和国立法法(修正草案)〉的说明》提出了37条修改内容,实际涉及52个条文的修改、增加和删减。

与2015年一样,本人全程参加了此次《立法法》修改的研究阐释工作。与中国法学会立法学研究会相关专家一道,向全国人大常委会法制工作委员会报送了修改建议稿和内参报告,为完善《立法法》贡献法学界的智慧。与此同时,我也在法学核心期刊和相关理论刊物上发表了多篇学术文章,深入进行理论剖析。

新法颁布后,全国各地掀起了一股学习《立法法》的热潮,各级立法部门和立法工作者也都需要在全面、准确理解《立法法》精神的基础上开展相关工作。鉴于我们之前编写的《新〈立法法〉条文精释与适用指引》具有很好的传播效果,备受欢迎。与法律出版社商定,在原书基础上进行进一步深化研究,填补修正内容的空白,以飨读者。

本书具有突出的学术价值、鲜明的问题意识、独特的实操功能,对广大立法实务工作者和法学院校师生的立法学教学研究大有裨益。

具体的创作意旨和撰写凡例如下:

第一,突出的学术价值。本书以新修正《立法法》为基础,分章、逐条进行含义解读。在每个条文之前标注【条文名称】,简要地说明本条的主要内容;在每个条文之后设【条文精释】,说明本条的主要内容,分析修改/新增条文的理由,着重从学理层面进行细致解读,避免过多的宏大论述。虽然作为一本囊括《立法法》文本及其理论与实践的著作,必要的立法背景、政治意义等宏观讨论不能避免,但是本书放弃大段论述,尽量从简,以彰显学术普及著作和官方"释义"之间的分工、区别。

第二,鲜明的问题意识。本书从法学理论视角出发,在6章120条的叙述之间,分解出36个立法“专题”，从理论和实践两方面进行细致解读，突出解决立法中的重点疑难问题，结合相关的法例、事例和案例，提出适用指引和具体对策。既因应实践问题的综合解决，又有统合若干法条之便，借以强化对各级立法机关工作的指导性。

第三，独特的实操功能。【适用指引】突出当前立法工作中的突出问题与完善对策，强调对今后立法机关工作（特别是地方立法和行政部门立法）的指导性和适用性，结合相关的案例或事例对条文在实践中的适用进行分析，使释义不致沦为空洞的论述。当然，以上各部分并非每个条文都要齐备，需要具体情况具体分析，如果确实材料不足，也不要生搬硬套。

为便于读者了解《立法法》修改的内容与背景，本书附录特别收录了第十三届全国人民代表大会常务委员会副委员长王晨所作《关于〈中华人民共和国立法法（修正草案）〉的说明》和《立法法》新旧条文对照表（2015—2023年）。

全书由冯玉军主编、整体设计和统稿；赵一单协助统稿。

冯玉军

2024年3月31日

《立法法》修改护航新征程（代序）

冯玉军

一、新时代立法的一件大事

《立法法》* 是在2000年3月九届全国人大三次会议通过的，共6章94条。它以法的渊源和效力层级为逻辑主线，由高到低依次分为法律，行政法规，地方性法规、自治条例和单行条例、规章三类立法，再加上总则、附则、适用与备案三章，系统规范了国家立法制度和立法活动，是维护社会主义法治统一的基本法律。

进入新时代，立法工作如何定位、怎样推进，成为建设中国特色社会主义法治体系的关键问题。2015年3月，十二届全国人大三次会议作了部分修改，诸如赋予设区的市地方立法权、落实税收法定原则、发挥人大及其常委会的立法主导作用等，条文增至6章105条。这次修改至今整整8年，经受了法治中国建设实践的检验，达到了修法之初的意旨目标。

但随着社会主义现代化强国建设事业的深入推进，习近平法治思想正式确立，党中央关于全面依法治国的决策部署日益完善。党的二十大报告进一步阐明新时代立法工作的重点和目标任务，要求"完善以宪法为核心的中国特色社会主义法律体系"，"加强重点领域、新兴领域、涉外领域立法"，"全面推进国家各方面工作法治化"，强调"统筹立改废释纂，增强立法系统性、整体性、协同性、时效性"，从而为修改完善《立法法》，建设更高水平的法治中国拓展了极大空间。

《立法法》的修改，贯彻习近平法治思想和党的二十大精神，落实宪法和中央决策部署，进一步加强党对立法工作的领导，发挥全过程人民民主的显著制度优势，维护社会主义法治的统一、尊严、权威，坚持党委领导、人大主导、政府依托、各方参与的立法工作格局，坚持倡导和弘扬社会主义核心价值观，坚持改革和立法的

---

* 为便于阅读，本书中的法律法规名称使用简称。——编者注

辩证统一，有效推进科学立法、民主立法、依法立法，创新完善立法体制机制，筑牢善治的良法根基，具有重大理论和实践意义。

二、回应立法实践重大问题

十四届全国人大一次会议对《立法法》进行修改的意义重大，是新时代加强党对立法工作的全面领导，通过法治保证党的路线方针政策和决策部署贯彻执行的必然要求；是新时代坚持和发展全过程人民民主，通过法治保障人民当家作主的客观要求；是新时代推进全面依法治国、依宪治国，建设社会主义法治国家的重要举措；是总结新时代正确处理改革和法治关系的实践经验，更好坚持在法治下推进改革和在改革中完善法治相统一的现实需要。它科学回答了新时代新征程“为什么立法”、“立什么法”和“怎么立法”的问题。

“为什么立法”，涉及立法的定位与价值。《立法法》将立法宗旨表述为：“为了规范立法活动，健全国家立法制度，提高立法质量，完善中国特色社会主义法律体系，发挥立法的引领和推动作用，保障和发展社会主义民主，全面推进依法治国，建设社会主义法治国家。”党的二十大报告提出要以中国式现代化全面推进中华民族伟大复兴的新时代中心任务，以实现人民群众对美好生活的向往为主轴，实现高质量发展，发展全过程人民民主，丰富人民精神世界，实现全体人民共同富裕，促进人与自然和谐共生，推动构建人类命运共同体，创造人类文明新形态。新时代立法必然体现这一精神。

“立什么法”，涉及立法的渊源与内容。《立法法》在新增两类渊源形态：一是“全国人民代表大会及其常务委员会作出有关法律问题的决定，适用本法的有关规定”；二是“国家监察委员会根据宪法和法律、全国人民代表大会常务委员会的决定，制定监察法规，报全国人民代表大会常务委员会备案”。《立法法》作为一部“助产法”，并不直接规定具体领域、部门、方面的立法内容，为切实保障创制出高效优质的法律法规，该法就特定事项明确了立法权限、范围和程序、原则要求。前者如新增规定：“国务院可以根据改革发展的需要，决定就行政管理等领域的特定事项，在一定期限和规定范围内暂时调整或者暂时停止适用行政法规的部分规定。”后者如“全国人民代表大会常务委员会通过立法规划和年度立法计划、专项立法计划等形式，加强对立法工作的统筹安排。编制立法规划和立法计划，应当认真研究代表议案和建议，广泛征集意见，科学论证评估，根据经济社会发展和民主法治建设的需要，确定立法项目，增强立法系统性、整体性、协同性、时效性”。

“怎么立法”，涉及立法的途径与方法。一是通过立法贯彻实施宪法的方式方法和路径渠道，健全保证宪法全面实施的制度体系。除将立法法中的法律委员会统一改为“宪法和法律委员会”之外，完善了备案审查制度，增加主动审查和专项审查、备案审查衔接联动机制、法律法规清理等内容。二是把全过程人民民主重大理念和实践成果转化为法律制度和机制要求，更好坚持立法为民，把体现人民利益、反映人民愿望、维护人民权益、增进人民福祉，贯彻到立法工作的各环节、各方面。三是进一步完善科学立法、民主立法、依法立法的体制机制，围绕中心大局，以科学的理念、丰富的经验、扎实的法理支撑，提高立法质效。

三、完善立法指导思想和原则

立法总则涉及立法宗旨、适用范围、指导思想和立法原则。本次修改根据新形势新要求，对立法的指导思想和原则进行充实完善。

一是坚持以习近平法治思想为指导。贯彻落实宪法规定和党的二十大精神，根据新时代党的重大理论创新成果，对立法的指导思想与时俱进作了完善，将《立法法》第3条改为两条，明确立法应当坚持中国共产党的领导，坚持以马克思列宁主义、毛泽东思想、邓小平理论、“三个代表”重要思想、科学发展观、习近平新时代中国特色社会主义思想为指导，推进法治中国建设，保障在法治轨道上全面建设社会主义现代化国家；立法应当坚持以经济建设为中心，坚持改革开放，贯彻新发展理念，保障以中国式现代化全面推进中华民族伟大复兴。从而将习近平法治思想深具实践性、真理性、指导性的理念方略融入其中，落实法治中国建设规划和战略布局，为全面推进国家各方面工作法治化作出先导。

二是坚持党对立法工作的全面领导。党领导立法是推进新时代立法的政治保证。2014年党的十八届四中全会《关于全面推进依法治国若干重大问题的决定》指出，“把党的领导贯彻到依法治国全过程和各方面，是我国社会主义法治建设的一条基本经验”。2018年，党中央成立中央全面依法治国委员会，加强党中央对全面依法治国的集中统一领导。2019年中共中央《关于加强党的政治建设的意见》提出，制定和修改有关法律法规要明确规定党领导相关工作的法律地位。党的十九届四中全会《关于坚持和完善中国特色社会主义制度，推进国家治理体系和治理能力现代化若干重大问题的决定》提出，完善党委领导、人大主导、政府依托、各方参与的立法工作格局。《立法法》修改在这些文件精神的基础上，进一步夯实了“立法应当坚持中国共产党的领导”基本原则，具有重要的政治意义。

三是坚持人民主体地位。《立法法》新增“立法应当坚持和发展全过程人民民主，尊重和保障人权，保障和促进社会公平正义”的规范内容，很好地体现了社会主义民主政治理论和全过程人民民主这一创新命题,内容精当,宣示了立法为民,使每一部法律都成为反映人民意志、得到人民拥护的"良法"的价值追求。在这一理念原则指引下,从保障人大代表全过程深度参与立法工作,到加强基层立法联系点建设;从法律草案广泛征求意见到积极反馈立法意见采纳情况,再到健全立法起草、论证、协调、审议机制……《立法法》的许多条文都强调体现人民的意志,发扬社会主义民主,坚持立法公开,保障人民通过多种途径参与立法活动,从而有利于发挥坚持人民当家作主的强大制度合力和治理效应。

四是坚持改革和立法的辩证统一。改革与法治相辅相成。立法决策与改革决策相衔接、相统一的有益探索及其实践成果,有力保障了新时代改革开放的行稳致远和高质量发展。习近平总书记强调,"凡属重大改革都要于法有据"[①]。在整个改革过程中,都要高度重视运用法治思维和法治方式,发挥法治的引领和推动作用,加强对相关立法工作的协调,确保在法治轨道上推进改革。以立法引导、推动、规范、保障全面深化改革。实现立法决策与改革决策相衔接相统一,做到重大改革于法有据,这是立法主动适应改革和经济社会发展需要、回应新时代全面深化改革的体现,也是积极发挥立法引导、推动、规范、保障改革的作用体现。《立法法》新增:"立法应当适应改革需要,坚持在法治下推进改革和在改革中完善法治相统一,引导、推动、规范、保障相关改革,发挥法治在国家治理体系和治理能力现代化中的重要作用。"这个规定有利于将改革决策和立法决策很好地结合起来,正确处理法律的稳定性与变动性、现实性与前瞻性、原则性与可操作性的关系,更好发挥法治固根本、稳预期、利长远的重要作用。

五是坚持倡导和弘扬社会主义核心价值观。坚持依法治国和以德治国相结合是建设社会主义法治国家必须坚持的原则。习近平总书记提出:"用法律来推动核心价值观建设。"[②]《立法法》增加规定:立法应当倡导和弘扬社会主义核心价值观,坚持依法治国和以德治国相结合,铸牢中华民族共同体意识,推动社会主义精神文明建设。这一崭新立法例及其治理理念,将社会主义核心价值观科学有效地转化为具有刚性约束力的法律规范,通过法律规范来引领道德风尚,实现法安天下、德润人心。为以国家立法的形式引领社会主义主流思想价值,打造共建共治共享的

---

① 《凡属重大改革都要于法有据》,载人民网,http://www.people.com.cn/24hour/n/2014/0301/c25408-24498682.html。

② 舒小庆:《以法治推动社会主义核心价值观建设》,载人民网,http://theory.people.com.cn/GB/n1/2017/1213/c40531-29703348.html?ivk_sa=1024320u。

社会治理格局，实现社会和谐稳定安定有序，推进法治国家、法治政府、法治社会一体建设，实现中华民族伟大复兴奠定了立法基石。

四、进一步健全立法体制机制

《立法法》分则各个章节条款的修改，坚持问题导向和需求导向，着力解决立法的难题痛点；坚持合宪依法和严格程序原则，严格规范立法权限和立法活动，实践意义重大。虽说只对确有必要修改的做了修改完善，可改可不改的未修改，但修改内容仍达 40 条之多，可谓重点突出，亮点纷呈。

（一）落实宪法修正案和党中央有关精神

2018 年 3 月，十三届全国人大一次会议通过的宪法修正案包括若干方面的内容，其中新增的“习近平新时代中国特色社会主义思想”（以习近平新时代中国特色社会主义思想为指导），将“法律委员会”修改为“宪法和法律委员会”，以及新增的“监察委员会”相关规定等多项内容需要《立法法》同步修改。

（二）明确合宪性审查相关要求

在合宪性审查机制方面，确立了分别由“宪法和法律委员会”和“全国人大常委会备案审查机构”主导的双轨合宪性审查机制。“宪法和法律委员会”主导的合宪性审查机制主要承担立法的“事前审查”，由全国人大常委会主导的备案审查主要从事“事后审查”。事前审查范围主要集中在对法律草案的审议上，事后审查范围包括行政法规、地方性法规、监察法规、自治条例和单行条例等。在合宪性审查标准方面，明确立法应当坚持共产党的领导，符合宪法的规定、原则和精神，确立了合宪性审查的政治标准、合宪性与合法性标准。在合宪性审查效力方面，《立法法》规定，“全国人民代表大会宪法和法律委员会、有关的专门委员会、常务委员会工作机构经审查认为行政法规、地方性法规、自治条例和单行条例同宪法或者法律相抵触，或者存在合宪性、合法性问题需要修改或者废止，而制定机关不予修改或者废止的，应当向委员长会议提出予以撤销的议案、建议，由委员长会议决定提请常务委员会会议审议决定”。

（三）完善全国人大及其常委会立法权限、立法程序和工作机制

自党的十八大以来，我们坚持科学立法、民主立法、依法立法，注重立法的精细化和群众满意度，拓宽了公众参与立法的途径，总结出来的行之有效的实践经验入法。诸如，明确全国人大和全国人大常委会“根据宪法规定”行使国家立法权，并增加“全国人大可以授权全国人大常委会制定法律”。明确常委会决定提请全国人大会议审议的法律案，可以适时组织代表研读讨论，征求代表的意见；为适应特

殊情况下紧急立法的需要，增加“列入常委会会议议程的法律案，遇有紧急情形的，也可以经一次常委会会议审议即交付表决”。明确规定全国人大及其常委会坚持科学立法、民主立法、依法立法，通过制定、修改、废止、解释法律和编纂法典等多种形式，形成科学完备、统一权威的法律规范体系。在立法程序后端及其延伸阶段，强化立法的公开性、透明度，明确法律签署公布后，法律文本以及发布的公告，草案的说明、审议结果报告等，应当及时在全国人大常委会公报和中国人大网以及在全国范围内发行的报纸上刊载；要求全国人大常委会工作机构加强立法宣传工作，通过多种形式发布立法信息，介绍情况，回应关切；要求全国人大常委会工作机构编制立法技术规范；等等。

（四）明确规定基层立法联系点制度

基层立法联系点是把立法机关和基层群众连接在一起的“民意直通车”，利于在立法中倾听民意、了解民情、汇聚民智、发扬民主。2020 年后，全国人大常委会法工委分批先后设立 28 个基层立法联系点，实现全国 31 个省区市全国人大常委会法工委基层立法联系点全覆盖。实际立法中，立法机关就法律草案和立法工作计划稿征求基层立法联系点意见，其中很高比例被吸收采纳，具有助益立法工作、提升国家治理效能的重要意义。为此，《立法法》新增：“全国人大常委会工作机构根据实际需要设立基层立法联系点，深入听取基层群众和有关方面对法律草案和立法工作的意见。”并对全国人大及其常委会对立法意见的登记、采纳、反馈机制作出适当规定。

（五）增补国家监察委员会相关立法事项

为适应监察体制改革需要，2018 年宪法修正案在国家机构体系中增设监察机关这一重要国家机关，并规定国家监察委员会是最高国家监察机关。这使国家监察委员会与国务院一样成为立法法规范的重要立法参与主体。全国人大常委会于 2019 年以作出决定方式，对国家监察委员会制定监察法规的事项、程序和不得与宪法法律相抵触的要求等作了规定。宪法设置监察机关后，全国人大及其常委会对有关国家机关组织的法律做了相应修改，明确了监察机关与人大及其常委会的关系。其中，2021 年修改后的《全国人民代表大会组织法》增加规定：国家监察委员会可以向全国人大及其常委会提出属于全国人大及其常委会职权范围内的议案。这里的议案，当然包括制定法律方面的议案。

此次修改《立法法》，在立法权限的规定中明确，关于监察委员会的产生、组织和职权的事项,只能制定法律;在有关法律制定程序的规定中明确,国家监察委员会可以向全国人大及其常委会提出法律案。为维护社会主义法制统一,修改后的《立法法》还明确规定,国家监察委员会制定的监察法规,须报全国人大常委会备案。为加强法规的备案审查,还增加,国家监察委员会认为行政法规、地方性法规、自治条例和单行条例同宪法法律相抵触,或者存在合宪合法性问题的,可以向全国人大常委会书面提出审查的要求。

(六)完善地方立法权限和程序机制

地方性法规和规章的立法权限,是立法学者高度关注的问题。有关省市在推进立法创新或担负立法先行先试任务时,常常面临按修改前《立法法》规定只能制定法律的事项或者需要突破现行上位法规定的具体制度(事项)问题。就设区的市来说,2015 年修改的《立法法》在赋予所有设区的市立法权的同时,对其可以立法的事项划定了范围。尽管后来全国人大常委会法工委对此作了宽松化的解释,依然未能满足设区的市在某些重要领域的立法需求。其中比较突出的就是基层治理。近年来,各地积极探索基层治理创新,努力提升基层治理效能和服务水平,取得了明显的成就,亟待以立法形式把基层治理实践中好的做法及时固定下来,并为进一步探索基层治理创新提供有效引领。《立法法》总结过去八年地方立法的实践经验,在设区的市可以行使地方立法权的事项中增加"基层治理"内容,并将"环境保护"事项修改为"生态文明建设"。可以说是切中了实践需求,具有十分重要的意义。

建立区域协同制定地方性法规制度,并确认相关地方立法机关可以建立立法协同工作体制机制,这是地方立法的又一个重大创新。按照全面深化改革的统一部署,国家贯彻新发展理念,实施区域协调发展战略,协调发展体制机制不断健全,有力推动了各地区合理分工、优势互补,经济增长潜力逐步显现。一个阶段以来,部分地方立法机关创新协同立法工作机制,探索协同制定的相关地方性法规,取得了良好效果。《立法法》专设一条,明确规定省级和设区的市的人大及其常委会根据区域协调发展的需要,可以协同制定地方性法规,在本行政区域或者有关区域内实施;可以建立区域协同立法工作机制。同时,扩大了规章的制定主体,根据有关法律规定和实践需要,在部门规章制定主体中增加"法律规定的机构"。这就使协同制定地方性法规和建立协同立法工作机制有了具体明确的法律依据,为地方在法治轨道内推动区域协调发展,特别是建立健全区域协调发展体制机制提供了有力的法律依据。

可以预见，新时代立法工作在《立法法》护航之下，必将持续完善以宪法为核心的中国特色社会主义法律体系，全面推进国家各方面工作法治化，筑牢善治良法根基，向建设更高水平的法治中国迈进。

目　　录

专题一　立法宗旨与适用范围

第一条　本法宗旨

> 为了规范立法活动，健全国家立法制度，提高立法质量，完善中国特色社会主义法律体系，发挥立法的引领和推动作用，保障和发展社会主义民主，全面推进依法治国，建设社会主义法治国家，根据宪法，制定本法。

【条文精释】

本条是关于《立法法》宗旨的概括。

1978 年年底，党的十一届三中全会明确提出了发展社会主义民主、健全社会主义法制的战略方针，由此正式开启了我国社会主义法治建设的阶段式发展历程。

我国社会主义法治建设的第一阶段是 1978—1996 年，以制定 1982 年《宪法》《民法通则》《刑法》《刑事诉讼法》为标志，开启了中国社会主义法制建设的新航程，实现了法制建设的第一次飞跃。通过制定一系列重要法律、推进多轮民主与法制变革，重建社会管理秩序，保障基本人权和民主，确定建立社会主义市场经济法律体系的战略方向，初步实现了社会治理的法律化、制度化。

我国社会主义法治建设的第二阶段是 1997—2011 年，以确立"依法治国，建设社会主义法治国家"为治国基本方略和加入世界贸易组织为标志，法治的地位和作用获得空前的重视，开启了全球化条件下深层次法治改革。法律价值成为国民精神和国家形象的重要元素，法律权威日益受到执政党和国家机关的维护和尊重，法治原则（如保障人权、限制公权、程序公正等）在法律体系建构和法律实施中得到体现，实现了从法制到法治的第二次飞跃。

我国社会主义法治建设的第三阶段是 2012 年至今，从党的十八大作出全面推进依法治国的战略部署到党的十八届三中全会强调"建设法治中国，必须坚持依法治国、依法执政、依法行政共同推进，坚持法治国家、法治政府、法治社会一体建设”,到之后党的十八届四中全会首次以“全面推进依法治国”为主题,到党的十九大报告将“坚持全面依法治国”纳为新时代坚持和发展中国特色社会主义的十四个基本方略之一,到党的十九届四中全会将“坚持和完善中国特色社会主义法治体系,提高党依法治国、依法执政能力”纳入“坚持和完善中国特色社会主义制度、推进国家治理体系和治理能力现代化”的重大问题,到党首次召开的中央全面依法治国工作会议将“习近平法治思想”明确为全面依法治国的指导思想,到党的十九届六中全会把“全面依法治国”写入中共中央《关于党的百年奋斗重大成就和历史经验的决议》,再到党的二十大报告继续提出“坚持全面依法治国”,推进法治中国建设,这一切标志着当代中国社会主义法治建设实现了第三次重大突破,由此揭开了中国法治建设的新篇章。

具体而言,中共十八大在之前历次大会上所提出的依法治国方略的基础上,作出“全面推进依法治国”的战略部署,开创了法治建设的新局面。党的十八届三中全会通过的《关于全面深化改革若干重大问题的决定》(以下简称《全面深化改革决定》)进一步提出建设“法治中国”,并将之作为中国法治建设的最高目标。《全面深化改革决定》提出的“法治中国”这一崭新提法,既尊重法治发展的普遍规律,又联系现实国情民意,是法治一般原理与中国法治实践紧密结合后在法治道路、法治理论、法治制度上进行创造性转换的产物,对打造中国法治模式、探明法治路径、振奋中国精神、增强民族凝聚力、开创中国法治建设的新局面意义深远。不仅如此,《全面深化改革决定》还自始至终体现着尊重和保障人权、公平正义、民主共和、维护社会主义法制统一尊严和权威的法治理念和法治精神。其中提出的60大项全面深化改革的实际举措,所有改革事项都与法制改革息息相关,几乎都涉及现行法律的制定、修改、清理废除问题,且都需要用宪法和法律凝聚改革共识、引导和规范改革、确认和巩固改革成果。事实上,全面深化改革的过程就是同步实施法制改革和全面推进法治建设的过程,一方面,是法制“自身改革”,即法制适应法治现代化和社会现代化的发展趋势与客观规律对自身的体制、机制、方法等进行的改革创新;另一方面,是法制“配套改革”,即为了保证、引导和规范经济社会生态等领域的改革,进行的与改革相适应、相协调的法制改革,以及法律的立改废等。党的十八届四中全会重点研究全面推进依法治国等重大问题,这是建党90多年来中央全会第一次以“全面推进依法治国”为主题进行研讨。党的十八届四中全会决议明确提出“全面建成小康社会、实现中华民族伟大复兴的中国梦,全面深化改革、完善和发展中国特色社会主义制度,提高党的执政能力和执政水平,必须全面推进依法治国”，也就是在中国共产党领导下，坚持中国特色社会主义制度，贯彻中国特色社会主义法治理论，形成完备的法律规范体系、高效的法治实施体系、严密的法治监督体系、有力的法治保障体系，形成完善的党内法规体系，坚持依法治国、依法执政、依法行政共同推进，坚持法治国家、法治政府、法治社会一体建设，实现科学立法、严格执法、公正司法、全民守法，促进国家治理体系和治理能力现代化。党的十九大报告将“坚持全面依法治国”纳为新时代坚持和发展中国特色社会主义的十四个基本方略之一，强调“全面依法治国是中国特色社会主义的本质要求和重要保障”，要坚持依法治国和以德治国相结合，依法治国和依规治党有机统一，深化司法体制改革，提高全民族法治素养和道德素质。“深化依法治国实践”，成立中央全面依法治国领导小组，加强对法治中国建设的统一领导。加强宪法实施和监督，推进合宪性审查工作，维护宪法权威。推进科学立法、民主立法、依法立法，以良法促进发展、保障善治。建设法治政府，推进依法行政，严格规范公正文明执法。深化司法体制综合配套改革，全面落实司法责任制，努力让人民群众在每一个司法案件中感受到公平正义。加大全民普法力度，建设社会主义法治文化，树立宪法法律至上、法律面前人人平等的法治理念。党的十九届四中全会通过的《关于坚持和完善中国特色社会主义制度　推进国家治理体系和治理能力现代化若干重大问题的决定》（以下简称《若干重大问题的决定》）设专章论述“坚持和完善中国特色社会主义法治体系，提高党依法治国、依法执政能力”，从健全保证宪法全面实施的体制机制、完善立法体制机制、健全社会公平正义法治保障制度和加强对法律实施的监督四方面进行部署。2020 年 11 月 16 日至 17 日，党的历史上首次召开的中央全面依法治国工作会议，将习近平法治思想明确为全面依法治国的指导思想，习近平法治思想主要包括坚持党对全面依法治国的领导；坚持以人民为中心；坚持中国特色社会主义法治道路；坚持依宪治国、依宪执政；坚持在法治轨道上推进国家治理体系和治理能力现代化；坚持建设中国特色社会主义法治体系；坚持依法治国、依法执政、依法行政共同推进，法治国家、法治政府、法治社会一体建设；坚持全面推进科学立法、严格执法、公正司法、全民守法；坚持统筹推进国内法治和涉外法治；坚持建设德才兼备的高素质法治工作队伍；坚持抓住领导干部这个“关键少数”等“十一个坚持”，从历史和现实相贯通、国际和国内相关联、理论和实际相结合上深刻回答了新时代为什么实行全面依法治国、怎样实行全面依法治国等一系列重大问题。习近平法治思想是顺应实现中华民族伟大复兴时代要求应运而生的重大理论创新成果，是马克思主义法治理论中国化最新成果，是习近平新时代中国特色社会主义思想的重要组成部分，是全面推进依法治国的根本遵循和行动指南。党的十九届六中全会通过的《关于党的百年奋斗重大成就和历史经验的决议》把“全面依法治国”作为中国特色社会主义新时代的十三个方面成就之一系统论述。党的二十大报告继续提出“坚持全面依法治国”，推进法治中国建设，要求完善以宪法为核心的中国特色社会主义法律体系，扎实推进依法行政，严格公正司法，加快建设法治社会。

需特别注意的是，党的十八届四中全会和党的十九届四中全会格外强调了立法的重要性，其中提到的诸多立法原则对2015年和2023年《立法法》的修改起到了提纲挈领的作用。党的十八届四中全会公报中谈到，法律是治国之重器，良法是善治之前提。建设中国特色社会主义法治体系，必须坚持立法先行，发挥立法的引领和推动作用，抓住提高立法质量这个关键。要恪守以民为本、立法为民理念，贯彻社会主义核心价值观，使每一项立法都符合宪法精神、反映人民意志、得到人民拥护。要把公正、公平、公开原则贯穿立法全过程，完善立法体制机制，坚持立改废释并举，增强法律法规的及时性、系统性、针对性、有效性。坚持依法治国首先要坚持依宪治国，坚持依法执政首先要坚持依宪执政。健全宪法实施和监督制度，完善全国人大及其常委会宪法监督制度，健全宪法解释程序机制。完善立法体制，加强党对立法工作的领导，完善党对立法工作中重大问题决策的程序，健全有立法权的人大主导立法工作的体制机制，依法赋予设区的市地方立法权。深入推进科学立法、民主立法，完善立法项目征集和论证制度，健全立法机关主导、社会各方有序参与立法的途径和方式，拓宽公民有序参与立法途径。加强重点领域立法，加快完善体现权利公平、机会公平、规则公平的法律制度，保障公民人身权、财产权、基本政治权利等各项权利不受侵犯，保障公民经济、文化、社会等各方面权利得到落实。实现立法和改革决策相衔接，做到重大改革于法有据、立法主动适应改革和经济社会发展需要。党的十九届四中全会通过的《若干重大问题的决定》强调要完善立法体制机制，坚持科学立法、民主立法、依法立法，完善党委领导、人大主导、政府依托、各方参与的立法工作格局，立改废释并举，不断提高立法质量和效率。完善以宪法为核心的中国特色社会主义法律体系，加强重要领域立法，加快我国法域外适用的法律体系建设，以良法保障善治。

正是在此背景之下，我国2015年《立法法》对于其中至关重要的立法宗旨进行了修改，以期能够对立法工作进行原则性指导，使其与经济社会发展相同步。

《立法法》宗旨的最基本内涵，是“规范立法活动，健全国家立法制度，提高立法质量”。既然《立法法》是关于国家立法制度的基本法律，其调整对象自然是立法活动中的社会关系。值得关注的是，2015 年《立法法》增加了“提高立法质量”的表述，使提高立法质量成为我国立法活动的指导理念；原因在于，立法质量决定法治质量。2015 年《立法法》将提高立法质量和发挥立法的引领和推动作用写入第 1 条，是对全面深化改革精神的贯彻。“立法质量”包括两个方面，即“量”和“质”。从“量”上看，提高立法质量的前提是有一定数量和规模的法律，这些法律足够形成一定的体系；从“质”上看，保证立法质量要求提高立法的科学性、民主性，使立法原则与内容符合社会发展的客观规律，符合人民的根本利益，使法律体系内部协调统一，具有逻辑性。立法质量直接关系法治的质量和民众的认同，民众对立法的简单判断就是其能否解决实际问题。立法质量的提升主要依靠科学立法和民主立法两个途径，2015 年《立法法》的内容也是围绕提升立法的科学性和民主性而展开。依法治国追求良法之治，因此需要注重立法质量的提高。科学立法、民主立法是提高立法质量的根本途径，应该落实到立法工作的全过程。科学立法关键在于立法活动要尊重和体现客观规律。科学立法首先表现在立法程序的完善。其中设立系统的立法评估制度，使立法更具可行性；补充了制定、修改和废止法律过程中的配套规定，增强了立法工作的协调性和系统性。民主立法核心是依靠人民。在人大主导的前提下，强调进一步发挥人大代表的立法角色，重视法律草案公布后的反馈意见，广泛收集民意，凝聚社会各阶层的利益诉求，体现了立法过程的民主性。科学立法和民主立法的有机统一，既实现了民主的要求，又保证了立法作为公共理性成果的要求，注入了更多的价值判断。

《立法法》宗旨的第二层内涵，是“完善中国特色社会主义法律体系”。2015 年《立法法》将旧法（2000 年）中的“建立和完善有中国特色社会主义法律体系”中“建立”和“有”删掉，原因是在 2011 年 3 月召开的十一届全国人大四次会议上，时任全国人大常委会委员长吴邦国正式宣布中国特色社会主义法律体系已经形成。中国特色社会主义法律体系的形成，是我国社会主义民主法治建设史上的重要里程碑，是中国特色社会主义制度逐步走向成熟的重要标志，具有重大的现实意义和深远的历史意义。但就目前来看，中国特色社会主义法律体系仍存在诸多不足，如有些法规、规章规定的内容超出了权限范围，有些法规、规章的规定同法律相抵触，在法规之间、规章之间、法规与规章之间存在相互矛盾、冲突或不衔接的现象，有的立法质量不高，在起草、制定过程中，有的部门、地方存在不从国家整体利益出发而为部门、地方争局部利益的倾向等，因此需要进一步通过立法工作加以完善。

《立法法》宗旨的第三层内涵，是“发挥立法的引领和推动作用”，这也是2015年《立法法》的新增内容。进一步发挥立法对改革发展的引领和推动作用，有三个方面的基本关系应正确把握。一是法与政策的关系，立法引领、推动还是政策引领、推动，一直是个比较纠结的问题。在过去很长一个时期，由于政策所具有的灵活性较强，制定周期相对较短的特点，政策在引领改革发展中扮演了重要角色。2005年以来，国务院先后批准设立了12个综合配套改革试验区，出台了相应的区域发展规划方案，赋予了改革创新、先行先试的政策，较好地促进了当地经济社会的发展。但在具体实践中，一些政策较为笼统，宣示性、鼓励性的内容居多，缺乏具体、可操作的制度设计；一些政策涉及税收、金融等国家专属立法权限；还有些政策由于缺乏刚性的制度保障，约束力与执行力不足。政策引领的诸多弊端，不断凸显立法引领的必要性。发挥立法的引领作用，应当从政策的这些薄弱环节发力，通过制度设计将政策中较为宏观又最需要细化的内容予以具体化，形成系统、科学、规范的制度安排；同时，通过立法，使改革与法同行，得到合法性的保障，并妥善协调平衡各方面的利益关系，减少改革带来的利益冲突，降低改革的成本与风险，保障改革发展的稳步推进。二是法与实践的关系，实践先行还是立法先行，这个问题在地方立法中一直有争议。从法与实践的关系来看，一方面，法源于实践，立法工作应当及时总结实践经验，充分体现实践的最新成果，把实践证明是成熟的、可行的做法固定下来；另一方面，法又对实践具有引导和推动作用，立法工作应当通过设定价值目标去引领实践、推动改革、促进发展。这两个方面都不可偏废：我们不提倡游离于实践之外的“先验式”立法，但也绝不能仅停留于“经验式”“确认式”的立法。要适应改革攻坚期和完善法律体系的要求，立法工作的重心应有所调整，要把经验式、确认式、规范式的立法与引领性、推动性、前瞻性立法有机结合起来，更加注重增强立法的前瞻性，从制度设计上去主动谋划，用制度创新来引领、支撑改革发展。三是先行先试与法制统一的关系。先行先试是新一轮改革发展的关键词，先行先试从一定意义上讲就是“创新”，往往要突破现行的体制机制，但在法治社会，任何的创新都必须在宪法和法律的框架内进行，不能踩踏法治的红线。近年来，关于“良性违宪”和“改革试错”的话题一直热度不减，并且引发了不少争议；这昭示人们，在先行先试的过程中，要格外重视加强立法引领，使先行先试不偏离法治化的轨道，正确处理好改革与法治、先行先试与法制统一的关系。要通过立法，在法律体系的薄弱环节中“填补空缺”，在既有法律的弹性空间中“探索变通”，为先行先试找到制度空间，使先行先试得到合法性的保障。同时，由于先行先试有时可能与有关法律存在一些不完全吻合之处，应当通过争取全国人大常委会赋予一定的特别立法权，拓展地方立法空间，使立法更好地发挥对改革发展的引领作用。

更进一步讲，《立法法》宗旨还有一层内涵在于"保障和发展社会主义民主"，在这一点上2015年《立法法》并未对2000年《立法法》进行改动。民主性是社会主义法制统一的基点和根本保证，立法民主的合法性需要有相应的制度保障。《立法法》不仅要对法律的制定进行符合效力等级的、追求法治统一的安排，更重要的是通过对立法权的科学配置、公众参与以及辩论程序等的关切，确保所立之法成为体现民意的良法。由法制到法治，法律之外的诸多价值应融入立法过程中，《立法法》的目的和使命正在于此。

《立法法》的最根本宗旨，是"全面推进依法治国，建设社会主义法治国家"。2015年《立法法》在"推进依法治国"之前增加"全面"一词，旨在说明不能就法治而法治，应当将依法治国与中华民族伟大复兴的中国梦、全面建成小康社会、执政兴国、国家治理体系与治理能力现代化等联系起来，应当在与民族复兴、国家富强、社会发展、人民幸福的密切关联中发现和突出全面推进依法治国的意义。从广泛意义上讲，政治建设、经济建设、社会建设、文化建设、生态文明建设、党的建设与法治中国建设紧密关联；全面推进依法治国，就是要将各个领域、各项事业、各类工作纳入宪法框架和法治轨道，为实现全面建成社会主义现代化国家、推进国家治理体系和治理能力现代化、实现中华民族伟大复兴提供法律保障。从实际意义上讲，法治关联着民主、关系着民生、维系着人权。从民主—法治的逻辑出发，法治成为治国理政基本方式，人民群众的主体地位和公民知情权、参与权、表达权、结社权、监督权等逐步获得法律保障；从民生—法治逻辑起步，加强重点领域立法和加大重点领域执法力度，法律保障百姓切身权益、生活质量、安全需要；从人权—法治逻辑迈步，法律重划政府权力与公民权利边界，加强人权司法，确保人们从每一个司法个案中体会到公平正义。毫无疑问，这都是依法治国更为具体的展现。全面推进依法治国，就是要通过法律促进和保障改革、发展和稳定，确保人民群众能够获得最大的制度红利。法治概念不是虚化的，它维护民主、促进民生、保障人权，融汇社会主义核心价值观，融通执政党的思想体系。维护稳定与维护人权相统一，重大改革于法有据，让法治在传统道德领域充分发挥保障作用，充分体现了新一届执政集体执政思路所富有的极强的法治逻辑。在全面建设社会主义现代化国家的进程中，全面深化改革是必需的方式和手段，而全面推进依法治国是根本促进和保障。

2015年和2023年我国对《立法法》进行的两次修改，依据则是宪法。"根据宪法，制定本法”作为一种立法技术的使用，说明宪法在国家法律体系中的根本法特征能够以法律语言的形式表现在外部，说明宪法是普通法律立法的基础与依据，即普通法律的制定不得与宪法的原则、宪法精神或宪法规范相冲突，宪法如果失去其最高权威，立法活动就很难进行，法制也就无从统一，而法制统一要以宪法为基础、为核心，其实就是一切法律要统一于宪法。法律体系本身是由一系列法律法规构成的，而法律法规之间是有位阶的。根据法律位阶原理，处于法律体系之顶端的就是宪法。《宪法》第 5 条中规定，我国实行依法治国，建设社会主义法治国家；国家维护社会主义法制的统一和尊严。宪法对我国的立法体制作了明确规定：全国人大和全国人大常委会行使国家立法权；国务院根据宪法和法律，制定行政法规；省级人大及其常委会，在不同宪法、法律、行政法规相抵触的前提下，可以制定地方性法规；民族自治地方的人大有权依照当地民族的政治、经济和文化的特点，制定自治条例和单行条例，报上级人大常委会批准后生效；国务院各部、各委员会根据法律和国务院的行政法规、决定、命令，在本部门的权限范围内发布规章。宪法的一系列有关规定，是制定《立法法》的依据和基础。《立法法》以《宪法》为依据，对立法工作应遵循的基本原则，法律、行政法规、地方性法规、自治条例和单行条例、规章各自的权限范围、制定程序以及授权立法、法律解释和适用规则、备案等问题，作了全面、具体的规定，这对于加强社会主义民主和法治建设，推进全面依法治国，建设社会主义法治国家是非常必要的。

总之，2023 年修正后的《立法法》对于立法宗旨的修改符合现实发展，体现了我国法治状况的进步。

【适用指引】

联系《立法法》修改的背景，《立法法》第 1 条规定的宗旨中，核心内涵在于正确处理改革与法治之间的关系。深化改革中的法治思维和法治方式，让改革与法治良性互动，就要以法治凝聚改革共识，用法治引导改革方向，以法治规范改革程序，以法治保障改革成果。正确处理改革与法治之间的关系有以下几个要点：一是实现立法与改革政策相衔接，做到重大改革于法有据、立法主动适应改革与经济社会发展需要。二是实践证明行之有效的，要及时上升为法律。实践条件还不成熟、需要先行先试的，要按照法定程序作出授权。三是如果实践证明现行法律法规的有些规定已经不能适应形势的变化、成为改革的障碍，就要及时通过法定程序予以修改或者废止。

《立法法》宗旨集中地体现了整部法律的基本价值判断准则，为整部法律的所有规定提供了纲领和方向。例如，2015 年修正的《立法法》在总则的立法宗旨中增加"发挥立法的引领和推动作用"，对这一宗旨的具体化措施之一，就是授权立法制度，也即针对实践条件还不成熟、需要先行先试的，要按照法定程序作出授权的要求。就此，2023 年修正的《立法法》增加了规定，"全国人民代表大会及其常务委员会可以根据改革发展的需要，决定就特定事项授权在规定期限和范围内暂时调整或者暂时停止适用法律的部分规定"。这是重大的制度创新，也是总结近年来的实践作出的重要规定，对正确处理改革与法治的关系具有深远的意义。

第二条　本法调整范围

> 法律、行政法规、地方性法规、自治条例和单行条例的制定、修改和废止，适用本法。
>
> 国务院部门规章和地方政府规章的制定、修改和废止，依照本法的有关规定执行。

【条文精释】

本条是关于《立法法》调整范围的规定。

现行中国立法体制是一种由中央和地方、权力机关和政府作了一定程度的分权的立法体制。这个立法体制具有三个重要特点。

第一，强调中央统一领导，强调国家立法权属于中央并在整个立法体制中处于领导地位。国家立法权只能由最高国家权力机关及其常设机关行使，国务院和地方没有这个权力；行政法规和地方性法规都不得与国家法律相抵触。《宪法》没有规定民族自治地方自治条例和单行条例必须以《宪法》和法律为依据，就是说可以有同《宪法》、法律不完全一致的例外规定。但是，其一，制定自治条例和单行条例是一种自治权，而《宪法》第 115 条规定自治权要"依照宪法、民族区域自治法和其他法律规定的权限行使"。其二，《宪法》规定自治条例和单行条例必须报全国人大常委会批准或备案，这就意味着"例外"不能随便搞，否则得不到批准。这些规定，实质上确保了国家立法权对自治条例和单行条例制定权的领导地位。

第二，多级、多层次并存，全国人大及其常委会、国务院、一般地方在立法权上，以及在它们制定的法的规范的效力上有着级别之差。但这两种差别并存于现行中国立法体制中。

第三，多类结合，即全国人大及其常委会、国务院、一般地方、民族自治地方立法权以及国务院和有关地方享有的授权立法权，存在类别上的差别，分别是国家立法权、国务院行政法规立法权和法律提案权、一般地方立法权、民族自治地方立法权、授权立法权。这里之所以使用“类”的概念，是因为这几方面的立法权不是完全可用“级”的概念表明它们的关系的。(1)自治条例、单行条例的立法的依据和立法权的独立性同制定地方性法规有区别。制定自治条例、单行条例不需要像制定地方性法规那样以“不同宪法、法律、行政法规相抵触”为大前提，自治条例、单行条例要报全国人大常委会批准或备案，而一般地方性法规不需要报全国人大常委会批准，只需要报其备案；法律只规定省级和有关市的权力机关制定地方性法规，却规定自治区、自治州、自治县都能制定自治条例和单行条例。(2)在法的效力上，行政法规一般能在全国有效，而自治立法不能在全国有效，因此行政法规比后者高一级；但后者不需要像一般地方性法规那样必须以行政法规为依据，在这一点上又不能说它们比行政法规低一级；把它们看作与国务院行政法规平级或在级别上高于一般地方性法规，显然也不妥当。(3)由全国人大常委会授权国务院和有关地方权力机关行使的制定单行法规的权力，以及国务院享有的向全国人大及其常委会提出立法议案的权力，更是不可能以“级”和“层次”的概念来表明它们在中国立法体制中的地位。把现行中国立法体制的特色综合起来，结论应当是：现行中国立法体制是中央统一领导和适当分权、多级并存、多类结合的立法体制。

本条以《宪法》关于我国立法体制的规定为依据，对《立法法》的调整范围作了规定。第1款明确规定：“法律、行政法规、地方性法规、自治条例和单行条例的制定、修改和废止，适用本法。”根据这一规定，全国人大及其常委会制定、修改和废止法律的活动，国务院制定、修改和废止行政法规的活动，以及地方性法规的制定、修改和废止，民族自治地方制定、修改和废止自治条例和单行条例的活动，均由《立法法》调整。关于全国人大及其常委会的国家立法权，除法律制定权外，还包括全国人大的宪法修改权。但是，宪法的修改不属于《立法法》的调整范围，依照《宪法》的规定，宪法的修改采用特殊的程序，与一般立法程序不同。《宪法》第64条第1款规定：“宪法的修改，由全国人民代表大会常务委员会或者五分之一以上的全国人民代表大会代表提议，并由全国人民代表大会以全体代表的三分之二以上的多数通过。”《宪法》的修改应当按照《宪法》规定的程序执行。

本条第2款对行政规章作了规定。行政规章包括国务院部门规章和地方政府规章，规章中所作的细化、具体规定对于法律、法规的实施具有重要意义。但是，行政机关毕竟不是立法机关。因此规章是否应该纳入《立法法》的调整范围，是从《立法法》讨论第一天起就存在的争议。《立法法》最后还是包括了规章，但第2条中的表述是“法律、行政法规、地方性法规、自治条例和单行条例的制定、修改和废止，适用本法。国务院部门规章和地方政府规章的制定、修改和废止，依照本法的有关规定执行”。一个是“适用”，另一个是“执行”，此处就体现了规章和法律、行政法规、地方性法规以及自治条例和单行条例的区别。此外，依照《行政诉讼法》的规定，人民法院审理行政案件，以法律和行政法规、地方性法规、自治条例和单行条例为依据；人民法院审理行政案件，参照国务院部、委制定的规章和地方政府制定的规章。《行政诉讼法》的规定，说明规章的效力同法律、行政法规、地方性法规、自治条例和单行条例有着明显的区别。用这一巧妙的办法给争议各方都作了回答。但这一问题在理论上仍值得探讨。其实，若将判断是否为法律的特征设定为是否“以国家强制力为后盾”“可以重复适用”“具有普遍性和规范性”，尤其是，“是否有权对公民基本权利作出限制或剥夺，是否有权设定公民承担新的基本义务”，则规章属于此列。对此，学术界和实务界都存在争议。

【适用指引】

根据《立法法》第2条中适用范围的规定，可知我国法律渊源形式众多，因此在制定、修改、解释、废除各种形式的法律规范时，必须要遵循法制统一原则。

法制统一是指一个国家的全部法律之间的相互一致和相互协调。法制统一的前提和基础是《宪法》。一个国家的立法只有建立在严格遵守和坚决维护《宪法》的基础上和前提下，才能形成各个法律部门和法律文件之间和谐有序、相互协调的有机联系的法律体系。法制统一作为一项法治基本原则，首先要求一个国家法律制度、法律规范的统一。宪法制度和规范为核心，所有法律制度和法律规范都应以此为基准。各种部门法律和地方法律都要服从《宪法》，统一于《宪法》，不得与《宪法》相冲突、相抵触。其次，法律制度和法律规范之间，也应相互统一、相互照应，不能前后矛盾、相互冲突。最后，法制统一还意味着法律制度、规范体系与法律观念体系的统一。此外，法制统一除了体现在立法阶段外，还体现在司法统一和行政执法统一等实际贯彻执行之中。

法制统一原则中，合宪性是基础。任何违背宪法原则、宪法精神和宪法规定的法律都不具有法律效力。离开了宪制也就谈不上社会主义法制，更谈不上法制的统一。要做到法制统一,还需要坚持原则性和灵活性的统一。我国法律制度体系中的民族自治地方立法、特别行政区立法,都是在宪法基础上灵活性的体现,同时也维护了法制统一。

专题二　立 法 原 则

第三条　立法的指导思想与目标任务

> 立法应当坚持中国共产党的领导，坚持以马克思列宁主义、毛泽东思想、邓小平理论、“三个代表”重要思想、科学发展观、习近平新时代中国特色社会主义思想为指导，推进中国特色社会主义法治体系建设，保障在法治轨道上全面建设社会主义现代化国家。

【条文精释】

本条是关于立法的指导思想与目标任务的规定。

在2000年制定《立法法》时，关于立法指导思想的本条规定体现了我国社会主义初级阶段的基本路线，即“一个中心、两个基本点”。“一个中心”就是以经济建设为中心，“两个基本点”就是坚持四项基本原则，坚持改革开放。2023年修改《立法法》时，为了贯彻落实宪法规定和党的二十大精神，根据党和国家的重大理论创新成果，对立法的指导思想与时俱进作了修改完善，同时明确了立法的目标任务。

本条规定首先强调，“立法应当坚持中国共产党的领导，坚持以马克思列宁主义、毛泽东思想、邓小平理论、‘三个代表’重要思想、科学发展观、习近平新时代中国特色社会主义思想为指导”。如前所述，2000年《立法法》中明确立法应当坚持四项基本原则。坚持四项基本原则是指坚持社会主义道路、坚持人民民主专政、坚持中国共产党的领导、坚持马克思列宁主义毛泽东思想，这体现了1982年《宪法》的规定。1999年修改《宪法》时，增加了邓小平理论作为国家的指导思想；2004年、2018年宪法修正案对国家的指导思想作了进一步修改完善，确立“三个代表”重要思想、科学发展观、习近平新时代中国特色社会主义思想在国家政治和社会生活中的指导地位。因此，本条规定也相应地对立法的指导思想与时俱进作了修改完善。

本条规定还明确立法的目标任务是“推进中国特色社会主义法治体系建设，保障在法治轨道上全面建设社会主义现代化国家”。建设中国特色社会主义法治体系，就是“在中国共产党领导下，坚持中国特色社会主义制度，贯彻中国特色社会主义法治理论，形成完备的法律规范体系、高效的法治实施体系、严密的法治监督体系、有力的法治保障体系，形成完善的党内法规体系”。党的二十大报告指出，“全面依法治国是国家治理的一场深刻革命，关系党执政兴国，关系人民幸福安康，关系党和国家长治久安。必须更好发挥法治固根本、稳预期、利长远的保障作用，在法治轨道上全面建设社会主义现代化国家”。2023 年修改的《立法法》将“保障在法治轨道上全面建设社会主义现代化国家”明确为立法的目标任务，是贯彻落实党的二十大精神的重要体现。

第四条　立法的指导思想

> 立法应当坚持以经济建设为中心，坚持改革开放，贯彻新发展理念，保障以中国式现代化全面推进中华民族伟大复兴。

【条文精释】

本条同样是关于立法指导思想的规定。

如前所述，2000 年《立法法》根据“一个中心、两个基本点”确立了我国立法的指导思想，其中就包括“坚持以经济建设为中心”和“坚持改革开放”。据介绍，在 2023 年《立法法（修正草案）》起草时，考虑到“一个中心、两个基本点”已包含在邓小平理论中，“三个代表”重要思想、科学发展观、习近平新时代中国特色社会主义思想对此也有新的发展，因此，未再将其具体内容展开表述。初审后修正草案公开征求意见，有的意见认为“以经济建设为中心”“坚持改革开放”具有象征意义，删去会引起外界对国家发展思路、方向发生变化的解读。为避免误读，在提交全国人大审议的修正草案中，恢复了上述内容。同时，根据实践发展和《宪法》规定，增加了“贯彻新发展理念”的内容，这样立法的指导思想更加全面。①

新发展理念，即创新、协调、绿色、开放、共享的发展理念。2018 年修改《宪法》时，将“贯彻新发展理念”写入《宪法》序言。党的二十大报告指出，“必须完整、准确、全面贯彻新发展理念”“贯彻新发展理念是新时代我国发展壮大的必由之路”。

---

① 参见童卫东：《新〈立法法〉的时代背景与内容解读》，载《中国法律评论》2023 年第 2 期。

同时,党的二十大报告还提出,“从现在起,中国共产党的中心任务就是团结带领全国各族人民全面建成社会主义现代化强国、实现第二个百年奋斗目标,以中国式现代化全面推进中华民族伟大复兴”。为了更好地贯彻落实宪法规定和党的二十大精神,有必要将“贯彻新发展理念”和“保障以中国式现代化全面推进中华民族伟大复兴”明确为立法的指导思想。

第五条　依宪立法和依法立法

> 立法应当符合宪法的规定、原则和精神,依照法定的权限和程序,从国家整体利益出发,维护社会主义法制的统一、尊严、权威。

【条文精释】

本条是关于依宪立法、依法立法原则的规定。

2000 年制定《立法法》时,在第 3 条规定了“立法应当遵循宪法的基本原则”,在第 4 条规定了“立法应当依照法定的权限和程序,从国家整体利益出发,维护社会主义法制的统一和尊严”,分别明确了依宪立法和依法立法原则。2023 年修改《立法法》时,将这两项原则合并在一个条文之中,并进一步完善了两项原则的具体内容。

本条前半段规定了依宪立法原则。《宪法》是我国的基本法,是治国安邦的总章程,是我国社会主义法的基本渊源。与我国法的其他渊源相比,《宪法》在我国法的渊源体系中居首要地位,具有最高的法律效力。《宪法》是我国全部立法工作的基础、根据和最基本的效力来源,一切法律、法规和其他规范性文件,都不得与《宪法》的规定相抵触。

同 2000 年《立法法》仅规定“立法应当遵循宪法的基本原则”相比,2023 年《立法法》修改进一步明确立法还应当符合《宪法》的“规定”和“精神”。此处可供参考的官方解读是:《法规、司法解释备案审查工作办法》第 36 条规定,“对法规、司法解释进行审查研究,发现法规、司法解释存在违背宪法规定、宪法原则或宪法精神问题的,应当提出意见”。由全国人大常委会法工委法规备案审查室组织编写的导读中指出,“宪法规定和宪法原则是宪法文本所直接规定的内容或者是可以直接从宪法文本中解读出来的,而宪法精神不一定是宪法条文直接明文规定的内容,有时需要从宪法文本乃至宪法制定的历史背景、制定过程、主要任务等文本以外的因素中推导、论证、引申出来”。在立法工作的具体场景中,举例而言,《宪法》第 9 条第 1 款规定,“矿藏、水流、森林、山岭、草原、荒地、滩涂等自然资源,都属于国家所有,即全民所有;由法律规定属于集体所有的森林和山岭、草原、荒地、滩涂除外”。对于自然资源立法而言,这就是一项具体的“宪法规定”。《宪法》第15条第2款规定,“国家加强经济立法,完善宏观调控”。对于经济立法而言,这就是一项宏观的“宪法原则”。至于“宪法精神”,如前所述,就不一定体现在宪法文本之中,有时需要从宪法制定的历史背景、制定过程、主要任务等文本以外的因素中进行推导、论证、引申。

本条后半段规定了依法立法原则。依法立法是2000年《立法法》就确立的重要原则。《立法法》是规范国家立法制度和立法活动的法律,它规定了各立法主体的立法权限,对法律的制定程序作了详细规定,对行政法规、地方性法规、自治条例和单行条例、规章的制定程序作了原则规定。各立法主体都应当遵守《立法法》规定的立法权限和程序,这是依法立法原则的核心要旨。同时,依法立法原则还强调立法应当“从国家整体利益出发”,防止部门利益法律化,防止立法中的地方保护主义倾向。据介绍,在2023年《立法法》修改过程中,有的意见提出,地方立法应当从地方实际出发,“从国家整体利益出发”的规定,缺乏对发挥地方立法积极性的保障。考虑到这一规定是对国家立法的原则要求,并不影响地方立法反映地方的实际情况和需要;另外,从全国人大常委会备案审查工作情况看,有的地方立法中确实存在地方保护主义的问题,党的十八届四中全会强调,“明确立法权力边界,从体制机制和工作程序上有效防止部门利益和地方保护主义法律化”。因此,保留的“从国家整体利益出发”的规定依然有现实必要性。①

第六条　民主立法

> 立法应当坚持和发展全过程人民民主,尊重和保障人权,保障和促进社会公平正义。
>
> 立法应当体现人民的意志,发扬社会主义民主,坚持立法公开,保障人民通过多种途径参与立法活动。

【条文精释】

本条是关于民主立法原则的规定。

---

① 参见童卫东:《新〈立法法〉的时代背景与内容解读》,载《中国法律评论》2023年第2期。

2000 年制定《立法法》时，在第 5 条规定了“立法应当体现人民的意志，发扬社会主义民主，保障人民通过多种途径参与立法活动”。2023 年修改《立法法》时，将“全过程人民民主”写入《立法法》，将其作为本条第 1 款；同时在原先的第 5 条中增加了“坚持立法公开”，并将其作为本条第 2 款。

本条第 1 款规定了“立法应当坚持和发展全过程人民民主”。2021 年修改通过的《全国人民代表大会组织法》，将“全国人民代表大会及其常务委员会坚持全过程民主，始终同人民保持密切联系，倾听人民的意见和建议，体现人民意志，保障人民权益”写入其中。2022 年修改通过的《地方各级人民代表大会和地方各级人民政府组织法》和《全国人民代表大会常务委员会议事规则》也分别将“全过程人民民主”写入其中。党的二十大报告对发展全过程人民民主、保障人民当家作主作出决策部署。为贯彻落实党的二十大精神和全过程人民民主重大理念，有必要对民主立法原则的内涵进行补充完善，明确立法应当坚持和发展全过程人民民主。

本条第 2 款延续了先前有关民主立法原则的规定，并增加了“坚持立法公开”。民主立法包含了立法内容和立法程序两方面要求。从立法内容上，要求立法为了人民，体现人民的意志，维护人民的利益；从立法程序上，要求立法依靠人民，坚持立法公开，保障人民通过多种途径参与立法活动。民主立法原则是由我国的国家性质决定的，体现了人民当家作主。自十三届全国人大及其常委会以来，国家立法机关不断拓宽公民有序参与立法的途径和渠道，确保立法项目的确定，法律草案的起草、审议、通过等各个环节都能够听到来自人民群众的声音。立法过程成为实现和体现最广泛、最真实、最管用民主的典范。

第七条　科学立法原则

> 立法应当从实际出发，适应经济社会发展和全面深化改革的要求，科学合理地规定公民、法人和其他组织的权利与义务、国家机关的权力与责任。
>
> 法律规范应当明确、具体，具有针对性和可执行性。

【条文精释】

本条是关于科学立法原则的规定。

本条第 1 款规定，立法应当从实际出发，适应经济社会发展和全面深化改革的要求，科学合理地规范社会关系。立法应当从实际出发的原因在于，法的产生和发展是由调整社会关系的客观需要决定的。社会的发展是一个客观的、不以人的主观意志为转移的过程,而法律是调节社会生活、满足社会自身和谐运行和发展的社会规范。因此,法律要有效地实现社会控制的目的,其内涵就应当与社会生活的逻辑具有同构性,客观反映社会实际。

立法应当从实际出发,最根本的是应当从中国的国情出发。这就要求立法应当“适应经济社会发展和全面深化改革的要求”。在这一过程中,特别要注意处理好以下两个问题:一方面,立法要科学合理地处理公民的权利和义务之间的关系。立法在设定公民的权利和义务时,一定要把握公民权利与义务相统一的原则。对于宪法规定的公民的基本权利,法律、法规、规章等不得任意加以限制和剥夺;同时,也不能任意给公民设定义务,应注意公民的义务和公民的权利是相适应的。另一方面,立法要科学合理地处理国家机关权力和责任之间的关系。就法治角度而言,有什么样的权力就应该有相应的义务,行使什么样的权力就应承担相应的责任。权力无法脱离责任而单独存在,否则,这种权力就是非法的、不合理的。法治的目的之一就是要确保责任与权力的对等,并建立权力与责任统一的原则。权力与责任统一的原则正体现了对公共权力的规定与控制。

本条第2款规定,“立法要明确、具体,具有针对性和可执行性”。要求立法具有明确性、具体性的目的在于使得立法者在立法的时候能够为执法者和法的遵守者提供足够清晰的判定标准,预先告知人们成为可罚对象的行为,使其能够预测自己的行动,从而限制法官适用法律的恣意性,避免执法人员主观任意和歧视性的判定。虽然在实践中,立法语言的模糊性是一种客观存在的现象,但这并不意味着立法者可以对此采取习以为常的态度。原因在于:首先,法律的一个重要职能就是划定国家公权力与市民社会私权利之间的界限范围。如果立法语言是模糊的、不明确的、不具体的,这就意味着这一界限并不清晰,国家公权力有可能进入私权利领域,却无法受到法的制约,从而导致国家公权力的滥用,不利于公民私权利的保障。如果立法语言是明确的、具体的,公权力与私权利之间的界限清晰,则可以有效防范行政机关等国家机构滥权侵法,从而保障公民的自由与权利。其次,法律通过指引人们的行为而确定一定的社会秩序。明确、具体的立法语言能够使人们根据确定的法的规则认识到自身行为在法律上的规制内容,并能预知该行为可能形成的法律状态或产生的法律后果,从而可以进行利益判断,决定该行为的取舍、方式及进程,这样就形成了一定的社会行为秩序。最后,立法语言的明确性、具体性有利于起到定分止争的作用,并在纠纷产生之后有利于提高法的适用的效率,从而更快、更公正地解决这一纠纷。因此,立法语言的明确、具体是法律作为行为准则的最基本的要求,是法的指引、评价和预测功能得以发挥的形式要件和必要前提。

第八条　社会主义核心价值观融入立法原则

> 立法应当倡导和弘扬社会主义核心价值观,坚持依法治国和以德治国相结合,铸牢中华民族共同体意识,推动社会主义精神文明建设。

【条文精释】

本条是关于社会主义核心价值观融入立法原则的规定,是2023年修改《立法法》时新增的条文。

就本质上而言,社会主义核心价值观融入立法,涉及法律与道德、法治与德治之间的关系问题。将社会主义核心价值观融入法治建设,特别是融入立法工作,是贯彻落实习近平总书记重要讲话精神、坚持依法治国和以德治国相结合的必然要求。

2016年12月中共中央办公厅、国务院办公厅印发《关于进一步把社会主义核心价值观融入法治建设的指导意见》,要求“推动社会主义核心价值观入法入规”,强调“把社会主义核心价值观的要求体现到宪法法律、法规规章和公共政策之中,转化为具有刚性约束力的法律规定”。2017年3月由全国人大会议通过的《民法总则》(已失效)就在第1条规定“为了保护民事主体的合法权益,调整民事关系,维护社会和经济秩序,适应中国特色社会主义发展要求,弘扬社会主义核心价值观,根据宪法,制定本法”[①],将“社会主义核心价值观”写入其中。2018年修改《宪法》时,将“国家倡导社会主义核心价值观”写入《宪法》总纲之中,为社会主义核心价值观融入立法提供了宪法依据。2018年中共中央印发《社会主义核心价值观融入法治建设立法修法规划》,强调“着力把社会主义核心价值观融入法律法规的立改废释全过程,确保各项立法导向更加鲜明、要求更加明确、措施更加有力”,“推动社会主义核心价值观全面融入中国特色社会主义法律体系,筑牢全国各族人民团结奋斗的共同思想道德基础”。党的二十大报告进一步强调,“坚持依法治国和以德治国相结合,把社会主义核心价值观融入法治建设、融入社会发展、融入日常生活”。这些都为明确“立法应当倡导和弘扬社会主义核心价值观”提供了重要依据。

---

① 2020年5月28日通过的《民法典》第1条亦如此规定。——编者注

本条除规定“立法应当倡导和弘扬社会主义核心价值观，坚持依法治国和以德治国相结合”之外，还规定立法应当“铸牢中华民族共同体意识”。我国是统一的多民族国家，在漫漫历史长河中形成了多元一体的中华民族。民族团结是我国各族人民的生命线，中华民族共同体意识是民族团结之本。党的二十大报告指出，“以铸牢中华民族共同体意识为主线，坚定不移走中国特色解决民族问题的正确道路”。近年来，《陆地国界法》《家庭教育促进法》《地方各级人民代表大会和地方各级人民政府组织法》等法律都对“铸牢中华民族共同体意识”作了规定。将立法应当“铸牢中华民族共同体意识”明确写入《立法法》，有利于立法工作紧紧抓住铸牢中华民族共同体意识这条主线，从法治角度推动中华民族成为认同度更高、凝聚力更强的命运共同体。

第九条　立法与改革相适应原则

> 立法应当适应改革需要，坚持在法治下推进改革和在改革中完善法治相统一，引导、推动、规范、保障相关改革，发挥法治在国家治理体系和治理能力现代化中的重要作用。

【条文精释】

本条是关于立法与改革相适应原则的规定，同样是 2023 年修改《立法法》时新增的条文。

立法和改革的关系贯穿改革开放和法治建设整个过程。在一定程度上，改革会突破现有的制度、规则，突破法律法规的规定，造成事实上的所谓“良性违法”。为避免这种情况，很长一段时间立法的思路是“宜粗不宜细”，在立法时“留白”，作原则规定，或者先改革、后立法，改革积累实践经验，立法巩固改革成果，立法是对成熟经验的总结。这是很长一段时间把握立法与改革关系的原则。随着中国特色社会主义法律体系的形成和全面深化改革的推进，改革和法治的关系发生了重要的变化。党的十八大以来，党中央推进全面依法治国，并将全面依法治国纳入“四个全面”战略部局，强调发挥法治的引领和保障作用。①

2014 年召开的党的十八届四中全会通过《关于全面推进依法治国若干重大问

① 参见童卫东：《新〈立法法〉的时代背景与内容解读》，载《中国法律评论》2023 年第 2 期。

题的决定》，提出要“实现立法和改革决策相衔接，做到重大改革于法有据、立法主动适应改革和经济社会发展需要。实践证明行之有效的，要及时上升为法律。实践条件还不成熟、需要先行先试的，要按照法定程序作出授权。对不适应改革要求的法律法规，要及时修改和废止”。据此，在2015年修改《立法法》时，新增“全国人民代表大会及其常务委员会可以根据改革发展的需要，决定就行政管理等领域的特定事项授权在一定期限内在部分地方暂时调整或者暂时停止适用法律的部分规定”。据不完全统计，全国人大常委会先后作出了48项授权决定和改革决定，及时为推进相关改革提供法律依据。与此同时，立法机关还积极通过“打包”修改等方式，保障党和国家机构改革、经济社会发展各领域重大改革措施顺利实施。

党的二十大报告指出，在全面建设社会主义现代化国家的前进道路上，必须“坚持深化改革开放。深入推进改革创新，坚定不移扩大开放，着力破解深层次体制机制障碍，不断彰显中国特色社会主义制度优势，不断增强社会主义现代化建设的动力和活力，把我国制度优势更好转化为国家治理效能”。在这一过程中，势必需要进一步完善立法和改革之间的关系。

专题三　全国人大及其常委会的立法权限

第十条　全国人大及其常委会的立法权限

全国人民代表大会和全国人民代表大会常务委员会根据宪法规定行使国家立法权。

全国人民代表大会制定和修改刑事、民事、国家机构的和其他的基本法律。

全国人民代表大会常务委员会制定和修改除应当由全国人民代表大会制定的法律以外的其他法律;在全国人民代表大会闭会期间,对全国人民代表大会制定的法律进行部分补充和修改,但是不得同该法律的基本原则相抵触。

全国人民代表大会可以授权全国人民代表大会常务委员会制定相关法律。

【条文精释】

本条是关于全国人大和全国人大常委会行使国家立法权的规定。

《宪法》第 58 条规定:“全国人民代表大会和全国人民代表大会常务委员会行使国家立法权。”第 62 条第 3 款规定,全国人大行使制定和修改刑事、民事、国家机构和其他的基本法律。第 67 条第 2、3 款规定,全国人大常委会制定和修改除应当有全国人大制定的法律以外的其他法律;在全国人大闭会期间,全国人大常委会可以对全国人大制定的法律进行部分补充和修改,但是不得同该法的基本原则相抵触。本条的规定是对《宪法》以上条文的重述,体现了《宪法》是国家根本法的地位。2023 年修改《立法法》时,在本条第 1 款增加了“根据宪法规定”的表述,进一步凸显全国人大和全国人大常委会在行使国家立法权时需要遵循《宪法》。同时,2023 年修法还在本条新增 1 款作为第 4 款:“全国人民代表大会可以授权全国人民代表大会常务委员会制定相关法律。”具体来看,本条规定包括以下几个方面的内容。

一、全国人大及其常委会行使国家立法权

（一）国家立法权的概念

立法权是相对于行政权、司法权而言的国家权力，是指有权的机关制定、修改、补充、解释或者废止法律、法规的权力。国家立法权是以国家名义制定法律的权力，是独立、完整和最高的国家权力，它集中体现了全体人民的共同意志和整体利益，是维护国家法制统一的关键所在。在我国，全国人大及其常务委员会行使国家立法权。

我国是一个单一制的国家，与该种国家结构形式相适应，我国的立法体制是：全国人大及其常委会行使国家立法权。除此之外，还有不同层次的立法活动：一是国家最高行政机关国务院制定行政法规的活动；二是省、自治区、直辖市以及设区的市的人大及其常委会制定地方性法规的活动；三是民族自治地方制定自治条例和单行条例。此外，还有国务院各部门制定部门规章和省、自治区、直辖市以及设区的市的人民政府制定政府规章的活动。制定规章，从本质上来说，属于执行法律和法规的行政行为。

在这个多层次的立法体制中，全国人大及其常委会的立法权是最高立法权，又称国家立法权。《宪法》第58条规定："全国人民代表大会和全国人民代表大会常务委员会行使国家立法权。"基于适应执行法律和行使行政管理职权的需要，国务院可以依据《宪法》和法律，规定行政措施，制定行政法规，发布决定和命令。为充分调动地方的积极性和主动性，各地根据本地的具体情况和实际需要，可以拥有一定的立法权限。但是，国务院的制定行政法规权，虽然带有一定的立法性质，但从权力归属上讲，仍属于行政权，而不是国家立法权。各地权力机关制定地方性法规的权力属于地方立法权，也不是国家立法权。因此，《立法法》根据《宪法》的规定，规定国家立法权由全国人大及其常委会行使。

国家立法权具有以下特点：

1. 主权性。立法是一项代表国家主权的活动，其集中体现了全体人民的意志。我国是人民民主专政的社会主义国家，人民是国家的主人，人民的意志通过全国人大上升为法律。主权具有对外独立性和对内最高性的特点，通过全国人大产生的法律在我国具有最高权威，是国家机关、社会团体和个人必须共同遵守的准则。

2. 独立性。国家立法权是国家权力体系的一个重要组成部分，它独立于行政权和司法权之外，并高于行政权和司法权。国务院、中央军委、最高人民法院和最高人民检察院虽然有向全国人大及其常委会提交法律案的权力，但是该权力仍然

只是程序意义上的，最终的决定权始终掌握在全国人大及其常委会手里。我国没有实行三权分立的政治体制，人民选举代表产生人大作为国家权力机关。全国人大是我国最高国家权力机关，由其产生国务院、最高人民法院和最高人民检察院分别行使行政权和司法权，其自身保留了完整而独立的立法权。

3. 最高性。全国人大及其常委会立法权的最高性体现在两个方面。一方面，在我国的国家权力体系中，全国人大及其常委会的立法权，是为国家和全社会创制各项制度和行为规范的权力，其他任何国家权力都必须无条件地服从这一权力。宪法和法律一经制定实施，一切国家机关和武装力量、各政党和社会团体、各企业事业组织以及公民个人，都必须遵守。一切违反宪法和法律的行为，都必须予以追究。另一方面，在我国多层次的立法体制中，全国人大及其常委会的立法权处于最高和核心地位，其他任何机关制定的规范性文件都不得与宪法、法律相抵触。基于适应执行法律和行使行政管理职权的需要，国务院可以依据宪法和法律制定行政法规。为充分调动地方的积极性和主动性，各地根据本地的具体情况和实际需要，可以拥有一定的立法权限。但行政立法权和地方立法权都必须以国家立法权为依据，行政法规不得同宪法和法律相抵触；地方性法规不得同宪法、法律和行政法规相抵触；自治条例和单行条例不得对宪法和民族区域自治法的规定作出变通规定，不得违背法律和行政法规的基本原则。全国人大及其常委会立法权的最高和核心地位，要求国家立法权之下的任何一级立法权都必须服从国家立法权，以国家立法权为最高准则。

（二）国家立法权的范围

国家立法权的最高性、主权性和独立性决定了其具有一定的界限，它必须针对社会中最重要的事项进行规范，必须合理地划分中央和地方立法、立法机关立法和行政机关立法之间的界限。确立国家立法权的范围具有以下重要意义，首先，保证国家政权能够掌握在人民手中，使立法能够真正体现人民自己的意志和利益，维护国家统一和国内市场统一。其次，有利于国务院更好地通过制定行政法规行使行政管理职权。最后，有利于各地在维护国家法制统一的前提下，从本地方的具体情况和实际需要出发，调动立法的主动性和积极性，加快地方法制建设的步伐，从而更好地依法管理好地方事务。

（三）国家立法权的行使

在我国，需要在两个层面上谈国家立法权行使，第一个层面是国家立法权与其他国家权力的关系，第二个层面是国家立法权内部划分。

从国家立法权和其他国家权力的关系来看，我国的根本政治制度是人民代表大会制度，国家的一切权力属于人民，人民行使权力的机关是全国人大和地方各级人大。全国人大是最高国家权力机关，国家最高行政机关国务院、国家最高审判机关最高人民法院和国家最高检察机关最高人民检察院都由它产生，向它负责并报告工作，还受它监督。全国人大虽然是最高国家权力机关，但并不代替其他国家机关去工作。法律由全国人大制定后，行政机关通过行使行政管理职权去执行法律，审判机关和检察机关依据法律去行使审判权和检察权。它们各司其职、各负其责，共同对人大负责，受人大监督。全国人大在国家政权机关中处于核心地位。

从国家立法权内部划分来看，全国人大和全国人大常委会共同行使国家立法权。1954 年《宪法》规定全国人大是行使国家立法权的唯一机关，有权“修改宪法”“制定法律”。全国人大常委会可以“解释法律”“制定法令”。也就是说，当时的全国人大常委会是不能够制定法律的。但是，由于全国人大的会期制度等一系列原因，仅仅由全国人大制定法律无法胜任立法工作的需要。1955 年一届全国人大二次会议通过的《关于授权常务委员会制定单行法规的决议》（已失效）“授权常务委员会依照宪法的精神、根据实际的需要，适时地制定部分性质的法律，即单行法规”。1982 年《宪法》和 2000 年《立法法》规定了全国人大和全国人大常委会共同行使国家立法权。但是，全国人大常委会和全国人大共同行使立法权，并不意味着它就和全国人大享有平等的法律地位。全国人大常委会是全国人大的常设机关，在全国人大闭会期间，可以经常性地行使国家立法权。但是，常委会的国家立法权仍然从属于全国人大的国家立法权，对于全国人大常委会不适当的决定，全国人大有权予以改变或撤销。

二、全国人大的立法权限

（一）确立全国人大立法权应当考虑的因素

从理论上讲，全国人大是我国最高权力机关，其拥有对一切重要领域的立法权，但是如果对全国人大的立法权不加以规定就会造成其立法权限不清晰，责任分配不恰当的结果，反而不能有效发挥立法权的功能和调动行政机关和地方立法的积极性。

但是，全国人大的立法权的范围的确立必须要考虑诸多相关因素。首先，《宪法》是国家的根本法，全国人大制定法律必须以《宪法》为依据，不得违背《宪法》。其次，全国人大由人民选举的自己的代表组成，它在立法过程中必须充分反映人民的意志和愿望，保证人民当家作主的地位，而不得制定违背人民意志和利益的法律。再次,我国地域辽阔,人口众多,各地发展很不平衡,不可能所有的事项都由全国人大统一立法。最后,全国人大虽然是最高权力机关,但是它不代替其他国家机关开展工作。

(二)制定和修改基本法律

《宪法》规定,全国人大制定基本法律,那么什么是“基本法律”?从法律性质上看,“基本法律”对某一类社会关系的调整和规范,在国家和社会生活中应当具有全局性、普遍性和根本性的指导意义。从调整内容上看,“基本法律”所涉及的事项应当是公民的基本权利和义务关系;国家经济和社会生活中某一方面的基本关系;国家政治生活各个方面的基本制度;事关国家主权和国内市场统一的重大事项;其他基本和重大的事项。

基本法律的范围,包括刑事的基本法律、民事的基本法律、国家机构的基本法律、其他的基本法律。所谓“其他的基本法律”,是指除刑事的、民事的和国家机构的以外,其他必须由全国人大制定和修改的重要法律,如《兵役法》《教育法》《工会法》《全民所有制工业企业法》等。多年来立法和执法的实践也证明,全国人大制定的其他法律在国家和社会生活的不少方面都发挥了重大作用。

(三)制定和修改非基本法律

《宪法》规定全国人大制定基本法律,并不意味着全国人大只能制定基本法律,对非基本的法律全国人大就无权制定。《宪法》规定的意义仅在于,基本法律必须由全国人大制定,至于非基本的法律,《宪法》虽然没有明确规定全国人大可以制定,但《宪法》第62条规定,全国人大可以行使“应当由最高国家权力机关行使的其他职权”。这当然包括制定非基本法律。所以只要全国人大认为必要,它完全可以制定非基本法律。

总之,全国人大作为最高国家权力机关,其立法权限范围是十分宽泛的,不仅可以制定基本法律,也可以制定非基本法律,但重点应当是基本法律。

三、全国人大常委会的立法权限

全国人大常委会是全国人大的常设机关,是最高国家权力机关的组成部分,在全国人大闭会期间行使部分最高国家权力。因此,全国人大常委会也享有广泛的立法权,但比起全国人大来,立法权受到一定的限制。综合《宪法》和《立法法》对全国人大常委会立法权限的规定,全国人大常委会的立法权限,主要有以下两个方面。

(一)制定和修改非基本法律

除基本法律以及涉及全国人大权限和工作程序的非基本法律外,凡应当由法律规定的事项,全国人大常委会都有权立法。也就是说,绝大部分的非基本法律属于全国人大常委会的立法权限范围。近 20 年来,为适应改革开放和社会主义市场经济建设的需要,全国人大常委会加快立法步伐,制定和修改了一大批法律,内容涉及国家的政治、经济、教育、科学、文化、卫生、土地管理、环境保护等方面,形成了中国特色社会主义法律体系的框架,对保障改革开放和现代化建设的顺利进行发挥了重要作用。

(二)对全国人大制定的法律进行补充和修改

《宪法》规定全国人大和全国人大常委会共同行使国家立法权,但是,全国人大仍然最具国家立法资格,全国人大常委会只能在其闭会期间补充修改只能由全国人大制定的法律。赋予全国人大常委会对全国人大制定的法律进行补充和修改的权力主要考虑:(1)全国人大常委会作为全国人大的常设机关,是最高立法机关的组成部分,在全国人大闭会期间行使国家立法权。(2)全国人大人数多,每年只开一次会,会期很短,议程较多,不可能对各项法律都进行补充和修改,而全国人大常委会一些法律进行补充和修改,可以使全国人大集中精力处理好必须由它处理的重大问题。(3)由于社会生活的发展变化很快,新情况和新问题不断出现,因此,对全国人大制定法律的补充和修改任务相当繁重,应当成为一项经常性的工作。赋予全国人大常委会该项权力,可以使一些急需补充和修改的法律及时得到补充和修改。(4)全国人大常委会对全国人大制定的法律进行补充和修改,不会影响全国人大行使立法权,也不存在架空全国人大的问题。因为,对于全国人大认为必须由它进行补充和修改的法律,它有权决定自行补充和修改。

全国人大常委会对于全国人大制定的法律的补充和修改是必须遵循一定的原则和要求的:第一,只能在全国人大闭会期间进行补充和修改。第二,这种补充和修改必须限于"部分"的范围内,即在原有法律的基础上增加部分内容,或者对原有法律的内容进行部分改变。第三,这种补充和修改不得同该法律的基本原则相抵触。如果全国人大常委会对于法律的补充修改不遵循上述要求,那么根据《宪法》第 62 条规定,全国人大有权改变或者撤销全国人大常委会不适当的决定,所以,全国人大认为常委会的补充和修改不适当时,有权予以改变或者撤销。

四、全国人大对全国人大常委会的授权

如前所述,本条第 4 款是 2023 年修改《立法法》时新增的规定。事实上,在此之前已经有全国人大授权全国人大常委会制定相关法律的实践。例如,1987 年 4 月六届全国人大五次会议通过了《村民委员会组织法(草案)》,授权全国人大常委会根据《宪法》规定的原则，参照大会审议中代表提出的意见，进一步调查研究，总结经验，审议修改后颁布试行。根据这一授权，六届全国人大常委会第二十三次会议于 1987 年 11 月通过了《村民委员会组织法(试行)》(已失效)。再如，2020 年 5 月十三届全国人大三次会议通过《关于建立健全香港特别行政区维护国家安全的法律制度和执行机制的决定》，授权全国人大常委会就建立健全香港特别行政区维护国家安全的法律制度和执行机制制定相关法律。根据这一授权，十三届全国人大常委会第二十次会议于 2020 年 6 月通过了《香港特别行政区维护国家安全法》。

根据全国人大常委会法工委国家法室主任童卫东的介绍和解读，之所以在 2023 年《立法法》修改中明确全国人大可以授权全国人大常委会制定相关法律，一方面是根据前述的立法实践作出的规定。另一方面也是考虑到，理论上全国人大可以制定所有的法律，实践中哪些法律由全国人大通过，受诸多因素影响，将全国人大和全国人大常委会的立法权限划分得泾渭分明，难度大，必要性不大。①

第十一条　法律保留

下列事项只能制定法律：

(一)国家主权的事项；

(二)各级人民代表大会、人民政府、监察委员会、人民法院和人民检察院的产生、组织和职权；

(三)民族区域自治制度、特别行政区制度、基层群众自治制度；

(四)犯罪和刑罚；

(五)对公民政治权利的剥夺、限制人身自由的强制措施和处罚；

(六)税种的设立、税率的确定和税收征收管理等税收基本制度；

(七)对非国有财产的征收、征用；

(八)民事基本制度；

(九)基本经济制度以及财政、海关、金融和外贸的基本制度；

(十)诉讼制度和仲裁基本制度；

(十一)必须由全国人民代表大会及其常务委员会制定法律的其他事项。

① 参见童卫东：《新〈立法法〉的时代背景与内容解读》，载《中国法律评论》2023 年第 2 期。

【条文精释】

本条是关于全国人大及其常委会专属立法权的规定。

在立法权限的划分方面，最主要的是要明确哪些事项必须由全国人大及其常委会制定法律，也就是哪些是全国人大及其常委会的专属立法权。明确这个问题，有利于解决与国务院行政法规、地方性法规权限的划分问题。2023 年修改《立法法》时，在本条第 2 项中增加了“监察委员会的产生、组织和职权”，并将本条第 10 项修改为“诉讼制度和仲裁基本制度”。

一、专属立法权的含义

专属立法权，是指一定范围内规范社会关系的事项，只能由特定的国家机关制定法律规范的权力。对属于特定国家机关专属立法权限的事项，其他任何机关非经授权，不得进行立法；如果其他机关未经授权又认为必须立法，也只能向享有专属立法权的机关提出立法的动议，而不得自行立法。

二、划分全国人大及其常委会专属立法权限的必要性

全国人大和全国人大常委会享有国家立法权，其效力具有最高性，但是全国人大及其常委会并不代替其他国家机关直接工作，具体的事项必须结合实际才能够被有效地规制，协调好专属立法权与国务院、地方立法权的关系是我国立法体制中的重要议题。划分专属立法权十分必要且具有重要意义。

1. 为了保证国家政权能够始终掌握在人民手中，使立法能够真正体现人民自己的意志和利益，维护国家统一和国内市场的统一，一些重要的立法权必须由全国人大及其常委会直接行使，中央国家机关和地方国家机关非经专门授权不得行使。

2. 对全国人大及其常委会与国务院的立法权限作出划分，有利于国务院更好地通过制定行政法规行使行政管理职权。从我国近几年的立法实践来看，在划分法律和行政法规的调整界线方面已确立了一些标准，取得了一些经验。比如，刑事、民事、国家机构方面的事项由法律规定，行政机关内部需全国统一的工作制度和工作程序可以由行政法规规定；基本的行政管理体制和制度方面的事项由法律规定，行政管理体制和制度中某一方面的具体事项以及操作运转方面的事项可以由行政法规规定；基本的经济制度和管理体制方面的事项由法律规定，经济体制中的操作运转事项以及经济、技术标准可以由行政法规规定。

3. 对全国人大及其常委会的专属立法权作出明确，有利于各地在维护国家法制统一的前提下，从本地的具体情况和实际需要出发，调动立法的主动性和积极性，加快地方法制建设的步伐，从而更好地依法管理好地方事务。

4. 明确划分中央立法机关的专属立法权限也是绝大多数国家的做法。比如，在中央与地方立法权限的划分上，美国、德国、意大利、瑞士、巴基斯坦、奥地利、印度、马来西亚等国的宪法，都对中央的立法权限作了专门规定。《美国宪法》明确规定了由国会立法的近20项专属事项，《德国基本法》则列举了11项由联邦立法的专属事项。

三、确定专属立法权限的原则

（一）宪法原则

《宪法》是国家的根本法，是制定其他法律的依据。制定《立法法》，划分全国人大及其常委会的专属立法权限也必须以《宪法》为依据。《宪法》对全国人大及其常委会的专属立法权限，已经作出一些原则规定，但是这些规定不够系统，比较分散。《立法法》可以根据《宪法》的规定，对全国人大及其常委会专属立法权限加以归纳，使之更加明确、系统，但必须严格依据《宪法》，不能同《宪法》相抵触。

（二）民主原则

我国是人民当家作主的社会主义国家，国家的一切权力属于人民。全国人大及其常委会是代表人民行使国家立法权的机关，确定全国人大及其常委会的专属立法权限必须有利于直接和充分地反映人民的意愿，保证人民当家作主的地位。

（三）有利于维护国家统一原则

我国是统一的多民族国家，幅员辽阔，各民族、地区之间有着长期的互相帮助、互相尊重、和睦相处、共同发展的优良传统。国家的统一反映在立法上，就是法制的统一。立法权限的划分必须有利于维护国家的统一，凡属涉及国家统一的事项，必须由全国人大及其常委会统一立法。

（四）有利于建立和维护国内统一市场原则

当前，我国实行社会主义市场经济体制。建立国内统一市场，是维护国家统一的需要。市场的统一要求法制的统一。对立法权限的划分必须有利于建立和维护统一的国内市场，而不能造成市场分割。凡涉及建立和维护统一的国内市场的重要事项，必须由全国人大及其常委会立法予以规范。

（五）有利于提高效率和调动各方面积极性原则

这一原则要求，在中央与地方的关系上，既要使中央有足够的权威以维护国家的统一和稳定，实现国家对经济的宏观调控，又要能够充分调动地方的积极性和创造性；在权力机关与行政机关的关系上，既要使涉及国家和社会的重要事项必须由权力机关决定，以保证所作出的决策具有足够的民主性和权威性，又要使政府在对社会进行管理时有足够的权限和手段处理问题，能够对不断发生的各种紧急情况作出及时有效的反应，以维护正常的社会秩序。

四、划分专属立法权限的《宪法》依据

明确全国人大及其常委会的立法权限必须严格以《宪法》为依据。我国《宪法》虽然没有明确、系统地规定全国人大及其常委会的专属立法权限，但《宪法》中各个方面相关的原则和分散的规定，仍然为确定专属立法权提供了依据。把握全国人大及其常委会专属立法权限的《宪法》依据需要从以下几个方面进行。

1.《宪法》明确规定了应当由法律规定的事项。《宪法》共在45处明确规定了应当由法律规定的事项。具体有以下几种表述方式：(1)表述为“由法律规定”或者“以法律规定”的共12处。例如，《宪法》第31条规定，“在特别行政区内实行的制度按照具体情况由全国人民代表大会以法律规定”；第59条规定，“全国人民代表大会代表名额和代表产生办法由法律规定”；第97条规定，“地方各级人民代表大会代表名额和代表产生办法由法律规定”。因此，制定特别行政区的基本法律、全国人大代表和地方各级人大代表选举法应当属于全国人大及其常委会的立法权限。(2)表述为“依照法律规定”或者“依照法律”的共26处。例如，《宪法》第2条规定，“人民依照法律规定，通过各种途径和形式，管理国家事务，管理经济和文化事业，管理社会事务”；第55条规定，“依照法律服兵役和参加民兵组织是中华人民共和国公民的光荣义务”。这说明，制定有关人民管理国家事务、经济文化事务和社会事务的法律，公民服兵役和参加民兵组织的法律应当属于全国人大及其常委会的立法权限。(3)表述为“在法律规定范围内”等其他形式的共7处。例如，《宪法》第8条规定，“参加农村集体经济组织的劳动者，有权在法律规定的范围内经营自留地、自留山、家庭副业和饲养自留畜”。这说明，制定有关农村集体经济组织劳动者经营自留地、自留山、家庭副业和饲养自留畜的法律应当属于全国人大及其常委会的立法权限。

2.《宪法》第67条关于全国人大常委会职权中明确规定由全国人大常委会规定的事项，即该条第16项的“规定军人和外交人员的衔级制度和其他专门衔级制度”；第17项的“规定和决定授予国家的勋章和荣誉称号”。因此，制定关于衔级、国家勋章和荣誉称号的法律，应当是全国人大常委会的专属立法权限。

3.《宪法》虽未规定由全国人大及其常委会制定法律或者予以规定，但属于全国人大及其常委会职权范围内应当用法律调整的事项。《宪法》没有明确规定全国人大及其常委会对其行使的任何职权都可以制定法律，但显然，在职权范围内需

用法律调整的事项,全国人大及其常委会都可以制定法律,这样才能保证其有效地行使各项国家权力。这类事项包括以下几方面:

(1)《宪法》明确规定由全国人大及其常委会决定或批准的事项。例如,《宪法》第62条规定,全国人大"审查和批准国民经济和社会发展计划和计划执行情况的报告";"审查和批准国家的预算和预算执行情况的报告";"批准省、自治区和直辖市的建置";"决定战争和和平问题"。第67条规定,全国人大常委会"决定同外国缔结的条约和重要协定的批准和废除";"决定全国总动员或者局部动员";"决定全国或者个别省、自治区、直辖市进入紧急状态"等。因此,制定计划法、预算法、缔结条约程序法、国防动员法、戒严法以及省、自治区、直辖市建置方面的法律等应当属于全国人大及其常委会的专属立法权限。

(2)《宪法》明确规定由全国人大及其常委会实施监督的事项。例如,《宪法》第62条规定,全国人大"监督宪法的实施";"改变或者撤销全国人民代表大会常务委员会不适当的决定"。第67条规定,全国人大常委会"监督宪法的实施";"监督国务院、中央军事委员会、最高人民法院和最高人民检察院的工作";"撤销国务院制定的同宪法、法律相抵触的行政法规、决定和命令";"撤销省、自治区、直辖市国家权力机关制定的同宪法、法律和行政法规相抵触的地方性法规和决议"等。因此,制定有关宪法监督、执法监督、司法监督和立法监督方面的法律应当属于全国人大及其常委会的专属立法权限。

(3)其他由全国人大及其常委会行使职权的事项。《宪法》第62、67条在分别列举全国人大及其常委会行使的各项职权的同时,还在第62条第15项规定,全国人大行使"应当由最高国家权力机关行使的其他职权";在第67条第21项规定,全国人大常委会行使"全国人民代表大会授予的其他职权"。这说明,全国人大及其常委会除了有权就《宪法》第62条和第67条赋予的各项职权进行立法以外,必要时还有权为行使《宪法》所没有明确规定的其他职权而进行立法。

五、全国人大及其常委会专属立法权限的范围

根据《宪法》的规定,总结近30年来我国各方面的立法经验,本条列举了11项只能由全国人大及其常委会制定法律的事项,即全国人大及其常委会的专属立法权限范围。

(一)有关国家主权的事项

国家主权也称主权,是一个国家对其管辖区域所拥有的至高无上的、排他性的政治权力,简言之,即为自主自决的最高权威。是对内立法、司法、行政的权力来源，也是对外交往保持独立自主的一种力量和意志。主权的法律形式对内常规定于宪法或者基本法中，对外则是国际的相互承认。国家主权通常包括政治主权、经济主权、领土主权等。

全国人大及其常委会除对涉及国家政治制度、社会制度和经济制度的事项当然享有专属立法权限外，还应当对下列有关国家主权的事项享有专属立法权限：(1)国家领土。领土是指国家主权所管辖的地区范围，通常包括领陆、领水、领空以及底土。全国人大常委会已制定了《领海及毗连区法》《专属经济区和大陆架法》等法律。(2)国防。国防是指国家为防备和抵抗侵略，制止武装颠覆、恐怖分子等，保卫国家的主权、统一，领土完整和安全所进行的军事活动，以及与军事有关的政治、经济、科技、外交、教育等方面的活动。全国人大常委会已制定了《国防法》《人民防空法》《兵役法》《预备役人员法》《解放军现役军官法》《中国人民解放军军官军衔条例》《军事设施保护法》等法律。(3)外交。外交是指一个国家在国际关系方面的活动，如参加国际组织和会议，跟别的国家互派使节、进行谈判、签订条约和协定等。全国人大常委会已制定了《缔结条约程序法》《领事特权与豁免条例》。(4)国籍。全国人大常委会已制定了《国籍法》。(5)中国公民出入境和外国公民入出境制度。全国人大常委会已制定了《出境入境管理法》。(6)国旗、国徽、国歌。国旗是国家的标志和象征。目前，全国人大常委会已制定了《国旗法》《国徽法》《国歌法》。

需要注意的是，由法律规定的有关国家主权事项，是指国防、外交等事务中涉及国家主权的事项，必须制定法律。其中有些外交事务虽然涉及主权问题，但属于政府职权范围的事项，可以由国务院以行政法规规定，不一定必须制定法律。

(二)各级人大、人民政府、监察委员会、人民法院和人民检察院的产生、组织和职权

我国是人民民主专政的社会主义国家，人民是国家的主人，通过人大表达意志。其他国家机关由人大产生并对人大负责。根据宪法的规定，权力机关、行政机关、监察机关、审判机关和检察机关是我国国家机构的重要组成部分，是行使国家权力，实现国家职能的核心力量。它们的产生方式、组织原则、职权范围和行使职权的具体程序直接反映我国国家机构的本质，反映各国家机构的力量是否能够掌握在人民手中，成为人民行使国家权力、实现国家职能的工具。因此，有关国家机构产生、组织和职权的事项必须由全国人大及其常委会制定法律予以规范。

国家监察体制改革后，2018 年《宪法》修改，明确各级监察委员会是国家的监

察机关，监察委员会的组织和职权由法律规定。2023年《立法法》修改，根据宪法的规定，将“监察委员会的产生、组织和职权”增加进全国人大及其常委会的专属立法权之中。

（三）民族区域自治制度、特别行政区制度、基层群众自治制度

1. 民族区域自治制度，是指在国家统一领导下，各少数民族聚居的地方实行区域自治，设立自治机关，行使自治权的制度。民族区域自治制度是我国的基本政治制度之一，是中国特色社会主义政治制度的重要内容。《宪法》总纲中规定，“中华人民共和国各民族一律平等。国家保障各少数民族的合法的权利和利益，维护和发展各民族的平等团结互助和谐关系”；“国家根据各少数民族的特点和需要，帮助各少数民族地区加速经济和文化的发展”；“各民族自治地方都是中华人民共和国不可分离的部分”；第95条规定，“自治区、自治州、自治县设立自治机关。自治机关的组织和工作根据宪法第三章第五节、第六节规定的基本原则由法律规定”；第112条至第122条规定了民族自治地方的自治机关。这些规定充分体现民族区域自治制度在国家政治制度中的重要性，并明确民族自治地方自治机关的组织和工作需由全国人大及其常委会根据《宪法》制定法律予以规定。现行有关民族区域自治的基本法是1984年5月31日由六届全国人大二次会议通过的《民族区域自治法》。

2. 特别行政区制度是体现我国“一国两制”基本方针的重要政治制度。《宪法》第31条规定：“国家在必要时得设立特别行政区。在特别行政区内实行的制度按照具体情况由全国人民代表大会以法律规定。”《宪法》的这一规定是“一国两制”方针的体现，据此我国设立的香港、澳门特别行政区具有不同于我国各省、自治区、直辖市等一般行政区域的法律地位，在特别行政区内实行不同于内地的政治、社会和经济制度，而这些特殊的制度将按照具体情况由全国人大制定法律予以规定。根据《宪法》的规定，七届全国人大三次会议于1990年4月4日通过了《香港特别行政区基本法》，全国人大常委会会议分别于1996年和1999年通过了《香港特别行政区驻军法》和《澳门特别行政区驻军法》，对中国人民解放军进驻香港、澳门特别行政区的有关事项作出规定。此外，2020年5月十三届全国人大三次会议通过《关于建立健全香港特别行政区维护国家安全的法律制度和执行机制的决定》，授权全国人大常委会就建立健全香港特别行政区维护国家安全的法律制度和执行机制制定相关法律。根据这一授权，十三届全国人大常委会第二十次会议于2020年6月通过了《香港特别行政区维护国家安全法》。

3. 基层群众自治制度是依照宪法和法律，由居民（村民）选举的成员组成居民（村民）委员会，实行自我管理、自我服务、自我教育、自我监督的制度。该制度是在中华人民共和国成立后的民主实践中逐步形成的，并首先发育于城市。中共十七大将“基层群众自治制度”首次写入党代会报告，基层群众自治制度正式与人民代表大会制度、中国共产党领导的多党合作和政治协商制度、民族区域自治制度一起，纳入了中国特色社会主义政治制度范畴。《宪法》第111条规定，“城市和农村按居民居住地区设立的居民委员会或者村民委员会是基层群众性自治组织”；“居民委员会、村民委员会同基层政权的相互关系由法律规定”；居民委员会、村民委员会“办理本居住地区的公共事务和公益事业，调解民间纠纷，协助维护社会治安，并且向人民政府反映群众的意见、要求和提出建议”。目前，全国人大及其常委会已制定了《城市居民委员会组织法》《村民委员会组织法》，对基层群众自治制度作了较详细的规定。

（四）犯罪和刑罚

根据马克思阶级分析的观点，犯罪的本质是孤立的个人反对统治关系的斗争，达到最明显最极端的程度。《刑法》第13条对犯罪的定义是：“一切危害国家主权、领土完整和安全，分裂国家、颠覆人民民主专政的政权和推翻社会主义制度，破坏社会秩序和经济秩序，侵犯国有财产或者劳动群众集体所有的财产，侵犯公民私人所有的财产，侵犯公民的人身权利、民主权利和其他权利，以及其他危害社会的行为，依照法律应当受刑罚处罚的，都是犯罪，但是情节显著轻微危害不大的，不认为是犯罪。”犯罪具有危害性、违法性、侵害性和应受惩罚性等特征，犯罪构成是一系列主客观要件的统一。犯罪行为危害社会主义国家所保护的法益，所以往往给予其严厉的刑罚惩罚，而正因为其严厉性，甚至剥夺人的生命，因而需要严格把握犯罪构成要件，罪刑法定原则是我国刑事处罚的基本原则之一。全国人大通过《刑法》，规定犯罪的构成和刑罚。

刑罚是国家为惩治犯罪人而使用的暴力手段，是国家权力的表现形式之一。《宪法》第28条规定：“国家维护社会秩序，镇压叛国和其他危害国家安全的犯罪活动，制裁危害社会治安、破坏社会主义经济和其他犯罪的活动，惩办和改造犯罪分子。”刑罚的目的具体表现为特殊预防和一般预防，所谓特殊预防，是指防止犯罪人重现犯罪，其对象只能是犯罪人，即实施了危害社会的行为，依法应当承担刑事责任的人。一般预防，是指防止尚未犯罪的人走上犯罪道路。我国刑法规定的刑罚分为主刑和附加刑，主刑有管制、拘役、有期徒刑、无期徒刑、死刑，附加刑有罚金、剥夺政治权利、没收财产和驱逐出境。

（五）对公民政治权利的剥夺、限制人身自由的强制措施和处罚

政治权利又称参政权或政治参加的权利、民主权利，是人们参与政治活动的一切权利和自由的总称。根据宪法、法律的规定，公民参与国家政治生活的权利，是公民的经济要求在政治上的集中反映，是公民权利的重要组成部分，也是公民其他权利的基础。人身自由权是指公民在法律范围内有独立为行为而不受他人干涉，不受非法逮捕、拘禁，不被非法剥夺、限制自由及非法搜查身体的权利。人身自由不受侵犯，是公民最起码、最基本的权利，是公民参加各种社会活动和享受其他权利的先决条件。它是公民按照自己的意志和利益行动和思考，不受约束、控制或妨碍的人格权。人身自由又称身体自由。“对公民政治权利的剥夺、限制人身自由的强制措施和处罚”，是指对有严重违法或者犯罪行为的公民设定剥夺政治权利、限制人身自由的强制措施和处罚，而不是指普遍地剥夺公民的某种权利或者限制公民的人身自由。任何人、任何机关和任何法律都不能无故剥夺公民的权利和自由。公民只有在违法犯罪之后，剥夺或者限制权利和自由的措施和处罚才适用于他。

1. 对公民政治权利的剥夺的强制措施和处罚。我国《宪法》第 2、34、35、41 条等规定了公民具有广泛的政治权利和自由，包括选举权和被选举权，言论、出版、结社、集会、游行、示威的自由以及宗教信仰自由等。充分保证公民享有各项政治权利是实现人民当家作主、行使国家权力的保证，因而对公民政治权利的剥夺必须十分严肃和慎重。《宪法》第 34 条在规定公民选举权和被选举权的同时，规定“但是依照法律被剥夺政治权利的人除外”。《全国人民代表大会和地方各级人民代表大会选举法》第 4 条规定，“依照法律被剥夺政治权利的人没有选举权和被选举权”。这些规定表明，对公民政治权利的剥夺只能由法律予以规定，即只能由全国人大及其常委会制定法律予以规定。目前，我国对公民政治权利的剥夺仅限于全国人大及其常委会刑事立法的范围。《刑法》第 56 条第 1 款规定：“对于危害国家安全的犯罪分子应当附加剥夺政治权利；对于故意杀人、强奸、放火、爆炸、投毒、抢劫等严重破坏社会秩序的犯罪分子，可以附加剥夺政治权利。”从这一规定可以看出，我国刑事立法对附加适用剥夺政治权利的规定是十分严格的，它只适用于那些犯罪性质严重、危害性极大的刑事犯罪分子。

2. 限制人身自由的强制措施和处罚。公民的人身自由是行使其他一切权利的基础。我国《宪法》十分重视对公民人身自由的保护。《宪法》第 37 条至第 40 条规定的公民人身自由包括：公民的人身自由不受侵犯；公民的人格尊严不受侵犯；

公民的住宅不受侵犯;公民合法的通信自由和通信秘密不受侵犯。只有公民违反了法律规定,并且依据法律明确规定的程序,公民的人身自由才受到限制。也就是说,任何行政法规和地方性法规,都不得对公民的人身自由作出惩罚性规定。

总结全国人大及其常委会的立法实践,从性质和适用目的上看,我国法律对违法公民设定限制其人身自由的方式可以分为两类:一类是以强制措施方式限制公民人身自由;另一类是以处罚方式限制公民人身自由的。

第一,限制公民人身自由的强制措施必须由法律规定。强制措施包括刑事诉讼强制措施、民事诉讼和行政诉讼的强制措施以及行政强制措施。限制公民人身自由的刑事强制措施以及民事诉讼和行政诉讼的强制措施必须由法律予以专门规定,是没有疑问的。因为这些强制措施是国家司法制度中的重要内容,对保证公民的人身自由和司法公正都具有重要意义。它们只能由全国人大及其常委会制定法律予以规定,其他任何机关和团体都无权以法规和规章形式予以规定。现行的《刑事诉讼法》《民事诉讼法》《行政诉讼法》也已对这些强制措施作出规定。

第二,限制公民人身自由的处罚必须由法律规定。限制公民人身自由处罚的种类,包括刑事处罚、司法处罚、行政处罚。剥夺公民人身自由的刑罚和限制公民人身自由的司法拘留都由全国人大制定的基本法律予以规定,已成为一项严肃的司法制度,因而对这些措施的适用也是严格而有限的。在行政管理工作中,比较多地存在的,是以限制公民人身自由的方式进行行政处罚。由于限制人身自由处罚适用较为普遍,更由于人身自由是公民的一项最基本的权利,因而规定对这一处罚的设定权必须十分严格。《行政处罚法》第 10 条第 2 款规定,“限制人身自由的行政处罚,只能由法律设定”;第 11 条第 1 款规定,“行政法规可以设定除限制人身自由以外的行政处罚”;第 12 条第 1 款规定,“地方性法规可以设定除限制人身自由、吊销营业执照以外的行政处罚”。上述规定表明,限制公民人身自由的处罚只能由全国人大及其常委会制定法律予以规定,是法律的专属权力,任何行政法规和地方性法规都无权规定限制公民人身自由的处罚。这充分表明,我们国家是十分重视保护公民的人身自由的。

必须要说明的是,《立法法》规定的是对于限制公民政治权利和人身自由的内容必须由法律予以规定,但是并没有禁止法规、规章对于公民的政治权利和人身自由的保护。

（六）税种的设立、税率的确定和税收征收管理等税收基本制度

税收是国家为实现其职能,凭借政治权力,由税务机构依法向公民个人或者企

业事业组织强制、无偿地取得财政收入的一种活动。它是一项严肃和稳定的国家活动,必须严格依据税法的规定进行。由于税收涉及全体公民和纳税义务人的财产权利,因此,创设税制、规定税收的权力应当属于全体人民或者由全体人民选出的最高国家权力机关,任何行政机关和地方都无权创设税法。在资本主义国家,决定税收是议会的一项专属权力。早在英国资本主义发展初期,就有"不出代议不纳税"的说法。在英国,议会享有财政权,征税必须经议会同意,是一项基本的宪法原则。美国和法国的《宪法》都规定,议会是决定税收的唯一机关。

本项是2015年《立法法》修改时的一大亮点,将税收的法律保留单列为一项体现了税收的重要性,是我国在实现税收法定主义的道路上迈出的重要一步。本项进一步规定了税收的几大要素法定,即税种、税率和税收征管,使得全国人大在制定税收相关法律时针对性、可操作性增强,也限制了国务院对于税收征管的权力。此后,凡新的税种都必须由全国人大及其常委会通过法律设立,对于税率也必须由全国人大及其常委会通过予以规定。对于国务院制定的税收行政法规中实施成熟的,全国人民代表大会需要择机立法。

(七)对非国有财产的征收、征用

我国《宪法》第13条第3款规定:"国家为了公共利益的需要,可以依照法律规定对公民的私有财产实行征收或者征用并给予补偿。"所谓征收,是指国家基于公共利益的需要,通过行使征收权,在依法支付一定补偿后,将集体、单位或者个人的财产移转给国家所有。所谓征用,是指国家因抢险、救灾等公共利益的紧急需要而通过行使征用权,临时使用单位或者个人的财产的行为。2015年修改《立法法》时,在原款的基础上增加了征用,使得法律对于非国有财产的保护更加严格。

(八)民事基本制度

民事基本制度指民事活动中最主要的民事行为准则。《宪法》规定了许多保护我国公民民事权利的条款,其为保障民事基本权利奠定了坚实的宪法基础。民事基本制度包括以下几个方面:(1)有关民事主体资格的制度,如有关自然人、法人以及合伙的制度;(2)有关物权方面的制度,如有关财产所有权、共有权、相邻权、担保权、抵押权、留置权、国有企业经营权、土地使用权、房地产权等方面的制度;(3)有关知识产权方面的制度,如有关著作权、专利权、商标权等方面的制度;(4)有关债权方面的制度;(5)有关婚姻家庭、收养、继承等方面的制度。目前,我国已经编纂完成《民法典》,《民法典》对于上述民事基本制度作出了较为全面的规定。

（九）基本经济制度以及财政、海关、金融和外贸的基本制度

1. 基本经济制度。经济制度是指一定历史阶段占统治地位的生产关系的总和。基本经济制度是经济制度中占统治地位、对经济基础的性质起决定作用的那部分。《宪法》第6条第2款规定，“国家在社会主义初级阶段，坚持公有制为主体、多种所有制经济共同发展的基本经济制度，坚持按劳分配为主体、多种分配方式并存的分配制度”。经过党的二十大修改后的《中国共产党章程》在总纲部分规定，“必须坚持和完善公有制为主体、多种所有制经济共同发展，按劳分配为主体、多种分配方式并存，社会主义市场经济体制等基本经济制度”。基本经济制度是一项十分重要的国家制度，它直接影响和决定着国家的政治制度等上层建筑，影响和决定着国家和社会的性质。目前，除《宪法》的有关规定外，全国人大及其常委会已就基本经济制度进行了大量立法。比如，制定了《全民所有制工业企业法》《外商投资法》《个人独资企业法》《合伙企业法》《公司法》等法律，对各种所有制形式及其分配制度作出规定。

2. 宏观调控的基本制度。宏观调控是政府运用政策、法规、计划等手段对经济运行状态和经济关系进行调节和干预以保证国民经济的持续、快速、协调、健康发展。在市场经济中，商品和服务的供应及需求受价格规律及自由市场机制影响。《宪法》第15条规定，“国家加强经济立法，完善宏观调控”，“国家依法禁止任何组织或者个人扰乱社会经济秩序”。这一规定表明，有关宏观调控方面的制度，必须由国家统一立法。具体来说，主要包括以下几个方面。

第一，有关财政的基本制度。财政是国家凭借政治权力，直接、强制和无偿地参与社会产品和国民收入的分配和再分配的手段。它直接涉及中央与地方，国家与企业事业单位、国家与公民个人之间的分配关系。积极、健康的国家财政是巩固社会主义经济制度，促进国民经济发展，维持上层建筑有效运作，服务于改革开放和社会主义现代化建设的重要保障。因此，有关财政制度的事项必须由国家法律予以统一规定。这方面，全国人大及其常委会已制定了《预算法》《关于加强中央预算审查监督的决定》等法律规定，对国家的预算分配、预算管理和预算监督作出规定。

第二，有关海关的基本制度。海关是代表国家对进出关境活动实施监督管理的机关，其任务是依法监管进出境的运输工具、货物、行李物品、邮资物品和其他物品，征收关税和其他税费，查缉走私和办理其他海关业务。在国境线上依法统一行使海关职权，加强海关监督管理，是维护国家主权和利益，促进对外经济贸易和科

技文化交往，保障社会主义现代化建设的重要条件。因此，有关海关制度的事项必须由全国人大及其常委会统一立法，任何地方权力机关和行政机关都不得就此制定地方性法规和政府规章。目前，全国人大常委会已制定了《海关法》，对国家海关制度作出规定。

第三，有关金融的基本制度。金融是各种金融机构之间以及它们与公民个人或者其他组织之间，从事的货币发行、信贷、结算、信托、保险、票据贴现、汇兑往来、证券交易等活动。我国的金融体系是由中央银行、专业银行和其他金融机构组成的。对金融活动的统一和有效管理，是巩固以公有制为基础的社会主义经济制度，落实国家的经济政策，协调经济发展，保持社会稳定，改善人民生活和促进对外金融交往的重要保证。因此，有关金融基本制度的事项应当由国家统一立法。自改革开放以来，全国人大及其常委会十分重视金融立法，已制定了《中国人民银行法》《商业银行法》《票据法》《保险法》《证券法》等法律。

第四，有关外贸的基本制度。外贸即对外贸易，是在国家的统一管理下依法组织货物进出口、技术进口和国际服务贸易的活动。积极发展对外贸易，促进货物进出口与技术进口，开展国际贸易服务，是保证社会主义市场经济健康发展，促进和发展同其他国家和地区贸易关系的重要条件。但是发展对外贸易，必须由国家制定和实行统一的对外贸易制度，遵循平等互利的原则，依法维护公平、自由的对外贸易秩序，保障对外贸易经营者的经营自主权。因此，有关外贸的基本制度应当由全国人大及其常委会统一立法。1994 年，全国人大常委会已制定了《对外贸易法》，对有关外贸的基本制度作出规定。

（十）诉讼制度和仲裁基本制度

1. 诉讼制度。诉讼是指司法机关在当事人和其他诉讼参与人参加下，依照法定程序，为解决当事人的权利和义务而进行的活动。诉讼制度则是国家关于诉讼程序和诉讼方式的统一规定。按照解决当事人权利和义务性质的不同，诉讼可以分为刑事诉讼、民事诉讼和行政诉讼三种类型。刑事诉讼是公安机关、人民检察院、人民法院依法查明犯罪事实、解决犯罪嫌疑人刑事责任的活动。民事诉讼是人民法院依法查明事实、确定诉讼当事人民事权利和义务的活动。行政诉讼是人民法院依法对行政机关的具体行政行为是否合法进行审查的活动。无论是刑事的、民事的或者行政的诉讼，都具有以下特点：第一，以解决普遍性的公民权利和义务为直接指向；第二，在人民法院的主持下，在原告人、被告人双方的参与下，开展诉讼活动；第三，必须依照法定的程序和方式进行；第四，当事人权利和义务的最后确定权都属于人民法院；第五，人民法院、人民检察院以国家的名义解决诉讼当事人的权利和义务。这些特点表明，一方面，诉讼是涉及公民普遍性权利和义务的活动；另一方面，诉讼活动是纯粹的国家活动，诉讼的进行是以国家意志为主导的，对公民权利和义务的解决体现了国家的价值取向。因此，有关诉讼制度的事项必须由国家统一立法，这也是世界各国的通例。

在我国，公民的政治权利、人身自由权利和财产权利等基本的权利和自由都是由《宪法》直接规定的。而诉讼要解决的就是公民的基本权利和义务。解决的程序和方式当然应由法律规定。

2. 仲裁基本制度。仲裁是指买卖双方在纠纷发生之前或发生之后，签订书面协议，自愿将纠纷提交双方所同意的第三者予以裁决，以解决纠纷的一种方式。1994 年《仲裁法》规定了民事仲裁基本制度，1995 年《体育法》规定了体育仲裁制度，2007 年《劳动争议调解仲裁法》规定了劳动争议仲裁制度，2009 年《农村土地承包经营纠纷调解仲裁法》规定了土地承包经营纠纷仲裁制度，我国的仲裁制度越来越健全。近年来，为了推进更高水平对外开放，国家支持部分地区建设国际商事仲裁中心试点，如深圳、珠海探索建立国际仲裁院并出台《国际仲裁院条例》，有的自由贸易区探索临时仲裁制度，等等。上述实践探索无法完全适用《仲裁法》等法律的规定，有必要在立法权限上为地方制定相应的仲裁制度规则留下空间。因此，贯彻党中央关于强化涉外法律服务的战略部署，适应高水平对外开放工作需要，2023 年《立法法》修改，将只能制定法律事项中的“仲裁制度”修改为“仲裁基本制度”。①

（十一）必须由全国人大及其常委会制定法律的其他事项

此款属于“兜底”条款，对于应当由全国人大及其常委会制定的法律的范围不可能一一列举，前 10 条是在社会实践以及理性思考的基础上总结出的最为重要的一些社会生活的方面，这些方面必须由全国人大及其常委会制定法律。但是，社会生活是鲜活的和发展的，新的领域和事物层出不穷，需要全国人大及其常委会专门立法的事项也必须随着时代的发展而改变，这便给予了《立法法》以适应社会生活的空间。同样地，我们看到，《宪法》第 62 条也规定了“应当由最高国家权力机关行使的其他职权”和第 67 条规定的常委会有权行使“全国人民代表大会授予的其他职权”。

---

① 参见童卫东：《新〈立法法〉的时代背景与内容解读》，载《中国法律评论》2023 年第 2 期。

六、专属立法权以外的事项，全国人大及其常委会仍可以制定法律

全国人大及其常委会专属立法权的事项，是指只能由法律规定的事项，不是全国人大及其常委会只能对这些事项制定法律。只能由法律规定的事项与法律只能对某些事项进行，是不同的概念。法律规定的事项要比只能由法律规定的事项广泛。现在已制定的法律中有许多是专属立法权范围以外的事项，如教育、环境保护等方面的法律。区别在哪里呢？专属立法权所列的事项，法规不能规定，在尚未制定法律前，法规只有根据授权才能规定；而不属于专属立法权的事项，在没有制定法律之前，原则上法规可以先规定，不需要授权。由法律规定的事项是列举不尽的，凡是需要制定规范的事项，都可以制定法律。在《立法法》征求意见的过程中，有的主张增加一些事项，理由是现有法律中有不少事项是超出专属立法权的。之所以产生这种误解，就是没有分清专属立法权和法律能够制定的事项的区别。

划出专属立法事项，只是说明，这些专属事项只能由全国人大及其常委会制定法律，其他国家机关非经授权不得对上述专属事项予以规范。但这并不意味着，全国人大及其常委会只能在专属立法权范围内开展立法，对专属立法权之外的其他事项，比如有关教育、科学、文化、卫生、体育、环境保护等社会生活方面的事项，全国人大及其常委会仍然可以制定法律。实际上，全国人大及其常委会在这些方面也已经制定出相当多的法律。在专属立法权之外，法规先作了规定的，不妨碍制定法律；法律制定后，应当以法律为准，与法律相抵触的无效。

专题四　授 权 立 法

第十二条　授权立法

本法第十一条规定的事项尚未制定法律的，全国人民代表大会及其常务委员会有权作出决定，授权国务院可以根据实际需要，对其中的部分事项先制定行政法规，但是有关犯罪和刑罚、对公民政治权利的剥夺和限制人身自由的强制措施和处罚、司法制度等事项除外。

【条文精释】

本条是关于全国人大及其常委会授权国务院制定行政法规的规定。

一、什么是授权立法

授权立法，是指全国人大及其常委会根据法律规定，依据职权专门作出决定，授权国务院根据授权决定行使立法权的活动。授权立法来源于立法权，其能够避免法律的滞后性以及立法者的非专业性。在有关事项的立法条件尚不成熟、完备时，将部分立法权授予行政机关行使，发挥行政机关专业化、灵活性高等优势，能够有效地填补法律空白，为规制复杂、多变的经济、社会状况提供法理依据。需要注意的是，这里的授权立法并不包括专门作出授权决定的授权，因为为保证法律的贯彻执行，要求有关机关制定相应的规定，这种情况并不是一种授权，而是一种义务性规定；根据法条授权制定有关规定，将其归于执行法律，不作为授权立法看待。

（一）授权主体

授权主体，就是有权作出授权决定，赋予其他国家机关行使某种立法权的国家机关。授权主体必须是享有立法权的机关，只有这样，其才有资格进行立法授权。授权立法得以进行的前提就是授权主体通过一定形式将自己的立法权授予受权主体行使。关于授权主体的范围有三种意见，即凡是有权制定法律、法规、规章的机关均可授权；只有国家权力机关才能授权其他机关行使部分权力；只有全国人大及其常委会才能授权其他机关行使部分立法权。本次《立法法》修改草案二审稿采用的是第三种意见，即授权主体为全国人大及其常委会，被授权主体仅为国务院，既不包括地方人大及其常委会，也不包括国务院各部门和有规章制定权的省、市人民政府。这主要是因为国家立法权具有最高性、主权性、独立性的特点，它可以派生其他立法权，而国家立法权由全国人大及其常委会享有。行政法规、地方性法规等的制定权不是国家立法权，其本身是国家授予的，不具有派生其他立法权的功能。因此，享有行政法规、地方性法规等制定权的国务院、地方人大及其常委会并不能成为授权主体。

（二）被授权主体

被授权主体，是指被授予立法权的机关。在2000年制定《立法法》的过程中，对被授权主体的范围，曾有两种意见，第一种即全国人大及其常委会只能授权同级行政机关和下一级国家权力机关；第二种意见认为，只要全国人大及其常委会认为有必要授予某机关部分立法权，就可以授予。在之后的实践中我们可以发现，全国人大及其常委会不仅授权过国务院，也授权过广东、福建两省的人大及其常委会，还授权过深圳、汕头、厦门等市。根据《立法法》的规定，全国人大及其常委会有权作出决定，授权国务院根据实际需要就其专属立法权范围内的部分事项先制定行政法规。至于对地方上的国家机关授权立法问题，虽然没有作为一项基本制度规定下来，但也没有撤销过去对有关地方的授权。因此，如果实践中确有必要，仍可以授予某些地方国家机关立法权。

本条规定，全国人大及其常委会根据实际需要，可以作出决定，授权国务院对本法第11条规定的部分事项先制定行政法规，而没有规定全国人大及其常委会可以授权地方权力机关就某些事项先制定地方性法规。

如果持续关注《立法法》的起草过程，会发现在1999年提交全国人大常委会审议之前的征求意见稿中，规定了全国人大及其常委会可以对省、自治区、直辖市和较大的市的人大及其常委会进行先制定地方性法规的授权，但在吸收人大常委会成员意见后将这部分内容取消。这主要是因为，在常委会的讨论和进一步向各方面征求意见的过程中，比较多的意见认为，改革开放以来，地方性法规基本上是为执行法律、行政法规对需要作出具体规定的事项和对地方性事务作出规定。对中央专属立法事项，地方是不能涉足的。除中央专属立法事项外，尚未制定法律的事项，地方可以先制定地方性法规，积累立法经验。全国人大及其常委会曾先后授权广东、海南、福建以及深圳、厦门、珠海、汕头、上海浦东新区等地人大及其常委会根据具体情况就某些事项先制定地方性法规，在本地方实施。这几次立法授权适应了改革开放过程中出现的新情况和新问题的需要，实践证明效果是很好的。2023 年新修改的《立法法》在第 84 条中明确规定了“上海市人民代表大会及其常务委员会根据全国人民代表大会常务委员会的授权决定，制定浦东新区法规，在浦东新区实施。海南省人民代表大会及其常务委员会根据法律规定，制定海南自由贸易港法规，在海南自由贸易港范围内实施”，从而使得授权立法作为一项基本制度在《立法法》中规定。

二、改革开放以来的授权立法情况

1982 年《宪法》颁布以来，全国人大及其常委会曾对国务院作出三次授权决定。

第一次是 1983 年六届全国人大常委会第二次会议决定授权国务院对全国人大常委会制定的法律进行部分修改和补充，主要涉及国务院《关于安置老弱病残干部的暂行办法》和国务院《关于工人退休、退职的暂行办法》中的部分规定。原则上国务院无权对全国人大常委会制定的法律进行修改和补充，但由于法律在执行过程中会遇到各种新情况，全部由全国人大常委会进行修改和补充不切实际，也无法适应实践需要，并且上述两个暂行办法就是由国务院制定的，因此，全国人大常委会决定授权国务院对其进行修改和补充。第二次是 1984 年六届全国人大常委会第七次会议授权国务院对全国人大常委会的专属立法事项先制定行政法规，授权国务院在实施国营企业利改税和改革工商税制过程中，拟定有关税收条例，以草案形式发布试行，再根据试行的经验加以修订，提请全国人大常委会审议。该次授权的背景主要是就相关税制改革方面的事项制定法律规定的条件尚不成熟，但实践中又需要对一些改革措施予以规范，并为制定法律积累经验。第三次是 1985 年六届全国人大三次会议授权国务院对于有关经济体制改革和对外开放方面的有关问题制定暂行的规定或者条例并颁布实施，这是一项范围相当广泛的授权，为保证国务院正确使用这一授权，授权决定中同时规定，国务院对于根据该授权决定制定的行政法规，须报全国人大常委会备案；经过实践检验，条件成熟时由全国人大或者其常委会制定法律。根据该授权决定，国务院根据宪法在经济体制改革和对外开放方面可以对应当由全国人大及其常委会制定法律，又尚未制定法律的事项先制定行政法规，也可以在根据有关法律和决定制定暂行的规定或者条例时，对有关法律和决定作出修改和补充性的规定。但国务院无论是对有关事项先制定行政法规，还是制定规定或者条例时对有关法律和决定作出修改和补充，都不得同有关法律和全国人大及其常委会的有关决定的基本原则相抵触。

除了 1983 年、1984 年、1985 年先后三次对国务院作出的授权，全国人大及其常委会还先后五次作出决定，对地方进行授权：一是 1981 年 11 月 26 日，五届全国人大常委会第二十一次会议通过决议，授权广东省、福建省人大及其常委会制定所属经济特区的各项单行经济法规。二是 1988 年 4 月 13 日，七届全国人大一次会议通过关于建立海南经济特区的决议，授权海南省人大及其常委会制定法规，在海南经济特区实施。三是 1992 年 7 月 1 日，七届全国人大常委会第二十六次会议根据全国人大的授权作出决定，授权深圳市人大及其常委会制定法规，在深圳经济特区实施。四是 1994 年 3 月 22 日，八届全国人大二次会议作出决定，授权厦门市人大及其常委会制定法规，在厦门经济特区实施。五是 1996 年 3 月 17 日，八届全国人大四次会议作出决定，授权汕头和珠海市人大及其常委会分别制定法规，在各自的经济特区实施。

三、规定授权立法的必要性

授权立法从诞生至今走过了饱受争议的一段路程，虽然授权立法在初期由于发展不成熟而产生了诸多问题，但实践证明，授权立法对中国的社会主义法制建设有着非常重要的意义。

授权立法的产生有其理论和现实依据。首先，立法机关由于时间和程序的限制，必须赋予行政机关以行政立法权。《宪法》对立法机关制定通过法律在时间和程序上一般都有明确的规定。相比之下，行政机关颁布一项法规，在时间和程序上则要快捷和方便许多。而立法事项的专业化使得行政机关立法更为适宜。科学技术的快速发展使得国家的管理职能越来越呈现出专业化和复杂化的趋势，立法机关只能将诸如环保、原子能等专业性极强的立法事项交给行政机关承办。其次，行政立法灵活且容易修改，适应了社会改革的需要。社会的发展是不以人的意志为转移的。当一个国家处于变革的过程中，各式各样的问题层出不穷，立法机关制定的法律无法满足社会的需要。而行政立法以其程序相对简便和时间相对较短弥补了这一不足，从而使得行政立法能为经济、社会的发展起到保障作用。最后，通过国家行政立法，人们可以积累经验，为国家立法机关日后制定法律做准备。法律固有的特点是规范性、稳定性、强制性，但是针对一个多变的社会，法律也呈现它固有的一些弊端，如僵化性、滞后性和局部的不合理性。因此，立法机关在行政立法的基础上对一些相对稳定的社会关系以法律的形式将它确定下来是一种切实可行的做法。这样，既能实现维护国家秩序的管理职能，又不至于因为法律的朝令夕改而损害公民的利益。

目前，我国正处于改革开放的深化阶段，建立、完善社会主义市场经济体制尚需要一个过程,一些市场经济中出现的问题急需得到规范,但制定法律的条件尚不成熟,仍需国务院先制定行政法规,待条件成熟再上升为法律。因此,目前保留对国务院的授权立法仍是十分必要的。实际上,“条件成熟”与否的判断是一个重要的问题,需要对法律草案展开充分的论证,并选择合适的时机,才能够判断是否应当将相关事项从行政法规上升为法律。

具体来说,现阶段全国人大及其常委会依然授权国务院制定行政法规,主要原因有以下两点:第一,随着我国改革开放的逐步深化,许多新型的社会关系不断出现,需要法律及时作出回应。但全国人大及其常委会立法周期较长,程序复杂,因而,若对任何问题均要求全国人大及其常委会予以立法,将不能适应迅速变化的经济、社会生活的需要;且国务院负责执行最高国家权力机关制定的法律,统一领导全国的行政管理工作,有许多事项由国务院先制定行政法规,既能适应行政管理的需要,也能为全国人大及其常委会立法积累经验。而目前我国的法制建设还不够完备,有一些社会关系还没有相应的法律加以规范,需要国务院及时地制定一些社会行为规范以适应日益复杂的社会管理的需要。第二,宪法的有关规定以及全国人大及其常委会与国务院的关系,决定了国务院可以成为被授权主体。《宪法》第 89 条规定,国务院有权行使“全国人民代表大会和全国人民代表大会常务委员会授予的其他职权”。这里所说的其他职权当然也包括了全国人大及其常委会授予国务院行使的立法性职权。这一规定是全国人大及其常委会对国务院进行授权的宪法依据。

四、授权事项的范围

国务院可以获得授权的范围,是全国人大及其常委会专属立法权范围内尚未制定法律而又可以授权的事项。具体包括以下几层含义:(1)授权的范围必须是全国人大及其常委会专属立法权范围内的事项。这其实包含两层意思:一是国务院的立法权必须来源于全国人大及其常委会的授权;二是授权立法所涉及的事项应当是属于全国人大及其常委会专属立法权范围的事项,在这一范围之外的事项,如国务院要制定行政法规或者规章,并不属于授权立法所调整的范围。(2)对授权所涉及的事项,全国人大及其常委会尚未制定法律予以调整,法律上尚属空白。如果已经制定法律,则不存在授权的必要。国务院就已经制定的法律所颁布的实施细则等并不属于授权立法,而是宪法赋予其的职权。(3)就授权立法所涉事项,由全国人大及其常委会制定法律的条件尚不成熟。若制定法律条件成熟,就应当直接制定法律,不应也无须先行授权立法,通过行政法规为立法积累经验。(4)该事项必须是急需制定法规予以调整的，否则将影响国家政治、经济和社会生活的一个方面乃至全部，影响国务院行政管理工作的顺利进行。(5)该事项从性质上必须是可以授权的。并非全国人大及其常委会所享有的专属立法权范围内任何事项均可以进行授权立法，根据《宪法》及《立法法》的有关规定，有些事项在任何情况下都只能由全国人大及其常委会制定法律，而不得授权国务院制定行政法规。

关于授权立法事项的范围，我们可以从以下两个层面进行分析：首先，在《立法法》第 11 条所列举的专属立法权中，全国人大及其常委会已经就其中的绝大多数制定了法律。比如，在国家主权方面，已有《缔结条约程序法》《国防法》《兵役法》等；在人民政府的产生、组织和职权方面，已有《国务院组织法》《地方各级人民代表大会和地方各级人民政府组织法》；在特别行政区制度、民族区域自治制度和基层群众自治制度方面，已有《香港特别行政区基本法》《澳门特别行政区基本法》《民族区域自治法》《村民委员会组织法》《居民委员会组织法》等。对于这些专属立法权范围内已制定法律的事项，全国人大及其常委会就无须也不应当授权。其次，对属于专属立法权范围内且尚未制定法律的事项，立法条件已经成熟的，全国人大及其常委会可以立法，而不应当授权国务院制定行政法规。因为进行立法授权本身就是权宜之计，是由于立法的条件尚不成熟而又有现实的规范需求，通过授权立法的方式：一是可以在尚未制定法律的前提下对现实经济、社会生活中的紧迫问题进行调整，二是通过授权立法为制定法律积累经验。从这两个方面我们可以得出结论，国务院实际获得的，只能是全国人大及其常委会专属立法事项中可以授权，没有法律规定，制定法律条件尚不成熟，又为管理国家政治、经济和社会生活所急需调整的事项。

根据《立法法》第 11 条的规定，除去全国人大及其常委会专属立法权中已有法律规定或者制定法律条件成熟而无须授权的事项外，下列事项不能授权国务院制定行政法规：(1)有关犯罪和刑罚的事项；(2)对公民政治权利的剥夺和限制公民人身自由的强制措施和处罚的事项；(3)有关司法制度的事项等。那么，为什么其他专属于全国人大及其常委会立法的事项可以进行授权立法，为什么这些事项不能授权呢？这主要还是从根本性和重要性角度出发进行考虑。

第一，在我国，人民是国家的主人，国家的一切权力属于人民，权力机关、执行机关、司法机关的权力均来源于人民。而人民行使权力的机关是全国人大和地方各级人大。全国人大是最高国家权力机关，全国人大常委会是它的常设机关，全国人大及其常委会集中了全体人民的意志和利益，是全体人民的代表机关。因此，有关全体公民基本权利和人身自由的事项，应当由也只能由最高国家权力机关决定。而犯罪与刑罚，涉及公民的基本权利和自由，其立法权只能属于全国人大及其常委会，不应让渡和转授。因此，其不属于授权立法的范围内。

第二，与上述第一项同理，对公民政治权利的剥夺、限制公民人身自由的强制措施和处罚，也是涉及公民基本权利和自由的事项，其立法权也只能专属于全国人大及其常委会。虽然《刑法》已将剥夺政治权利作为刑罚的一种予以规定，但是，由于言论、出版、集会、结社、游行示威等政治权利和自由是公民的十分重要的权利，对公民违法行为进行剥夺政治权利的处罚只能由全国人大及其常委会设定，任何机关都不得擅自设定剥夺政治权利的处罚。在实践中，为适应形势发展的需要，除《刑法》规定的现有犯罪种类外，有可能需要对新的罪名设定剥夺政治权利的处罚；在特殊情形下，有可能还需对某一危害社会但又不足以构成犯罪的行为规定剥夺政治权利的处罚，但是这种处罚的设定权只能专属于全国人大及其常委会，而不得授予其他任何机关。

第三，对有关司法制度事项的立法，全国人大及其常委会不得进行授权。司法制度包括以下两个方面的内容：一是有关司法机关的产生、组织和职权方面的制度。包括人民法院、人民检察院的产生、组织和职权制度，以及公安机关、国家安全机关在司法程序中的侦查制度。二是有关诉讼的制度。包括民事诉讼程序、刑事诉讼程序、行政诉讼程序中的诉讼原则、诉讼法律关系、侦查、起诉、证据、辩护等制度以及审判制度、法律监督制度和执行制度等内容。由于人民法院、人民检察院都由人大产生，对人大负责，受人大监督，在行使职权方面，人民政府与人民法院和人民检察院之间没有领导和被领导、管理和被管理的关系；也由于国家的侦查、审判和检察工作直接体现了社会的正义和公道，与全体公民的基本权利和自由密切相关。因此，有关人民法院、人民检察院的产生、组织和职权制度，有关公安机关、国家安全机关与诉讼程序相关的职权制度，以及诉讼程序中各项制度的事项，只能由全国人大及其常委会制定法律予以规范，而不得进行授权。

第十三条　授权立法的约束性规定

> 授权决定应当明确授权的目的、事项、范围、期限以及被授权机关实施授权决定应当遵循的原则等。
>
> 授权的期限不得超过五年，但是授权决定另有规定的除外。

> 被授权机关应当在授权期限届满的六个月以前，向授权机关报告授权决定实施的情况，并提出是否需要制定有关法律的意见；需要继续授权的，可以提出相关意见，由全国人民代表大会及其常务委员会决定。

【条文精释】

本条就授权决定的内容、授权期限等进行了明确，是关于授权立法的约束性规定。

授权立法制度在2000年《立法法》中就得以确认，国务院可以根据全国人大及其常委会的授权决定对法律保留之外的事项进行立法，国务院据此制定了大量的行政法规，在一定程度上也起到了积极作用。但2000年《立法法》对授权立法的具体事项规定得并不明确，具有很大的模糊性，某种程度上赋予了被授权机关过大的自由裁量权。如不加以规范，不仅会脱离制度本身的初衷，也会使其缺乏合法性基础。十二届全国人大三次会议通过了《关于修改〈中华人民共和国立法法〉的决定》，其中第10条对于授权立法作出了进一步规制。针对以前关于授权立法的决定过于宽泛的情况，该条作出了诸多内容和期限等方面的约束，这些约束规定是对近些年来授权立法制度在中国发展过程中所出现的问题作出的回应，这对于规范授权立法制度具有积极作用。2023年《立法法》修改本条并没有变化。

一、授权决定的明确性要求

前文我们论述了授权立法制度的必要性，但授权立法活动本身是行政机关代行权力机关职权的行为，因此其也存在一定的弊端。首先，授权立法不利于我国法制的统一。依照宪法规定，国家立法权和行政权分别由权力机关和行政机关行使，而授权立法无疑突破了这一界限，将本属于权力机关的立法权交给行政机关，这就容易导致法出多门、互不统一的状态。其次，行政立法缺少必要的社会监督。权力机关的立法过程是直接受社会监督的。而行政立法数量大、技术性强，且不大容易引起人们的关注，加上其修改频率过高，这种复杂多变性，为公众了解并遵守法律增加了困难。最后，授权立法降低了权力机关的权威性。虽然授权立法模式下，行政机关行使的立法权只是一种从属性的权力，立法机关可以对行政立法进行广泛的监督。然而，随着行政立法的规模越来越大且日益专业化，立法机关的监督权已无法有效行使，这会大大降低立法机关的权威性。但授权立法是全国人大及其常委会行使立法权的一种有效而必要的手段。尽管我国目前在缩小授权立法的范围并且在逐渐收回立法授权,不可否认的是,授权立法将在未来一段时间内在我国继续存在。为尽可能地减少授权立法的弊端,我们应当尽可能地增加授权决定的明确性,防止立法主体失去对被授权主体的必要控制。权力本身具有扩张的本性,对待权力应当持有不信任的态度。而授权立法的本质却是将立法权和行政执法权集行政机关于一身,这种权力配置状况虽具有现实的合理性基础,但是对其仍然要予以严格的限制,以防止行政权过度膨胀,从而侵犯到私人利益。如果同一批人同时拥有制定和执行法律的权力,这就会给人们的弱点以极大的诱惑,使他们动辄要掠取权力,借以使他们自己免于服从所制定的法律,并且在制定和执行法律时,使法律适合于他们自己的私人利益。因而,他们就与社会其余人员有不同的利益,违反了社会和政府的目的。因此,对待授权立法,应当严防行政权侵蚀立法权。

授权明确性要求在立法机关作出授权决定时必须有明确的授权依据,必须就授权的内容、目的、范围加以具体明确规定,授权决定必须标明授权法律的名称及具体条款等。

与授权明确性相对应的是空白授权,空白授权即指立法机关在授权决定中未规定任何的限制条件,这种模式具有极大的危害性。其不仅将原本属于立法机关的立法权毫不限制地授予行政机关,造成立法权旁落,还会导致行政集权,为行政权的滥用提供了足够条件。行政机关取得了不受限制的权力,直接影响公民权利。从行政权设定来看,某些授权立法为行政机关设定权力,其本身就是对公民权利的限制,也就是为公民设定了义务。如果在制定行政法规的过程中,行政机关只考虑行政管理方面的便利,而不兼顾公民的利益,那么就会导致公民利益受到损害。所以空白授权状态下的行政授权立法,使得公民权利受到危害的可能性大大增加。举例而言,德国魏玛时代,国会曾概括授权内阁以行政命令方式在财政、经济与社会领域采取一切它认为必要且紧迫的措施,仅要求不得抵触宪法。之后国会于1933年制定"人民及国家紧急解救法",概括授权内阁制定抵触宪法条文的行政命令,最后造成希特勒独裁、魏玛宪政沦亡的悲剧。

二、授权的目的、事项、范围、期限以及被授权机关实施授权决定应当遵循的原则

(一)授权目的

授权目的在整个授权立法过程中起着旗帜和导向作用,其是指授权机关对其他机关作出立法授权的宗旨和出发点。授权机关根据授权目的作出授权决定并在授权决定中明确写明以约束被授权主体,被授权机关根据授权目的进行立法而不能背离该授权目的。

从全国人大及其常委会的历次授权来看，尽管授权范围或者授权事项等可能存在模糊不清之处，但每次授权立法的目的都是明确的。在这里应当注意的是，每次授权决定明确授权目的的方式有所不同。有的在授权决定中开宗明义明确授权目的。比如，1985 年《关于授权国务院在经济体制改革和对外开放方面可以制定暂行规定或者条例的决定》中，就明确了这一授权是“为了保障经济体制改革和对外开放的顺利进行”。有的在授权决定中没有直接明确授权的目的，但由于授权决定是根据国务院、其他机关或者全国人大代表提出的议案作出的，而授权决定的目的在议案中或者对其所作的说明中是明确的，因而提请授权的目的实质上就是授权决定的目的。比如，1992 年全国人大常委会《关于授权深圳市人民代表大会及其常务委员会和深圳市人民政府分别制定法规和在深圳经济特区实施的决定》中虽然没有直接明确授权目的，但是，国务院在提请全国人大常委会授权深圳市人大及其常委会制定法规的议案中，已提出了授权的目的，即“为了加快经济特区的建设，在深圳经济特区进一步实施对外开放政策和发展社会主义商品经济”。但尽管第二种方式也可以明确授权目的，但因为其并未明确写在授权决定中，因此对被授权对象的约束作用较小，这种方式应当逐渐摒弃。在今后，全国人大及其常委会应当在授权决定中明确列明授权目的以提供限制被授权主体立法活动的明确依据，如此才能实现本条设置的初衷而不至于使其成为摆设。

（二）授权事项和范围

授权事项和范围是授权决定中最为核心的部分，是立法活动的目标，决定了立法的内容。从根本上说，授权事项和范围是由授权目的决定的。并且，在以往历次的授权立法中，当授权事项和范围规定不明的情况出现时，被授权主体可以通过授权目的进行判断。举例而言，1984 年全国人大常委会出于适应国家工商税制改革的需要，决定在实施国营企业利改税和改革工商税制两个方面授权国务院制定有关条例草案，但 1985 年授权决定的事项和范围比较笼统，不够明确，授权决定中规定，授权国务院对于有关经济体制改革和对外开放方面的问题，制定暂行的规定或者条例，颁布实施。哪些事项属于“有关经济体制改革和对外开放方面的问题”并不明确。实践中，国务院根据该授权决定颁布实施了一系列的税收暂行条例，目前现行的 18 个税种中，除个人所得税、企业所得税、车船税由法律规定征收外，剩余的 15 个税种由国务院制定的有关暂行条例规定征收。但正如上文中我们分析的一样，授权事项和范围应当在授权决定中加以明确，以限制被授权主体的权力，最大限度地保证授权立法活动按照预定的目的进行。根据《立法法》的规定，今后全国人大及其常委会作出授权决定,授权事项和范围都要在授权决定中予以明确。这样规定,将更有利于全国人大及其常委会在授权决定中对立法授权的内容进行统一规范,也有利于推动被授权主体严格按照授权目的在授权事项范围内进行立法,实现授权立法的初衷,有利于加强授权主体对被授权主体立法活动的监督,防止被授权主体权力的滥用。

(三)授权期限

在过往的历次授权立法过程中,并没有关于授权期限的内容,这主要是由于修改前的《立法法》(2000 年)没有对授权立法的期限作出明确规定。但我们说,由于授权立法产生的前提是立法条件尚不成熟而又急需对经济、社会生活中出现的问题进行调整,其通常是试验性、先行性的事项,经过实践检验条件成熟时,应当及时制定法律,因此,授权立法应当有期限要求,否则便违背了这一制度产生的目的。2000 年《立法法》出台之后至今,关于授权立法期限的讨论从未断绝,得到了社会的广泛关注。因此,在 2015 年修改《立法法》的过程中,不少地方、部门和专家均建议在其中明确规定授权应当有明确的期限,期限届满,授权即行终止,如需继续授权,可以重新作出决定。在该次《立法法》修改草案二审稿中,明确将授权期限规定为授权确定的内容之一,同时,授权的期限不得超过五年,但是授权决定另有规定的除外。根据这一规定,授权决定规定的期限一般不得超过五年,也就是说,授权期限应当在五年内予以规定。

(四)被授权机关实施授权决定应当遵循的原则

被授权机关实施授权决定应当遵循的原则,是指被授权机关行使被授予的权力时必须依据的准则。从法律上讲,关于被授权机关在进行立法活动时应当严格遵守的原则,存在一些基本的要求,如不得与宪法、法律的相关规定相违背等。但在这里,我们所说的授权立法中应当遵循的原则是具有特殊性的,是个别的。全国人大及其常委会在进行授权立法时,通常都会在授权决定中明确规定被授权机关应当遵循的原则。例如,1985 年《关于授权国务院在经济体制改革和对外开放方面可以制定暂行规定或者条例的决定》中明确规定,授权国务院“必要时可以根据宪法,在同有关法律和全国人民代表大会及其常务委员会的有关决定的基本原则不相抵触的前提下”,制定暂行的规定或者条例。

(五)被授权机关的报告义务和继续授权

一般而言,受托人需要向委托人反馈受托事项的完成情况,更遑论立法此类干系重大的事项。在 2000 年《立法法》中,并未有这方面的规定。在 2015 年《立法法》修改草案二审稿中增加了授权期满后授权立法的处理规定。最终增加规定了两个方面的内容：一是被授权机关的报告义务。即"被授权机关应当在授权期限届满的六个月以前，向授权机关报告授权决定实施的情况，并提出是否需要制定有关法律的意见"。之所以规定在授权期限届满的六个月以前报告，是为了给继续授权或者制定有关法律留出缓冲或者准备的时间，避免授权期限届满后出现法律适用真空的情形。二是关于继续授权的规定。授权期限届满，制定法律的条件尚不成熟或者被授权主体未能就授权事项制定行政法规，需要继续授权的，被授权机关可以提出相关意见，由全国人大及其常委会决定。如果被授权主体认为授权立法事项制定法律的条件尚不成熟，需要继续实施授权立法的，应当在向授权机关报告授权决定实施情况的同时，提出继续授权的意见，由被授权机关，即全国人大及其常委会决定是否继续授权。

第十四条　授权终止

> 授权立法事项，经过实践检验，制定法律的条件成熟时，由全国人民代表大会及其常务委员会及时制定法律。法律制定后，相应立法事项的授权终止。

【条文精释】

本条是关于授权终止的规定。

全国人大及其常委会授予的权利是一种临时的权宜之策，被授予的权利最后应当收回，《立法法》在2000年制定时没有对授权期限作出明确的规定，2015年《立法法》修改时本条就以间接的方式对授权期限作了规定，事实上起着明确授权期限的作用。按照本条规定，当制定法律的条件成熟时，由全国人大及其常委会及时制定法律，法律制定以后，相应立法事项的授权即终止。这样随着不断地立法，立法机关将最终收回授权。

适用第14条最重要的环节便是判断何为"制定法律的条件成熟"。实践当中，我们判断制定法律条件是否成熟主要依据以下两个标准：第一，由授权立法调整的某一社会关系是否定型。经济发展过程中，将会出现许多亟待制定法规予以调整的关系，全国人大及其常委会就此社会关系考虑授权立法时，首先应该判断该社会关系是否可以稳定下来并且对此社会关系稳定的时间作出预估。当经过授权立法以及社会实践，这类社会关系将会趋于定型，此时应该制定法律予以规范。第二，授权立法是否已经为立法积累了一定的经验。对于某一新出现的社会关系，当立法条件还不成熟时，立法机关选择授予相关部门权力制定授权法规，随着授权性立法的实践，立法机关将积累一定的经验和方法，当积累了足够多的经验和方法，就应当立即制定法律予以规范。我国主要的授权性立法集中在税收立法领域。我国历史上全国人大及其常委会对国务院的税收立法授权共有三次，第一次授权是在 1984 年 9 月 18 日，由六届全国人大常委会第七次会议通过，通过这次授权，国务院颁布了《增值税条例（草案）》（已失效）、《营业税条例（草案）》（已失效）等；第二次授权是在 1985 年 4 月 10 日，经过此次授权，国务院发布了《车船使用税暂行条例》（已失效）等；第三次授权是在 1993 年 12 月 29 日，八届全国人大常委会第五次会议通过《关于外商投资企业和外国企业适用增值税、消费税、营业税等税收暂行条例的决定》。在现行的 18 个税种中，仅有 3 个税种完成了立法工作，其余税种仍旧按照暂行条例的规定征收。随着税收法定的呼声越来越高，以及现有的立法技术也已经趋于成熟，全国人大常委会法工委牵头起草了《贯彻落实税收法定原则的实施意见》，其于 2015 年 3 月 26 日获党中央审议通过。截至 2023 年，现行 18 个税种已有 12 个立法。《印花税法》自 2022 年 7 月 1 日起施行，这是继契税和城市维护建设税立法之后，我国第 12 个立法的税种。条件成熟即应该制定法律是对授权机关和被授权机关两方提出的共同要求，这是由授权立法本身的性质所决定的。授权立法本身就是暂时性的。一方面，被授权机关的立法权力具有附属性，属于临时性权利，被授权主体在制定法律的条件成熟时或者被授权满 5 年时应该主动就被授权的事项提请全国人大及其常委会制定法律；另一方面，当制定法律的条件成熟以后，全国人大及其常委会自身也应该及时审查并制定法律，这不仅是其权力也是其义务。

第十五条 被授权主体的责任

> 被授权机关应当严格按照授权决定行使被授予的权力。
>
> 被授权机关不得将被授予的权力转授给其他机关。

【条文精释】

本条是关于被授权主体责任的规定。

2023 年《立法法》修改并没有对本条进行改动。在 2015 年《立法法》修改时本条的内容是 2000 年《立法法》第 10 条第 2 款和第 3 款的内容。2015 年《立法法》修改，将这两款内容单独作为第 12 条，并作了一些文字修改，突出了此项内容的重要性及独立性。本条是关于被授权主体责任的规定，是对被授权主体的又一限制。为了解决授权立法中存在的一些问题，此条对被授权主体行使被授予权力的规则进行了明确。一是要严格按照授权的目的和范围行使立法权力，不得违背目的或者超出授权范围；二是被授权的机关不可以进行转授权，其所享有的权力并不能派生其他立法权力。但是在立法实践中，往往存在许多问题。

（一）越权立法

全国人大及其常委会对某机关进行授权，其出发点都非常合理妥当。但是在实践中，由于缺乏明确的限制和有效的监督，被授权机关超越授权目的和范围行使权力的行为时有发生。一般而言，越权立法主要有两种表现方式。

1. 立法超越授权范围。

授权事项的范围不明确，往往导致被授权机关超越范围立法。例如，1984 年对国务院的授权中明确规定“国务院发布试行的相关税收条例草案不适用于中外合资经营企业和外资企业”。但是国务院当年 11 月 15 日就发布了《关于经济特区和沿海十四个港口城市减征、免征企业所得税和工商统一税的暂行规定》（已失效），其中明确表明“特对外国和港澳等地区的公司、企业以及个人（以下统称客商），在上述特区和城市投资兴办中外合资经营企业、中外合作经营企业、客商独立经营企业，给予减征、免征企业所得税和工商统一税的优惠”。

又如，在此次授权中明确规定“在改革工商税制的过程中，国务院有权以草案形式发布有关的税收条例”。而《中国税务百科全书》对于工商税收的定义为“以工商企业为主要纳税人由税务机关征收的诸税种的总称”。显然工商税收中不包括关税这一税种，但是国务院于 1985 年 3 月 7 日发布《进出口关税条例》（已失效），显然，国务院又忽视了此次授权的范围。

2. 行政机关违反授权法律规定的立法形式。

例如，1984 年授权国务院拟定的有关税收的条例，“要以草案的形式发布试行，再根据试行的经验加以修订，提请全国人民代表大会常务委员会审议”。然而，在国务院其后发布试行的法规中，以草案形式发布的条例仅有 6 个，仅占其被授权制定法规的 23%。此外，国务院也并没有遵循授权的程序，其修订甚至是废立试行的税收条例时，也并没有提请全国人大审议。

（二）转授权

转授权指的是被授权者将被授予的权力转授给其他组织，如国务院将被授予的立法权转授给其下级机关，甚至接受转授的下级机关又对其下级机关再次转授。全国人大及其常委会对某机关进行的授权，是基于多方考虑而作出的，例如为了解决某一方面或者某地区的特殊问题。因此，被授予的权力往往指向的是最优的特定机关。被授权的机关只能在授权范围内行使被授予的权力，而不可以将此权力转授给其他机关。因为只有全国人大拥有的立法权才能派生其他立法权，由其派生出的立法权本身便属于附属性权力，自然不能进行转授权。从实施效果来看，层层转授会分散规范，增多规范的层次，从而使得立法机关失去对权力的控制，不仅会违背权力转授的初衷，也会增加授权机关对于所授权力的监督义务。

（三）授权立法存在问题的原因

出现越权立法和转授权的根本原因是空白授权，此两种问题又衍生出各自新的问题，使得授权立法的不良影响被不断放大。

空白授权指的是授权者在授予被授权者特定事项的立法权时没有明确规定所授事项的内容、权力行使方式、期限等内容，这种情况被郭道晖先生称为“空白委托”。2000 年《立法法》没有对授权范围、期限进行确定，从而为被授权的行政机关滥用立法权埋下了隐患。范围的不确定使得被授权机关利用此漏洞扩大所获权力的范围。范围、期限的不确定，被授予权力者容易怠于行使甚至放弃自己的权力，使授权立法脱离既定的目的，最终导致授权立法形同虚设。另外，被授权者拥有不应属于其的权力，也易造成行政权力的扩张。

2015 年修改的《立法法》对授权期限进行了明确的确定，这对于授权立法制度的完善具有极为重要的影响，标志着我国授权立法制度的规范化。即 2015 年《立法法》第 10 条、2023 年未对此条作出修改，对应条文为第 13 条。笔者认为，此条存在一些问题。首先，虽然本法第 13 条第 1 款中规定，授权决定应该明确授权的目的、事项和范围，但是没有对如何明确以及明确至什么程度作出规定；其次，本法第 13 条第 2 款、第 3 款规定，授权期限不得超过五年；被授权机关应该在授权期限届满的 6 个月以前，向授权机关报告授权决定实施的情况，并提出是否需要制定有关法律的意见。这是对授权期限以及被授权机关应该及时报告授权决定实施的情况的规定，以便全国人大及其常委会作出是否立法的决定。但是，仅规定了被授权机关的义务，未规定授权机关的主动审查责任以及被授权机关未履行报告义务时应该承担的责任。实际上，授权立法的关键问题已经不在于是否允许授权立法的存在，而是如何对数量庞杂并且确有必要的授权立法进行监管的问题。在未来的一段时间内，国家应当逐步建立起授权立法的听证程序，完善备案制度，并尽快建立起授权立法的司法审查制度。

第十六条　暂停适用法律和法律转化

> 全国人民代表大会及其常务委员会可以根据改革发展的需要，决定就特定事项授权在规定期限和范围内暂时调整或者暂时停止适用法律的部分规定。
>
> 暂时调整或者暂时停止适用法律的部分规定的事项，实践证明可行的，由全国人民代表大会及其常务委员会及时修改有关法律；修改法律的条件尚不成熟的，可以延长授权的期限，或者恢复施行有关法律规定。

【条文精释】

本条是关于暂时调整或者暂时停止法律部分适用的规定。

2023年为适应全面深化改革要求而对本条进行了修改。根据党的十八届四中全会通过的中共中央《关于全面推进依法治国若干重大问题的决定》，建设中国特色社会主义法治体系必须坚持立法先行，发挥立法的引领和推动作用；实现立法和改革决策相衔接，做到重大改革于法有据、立法主动适应改革和经济社会发展需要。为体现这一会议精神中明确的立法与改革的关系，2015年3月15日十二届全国人大三次会议审议通过了《关于修改〈中华人民共和国立法法〉的决定》。通过修改《立法法》来完善立法体制，进而发挥立法的引领和推动作用。其中，总结2015年前后的实践，在《立法法》修改草案中增加了本条第1款这一新的规定。

第2款则是2023年《立法法》修改新增加的内容，是对暂时调整或者暂时停止适用法律的部分规定的事项的结果与走向进行的规定。我国的法治建设与改革开放互相促进、相辅相成，如何处理好立法与改革的关系、法律的稳定性与灵活性的关系，是改革开放以来我国法治建设所关注的重要问题。我们知道，保持法律的稳定性、维护法律的权威，是法治的要求。但改革的特点是需要突破原有规则，为发展提供动力。事实上，改革与立法的关系经历了一个变化的过程。在改革开放初期，我国制定的法律法规比较少，当时的立法模式往往是改革先行，之后再通过立法巩固改革成果。而在中国特色社会主义法律体系形成后，二者的关系产生了较大的转变。目前，国家和社会生活各方面总体实现了有法可依，这种情况下改革必须依法进行，改革过程中必须做到改革决策与立法决策紧密结合、协调同步，在法治的轨道上推进各项改革。

根据党的二十大报告，在立法过程中，国家必须发挥立法的引领和推动作用。而立法的引领和推动作用的发挥，其重点在于实现立法和改革决策相衔接，通过立法活动为改革的推进提供保障，为改革过程中所遇到的一系列问题提供法律依据和解决方案，对改革过程中所出现的新型利益关系作出及时的回应，进行及时的调整，确保改革的推进于法有据，立法活动不会脱离改革的轨道。

这主要体现在以下三个方面：第一，向国务院授权立法。根据中共中央《关于全面推进依法治国若干重大问题的决定》，实践条件不成熟、需要先行先试的，要按照法定程序作出授权。也就是说，对法律立、改、废等条件不成熟而改革实践又迫切需要的，要按照法定程序作出特别授权来先行制定行政法规，在适应实践迫切需求的同时也可以为之后的立法积累经验。等到时机成熟时，再制定完备的法律。这一点我们在前文中已经进行过较多的讨论，这里不再赘。第二，授予地方权力机关立法权限。为适应地方经济社会发展的需要，《立法法》第 81 条赋予设区的市地方立法权。并且为调动地方的积极性，鼓励改革创新，《立法法》规定除中央专属事项外，其他事项国家尚未制定法律或行政法规的，省、自治区、直辖市和设区的市、自治州根据本地的具体情况和实际需要，可以先制定地方性法规。第三，允许全国人大及其常委会就法律规定的特定事项在一定期限内在部分地方暂时调整或停止适用法律。事实上，在本次《立法法》修改之前我国已经有过类似的实践。为进一步深化改革、扩大开放，加快政府职能转变，全国人大常委会近年来通过了一系列决定，确保改革在法治轨道上运行、在法治框架内推进，包括：(1)《关于授权国务院在广东省暂时调整部分法律规定的行政审批的决定》(2012 年 12 月)；(2)《关于授权国务院在中国(上海)自由贸易试验区暂时调整有关法律规定的行政审批的决定》(2013 年 8 月)(已失效)；(3)《关于授权最高人民法院、最高人民检察院在部分地区开展刑事案件速裁程序试点工作的决定》(2014 年 6 月)；(4)《关于授权国务院在中国(广东)自由贸易试验区、中国(天津)自由贸易试验区、中国(福建)自由贸易试验区以及中国(上海)自由贸易试验区扩展区域暂时调整有关法律规定的行政审批的决定》(2014 年 12 月)(已失效)；(5)《关于授权国务院在北京市大兴区等三十三个试点县(市、区)行政区域暂时调整实施有关法律规定的决定》(2015 年 2 月)。

(一)授权事项

根据本条的规定，在部分地区暂时调整或者停止法律部分规定应当仅限于行政管理等领域的特定事项。这里所说的行政管理是指国家行政机关对社会公共事务的管理，其所涉及的事项范围比较广泛，涵盖了经济建设、公共设施建设及维护、发展文化教育事业、维护社会秩序、公共卫生及环境的维护等诸多方面。并且，应当特别注意的是，除授权决定的事项限于行政管理等领域这一要求外，授权事项必须是改革发展中的特定事项，不能就不特定事项一揽子授权，这也是前文所述的授权明确性的要求，否则就属于空白授权，危害极大。

观察近年来全国人大常委会作出的五个授权决定，可以发现，其中四个属于行政管理领域的特定事项：《关于授权国务院在中国（上海）自由贸易试验区暂时调整有关法律规定的行政审批的决定》（已失效）、《关于授权国务院在中国（广东）自由贸易试验区、中国（天津）自由贸易试验区、中国（福建）自由贸易试验区以及中国（上海）自由贸易试验区扩展区域暂时调整有关法律规定的行政审批的决定》（已失效）、《关于授权国务院在广东省暂时调整部分法律规定的行政审批的决定》均涉及调整部分法律中规定的行政审批事项；而《关于授权国务院在北京市大兴区等三十三个试点县（市、区）行政区域暂时调整实施有关法律规定的决定》则涉及暂时调整实施《土地管理法》《城市房地产管理法》中的关于农村土地征收、集体经营性建设用地入市、宅基地管理制度的有关规定。

（二）授权期限

本条规定的暂时调整或者停止适用法律的部分规定具有暂时性的特点，是为了适应改革发展的需求进行的先行尝试，因此我们必须对此类授权作出时间上的限制，即规定一个授权期间。并且我们要严格把握授权决定将其限于“暂时”的本意，在设置试点时间时不应定得太长，否则便失去了试点的初衷。在我们将该规定写入《立法法》之前，全国人大及其常委会在近年来的授权过程中已经开始践行这一授权模式。从全国人大常委会通过的五个授权决定看，都规定了授权的期限。《关于授权国务院在中国（上海）自由贸易试验区暂时调整有关法律规定的行政审批的决定》（已失效）、《关于授权国务院在中国（广东）自由贸易试验区、中国（天津）自由贸易试验区、中国（福建）自由贸易试验区以及中国（上海）自由贸易试验区扩展区域暂时调整有关法律规定的行政审批的决定》（已失效）、《关于授权国务院在广东省暂时调整部分法律规定的行政审批的决定》等 3 个授权决定将授权期限限制为 3 年；《关于授权国务院在北京市大兴区等三十三个试点县（市、区）行政区域暂时调整实施有关法律规定的决定》则规定“授权国务院在北京市大兴区等三十三个试点县（市、区）行政区域，暂时调整实施《中华人民共和国土地管理法》《中华人民共和国城市房地产管理法》关于农村土地征收、集体经营性建设用地入市、宅基地管理制度的有关规定。上述调整在 2017 年 12 月 31 日前试行”；而《关于授权最高人民法院、最高人民检察院在部分地区开展刑事案件速裁程序试点工作的决定》规定：“授权最高人民法院、最高人民检察院在……开展刑事案件速裁程序试点工作。……试点办法由最高人民法院、最高人民检察院制定，报全国人民代表大会常务委员会备案。试点期限为二年，自试点办法印发之日起算。”

（三）报告制度

一般而言，作为试点性改革措施的一种，暂时调整或者停止适用法律的部分规定的目的通常是积累实践经验，为接下来的全面深化改革做前期准备。从这一点考虑，试点期限届满后被授权主体应当及时对授权决定的执行情况，也即试点工作进行评估和总结，并根据执行情况进行相应的处理。对于这点，尽管本条未作出明确的规定，但在全国人大常委会的上述几次授权决定中均有明确规定，被授权主体应当总结试点工作的经验，并就授权事项的执行情况向全国人大常委会进行报告。根据执行情况作出不同的处理：若实践证明试点的模式可行，达到了预期的目的和效果，则全国人大及其常委会将修改完善有关法律；若经实践证明，上述模式与实际情况不符，授权事项所涉及的法律不应进行调整的，应当恢复授权之前的状态，继续施行有关法律规定。

专题五　全国人大立法的法律案提出

第十七条　法律案的提出主体(一)

全国人民代表大会主席团可以向全国人民代表大会提出法律案,由全国人民代表大会会议审议。

全国人民代表大会常务委员会、国务院、中央军事委员会、国家监察委员会、最高人民法院、最高人民检察院、全国人民代表大会各专门委员会,可以向全国人民代表大会提出法律案,由主席团决定列入会议议程。

【条文精释】

本条是关于有关机关向全国人大提出法律案的规定,为了适应国家体制改革,相比于原本的《立法法》,增加了"国家监察委员会"作为法律案的提出主体。

提出法律案,是法律制定程序的开始。法律案的提起程序,又称立法提案程序,是指依法享有提案权的主体依照法定程序向立法机关提出有关制定、修改或者废止某项法律的程序,是立法程序的起始阶段,其表现形式是提出议案。《全国人民代表大会组织法》规定,提案人可以向全国人大提出属于全国人大职权范围内的议案。根据上述规定,有权向全国人大提出议案的主体,就有提出法律案的权力,提出的法律案应当在全国人大的职权范围内。

一、提出法律案的机关主体

根据本条的规定,向全国人大提出法律案的机关主体可以分为以下三类。

一是全国人大主席团。全国人大主席团是全国人大会议的主持者,主席团成员通常由全国人大常委会委员长会议提出名单草案,由全国人大预备会议决定。其主要职责是决定大会副秘书长的人选、会议日程、议案表决办法,代表提出议案的截止日期以及其他有关事项。全国人大主席团是全国人大会议的主持集体,有一百多人,成员是党政军和工人、农民、知识分子等各方面的代表人士,具有广泛的代表性，大会主席团有条件集中各方面的意见提出法律案。

二是全国人大常委会、全国人大各专门委员会。全国人大常委会是全国人大的常设机构，在全国人大闭会期间，行使国家权力。全国人大的会期较短，难以有很多时间来研究起草法律案。为了使全国人大审议的法律案有较好的基础，对需要由全国人大制定的法律，由全国人大常委会先提出并审议法律案，有利于全国人大的立法工作。全国人大专门委员会是全国人大常设性的专门机构，在全国人大及其常委会闭会期间，开展经常性的工作，其工作职责之一就是研究、审议和拟定议案，向全国人大或其常委会提出。目前设立的专门委员会有民族委员会、宪法和法律委员会、监察和司法委员会、财政经济委员会、教育科学文化卫生委员会、外事委员会、华侨委员会、环境与资源保护委员会、农业与农村委员会、社会建设委员会。

三是国务院、中央军事委员会、国家监察委员会、最高人民法院、最高人民检察院。国务院是最高国家行政机关，最高国家权力机关的执行机关；中央军事委员会领导全国武装力量，国家监察委员会是最高监察机关，最高人民法院和最高人民检察院分别是最高审判机关和最高检察机关，独立行使审判权和检察权。它们工作中的事项，需要由全国人大制定法律的，可以向全国人大提出法律案。

二、法律案的形式及内容

法律案，是指依法享有提案权的主体向立法机关提出的关于制定、修改、废止某项法律的议案。法律案与法律草案是两个不同的概念。法律案是指有关法律的制定的建议，内容一般比较原则、概括。法律草案内容比较具体、系统、完整，以条文形式体现具体内容，是法律未被通过以前的文本。

提出法律案，应当同时提出法律草案文本及其说明，并提供必要的参阅资料。修改法律的，还应当提交修改前后的对照文本。法律草案的说明应当包括制定或者修改法律的必要性、可行性和主要内容，以及起草过程中对重大分歧意见的协调处理情况。

三、机关提出法律案的程序

不同的提案主体，提出法律案的程序不同。全国人大主席团提出法律案，要经主席团会议审议讨论并由主席团会议通过。全国人大常委会提出法律案，一般是由有关的提案主体向常委会提出，经常委会会议审议，需要提请全国人大通过的，由常委会会议决定提请全国人大审议。例如，《立法法》就是由委员长会议委托常委会法工委起草，向常委会会议提出，经常委会会议审议后，提请全国人大审议的。

专门委员会提出法律案,要经专门委员会全体会议审议通过。可以先向全国人大常委会提出,经常委会会议审议修改后再向全国人大提出;也可以直接向全国人大提出。国务院、中央军事委员会、国家监察委员会、最高人民法院和最高人民检察院提出法律案,由本机关首长签署。可以先向全国人大常委会提出,经常委会审议修改后再向全国人大提出;也可以直接向全国人大提出。有关国防建设方面的法律草案,一般由国务院和中央军事委员会联合提出。主席团向全国人大提出的法律案直接交由全国人大会议审议。全国人大常委会、国务院、中央军事委员会、国家监察委员会、最高人民法院、最高人民检察院、全国人大各专门委员会向全国人大提出的法律案,由主席团决定列入会议议程。向全国人大提出的法律案,在列入会议议程之前,提案机关有权撤回。

四、法律草案的起草

从我国多年立法实践来看,法律草案通常是由法律案的提案人或提案人所属部门或者工作机关负责起草。具体情况是:

1. 由全国人大主席团、全国人大常委会、全国人大各专门委员会提出的法律案,其法律草案通常由下列机关起草:(1)全国人大有关专门委员会。专门委员会是法律案的法定提起人,它可以自己组织法律草案的起草工作。(2)全国人大常委会的工作机构。根据《全国人民代表大会常务委员会议事规则》的规定,法工委和办公厅可根据委员长会议的委托,代常委会拟订法律草案,并向常委会会议作说明。(3)全国人大代表或全国人大常委会组成人员。由于我国的人大代表和常委会组成人员大多数不是专职的,并且没有助手和工作人员,他们实际上很难承担法律草案的起草工作,因而提出的法律案相对较少。(4)成立专门的起草委员会。在起草某些重要或特殊法律时,由全国人大或全国人大常委会成立专门的起草委员会,如香港特别行政区基本法起草委员会。(5)专业机构和人员。这是本次《立法法》修改新增加的内容。专业性较强的法律草案,可以吸收相关领域的专家参与起草工作,或者委托有关专家、教学科研单位、社会组织起草。

2. 由国务院提出的法律案,通常由国务院确定某一个部委负责起草。法律涉及哪个主管部门,就由哪个主管部门负责牵头起草。一些重要的综合性的法律草案,通常由综合部门负责牵头起草,如预算法由财政部负责牵头起草。法律草案起草出来之后,报国务院法制机构审查,经国务院常务会议讨论审议通过后提出。

3. 最高人民法院起草与司法审判以及审判组织有关的法律草案。

4. 最高人民检察院起草与检察工作和检察院的组织有关的法律草案。

5. 中央军事委员会起草有关军事方面的法律草案,主要由其各总部来承担起草任务。

6. 国家监察委员会提起与监察工作和监察委员会组织有关的法律草案。

【适用指引】

1. 应当注意区分立法提案与法律草案的关系。

立法提案有两种情况:一种是不仅提出制定、修改、废止法律的倡议或意见,而且附带法律草案;另一种是仅提出制定、修改、废止法律的建议、倡议或意见,不附带法律草案。提出法律草案的情形也有两种:一种是有关主体在向立法机关提出立法倡议等时提出法律草案(这个属于立法提案的范畴);另一种是在立法机关已经将某种动议(不附带法律草案的动议)提上立法议程的情况下,由接受法律草案起草任务的机关、组织或个人向立法机关提出法律草案(准确地说是进入立法议程的法律起草的范畴)。这两种法律草案的提出的法律意义不一样,在立法提案中,提出的法律草案还有待立法机关根据一定的程序和标准决定是否将其纳入议事日程,而后一种情况则是法律草案已经进入议事日程。在我国现有的法律法规中,并没有区分附带法律草案的立法提案和不附带法律草案的立法提案,因此这两种情形都应该是立法提案的情形。

2. 立法主体的立法提案能否进入立法会议在我国没有具体的法律依据。

我国没有一部法律法规为立法提案进入立法会议议程提供法律依据,而实践中的真实运作情况是立法机关的立法规划作为立法提案进入立法会议议程的法律依据。立法规划就是有立法权的主体,在自己的职权范围内,为达到一定的目的,按照一定的原则和程序所编制的准备用以实施的关于立法工作的设想和部署,立法规划决定了立法提案能否被大会纳入会议议程。立法规划中所确立的立法项目必须作为立法议案被提出,这是立法项目真正进入立法的开始,如果没有法定的机关或个人向立法机关提出,则立法规划确立的立法项目有可能落空,也就有可能影响立法规划的执行。如果立法机关不以立法规划为依据,列入议程的立法提案的不是立法规划的立法项目,那么立法规划的制定就失去了意义。我国全国人大和国务院以及不少地方立法机关也制定过立法规划或立法计划。因此,立法提案权的主体提案时应考虑立法机关的立法规划,立法机关对立法提案能够进入立法议会议程的审查依据主要也是立法规划。当然,有些非立法规划中的立法项目提案经由立法机关审议,并确定其有立法的必要性、可行性和紧迫性时,也可以列入立法议程。

第十八条　法律案的提出主体(二)

一个代表团或者三十名以上的代表联名,可以向全国人民代表大会提出法律案,由主席团决定是否列入会议议程,或者先交有关的专门委员会审议、提出是否列入会议议程的意见,再决定是否列入会议议程。

专门委员会审议的时候,可以邀请提案人列席会议,发表意见。

【条文精释】

本条是关于代表团或者代表联名提出法律案的规定。

一、代表团或者代表联名提出法律案

本条规定了两个提案主体:代表团或者代表联名。本条对《宪法》第72条规定的全国人大代表向全国人大提出法律案的形式作了进一步明确:第一种方式是由代表团提出法律案。全国人大代表由各省、自治区、直辖市、特别行政区和军队选举产生,按选举单位组成代表团。现共有35个选举单位,组成35个代表团。虽然每个代表团的人数不等,但都享有同等的提案权,即每一个代表团都构成一个提案主体,代表团的提案由代表团全体代表的多数通过。第二种方式是代表联名提出法律案。代表联合提出法律案,要求有三十名以上代表联名。一般是一人领衔提出,其他代表签名附议。代表联名提出法律案不受代表团的限制,即使代表分处于不同的代表团,也可以共同联名提出法律案,只要符合三十名以上的人数要求。

《全国人民代表大会和地方各级人民代表大会代表法》第9条对代表提出议案的内容和形式作了规定:代表有权依照法律规定的程序向本级人大提出属于本级人大职权范围内的议案。议案应当有案由、案据和方案。法律案属于议案的一种,根据法律案本身的特点,代表团或者代表联名提出的法律案,应当按照《立法法》第58条的规定,同时提出法律草案文本及其说明,并提供必要的参阅资料。

二、代表团或者代表联名提出的法律案的处理程序

代表团或者代表联名提出的法律案与机关提出的法律案在处理程序上有所不同。机关提出的法律案,直接由全国人大主席团决定列入会议议程(全国人大主席团提出的法律案,直接交由全国人大审议)。代表团或者代表联名提出的法律案,有以下三种处理方式:一是由全国人大主席团决定直接列入会议议程;二是由全国人大主席团决定不列入大会议程;三是对是否列入本次会议议程,不作决定,全国人大主席团可以先交有关的专门委员会审议、提出是否列入会议议程的意见,再决定是否列入会议议程。实践中,每次全国人大会议期间,对代表团和代表联名提出的法律案以及其他各种议案,都是先由有关的专门委员会提出是否作为议案处理的意见,对基本符合议案要求的,作为议案处理;对不符合议案要求的,改作批评、意见和建议,交由有关机构、组织认真研究,书面答复代表。作为议案处理的,由全国人大主席团决定交专门委员会审议,提出议案处理结果报告。据了解,从 1979 年到 2023 年 3 月,还没有代表团和代表联名提出的法律案被列入会议议程审议通过的。

虽然《立法法》规定,向全国人大提出的法律案,由全国人大主席团决定列入全国人大会议议程,但由于向全国人大提出的法律案都先向全国人大常委会提出,而《全国人民代表大会议事规则》又规定,常委会提出全国人大会议议程草案,全国人大预备会议通过全国人大会议议程。因此,实践中,凡提请全国人大会议审议的法律案,都不是由主席团决定列入会议议程的,而是常委会把法律案列入会议议程草案,全国人大预备会议通过会议议程。

三、邀请提案人列席会议

为了充分了解和掌握法律案的有关情况,应听取提案人的意见和说明,专门委员会审议主席团交付审议的法律案时,可以邀请提案人参加专门委员会会议。需要指出的是,邀请提案人列席会议并不是专门委员会审议的必经程序,专门委员会可以邀请,也可以不邀请提案人列席会议。提案人列席会议发表的意见,作为专门委员会审议的参考。至于在什么样的情况下可以邀请提案人列席会议,本法不作具体规定,而是交由专门委员会具体掌握。这样规定是考虑到既要有利于充分听取提案人的意见,同时也要有利于审议过程的科学化、民主化。

【适用指引】

立法工作中部门利益化的问题一直存在,并深为人民群众所诟病。随着民主政治建设的发展,人大及其常委会在立法中的主导地位越来越受到重视,人大代表在立法中的重要作用也开始被不断提及。代表来自各个行业各个阶层,在地方立法中充分发挥他们的作用,就能使社会各种不同利益群体、不同阶层代表的意见,在立法机关得到充分、全面的表达。

本条是关于代表团或者代表联名提出法律案的规定,这就将我国代表联名或代表团提案和机关的提案予以了区分处理。国家机关提出的议案，由主席团审议决定交各代表团审议，或者先交有关专门委员会审议，提出报告，再由主席团决定提交全国人大会议表决；代表团和代表联名提出的议案，则由主席团决定是否列入全国人大会议议程，或者先交有关专门委员会审议，提出是否列入全国人大会议议程的意见，再决定是否列入全国人大会议议程。由此可以看出，现行规定使代表团和代表联名提出的议案是否能列入全国人大会议议程在很大程度上由有关专门委员会和主席团决定，在这个关键的环节，有可能使得不少代表好的提案未能得到足够的机会进入全国人大会议议程。根据人民主权的原则，在我国，国家的一切权力属于人民，人民行使权力的机关是全国人大和地方各级人大。全国人大统一行使人民的主权，这个主权是不能分割的。在人大会议期间，会议主持机构只享有服务的义务，而绝无限制代表权的权力，相反，会议的主持机构应保障代表意见的畅通，使肩负着人民重托的代表的主张，依法形成法定人数的意见，进入会议议程。通过以上分析，在人大会议制度中确立两个原则至关重要：(1)代表权平等原则；(2)代表渠道畅通原则。因此，为使人大代表更好地表达人民意志，让人民当家作主行使国家权力，完善人大会议制度将是必不可少的一个环节，特别是代表提案更能够反映人民的利益，但是实际的立法运作中几乎没有代表的提案最终被在立法会议中通过，这个事实本身反映了我国目前存在的立法民主程度不足的现实。那么，为什么会出现代表的提案很难进入全国人大会议议程的情况呢？要探究这个问题，我们必须对代表参与立法做一个简单的梳理。代表参与立法的一个重要途径就是依法提出法律议案。代表议案，是指由法定机关和人大代表，依照法定程序提请本级人大会议或者人大常委会会议进行审议并作出决定的议事原案。法律案正是议案中的一个重要组成部分。代表所提议案基本都是法律案。法律对代表如何提议案已经有详细规定。代表提议案，必须把握好几个要件，如必须是政治、经济、社会生活中的重大事项；必须是属于人大职权范围或者人大常委会职权范围的重大事项；必须在法定的时间期限内向本级人大或者本级人大常委会提出；必须有案由、案据和方案；联名者必须达到法定的人数等。

现在，代表们提法律案的自觉性和热情在逐年提高。但因代表们所提法律案而启动立法程序的还是少数。应该说，代表提出的法律案中所涉及的事项，肯定是现实生活中迫切需要解决的问题，但为什么无法启动立法程序呢？这种情况的出现与代表的立法经验不足、提法律案技巧不成熟等有关。法律案无法启动立法程序，原因是多方面的，有些是因为所提事项不在人大及其常委会职权范围内，有些是立法时机还不成熟,有些是所反映的内容依靠现行法律完全可以解决等。例如,福建省十届人大四次会议上有代表提出《关于制定〈福建省预防和制止家庭暴力条例〉的议案》,这个法律案其实是对《妇女权益保障法》和《婚姻法》等国家法中有关内容的延伸。在当时这两部国家法对保护妇女权益还有效发挥作用的情况下,就没必要再重复立法、专门为此制定出新的地方性法规。

因此,完善我国目前法律案提出的相关制度和规定只是进一步推动我国立法工作顺利有效开展的一个方面,而人大代表本身提立法议案技术的提高,对提议案程序的学习和掌握也是至关重要的,我国《全国人民代表大会和地方各级人民代表大会代表法》中对人大代表议案工作的开展已经作出了明文的程序规定,作为人民利益的代表,人大代表应该对议案程序有完整的了解。

第十九条 闭会期间的法律案提出

向全国人民代表大会提出的法律案,在全国人民代表大会闭会期间,可以先向常务委员会提出,经常务委员会会议依照本法第二章第三节规定的有关程序审议后,决定提请全国人民代表大会审议,由常务委员会向大会全体会议作说明,或者由提案人向大会全体会议作说明。

常务委员会依照前款规定审议法律案,应当通过多种形式征求全国人民代表大会代表的意见,并将有关情况予以反馈;专门委员会和常务委员会工作机构进行立法调研,可以邀请有关的全国人民代表大会代表参加。

【条文精释】

本条是关于向全国人大提出的法律案,可以先向常委会提出并进行审议,以及法律案向代表征求意见的规定。

一、向全国人大提出的法律案,可以先向常委会提出并进行审议

全国人大每年举行一次会议,由全国人大常委会召集。会议于每年第一季度举行,一般是每年三月上旬。2020 年,受疫情影响,全体会议在 5 月举行。宪法和法律对会期没有规定,从以往全国人大会期的情况来看,一般为半个月,最短的会期为 5 天(四届全国人大一次会议),最长的会期为 26 天(一届全国人大二次、四次会议和二届全国人大三次会议)。其中 2018 年十三届全国人大一次会议会期为 18 天。由于大会会议每年只召开一次,并且会期较短,为了充分发挥国家权力机关的作用，保证国家权力行使的连续性，因此，全国人大设立常委会。常委会是大会的常设机关，在大会闭会期间行使国家权力。常委会一般每年召开6次会议，每两个月召开一次。为了使大会审议的法律案有较好的审议基础，本条规定，拟向大会提出的法律案，在大会闭会期间，可以先向常委会提出并由常委会审议。

根据《宪法》的有关规定，全国人大制定和修改刑事、民事、国家机构的和其他的基本法律，因此，这类法律案，须向大会提出。由于大会会期的限制，在一年中的大多数时间里，无法向大会提出法律案。为了使向大会提出的法律案得到充分的审议，因而在大会闭会期间可以先向常委会提出。这里强调的是"在大会闭会期间"。在大会会议召开期间提出的法律案，不适用上述规定，应当直接向大会提出，由大会作出处理。

从以往的实践来看，提请大会审议的法律案，通常在每年的8月或10月提请常委会审议，常委会会议审议之后，印发各地和各有关部门征求意见。宪法和法律委员会根据常委会组成人员的审议意见、有关专门委员会的审议意见以及各方面提出的意见，进行统一审议，提出修改意见。具体程序依照本法第二节、第三节规定的有关程序。一般经常委会二次或多次会议审议之后，由常委会决定提请大会审议。

《全国人民代表大会议事规则》第27条规定，大会举行前，常委会对准备提请大会审议的法律草案，应当将草案向社会公布，广泛征求意见。这是民主和公开原则的重要体现。

经常委会会议审议的法律案，由谁向大会作说明，区别两种不同情况：第一种，如果原来是委员长会议向常委会提出的法律案，由于委员长会议不能向大会提出法律案，因此，应当由常委会向大会提出法律案，由常委会向大会作说明。第二种，如果是国务院、中央军事委员会、最高人民法院、最高人民检察院、专门委员会向常委会提出法律案，经常委会会议审议后决定提请大会审议的，可以由常委会向大会作说明，也可以由提案人向大会作说明。

二、对法律案向代表征求意见

对法律案向代表征求意见是2015年《立法法》新加入的内容，反映了我国立法民主程度的提高，同时，征求代表对法律案的意见本身也有利于法律案得到更多的讨论和修正。常委会依照本条第1款规定审议法律案，应当通过多种形式征求全国人大代表的意见，包括书面征求、召开座谈会征求等多种形式。代表是最高国家权力机构的组成人员。要充分尊重代表的主体地位，发挥代表在立法中的作用。

立法调研是立法过程中听取意见的重要形式，专门委员会和常委会工作机构进行立法调研，可以邀请有关的全国人大代表参加，这一做法，既能够使专门委员会和常委会工作机构更加直接、充分地听取代表意见，尤其是相关领域、基层代表的意见，也方便代表通过调研更加直接、广泛地听取和反映有关方面特别是基层百姓的意见，更好地履行代表职务。近年来，全国人大常委会在立法调研中，对代表意见高度重视，代表参加立法调研，已经成为立法工作的新常态。

【适用指引】

实践中，征求代表意见的形式主要采取邮寄法律草案纸质版本、通过代表信箱发送电子版、省级人大常委会组织代表集中研读法律草案等形式。代表既可以通过代表邮箱回复对法律草案的意见，也可以书面向全国人大常委会法制工作机构反馈意见，还可以在省级人大常委会组织的代表研读中发表自己的意见。目前，由常委会审议后决定提请全国人大审议的法律案，在常委会决定提请大会审议后，大会审议前，都会专门组织代表研读法律草案，征求全国人大代表对法律案的意见，这已经成为一种新常态。例如，2010 年全国人大审议《全国人民代表大会和地方各级人民代表大会选举法修正案（草案）》，2012 年大会审议《刑事诉讼法修正案（草案）》，2015 年大会审议《立法法修正案（草案）》前，都发送全部全国人大代表征求意见。由于常委会一般在 12 月召开会议时决定提请大会审议法律案，因此，代表研读一般安排在第二年的 1 月。代表研读后，省级人大常委会将本省全国人大代表研读情况以书面形式向全国人大常委会报告，全国人大常委会法制工作机构负责对代表研读意见进行收集、整理，并将有关情况予以反馈。

全国人大和地方人大及其常委会在立法过程中，积极推进开门立法，如全国人大在《婚姻法》（已失效）、《物权法》（已失效）、《个人所得税法》的起草修改中，都注重广泛听取、吸收社会公众的意见，坚持面向公民公开征集立法建议和对法律起草修改的意见，通过电视、报纸、互联网刊登草案，召开听证会、座谈会和专家咨询会，开设网上论坛等形式，拓宽公民参与立法活动的方式和途径，保障公民的立法知情权、参与权、建议权和监督权。在广东，省人大常委会通过公开征求意见、向全国人大代表及省人大代表征求意见、向地级市人大征求意见、向省直部门征求意见、立法专家征求意见、5 个立法基地征求意见以及下基层调研听取意见等方式广泛听取意见，征求民意。广东省人大常委会要求，每个法规草案在立项、起草、审议的全过程，都要书面征求各地级以上人大常委会、各有关部门、30 名人大代表和部分立法顾问的意见。对涉及人民群众切身利益的法规或者重大的立法活动,采用公开登报征求意见的方式。对专业性比较强的法规,通过专家论证会、立法论坛等形式听取意见。此外,还建立了专门的网站,向社会公众公开法规草案及相关的背景材料并征求意见。特别是对于情况复杂、各方面意见分歧比较大的法规,还专门召开听证会听取意见。对涉及特殊群体利益的法规,召开专门的立法座谈会听取意见。

但是,我们也应该看到,目前在很多地方征求代表的意见的方式存在诸多问题。有诸多部门召开民主生活会、搞工作总结,乃至迎接上级检查等,都印一张很正规的表格,来到人大常委会征求人大代表意见。这说明,随着人民代表大会制度的不断发展,人大代表的地位、作用和威望日益凸显,部门工作开始尝试让更多的民意代表参与讨论和监督。这不仅是一个议政议事的具体问题,从宏观来讲,就是坚持和完善人民代表大会制度的一项具体实践。有些部门或者单位做法过于简单且欠缺严肃性,在有些地方上有些部门有的只派一位工作人员,拿着本部门的表格,到人大常委会签字盖章,或者请人大常委会组织有几位或十几位人大代表参加的座谈会,而我国的代表并非专任代表,代表都有自己的职业和日常工作。对于突然性的立法等事项没有充分的了解和准备,这就导致很多立法工作会议流为形式,无法真正发挥代表参与立法的作用。人大常委会是人大的常设机关,它行使职权有严格的范围,凡报到人大常委会的工作报告或议案等材料,必须通过常委会会议或者主任会议作出决定,才有法律效力,才是依法监督,没有代替人大代表签署各种意见的权力。从人民代表大会制度的组织原则来讲,人大常委会组成人员和机关工作人员,也要接受人大代表的监督,要征求代表意见也要走出去找人大代表,所以,人大常委会不能代替代表的意志。到人大常委会征求代表意见,是一种形式化的作为。

专题六　全国人大立法的审议、通过与公布

第二十条　法律案的提前印发和组织研读讨论

> 常务委员会决定提请全国人民代表大会会议审议的法律案，应当在会议举行的一个月前将法律草案发给代表，并可以适时组织代表研读讨论，征求代表的意见。

【条文精释】

本条是有关法律案提前印发和组织代表研读讨论的规定，其中组织代表研读讨论的部分，是在2023年修改《立法法》时新增的内容。

根据本条的规定，全国人大常委会决定提请全国人大会议审议的法律案，应当在会议举行的一个月前将法律草案发给代表。一方面，《立法法》的这一规定是由全国人大会议召开的实际情况所决定的。全国人大会议在北京召开，而全国人大代表则分散在全国各地，多数京外代表都是在会议召开前几天才来京报到，而会议的议程又十分紧凑，除审议法律案外还包括其他许多内容。因此，如果全国人大代表在报到之时才能够拿到需要审议的法律案，无疑会使得其准备时间被大大限缩，从而影响审议的质量。为了使法律草案及时送交代表，使代表有充分的准备时间，规定在会议举行的一个月前将法律草案发给代表是很有必要的。另一方面，《立法法》的这一规定也是由《全国人民代表大会议事规则》的相关规定所决定的。《全国人民代表大会议事规则》第6条第1款规定，“全国人民代表大会常务委员会在全国人民代表大会会议举行的一个月前，将开会日期和建议会议讨论的主要事项通知代表，并将准备提请会议审议的法律草案发给代表”。

组织代表研读讨论准备提请全国人大会议审议的法律案，是在近年来的立法实践中逐渐形成的一种做法。例如，在2023年《立法法》修改过程中，全国人大常委会办公厅将修正草案印发给十四届全国人大代表，组织部署全国人大代表研读

讨论并征求意见。提前研读讨论，有利于全国人大代表更好地理解拟审议法律案的背景和重大意义，更为准确把握法律案的主要内容，从而为全国人大会议充分审议、顺利通过打好坚实基础。在2021年修改《全国人民代表大会议事规则》时，已经新增了1款规定作为第6条第2款，“全国人民代表大会常务委员会在全国人民代表大会会议举行前，可以组织代表研读讨论有关法律草案，征求代表的意见，并通报会议拟讨论的主要事项的有关情况”。2023年修改《立法法》，新增了上述规定，一方面是继续肯定了以往实践中的做法，另一方面也有利于同修改后的《全国人民代表大会议事规则》相衔接。

第二十一条　代表团审议

列入全国人民代表大会会议议程的法律案，大会全体会议听取提案人的说明后，由各代表团进行审议。

各代表团审议法律案时，提案人应当派人听取意见，回答询问。

各代表团审议法律案时，根据代表团的要求，有关机关、组织应当派人介绍情况。

【条文精释】

自本条开始至第26条均是有关全国人大审议法律案的规定。在规范层面，全国人大作为我国的立法机关，以一个整体的形式而存在。但是在实践中，作为一个有着复杂组织机构的国家机关，全国人大又显然不可能仅仅以一个整体的形式出现而进行法律案的审议，因此在规范层面的“全国人民代表大会审议法律案”必然在实践层面分化为不同的形式，本条所规定的正是其中的代表团审议。

根据本条第1款的规定，“列入全国人民代表大会会议议程的法律案，大会全体会议听取提案人的说明后，由各代表团进行审议”。代表团是全国人大代表按照选举单位组成的参加全国人大会议的临时性组织。根据相关法律规定，全国人大会议举行前，代表按照选举单位组成代表团。代表团全体会议推选代表团团长、副团长。团长召集并主持代表团全体会议。副团长协助团长工作。代表团可以分设若干代表小组，代表小组会议推选小组召集人。因此，代表团审议法律案实际上有两种形式：一种是代表团全体会议审议，另一种则是代表团小组会议审议。

根据本条第2款的规定，“各代表团审议法律案时，提案人应当派人听取意见，回答询问”。将提案人派人听取意见设定为一项强制性规定，是为了保证各代表团的代表能够更好地对法律案进行审议。尽管依据《立法法》第 20 条的规定，全国人大代表在会议召开前一个月就获得了需要审议的法律草案，但是仅仅有法律草案并不能够全面而完整地反映所有的情况，加上全国人大代表来自各行各业，对需要审议的法律草案所涉及的事务领域未必熟悉，在此种情况下显然很有必要由提案人派人与全国人大代表进行沟通，回答来自代表的询问。这样规定，可以使代表了解情况，便于进行审议。同时，这种形式也对提案人提出了要求，促使提案人在起草时认真研究考虑各种可能提出的问题，这对提高法律草案的质量也是有好处的。

根据本条第 3 款的规定，“各代表团审议法律案时，根据代表团的要求，有关机关、组织应当派人介绍情况”。显然，此处所规定的“有关机关、组织”是法律草案提案人以外的有关机关和组织。这是由于《立法法》所规定的可以向全国人大提出法律案的主体是有限的，而法律草案可能涉及的主体又不限于此，例如直接起草法律草案的有关机关、组织，又如法律通过后在实施过程中可能涉及的有关机关、组织，再如学术性的相关法律研究机关、组织。这些机关、组织同样对需要审议的法律案具有充分的了解，由它们派人对法律案的相关情况进行介绍无疑对于审议是十分有益的。因此本款规定了当代表团提出要求时，有关机关、组织应当派人介绍情况。

第二十二条　专门委员会审议

> 列入全国人民代表大会会议议程的法律案，由有关的专门委员会进行审议，向主席团提出审议意见，并印发会议。

【条文精释】

本条是有关全国人大各专门委员会审议法律案的规定。

专门委员会审议和前条所规定的代表团审议一样，都是全国人大审议法律案的一个重要环节。根据我国《宪法》第 70 条的规定，“全国人民代表大会设立民族委员会、宪法和法律委员会、财政经济委员会、教育科学文化卫生委员会、外事委员会、华侨委员会和其他需要设立的专门委员会。在全国人民代表大会闭会期间，各专门委员会受全国人民代表大会常务委员会的领导。各专门委员会在全国人民代表大会和全国人民代表大会常务委员会领导下，研究、审议和拟订有关议案”。目前，全国人大共设有十个专门委员会。

根据《全国人民代表大会组织法》的规定，各专门委员会由主任委员、副主任委员若干人和委员若干人组成。各专门委员会的主任委员、副主任委员和委员的人选由主席团在代表中提名，全国人大会议表决通过。在大会闭会期间，全国人大常委会可以任免专门委员会的副主任委员和部分委员，由委员长会议提名，常务委员会会议通过。从中可以看出，全国人大各专门委员会是全国人大的常设工作机构。全国人大一般每年只举行一次会议，全国人大常委会也只是每两个月召开一次会议，设立专门委员会，作为全国人大及其常委会的常设工作机构，便于开展经常性工作，了解情况，调查研究，协助审议和拟定有关议案，提出意见和建议，有利于全国人大及其常委会更好地行使职权。

关于专门委员会审议法律案的具体过程，根据《全国人民代表大会议事规则》的规定，专门委员会审议议案和有关报告，涉及专门性问题的时候，可以邀请有关方面的代表和专家列席会议，发表意见。同时根据《全国人民代表大会和地方各级人民代表大会代表法》的规定，代表可以被推选或者受邀请列席主席团会议、专门委员会会议，发表意见。这些规则同样也适用于本条所规定的专门委员会审议法律案的过程。

本条还规定专门委员会审议后“向主席团提出审议意见，并印发会议”。《全国人民代表大会议事规则》中规定，“有关的专门委员会的审议意见应当及时印发会议”。另外，根据《立法法》第 23 条的规定，全国人大宪法和法律委员会根据有关专门委员会的审议意见，对于法律案进行统一审议，向主席团提出审议结果报告和法律草案修改稿，对重要的不同意见应当在审议结果报告中予以说明。由此可见，与代表团的审议意见一样，专门委员会的审议意见同样也是后续宪法和法律委员会进行统一审议时的重要参考。

第二十三条　宪法和法律委员会审议

列入全国人民代表大会会议议程的法律案，由宪法和法律委员会根据各代表团和有关的专门委员会的审议意见，对法律案进行统一审议，向主席团提出审议结果报告和法律草案修改稿，对涉及的合宪性问题以及重要的不同意见应当在审议结果报告中予以说明，经主席团会议审议通过后，印发会议。

【条文精释】

本条是有关宪法和法律委员会审议的规定。

2018 年修改《宪法》时，将《宪法》第 70 条中的“法律委员会”修改为“宪法和法律委员会”。根据这一规定，十三届全国人大一次会议决定设立全国人大宪法和法律委员会。2018 年 6 月，十三届全国人大常委会第三次会议通过《关于全国人民代表大会宪法和法律委员会职责问题的决定》，明确《立法法》等法律中规定的“法律委员会”的职责，由宪法和法律委员会承担。2023 年修改《立法法》时，正式将原先相关条文中的“法律委员会”统一修改为“宪法和法律委员会”。同时，鉴于宪法和法律委员会在继续承担统一审议法律草案等工作的基础上，还增加了推动宪法实施、开展宪法解释、推进合宪性审查、加强宪法监督、配合宪法宣传等工作职责，因此对于本条的修改，还在宪法和法律委员会“应当在审议结果报告中予以说明”的内容中增加了“涉及的合宪性问题”。

根据本条的规定，宪法和法律委员会在审议完法律案之后，要向主席团提出审议结果报告和法律草案修改稿，对涉及的合宪性问题以及重要的不同意见应当在审议结果报告中予以说明，经主席团会议审议通过后，印发会议。自从全国人大法律委员会更名为宪法和法律委员会以来，在十三届全国人大任期内，已经开展了对于相关法律草案的合宪性审查，并在审议结果报告中对相关的合宪性问题进行了说明。例如，在十三届全国人大宪法和法律委员会《关于〈中华人民共和国监察法（草案）〉审议结果的报告》中，就专门指出，“党中央决定启动宪法修改工作后，监察法立法与宪法修改相衔接、相统一。在本次全国人民代表大会会议上，先表决通过宪法修正案，从而为监察法立法提供有力宪法依据，充分体现了以法治思维、法治方式推进改革，充分体现了党中央依宪治国、依宪执政的坚定决心”。

第二十四条　重大问题审议

列入全国人民代表大会会议议程的法律案，必要时，主席团常务主席可以召开各代表团团长会议，就法律案中的重大问题听取各代表团的审议意见，进行讨论，并将讨论的情况和意见向主席团报告。

主席团常务主席也可以就法律案中的重大的专门性问题，召集代表团推选的有关代表进行讨论，并将讨论的情况和意见向主席团报告。

【条文精释】

本条是有关主席团常务主席召开有关会议，对法律案中的重大问题进行讨论的规定。会议的形式包括两种：第一种是本条第1款所规定的各代表团团长会议，第二种则是本条第2款所规定的各代表团推选有关代表进行的会议。这一规定实际上源于《全国人民代表大会议事规则》中有关主席团常务主席职权的规定，根据《全国人民代表大会议事规则》第13条的规定，"主席团常务主席可以召开代表团团长会议，就议案和有关报告的重大问题听取各代表团的审议意见，进行讨论，并将讨论的情况和意见向主席团报告。主席团常务主席可以就重大的专门性问题，召集代表团推选的有关代表进行讨论；国务院有关部门负责人参加会议，汇报情况，回答问题。会议讨论的情况和意见应当向主席团报告"。

1. 关于各代表团团长会议。设计这一制度的考虑在于立法过程中经常会遇到影响社会经济发展的全局性问题，关系重大，必须广泛听取各方意见。但是全国人大会期有限，大会上的发言又有限制，不可能让每位代表都有充分的时间对议案等进行辩论，现实生活又急需法律出台。为了使各方面的意见得到充分的反映，使法律案的修改方案符合实际，尽快达成合意，代表团团长会议就成为一种通过代表的代表来集中听取各代表对法律案重大问题的看法的程序。在代表团团长会议上，由于人数较少，团长有较为充分的时间来反映本代表团的意见，便于深入讨论有关问题。关于何为"重大问题"，本条没有规定，由主席团常务主席掌握。一般来说，"重大问题"应当是各代表团在审议法律案中提出的有不同意见的问题。代表团团长应当如实反映本代表团对法律案中重大问题的审议意见。主席团常务主席应当将代表团团长会议讨论的情况和意见向主席团报告，以便主席团了解掌握情况。

2. 各代表团推选有关代表进行的会议。为了直接听取代表的意见和建议，主席团常务主席可以选择一些重要的专门性问题，召集各代表团推选的代表开会讨论。"代表团推选"是为了保证参加讨论的代表能够具有一定的代表性。"推选"就是代表之间互相推举，程序比较简单。"有关代表"是指与所要讨论的"重大的专门性问题"有一定关联的代表。这种关联性可以体现在专业、职业、行业等方面，如要讨论经济问题，代表团可以推选从事经济领域工作的代表或者对经济问题有专门研究的代表，以发挥代表的专长，加深对"重大的专门性问题"的研究讨论。

第二十五条　撤回法律案

列入全国人民代表大会会议议程的法律案，在交付表决前，提案人要求撤回的，应当说明理由，经主席团同意，并向大会报告，对该法律案的审议即行终止。

【条文精释】

本条是有关提案人要求撤回法律案的规定。提出法律案是为了让法律案在立法机关那儿通过，成为法律。但由于种种原因，如社会生活发生重大变化等，原法律案调整的对象消失，或者该法律案的调整内容、手段不符合社会生活需要，制定法律已没有意义，为了减少无意义的工作，应当允许提案人提出撤回法律案的要求。

法律案在列入全国人大会议议程之前，尚处于提案人的支配之下，提案人有权自行处置。因此，《立法法》第 59 条规定，“向全国人民代表大会及其常务委员会提出的法律案，在列入会议议程前，提案人有权撤回”。但是法律案一经列入全国人大会议议程，就成为会议内容的一部分，不再完全受提案人支配。法律案列入会议议程后，代表和有关的专门委员会对该法律案的审议付出了很多劳动，特别是在代表或者有关的专门委员会对法律案提出较多的修改意见时，提案人因不同意代表或者有关专门委员会的修改意见而要求撤回的，会议是否要终止对该法律案的审议，应当充分尊重代表的意见。尤其是考虑到撤回法律案的原因是多方面的，除前述的社会生活状况发生变化外，还有可能是提案人因全国人大代表审议之后提出的修改意见限制了其在立法中为自己设定的权力而要求撤回法律案，也有可能是经代表团和专门委员会审议修改后的草案，与提案人自己提出的法律案相比，变动较大。在此种情况下，就尤其需要保证立法的有效性，保持审议法律的严肃性，确保法律案的撤回遵循一定的程序，以防止提案人因不正当理由撤回法律案。因此根据本条规定，提案人撤回法律案受到三个约束：一是必须在法律案交付表决前撤回。一旦法律案交付表决，会议对法律案作出了决定（通过或者否决），提案人就无权撤回。二是要求说明理由。撤回法律案，应当有正当理由，无正当理由的，不能撤回。三是必须经主席团同意。只有经主席团同意，并向大会报告，撤回法律案的要求才能生效，会议才能停止对该议案的审议。

第二十六条　授权常委会审议

法律案在审议中有重大问题需要进一步研究的，经主席团提出，由大会全体会议决定，可以授权常务委员会根据代表的意见进一步审议，作出决定，并将决定情况向全国人民代表大会下次会议报告；也可以授权常务委员会根据代表的意见进一步审议，提出修改方案，提请全国人民代表大会下次会议审议决定。

【条文精释】

本条是有关全国人大授权其常委会审议大会的法律案的规定。本条规定源于《全国人民代表大会议事规则》第30条的规定，“列入会议议程的议案，在审议中有重大问题需要进一步研究的，经主席团提出，由大会全体会议决定，可以授权全国人民代表大会常务委员会审议决定，并报全国人民代表大会下次会议备案或者提请全国人民代表大会下次会议审议”。一般而言，提请大会审议的法律案，一般经当次会议审议后即交付表决。但有的法律案在审议过程中，代表对法律草案中的重大问题有不同意见，经审议后，仍有较大分歧。但是全国人大会期有限，有些法律案涉及的重大问题比较复杂，不是在短时间内就能研究清楚的，有的需要进一步研究，此时全国人大就可以授权其常委会对法律案进行进一步审议。

根据本条的规定，授权全国人大常委会进一步审议的程序是：第一，主席团提出授权全国人大常委会进一步审议的意见。第二，大会全体会议决定。需要由一半以上的代表同意主席团的建议，全国人大才能够授权全国人大常委会进一步审议法律案。第三，全国人大常委会必须根据代表的意见对法律案进一步审议，审议时要认真研究全国人大代表提出的意见，审议工作应当围绕代表的意见进行。第四，全国人大常委会审议后，可以作出决定，并将决定情况向全国人大下次会议报告，也可以提出修改方案，提请全国人民大会下次会议审议决定。两者的区别主要在于全国人大和全国人大常委会之间的立法权限界分，对于那些只能由全国人大制定的基本法律，则只能是由全国人大常委会提出修改方案，提请全国人大审议决定，这样保证了全国人大对于基本法律的审议权。

第二十七条　法律案表决

法律草案修改稿经各代表团审议，由宪法和法律委员会根据各代表团的审议意见进行修改，提出法律草案表决稿，由主席团提请大会全体会议表决，由全体代表的过半数通过。

【条文精释】

本条是有关法律案表决的规定。2023 年修改《立法法》时将原先的“法律委员会”修改为“宪法和法律委员会”。

在本条规定中出现了两个与法律案相关的名词：“法律草案修改稿”和“法律草案表决稿”。根据《立法法》第 23 条的规定，“法律草案修改稿”是由宪法和法律委员会根据各代表团和有关专门委员会的审议意见，对法律案进行统一审议之后，向主席团所提交的修改之后的法律案。该修改稿经主席团会议审议通过后，印发会议，由各代表团再次进行审议，此时审议的重点是审查修改内容是否正确可行。在各代表团再次审议的基础上，宪法和法律委员会根据各代表团的审议意见进行修改，提出“法律草案表决稿”，由主席团表决通过后提请大会全体会议进行表决。全国人大全体会议表决的对象是“法律草案表决稿”，它不同于作为初次审议对象的法律案和经宪法和法律委员会统一审议之后引发大会再次审议的“法律草案修改稿”，是在根据各代表团、有关的专门委员会的审议意见和代表团对有关重大问题和重大的专门性问题的讨论情况和意见对法律草案修改稿进一步修改后形成的供表决用的法律案文本。实践中，由于法律草案修改稿吸收了代表的意见，代表对法律草案修改稿通常没有多少新的意见，因此，这时宪法和法律委员会对草案修改稿的修改，仅是个别的，有时甚至没有修改。

对法律草案表决稿进行表决的主体是大会全体会议。大会全体会议是大会会议的重要形式，也是全国人大行使权力的主要、决定性场所。只有经大会全体会议表决，才能通过议案。法律草案的表决是全国人大以法定形式对法律草案表示最终的意见，从而决定法律草案是否成为法律。这是法律制定程序中具有决定意义的一个步骤。一般而言，表决可以分为整体表决和部分表决，整体表决是将整个法律草案作为一个整体进行表决，部分表决则是将法律草案的一部分作为单位，逐个进行表决。通过部分表决，可以发现各方的争议点所在，借由对部分条文的修改达到总体的意见一致，这样可以加快立法进程，最终达到整体的通过。在不少国家，对于部分表决的运用是比较多的,对法律草案涉及的重大问题或者有重大分歧的个别条款,先进行部分表决,或者对修正案先进行表决。在 2015 年《立法法》修改过程中,在全国人大常委会立法程序中增加了有关部分表决的规定,“法律草案表决稿交付常务委员会会议表决前,委员长会议根据常务委员会会议审议的情况,可以决定将个别意见分歧较大的重要条款提请常务委员会会议单独表决”。但是本条中所称的表决仍然是整体表决。

关于表决的具体方式,《全国人民代表大会议事规则》第 60 条规定,“会议表决议案采用无记名按表决器方式。如表决器系统在使用中发生故障,采用举手方式。宪法的修改,采用无记名投票方式表决”。我国在过去所采用的多是举手表决、投票表决的公开表决方式,从 1990 年七届全国人大三次会议开始使用按表决器进行无记名表决以来,完成了从公开表决向秘密表决方式的转变。电子表决器具有保密性,并且快速准确,有利于提高会议的效率。法律草案表决稿需要经由全体代表的过半数才能够通过,这一比例是由《宪法》所确定的,我国《宪法》第 64 条第 2 规定,“法律和其他议案由全国人民代表大会以全体代表的过半数通过”。

第二十八条　法律的公布

全国人民代表大会通过的法律由国家主席签署主席令予以公布。

【条文精释】

本条是有关法律公布的规定。法律的公布是指立法机关或国家元首将已通过的法律以一定的形式予以公布,以便全社会遵守执行。法律的公布是法的制定程序中的最后一个步骤,它是法律生效的前提。法律通过后,凡是未经公布的,都不能产生法律效力,不具有普遍约束力。本条的规定实际上源于《宪法》,《宪法》第 80 条规定,“中华人民共和国主席根据全国人民代表大会的决定和全国人民代表大会常务委员会的决定,公布法律……”但是如果对我国历部《宪法》的有关规定进行梳理,就会发现我国有权公布法律的机关几经变化:1954 年《宪法》规定由国家主席公布法律,1975 年《宪法》则删去了这一规定,1978 年《宪法》规定由全国人大常委会委员长公布法律。1982 年《宪法》,重新规定由国家主席公布法律。公布法律是国家主席的专有权,其他任何机关和个人均无权公布法律。公布法律也是国家主席的一项义务和责任,这与一些国家有关法律公布的规定存在不同,例如在美国总统可以不签署众议院和参议院通过的法案,从而将其否决。在这些国家,国家元首的法律公布权实质上是对立法机关的一种牵制。而我国的情况则不同,在我国全国人大是最高国家权力机关,国家主席由全国人大选举产生,因此对于全国人大表决通过的法律,国家主席有义务和责任签署公布,不能拖延或拒绝。

专题七　全国人大常委会立法的法律案提出

第二十九条　法律案的提出和处理

> 委员长会议可以向常务委员会提出法律案，由常务委员会会议审议。
>
> 国务院、中央军事委员会、国家监察委员会、最高人民法院、最高人民检察院、全国人民代表大会各专门委员会，可以向常务委员会提出法律案，由委员长会议决定列入常务委员会会议议程，或者先交有关的专门委员会审议、提出报告，再决定列入常务委员会会议议程。如果委员长会议认为法律案有重大问题需要进一步研究，可以建议提案人修改完善后再向常务委员会提出。

【条文精释】

本条是有关委员长会议和其他有关机构向全国人大常委会提出法律案以及后续处理程序的规定。根据本条的规定，有权向全国人大常委会提出法律案的主体包括委员长会议和国务院、中央军事委员会、国家监察委员会、最高人民法院、最高人民检察院、全国人大各专门委员会。其中，国家监察委员会是在2023年修改《立法法》时新增的提出法律案主体。在2022年修改的《全国人民代表大会常务委员会议事规则》，已经新增了国家监察委员会作为向全国人大常委会提出议案的主体。《立法法》的这一修改，实现了同《全国人民代表大会常务委员会议事规则》之间的衔接。

委员长会议是处理全国人大常委会重要日常工作的机构，根据《宪法》第68条第2款的规定，委员长会议由委员长、副委员长、秘书长组成。作为全国人大常委会的日常工作机构，它决定常委会每次会议的会期，拟定会议议程草案；对向常委会提出的议案和质询案，决定交由有关的专门委员会审议或者提请常务委员会全体会议审议；指导和协调各专门委员会的日常工作；处理常委会其他重要日常工作。

由于委员长会议负责处理全国人大常委会的重要日常工作,对哪些问题应当由常委会审议比较了解,因此规定委员长会议提出的法律案直接进入常委会会议议程,便于常委会及时审议决定重大问题。

根据本条第2款的规定,国务院、中央军事委员会、国家监察委员会、最高人民法院、最高人民检察院、全国人大各专门委员会也可以向常委会提出法律案。国务院、中央军事委员会、国家监察委员会、最高人民法院、最高人民检察院分别是我国的最高国家行政机关、军事机关、监察机关、审判机关、检察机关,它们在行使各自职权的过程中,能够敏锐地感知国家管理和社会生活中需要用法律解决的突出问题,同时又熟悉与行使职权密切相关的不断变化的实际情况,能够及时科学地捕捉立法需求,因此规定它们享有向全国人大常委会提出法律案的权利是合理的。全国人大各专门委员会研究、审议和拟定有关议案,在全国人大闭会期间接受常委会的领导。专门委员会提出法律案,应当由专门委员会召开全体会议,集体行使权力、作出决定。从实践情况来看,在这些主体之中提出法律案最多的是国务院,占总数的50%至60%;其次是委员长会议和专门委员会,约占总数的40%左右;中央军事委员会、最高人民法院、最高人民检察院提出的法律案占总数不到10%。

与委员长会议提出的法律案不同,国务院、中央军事委员会、国家监察委员会、最高人民法院、最高人民检察院、全国人大各专门委员会向常委会提出的法律案并不能够直接列入常委会会议议程,而需要由委员长会议决定。这是因为委员长会议负责拟定常委会会议议程草案,有权根据常委会会议议程情况,按照需要审议的事项的轻重缓急决定哪些事项优先列入议程、哪些事项暂缓列入议程,以提高常委会的议事效率。需要注意的是,委员长会议的“决定”仅仅具有程序性的意义,是决定列入当次会议或者下次会议,而不能决定不列入会议议程。具体而言,委员长会议的决定分为三种不同情况。第一种情况是决定列入常委会会议议程。这是针对比较成熟的法律案而言的,一般来说对国家机关提出的绝大多数法律案是这么处理的。例如,2015年4月10日召开的十二届全国人大常委会第四十五次委员长会议决定十二届全国人大常委会第十四次会议于4月20日至24日在北京举行,并建议十二届全国人大常委会第十四次会议审议全国人大财政经济委员会关于提请审议《证券法》修订草案的议案,全国人大农业与农村委员会关于提请审议《种子法》修订草案的议案,国务院关于提请审议《药品管理法》等26部法律的修正案草案的议案等。第二种情况是先交有关的专门委员会审议、提出报告,再决定列入常委会会议议程。这是针对基本成熟,但尚存在一些问题的法律案而言的。第三种情况是委员长会议认为法律案有重大问题需要进一步研究的,可以建议提案人修改完善后再向常委会提出。在2000年《立法法》制定过程中曾出现过如果委员长会议认为提案人提出的法律案存在重大问题,需要进一步研究,能否要求提案人撤回法律案的争议。当时一种有力的意见认为,撤回法律案属于提案人提案权的一部分,不宜由其他机关或个人决定其是否应当撤回,委员长会议也不具有作出实质性内容决策的权力。从国外经验来看,外国议会的议长也只是负责主持会议、规定发言次序,没有实质性权力。提案权是提案人依法享有的权利,法律案是向常委会提出的,不宜由委员长会议决定退回或建议撤回法律案。最终制定的《立法法》采纳了这一意见,规定如果委员长会议认为法律案有重大问题需要进一步研究,可以建议提案人修改完善后再向常委会提出。这样,一方面有利于保证列入议程的法律案的质量,为今后的审议打下一个比较好的基础;另一方面又使立法程序更加严密。

第三十条　常委会组成人员的法律案提出和处理

常务委员会组成人员十人以上联名,可以向常务委员会提出法律案,由委员长会议决定是否列入常务委员会会议议程,或者先交有关的专门委员会审议、提出是否列入会议议程的意见,再决定是否列入常务委员会会议议程。不列入常务委员会会议议程的,应当向常务委员会会议报告或者向提案人说明。

专门委员会审议的时候,可以邀请提案人列席会议,发表意见。

【条文精释】

本条是有关常委会组成人员向常委会提出法律案以及后续处理程序的规定。根据《全国人民代表大会组织法》第23条的规定,全国人大常委会由下列人员组成:委员长,副委员长若干人,秘书长,委员若干人。向常委会提出法律案是常委会组成人员的职权,但是为了保证法律案的质量,减少提案的随意性,本条规定必须由常委会组成人员十人以上联名才能向常委会提出法律案。具体做法通常是,法律草案起草后,由联名提出法律案的常委会组成人员在该立法议案上一一签名,领衔提出立法议案的为领衔人。

常委会组成人员向常委会提出的法律案同样不能直接列入常委会会议议程,而需要经由委员长会议的决定,但是其处理程序同国务院、中央军事委员会、国家监察委员会、最高人民法院、最高人民检察院、全国人民代表大会各专门委员会向常委会提出的法律案的处理程序仍有所不同。在对《立法法》第29条进行分析时我们已经指出,委员长会议对于前述主体向常委会提出的法律案的“决定”仅仅具有程序性的意义,是决定列入当次会议或者下次会议,而不能决定不列入会议议程。但是委员长会议对于常务委员会组成人员向常务委员会提出的法律案的“决定”则具有实体性的意义,可以决定不列入常务委员会会议议程。

具体来说,委员长会议的决定也分为三种不同的情况。第一种情况是决定直接列入常委会会议议程,这同样是针对比较成熟的法律案而言的。第二种情况是先交有关的专门委员会审议、提出是否列入会议议程的意见,再决定是否列入常务委员会会议议程。这是针对不是很成熟或者有一定问题需要进一步研究的法律案而言的。与国务院、中央军事委员会、国家监察委员会、最高人民法院、最高人民检察院、全国人民代表大会各专门委员会向常务委员会提出的法律案的情况稍有不同,有关专门委员会对前者进行审议之后提出的是“报告”,而对常务委员会组成人员所提出的法律案进行审议之后提出的则是“是否列入会议议程的意见”。为了利于专门委员会委员对法律案进一步全面的了解,避免草率决定,确保向委员长会议提出切实可行的意见,本条第二款规定专门委员会审议的时候,可以邀请提案人列席会议,发表意见。第三种情况是决定不列入常务委员会会议议程,此种情况应当向常务委员会会议报告或者向提案人说明。

专题八　全国人大常委会立法的审议

第三十一条　法律草案印发和全国人大代表列席

> 列入常务委员会会议议程的法律案，除特殊情况外，应当在会议举行的七日前将法律草案发给常务委员会组成人员。
>
> 常务委员会会议审议法律案时，应当邀请有关的全国人民代表大会代表列席会议。

【条文精释】

本条是关于法律草案应当提前印发给常委会组成人员和全国人大代表列席常委会会议的规定。为了提高立法质量和审议法律案的水平，应当保证常委会组成人员在会议举行以前，有时间对会议拟审议的法律案进行研究，提前为审议做好准备。从常委会的实际工作情况来看，从提出法律案到委员长会议作出决定列入常委会会议议程，往往时间很紧，如果规定提前过多时间印发法律草案，是难以做到的。《全国人民代表大会常务委员会议事规则》明确规定，常委会举行会议，应当在会议举行七日以前，将开会日期、建议会议讨论的主要事项，通知常委会组成人员。所以本条规定，应在常委会会议举行的“七日前”提前发给常委会组成人员法律案，这样有利于操作。这里规定的“七日”只是一个最低期限，在客观条件允许的情况下，应当尽量提前将法律案发给常委会组成人员，有利于常委会会议进行审议。如遇特殊情况，如召开临时会议或者是临时提出紧急提案等情况时，法律案的印发时间可以不受该规定的限制。

2023 年《立法法》修改并没有对本条进行修改，而本条第 2 款是 2015 年《立法法》修改时新增加的规定，体现了充分发挥人大代表在立法工作中的作用，有利于提高法律草案起草和审议质量。十八届四中全会决定提出，“健全法律法规规章起草征求人大代表意见制度，增加人大代表列席人大常委会会议人数，更多发挥人大代表参与起草和修改法律作用”。按照这一要求，根据常委会组成人员的意见和近年来工作中的实际做法，修改后的《立法法》增加规定：编制立法规划和立法计划，应当认真研究代表议案和建议；全国人大常委会审议法律案，应当通过多种形式征求代表的意见，并将有关情况予以反馈；专门委员会和常委会工作机构进行立法调研可以邀请有关的代表参加；常委会会议审议法律案，应当邀请有关的全国人大代表列席。人大代表是人民选举产生的行使国家权力的代表。充分发挥人大代表在立法中的作用，不仅是使立法反映和体现人民意志的制度要求，也有利于促进科学立法、民主立法，提高立法质量。近年来，全国人大及其常委会高度重视在立法工作中发挥人大代表的作用：一是将代表议案作为编制立法规划和工作计划的重要来源渠道，不少立法项目来源于代表议案，并将议案内容作为起草相关法律草案的重要参考。二是为代表直接行使立法权提供服务和保障。全国人大审议通过法律案，在会议召开前将法律草案寄送给代表，并组织代表研读，征求和收集代表的相关意见；在审议法律草案时，派相关负责人到会听取意见，回答询问，认真研究，积极采纳代表的意见和建议。三是常委会会议审议法律草案时，邀请人大代表列席，并将法律草案提前寄送给列席代表，征求代表的意见建议，对代表的意见建议认真研究和吸收。四是在法律的起草论证过程中，邀请代表参加调研座谈，注重听取和吸收代表的意见建议。五是组织代表参加执法检查和专题调研，为开展相关立法工作提供借鉴和指导。

第三十二条　法律案的审议

列入常务委员会会议议程的法律案，一般应当经三次常务委员会会议审议后再交付表决。

常务委员会会议第一次审议法律案，在全体会议上听取提案人的说明，由分组会议进行初步审议。

常务委员会会议第二次审议法律案，在全体会议上听取宪法和法律委员会关于法律草案修改情况和主要问题的汇报，由分组会议进一步审议。

常务委员会会议第三次审议法律案，在全体会议上听取宪法和法律委员会关于法律草案审议结果的报告，由分组会议对法律草案修改稿进行审议。

常务委员会审议法律案时，根据需要，可以召开联组会议或者全体会议，对法律草案中的主要问题进行讨论。

【条文精释】

本条是对常委会审议法律案实行三审制的规定。法律案的审议程序，是立法程序中最重要的阶段。法律案只有经过常委会组成人员的充分审议，才能实现科学立法、民主立法，保证立法质量。本条对全国人大常委会审议法律的具体程序作了规定，明确全国人大常委会审议法律案，一般实行三审制，同时规定了常委会审议法律案的具体会议形式。2023 年修改《立法法》时，将本条中出现的“法律委员会”修改为“宪法和法律委员会”。

一、三审制

（一）三审制的形成过程

《宪法》规定全国人大常委会行使立法权，有一个逐步确立的过程。1954 年《宪法》曾经明确规定：“全国人民代表大会是行使国家立法权的唯一机关。”全国人大常委会只是“解释法律”“制定法令”。虽然 1955 年和 1959 年全国人大曾两次授权全国人大常委会制定部分单行法规和修改部分现行法律的权力，但立法权仍在全国人大。通过总结多年的实践经验，考虑到单纯依靠全国人大很难完成日益繁重的立法任务，1982 年《宪法》适当扩大了全国人大常委会的职权，其中包括将全国人大的部分立法权交由全国人大常委会行使，为加强立法工作，加快立法步伐奠定了基础。在六届全国人大常委会以前，提请常委会审议的法律案，大多是在当次会议上就交付表决。1983 年 3 月，五届全国人大常委会第二十六次会议审议了国务院提请的《海上交通安全法（草案）》，由于对草案中的重大问题有不同意见，委员长会议决定该法律案不交付本次常委会会议表决，交有关的专门委员会进一步研究修改后，再交付以后的常委会会议审议表决。该法后来于 1983 年 9 月在六届全国人大常委会第二次会议上表决通过。从这次会议开始，为了使常委会组成人员有充分的时间审议法律案，六届全国人大常委会委员长会议决定，提交常委会会议审议的法律案，在当次会议上不表决，由法律委员会（现宪法和法律委员会）向下一次常委会会议或者以后的常委会会议提出审议结果报告。1987 年制定的《全国人民代表大会常务委员会议事规则》，将这一程序以法律的形式固定下来。自此以后，六届、七届、八届全国人大常委会对法律案的审议一般要经过两次常委会会议审议，才能交付表决。九届全国人大常委会为了提高立法质量，将二审制进一步发展为一般实行三审制：一审，听取提案人对法律草案的说明，进行初步审议；二审，初次审议后经过两个月或者更长的时间，常委会委员们对法律草案进行充分的调查研究后，围绕法律草案的重点、难点问题和分歧意见，再次进行深入审议；三审，在专门委员会根据常委会组成人员的审议意见对法律草案进行修改并提出审议结果报告的基础上，再作审议，如果意见不大，即交付表决。实行三审制可以使审议工作做得更充分一些，有利于提高立法质量。全国人大常委会自实行三审制以来，由于有了相对充裕的时间，对法律案的审议更加细致、具体。在一次审议和二次审议后，通常要进行专题调研，召开座谈会听取意见，根据了解到的情况和意见进一步审议修改法律案，审议的质量和水平不断提高。《立法法》根据这一经验，规定列入常委会会议议程的法律案，一般应当经三次会议审议才能交付表决。但是，按照《全国人民代表大会常务委员会议事规则》的规定，有关法律问题的决定的议案和修改法律的议案，有的一审就可以通过。对一些内容比较单一，分歧又不大的法律案，也可以二审通过，不必强求一致。

（二）三审制的分工

1. 国外议会的审议程序

从世界各国审议法案的程序看，各有不同，一般来讲，可用两种概念来概括：一是读会概念，二是审查和讨论概念。二者在内容上大同小异，只是在形式上有所差别。前者注重“读”的程序，“一读”时往往只宣读法的标题，在“二读”和“三读”阶段才全面讨论法案的原则和内容；后者不使用“读会”概念，而是径直依有关程序将法案提交会议审查和讨论。按广义的读会概念，各国讨论法案通常可分为三种：一是一读会，即直接审查或讨论法案，无须区分并经过宣读标题等程序。二是两读会。第一读，对法案的一般原则进行讨论；第二读，在对法案进行最后表决前，详细审查法案的条款和委员会提出的修正条款。法国等国家实行二读制。三是三读会。通常是：第一读，宣读法案题目，介绍法案的一般原则；第二读，详细审查委员会提交的法案的基本条款；第三读，最后考虑法案的一般原则，通过法案。美国等国家实行三读制。但英国等国家的三读会制与上面所说的三读制略有不同。英国的第一读，仅宣读案名，并决定进行第二读的日期。初读法案时，一般不作辩论，但对于重要的政府提案，内阁成员议员须先作简短的说明。第二读，将法案提交讨论，讨论法案的各种原则，以决定法案是否成立。然后由委员会根据二读所决定的原则审查法案（审查不得推翻已定原则），再由委员会将审查结果向院会提出报告。第三读，全面审查法案，并对法案进行表决。

2. 我国三审制的分工

总结全国人大常委会实行三审制的实践经验，《立法法》对三审的内容作出了比较明确的规定，将三审制用法律形式固定下来，使这一行之有效的做法法律化、制度化,使审议工作有法可依。三审制的主要分工是:一审,全国人大常委会会议第一次审议法律案,在全国人大常委会全体会议上听取提案人作法律草案的说明。比如,1995 年《执业医师法(草案)》作为国务院提交全国人大常委会的法律案,由当时的卫生部部长陈敏章受国务院委托向全国人大常委会作说明。说明中一般要对制定该法律的必要性、可行性及主要内容作介绍。随后,由常委会组成人员对法律草案进行初步审议。初步审议通常是在分组会议上进行,由常委会组成人员对法律案进行初步的讨论。二审,常委会会议第二次审议法律案,在常委会全体会议上听取宪法和法律委员会关于法律草案修改情况和主要问题的汇报,这个汇报是宪法和法律委员会根据各方面对法律草案的意见(包括常委会组成人员对法律草案的初审意见,有关专门委员会对法律草案的意见,各有关部门、专家和地方对法律草案的意见等),对法律草案进行修改后作出的,是对新的法律草案修改了哪些内容,为什么这样修改,有何不同意见,还存在哪些问题所作的介绍。根据宪法和法律委员会的汇报,常委会召开分组会议对新修改的法律草案文本作进一步审议。第二次审议应当围绕法律草案二次审议稿的重点、难点问题和分歧意见,进行深入审议,因为第二次审议距离第一次审议通常至少要经过两个月的时间(全国人大常委会会议每两个月召开一次),闭会期间进行了充分的调查研究,各方面对法律草案的意见也反映得更加充分,因此第二次审议法律案比第一次审议应当更深入、更具体、更有针对性。三审,常委会会议第三次审议法律案,在全体会议上听取宪法和法律委员会关于法律草案审议结果的报告。这个报告是对该法律草案的整个审议过程和各方面对法律草案二次审议稿提出的意见作出的总结,一般首先简单介绍审议过程,然后对二次审议稿的修改作出介绍,根据本法第 33 条的规定,对重要的不同意见也要在审议结果报告中予以说明。常委会组成人员召开分组会议对法律草案三次审议稿再进行审议,在当次会议上提出意见,宪法和法律委员会根据委员们的意见再对草案三次审议稿进行必要的修改,提出建议表决稿;如果没有大的意见,由委员长会议决定提请常委会全体会议表决,以常委会全体组成人员的过半数通过。

二、常委会会议审议法律案的形式

根据《全国人民代表大会常务委员会议事规则》的规定,常委会举行会议的时候,召开全体会议、分组会议、联组会议。这是常委会会议的三种具体方式。这三种会议在审议法律案中的作用,是不尽相同的。

(一)全体会议

常委会全体会议是常委会全体组成人员参加的会议,它是常委会行使职权最基本的会议形式之一。全体会议听取关于议案的说明、关于议案审议结果的报告和有关工作报告,并对各项议案进行表决。因此,对法律案的说明、修改意见的汇报、审议结果报告和法律案的表决都是在全体会议上进行。通常情况下,常委会会议的开始和结束都要召开全体会议,审议各项议案多在分组会议和联组会议上。

(二)分组会议

分组会议是将常委会组成人员分成若干个小组开会。这种会议形式便于常委会组成人员讨论问题,发表意见。所有提交全体会议审议的法律案,都要经过分组会议的审议。对法律案的具体审议主要是在分组会议上,所以,分组审议是常委会审议法律案的基础。目前,全国人大常委会组成人员共分六个小组召开分组会议,以使更多的常委会组成人员有发表意见的机会。根据会议安排,分组会议审议法律案,多是先审议准备通过的法律草案,然后再审议二审和初审的法律草案。对于常委会组成人员和列席会议人员在分组会议上提出的对法律草案的意见,由工作人员记录,并及时整理成会议简报印发当次会议,使各组审议情况得以交流。同时宪法和法律委员会要对常委会组成人员提出的具体修改意见抓紧时间研究,对于进入三审的法律案,宪法和法律委员会必须在当次会议上根据常委会组成人员的意见,提出最后的修改意见报告和建议表决稿。

(三)联组会议

联组会议是在分组会议基础上召开的若干个小组联席会议。联组会议审议是在分组会议审议的基础上对议案进行进一步审议,是在更大的范围内让对法律案有不同意见的常委会组成人员有一个直接交锋的机会。通常情况下,在联组会议上讨论的问题大多是在分组会议上审议的热点问题,对这些问题的讨论使常委会组成人员对有关问题认识更加深入,使审议更进一步,有利于对重要问题达成共识。这种讨论可以是在法律案的初审阶段,也可以在法律案的二审和三审阶段。立法实践中,全国人大常委会通常召开分组会议审议法律案,这样安排,每组参与审议的人数相对较少,在会议议程安排的有限时间内,能够保证常委会组成人员有充分的时间发表意见,有利于发扬民主,保证审议质量。但是,对于法律草案中的主要问题,出现意见不一致或者需要进一步研究论证的,也可以召开联组会议或者全体会议进行讨论。会上可以个人发言,可以几个人选出一个代表联合发言,也可以个人代表本组发言。联组会议或者全体会议审议法律案,与分组会议审议相比,扩大了同时参与审议的人员范围,能够使问题和观点得到更多的交锋,更好地达到交流的目的,从而推动对问题的深入研究。因此,本条规定,常务委员会审议法律案时,根据需要,可以召开联组会议或者全体会议,对法律草案中的主要问题进行讨论。这一规定把分组会议和联组会议、全体会议等各种会议形式结合起来,更有利于对法律草案进行深入审议,保证审议质量,推动科学立法、民主立法。

第三十三条　常委会审议的例外规定

列入常务委员会会议议程的法律案,各方面的意见比较一致的,可以经两次常务委员会会议审议后交付表决;调整事项较为单一或者部分修改的法律案,各方面的意见比较一致,或者遇有紧急情形的,也可以经一次常务委员会会议审议即交付表决。

【条文精释】

本条是对常委会审议法律案实行三审制的例外规定。实行三审制是为了使常委会审议工作做得更充分一些,有利于保证立法质量。根据全国人大的立法实践和实际工作需要,本法在确立全国人大常委会审议法律案实行三审制的同时,对常委会的立法程序作了变通规定,把重质量和讲效率较好地结合起来,有利于人大立法工作的开展。根据本条规定,对调整事项比较单一或部分修改,分歧又不大的法律案,也可以二审通过,不必强求一致。全国人大常委会立法实践中有一些法律和有关法律的决定是经过两次审议通过的。比如,《公益事业捐赠法》经过九届全国人大常委会第九次会议和九届全国人大常委会第十次会议两次会议审议后通过;《全国人大常委会关于加强经济工作监督的决定》是经过九届全国人大常委会第十三次和第十四次两次会议审议后通过的。对于部分修改的法律案,争议不大,各方面意见比较一致的,可以经一次常委会会议审议就交付表决。比如,2012 年 10 月十一届全国人大常委会第二十九次会议通过了《关于修改〈中华人民共和国治安管理处罚法〉的决定》,根据修改后《刑事诉讼法》的规定,对《治安管理处罚法》的个别条文作了相应修改,各方面意见比较一致,因此,经一次常委会会议审议即通过。实践中,一些调整事项较为单一,各方面的意见比较一致的法律案,是经一次常委会会议审议通过的。比如,2012 年 12 月十一届全国人大常委会第三十次会议通过的《关于加强网络信息保护的决定》,由于调整事项较为单一,各方面意见也比较一致,经一次常委会会议审议即通过了该法律案。因此,2015 年修改《立法法》时,总结这一实践经验,在本条增加了相应规定:调整事项较为单一,各方面的意见比较一致的,也可以经一次常委会会议审议通过。

本条在2023年修改时,增加了“或者遇有紧急情形的”这一情形。这是对立法实践综合考察而作出的修改。在紧急情形之下,立法需要快速地调整紧急情况,这时如果还采取常规的立法程序,则很有可能使得法律调整的效益降低,因此,增加这一规定十分必要。然而,如何判断“紧急情形”同样十分重要,如果不加限制,则意味着一些事实上不那么紧急的情况可能也会经过一次审议就通过,从而损害了法治的价值。

第三十四条　常委会分组审议

> 常务委员会分组会议审议法律案时,提案人应当派人听取意见,回答询问。
>
> 常务委员会分组会议审议法律案时,根据小组的要求,有关机关、组织应当派人介绍情况。

【条文精释】

本条是对常委会分组审议法律案时提案人和有关部门应当到会听取意见,回答询问的规定。常委会分组审议法律案是常委会组成人员审议法律案的重要环节,因为常委会审议法律案的基本形式是分组会议。常委会组成人员对法律草案发表意见多数是在小组会议上,虽然联组会议也可以对法律案进行讨论,但并不是所有的法律案都在联组会议上审议。而分组审议则不同,所有提交常委会审议的法律案都必然经过分组会议的审议,应当说分组审议奠定了常委会审议法律案的基础。常委会组成人员在分组审议法律案的过程中,要对法律草案提出修改意见,同时可能会对该法律制定的必要性,背景情况,法律草案条文本身的具体含义等提出疑问,因此本条规定,提案人要派人到会,听取意见,回答询问。对于常委会组成人员对法律草案提出的意见,有关人员要认真听取,并作详细的记录;对常委会组成人员提出的问题要如实回答,态度要诚恳,力争使提问人得到满意的解答。这里要求提案人以及有关机关和组织派人听取意见,回答询问,并不要求派负责人,而是派了解情况的同志就可以,这同本法第34条关于专门委员会审议法律案可以要求有关机关、组织派有关负责人说明情况的规定有所不同。一方面,分组会议上回答询问一般是作简单的解答,如果需要对议案进行必要的说明,提案机关的负责同志可以在常委会全体会议或者联组会议上进行,这在《全国人民代表大会常务委员会议事规则》中有明确规定;另一方面,目前全国人大常委会召开分组会议有六个小组,向每个小组都派负责人恐难做到,因此提案机关为每个小组安排若干了解情况的同志负责听取意见并回答询问也是可以的,如果真有疑难问题,所派人员难以回答,提案机关的负责同志可以选择适当时机给予解答。本条的规定有助于常委会组成人员全面了解情况,有利于常委会组成人员行使好审议权,对提高立法质量,审议质量是有益的。

第三十五条　专门委员会审议

列入常务委员会会议议程的法律案,由有关的专门委员会进行审议,提出审议意见,印发常务委员会会议。

有关的专门委员会审议法律案时,可以邀请其他专门委员会的成员列席会议,发表意见。

【条文精释】

本条是对有关的专门委员会审议法律案程序的规定。

一、全国人大专门委员会的设置情况及其职责

全国人大专门委员会是全国人大的常设机构,它的设立是国家管理日趋复杂化和专业化的结果,是为了加强全国人大工作,更好地发挥全国人大作用的需要。全国人大每年一般只召开一次会议,全国人大常委会也是每两个月才召开一次会议,而且人员多,不便于讨论各种问题,尤其是不能分门别类地深入审议。为了使全国人大的审议和监督更具体,更深入,设立一些专门委员会,作为全国人大的常设机构,有利于全国人大经常性工作的开展,在全国人大闭会期间,了解情况,调查研究,协助全国人大及其常委会审议和拟定有关议案,提出意见和建议,有助于全国人大及其常委会更好地行使职权。

根据 1954 年《宪法》的规定,全国人大设立了民族委员会、法案委员会、预算委员会、代表资格审查委员会,在全国人大开会期间开展工作。而在闭会期间还存在的,只有民族委员会和法案委员会。"文化大革命"期间专门委员会停止了活动。1979 年 7 月,五届全国人大二次会议又重新设立了民族委员会、法案委员会和预算委员会。为了进一步发挥人大的作用,加强人大同"一府两院"的协调和对"一府两院"的监督,1982 年《宪法》参考国外议会的经验,明确规定,全国人大设立民族委员会、法律委员会、财政经济委员会、教育科学文化卫生委员会、外事委员会、华侨委员会和其他需要设立的专门委员会。1983 年六届全国人大一次会议按照《宪法》的规定设立了上述六个专门委员会。1988 年 3 月,七届全国人大一次会议根据需要增设了内务司法委员会。1993 年 3 月,八届全国人大一次会议又增设了环境与资源保护委员会。1998 年 3 月,九届全国人大一次会议又增设了农业与农村委员会。2018 年十三届人大一次会议进行了调整,共设十个专门委员会,分别是民族委员会、宪法和法律委员会、监察和司法委员会、财政经济委员会、教育科学文化卫生委员会、外事委员会、华侨委员会、环境与资源保护委员会、农业与农村委员会、社会建设委员会。《全国人民代表大会组织法》对专门委员会的组织、产生、职责作了专章规定,根据该法的规定,全国人大各专门委员会受全国人大的领导,闭会期间受全国人大常委会的领导。在全国人大及其常委会的领导下,专门委员会主要负责研究、审议、拟定有关议案,开展立法,监督等常规性工作。《全国人民代表大会组织法》规定,宪法和法律委员会统一审议向全国人大或者全国人大常委会提出的法律草案,其他专门委员会就有关的法律草案向宪法和法律委员会提出意见。本法为了充分发挥专门委员会在审议法律案中的作用,坚持宪法和法律委员会统一审议的原则,总结我国多年人大立法的成功经验,对宪法和法律委员会和有关的专门委员会审议法律的程序作了规定,对立法实践中可能出现的一些问题提出了具体解决的办法,较好地解决了法律委员会和有关的专门委员会在审议法律过程中的关系问题。

二、规定专门委员会参与立法的审议工作的意义

根据本条的规定,列入常委会会议议程的法律案,由宪法和法律委员会和有关的专门委员会进行审议。这是适应立法工作日益复杂化、专业化的需要而建立的制度。由专门委员会协助常委会对法律案进行审议有非常重要的意义,主要表现在:第一,从人数上看,常委会人数较多,不利于常委会组成人员对法案进行充分审议。而通过专门委员会审议,可以进行更加全面周详的研究讨论。第二,从时间上看,常委会会议事时间有限,一般每两个月召开一次会议,一次会议七天左右,一个法律案在一次常委会会议上一般安排半天讨论时间,难以提供更充裕的时间审议。由专门委员会参与审议,提出意见,能把立法质量与工作效率较好地统一起来。第三,从知识结构上看,各专门委员会多按代表的专业,擅长的领域加以分类。因此,由专门委员会审查技术性、专业性较强的法案,可以使审议更为深入、全面,从而避免产生某些弊端。第四,对于常委会会议审议中提出的重大问题,由有关的专门委员会负责进一步研究,向委员长会议提出意见,由常委会依法决定该法律案是否终止审议,既可以避免草率行事,又有利于保证立法质量。第五,议会中各委员会参与立法审议是世界各国议会的普遍做法。因此,本法规定,列入常委会会议议程的法律案,由宪法和法律委员会和有关专门委员会进行审议。所不同的是宪法和法律委员会负责对所有法律进行统一审议,向常委会提出法律草案修改稿和修改意见的汇报,审议结果的报告;而其他有关的专门委员会只对与之有关的法律案进行审议,所提出的意见,印发常委会会议。

三、外国议会各委员会参与立法审议的情况和程序

立法机关的常设委员会对提交议会的法案进行审议,是多数国家立法程序的必经阶段和通常原则。但法案在哪个阶段交付委员会审议,审议适用什么程序,各委员会有哪些权力,各国的规定和做法有所不同。有的国家是在第一读阶段交付委员会审议,有的则在第二读阶段交付委员会审议。有的国家规定,法案提出并经议会全体会议第一读和第二读,确定了立法原则之后,才交付有关的委员会进行审议。在英国,法案经过第一读、第二读后进入委员会审议阶段。委员会对法案逐行逐字讨论并修改。英国议会的委员会对是否接受法案无定夺之权,因为它们所审议的法案已经二读通过,院会已予以原则接受。它主要审查法案的格式是否合乎要求,结构是否正确,文字是否适当。与英国不同,在美国,所有向两院提出的议案均先送交有关委员会,在委员会中进行讨论,作出通过、修改或否决的决定后,再向两院提出,供两院全体会议审议。委员会的决定一般都为两院接受而成为两院的决定。因此,委员会掌握着法案的取舍大权,凡委员会不向两院会提出报告的,法案即被取消。

四、有关的专门委员会审议法律案的程序

在通常情况下,有关的专门委员会审议法律案有两种情况:一是法律草案与本委员会有关,专门委员会对列入常委会会议议程的法律案主动进行审议,主要是从法案的内容是否可行,其结构是否正确,其文字是否适当等方面提出意见。二是列入常委会会议议程的法律草案经过审议,委员长会议认为存在重大问题,决定交有关的专门委员会进一步调查研究提出审议意见,再决定提交以后的常委会会议审议通过。比如,《执业医师法》经 1995 年八届全国人大常委会第十四次会议初审后,各方面对法律草案提出了较多意见,委员长会议决定由教育科学文化卫生委员会进一步研究,提出审议意见。教育科学文化卫生委员会和法律委员会针对委员们提出的有关医师考试、注册、权利义务等问题进行有重点的调查研究,反复听取地方、部门、专家、利害关系人的意见，对草案规定的几个关键问题作出了较大的修改。法律委员会根据各方面的意见和教科文卫委员会提出的草案修改稿和审议意见，于1998年6月经委员长会议同意向九届全国人大常委会三次会议提交了《执业医师法》的草案修改稿和审议结果报告。在这个过程中，有关的专门委员会是针对该法律案的重点、难点进行审议，就存在的问题提出解决的办法，对相关条文进行必要修改，同时提出本委员会的审议意见。有关的专门委员会审议法律案，应当召开全体会议，会议大多是在常委会闭会期间召开。召开会议应当提前通知各位委员，以便委员们为审议做好准备。专门委员会组成人员在对法律案的有关问题进行调查研究，听取各方面意见的基础上，对有关法律案进行审议，最后归纳整理出该委员会的审议意见。各有关的专门委员会审议法律案后提出的审议意见，一方面要印发常委会会议，另一方面要交宪法和法律委员会，以便宪法和法律委员会集中各方面意见对法律案进行修改，向常委会提出法律草案修改稿和修改情况的汇报或者审议结果报告，完成统一审议职责。因此，通常情况下，各有关专门委员会审议法律案的会议是在宪法和法律委员会审议之前召开的。根据本条的规定，有关的专门委员会审议法律案时，可以邀请其他专门委员会的成员列席会议，发表意见。这是为了各个专门委员会在审议法律案时更好地沟通情况作出的规定。因为一个法律案的出台，往往有多个专门委员会参与审议，宪法和法律委员会负责统一审议，同时有关的专门委员会对与本委员会有关的法律案进行审议，比如，《高等教育法》由教育科学文化卫生委员会和宪法和法律委员会分别审议，《海洋环境保护法》由环境与资源保护委员会和宪法和法律委员会分别审议。有时一个法律案还与多个专门委员会有关，比如，《村民委员会组织法》由内务司法委员会（2018年3月更名为“监察和司法委员会”）、农业与农村委员会、宪法和法律委员会分别进行了审议。规定有关专门委员会在审议法律案时根据情况，可以邀请其他专门委员会成员列席会议，发表意见，有利于解决法律案中的重大问题，是十分必要的。与之相呼应的是，本法第36条规定，宪法和法律委员会审议法律案时，应当邀请有关的专门委员会成员列席会议，发表意见。这就使全国人大各专门委员会之间对法律案的审议工作有机地结合起来，有助于全国人大立法工作的开展。

第三十六条　宪法和法律委员会统一审议

> 列入常务委员会会议议程的法律案，由宪法和法律委员会根据常务委员会组成人员、有关的专门委员会的审议意见和各方面提出的意见，对法律案进行统

一审议,提出修改情况的汇报或者审议结果报告和法律草案修改稿,对涉及的合宪性问题以及重要的不同意见应当在修改情况的汇报或者审议结果报告中予以说明。对有关的专门委员会的审议意见没有采纳的,应当向有关的专门委员会反馈。

宪法和法律委员会审议法律案时,应当邀请有关的专门委员会的成员列席会议,发表意见。

【条文精释】

本条是对宪法和法律委员会统一审议法律案、对涉及合宪性问题、重要不同意见处理的程序规定。其中,对涉及合宪性问题规定是2023年《立法法》修改新增加的条款。

1982年12月五届全国人大五次会议通过的《全国人民代表大会组织法》明确规定,法律委员会统一审议向全国人大或者全国人大常委会提出的法律草案,其他专门委员会就有关的法律草案向法律委员会提出意见。这一规定以法律的形式确立了全国人大及其常委会制定法律由法律委员会统一审议的制度。1987年制定的《全国人民代表大会常务委员会议事规则》又对法律委员会统一审议问题作出了进一步规定。立法实践证明,建立统一审议制度,是维护法制统一的必要保证,对保证立法质量,加快立法步伐起到了积极的作用。《立法法》总结了全国人大多年来立法的成功经验,进一步重申和明确了这一规定,并对宪法和法律委员会和其他有关专门委员会审议法律案的具体程序作出了规定,既考虑到充分发挥有关专门委员会在审议法律案方面的作用,又明确了宪法和法律委员会负责统一审议的职责,使全国人大各专门委员会参与立法工作的程序更具可操作性。

一、宪法和法律委员会统一审议与有关专门委员会审议法律案的关系

改进和加强专门委员会的工作,有一个很重要的问题,就是要处理好各专门委员会之间的关系,特别是宪法和法律委员会与其他专门委员会的关系。《全国人民代表大会组织法》规定,宪法和法律委员会统一审议向全国人大或其常委会提出的法律草案和有关法律问题的决定草案;其他专门委员会就有关法律草案向宪法和法律委员会提出意见,并将意见印发会议。从程序上作出这样的规定是必要的。因为需要有一个立法综合部门对法律草案进行统一审议,使制定的法律与宪法保持一致,与有关法律相衔接,以保持法制的统一。宪法和法律委员会实际上就是这样一个立法综合部门。法制工作委员会是全国人大常委会的工作机构，它的办事机构同时也是宪法和法律委员会的办事机构。在统一审议法律案的过程中，宪法和法律委员会是同法工委共同进行工作的。宪法和法律委员会和法工委要同其他专门委员会密切配合，对法律案的一些重大问题，主动与有关专门委员会联系，联合进行调查研究，共同解决问题。宪法和法律委员会提出的审议结果的报告，要全面、准确地反映各方面的意见，包括要充分反映有关专门委员会的意见。要建立协调和反馈机制，对法律案进行统一审议和修改时，无论是文字的修改，还是实质性内容的修改，都应反馈给有关专门委员会，征求有关专门委员会的意见。同时，其他专门委员会都要配合和支持宪法和法律委员会和法工委的工作。有关专门委员会向宪法和法律委员会提交法律草案后，还应继续对法律草案审议中提出的问题进行研究，提出意见和建议。总之，全国人大机关是一个有机的整体，相互间是分工合作的关系，目标是一致的。各专门委员会、法工委都要在全国人大常委会的领导下，各司其职，各负其责，协调一致，共同做好立法工作。《立法法》总结全国人大及其常委会审议法律案的经验，进一步明确了宪法和法律委员会统一审议与有关专门委员会审议法律案的关系，对各专门委员会充分发挥在立法工作中的作用，具有十分重要的指导意义。《立法法》对宪法和法律委员会统一审议和有关专门委员会审议的程序作出了具体的规定，明确了法律案由有关的专门委员会进行审议，提出审议意见，印发常委会会议。宪法和法律委员会根据常务委员会组成人员，有关的专门委员会的审议意见和各方面提出的意见，对法律案进行统一审议，提出修改情况的汇报或者审议结果报告和法律草案修改稿，对重要的不同意见应当在汇报或者审议结果报告中予以说明。对有关的专门委员会的审议意见没有采纳的，应当向有关的专门委员会反馈。为了加强宪法和法律委员会和各专门委员会的配合，《立法法》规定宪法和法律委员会和有关的专门委员会审议法律案时，应当邀请有关的专门委员会成员列席会议，发表意见。各专门委员会之间对法律草案的重要问题意见不一致时，应当向委员长会议报告。这些规定对充分发挥各专门委员会在审议法律案中的作用，维护法制的统一，提高立法质量具有重要作用。

二、宪法和法律委员会统一审议法律案的具体程序

由宪法和法律委员会统一审议法律案，是全国人大常委会多年来立法经验的总结，是保障法制统一的重要手段。宪法和法律委员会如何进行统一审议呢？通常情况下，法律案经过常委会初审后，宪法和法律委员会和全国人大常委会法工委要做以下几项工作:第一,认真整理常委会组成人员对法律草案初审的意见,准备在常委会二次审议该法律草案时印发会议。第二,根据立法的需要召开有关地方、部门、人民团体、专家、有关基层和群体代表、全国人大代表和社会有关方面参加的座谈会、论证会、听证会等,听取各方面对法律草案的意见。第三,将法律草案印发各地和有关部门广泛征求各方面的意见,并要求各部门按规定时间将意见书面反馈回来,进行归纳整理。第四,法律草案向全社会公布(经委员长会议决定不公布的除外),对反馈意见也要负责整理。第五,根据常委会组成人员、有关专门委员会和各方面的意见,由全国人大常委会法工委对法律草案进行修改,提出法律草案修改稿。之后,宪法和法律委员会召开会议,根据各方面提出的意见,对法律草案逐条进行进一步的研究修改,修改时应当注意吸收各方面的意见,特别是常委会组成人员和有关专门委员会对该法律案提出的审议意见。对于重要的不同意见,能够采纳的,应当及时在法律修改稿中进行修改;不能采纳的,也要认真研究。

为了使立法工作更加深入、扎实,让常委会组成人员对各方面提出的重要不同意见有所了解,本条明确规定,对于重要的不同意见,无论是否被采纳,宪法和法律委员会都应当在修改意见的汇报或者审议结果的报告中予以说明。同时,为了及时与有关专门委员会沟通,本条还明确规定,对有关专门委员会的审议意见没有采纳的,应当向有关专门委员会反馈。宪法和法律委员会审议法律案,应当召开全体会议,会议大多是在常委会闭会期间召开的,但在法律案准备交付表决的当次常委会会议期间,宪法和法律委员会要在常委会会议举行期间召开会议,因为宪法和法律委员会要根据常委会组成人员对法律案修改稿提出的意见,对法律案修改稿作进一步修改,提出法律草案表决稿,供当次常委会会议表决通过。宪法和法律委员会召开会议,应当提前通知各位委员,以便委员们为审议做好准备。宪法和法律委员会组成人员在对法律案的有关问题进行调查研究,听取各方面意见的基础上,对法律案进行逐条审议,具体修改意见由全国人大常委会法工委负责记录整理。宪法和法律委员会根据常委会会议审议法律的不同阶段,提供不同文件材料。通常在常委会初审后,宪法和法律委员会要向常委会提交法律草案二次审议稿以及法律草案修改情况和主要问题的汇报;常委会会议二审后,宪法和法律委员会向常委会提交法律草案三次审议稿和法律草案审议结果的报告;在常委会会议三审期间,宪法和法律委员会向常委会提交法律草案表决稿和修改意见的汇报。宪法和法律委员会承担着统一审议的任务,工作量大,责任也重大。

根据本条规定,宪法和法律委员会审议法律案时,应当邀请有关的专门委员会的成员列席会议,发表意见。这是为了宪法和法律委员会与其他有关的专门委员会沟通审议法律情况作出的规定。因为许多法律案,宪法和法律委员会在审议,有关的专门委员会也在进行审议,宪法和法律委员会和有关的专门委员会在审议过程中对有些问题的看法可能出现不一致,有时还可能出现较大的意见分歧,需要及时沟通。实践中,宪法和法律委员会根据需要邀请有关的专门委员会的成员列席会议,发表意见,对重要的不同意见进行探讨,力求使问题得以解决。《立法法》总结了这一有益经验,明确规定,宪法和法律委员会审议法律案时,应当邀请有关的专门委员会成员列席会议,发表意见,这些规定使全国人大各专门委员会对法律案的审议工作得到了交流和沟通,简化了程序,有利于对法律案重大问题的解决,有助于全国人大和全国人大常委会的立法工作。

第三十七条 专门委员会审议的特殊规定

专门委员会审议法律案时,应当召开全体会议审议,根据需要,可以要求有关机关、组织派有关负责人说明情况。

【条文精释】

本条是对专门委员会审议法律案时可以要求有关机关、组织派负责人介绍情况的规定。依照《立法法》的规定,列入常委会会议议程的法律案,宪法和法律委员会和有关的专门委员会有权进行审议。专门委员会对法律案的审议可以在常委会审议的各阶段进行。本条是针对所有专门委员会作出的规定,包括宪法和法律委员会,也包括有关的专门委员会。各专门委员会审议法律案,应当召开全体会议,通常情况下,委员会全体会议要有半数以上的委员参加方能举行。委员会全体会议应当由主任委员负责召集和主持,受主任委员的委托,副主任委员也可以召集和主持全体会议。对于审议的法律案,各位委员都有发表自己意见的权力。专门委员会委员在审议法律案的过程中,可能会对该法律制定的必要性、可行性、背景情况、法律草案条文本身的具体含义等提出疑问,因此本条规定,专门委员会审议法律案时,根据需要,可以要求有关机关、组织派有关负责人说明情况。这里有两个问题需要注意:一是“有关机关、组织”不单单是指提案机关,也可能是与法律草案中某些具体规定有关的其他机关、组织。这一方面是因为有些提案人对法律案涉及的有关问题不一定了解得十分透彻,而有关机关和组织可能更了解情况。例如,《老年人权益保障法》修订草案是由内务司法委员会(现监察和司法委员会)提出的,但对于老年人权益保障具体政策和措施,老年人权益保障的具体情况和存在问题可以请民政部和全国老龄办的负责同志来介绍情况。另一方面是法律案的规定涉及了某些领域,规定是否合适,可以邀请相关机关、组织介绍情况,例如,审议《立法法》过程中,宪法和法律委员会就曾就行政法规的有关问题,邀请原国务院法制办的有关负责同志介绍情况。二是要求有关机关、组织"派有关负责人"说明情况,这同《立法法》第34条规定的常委会分组会议上有关机关、组织派人介绍情况有所不同。这里强调由"有关负责人"介绍情况,主要是与专门委员会审议法律案的特点有关。专门委员会审议法律案,是为了协助常委会的审议。由于专门委员会人员少,专业性较强,审议时间充裕,法律案中的一些矛盾和问题应当力争在专门委员会的审议中得到解决,因此,专门委员会的审议往往比常委会更深入、具体。加之有时专门委员会受委员长委托要对法律草案中的重大问题提出意见,因此,在邀请有关机关、组织派人介绍情况时,法律规定派"有关负责人",这有利于专门委员会组成人员全面了解情况,有利于问题的协商研究,有利于审议工作的顺利进行。这里的"负责人"前加"有关"二字,是强调派主管这方面业务工作的负责人到会即可,不一定要求是该机关、组织的主要领导人。

第三十八条　专门委员会的不同意见

> 专门委员会之间对法律草案的重要问题意见不一致时,应当向委员长会议报告。

【条文精释】

本条是对各专门委员会的重要不同意见如何处理的规定。依照法律规定,列入常委会会议议程的法律案,由宪法和法律委员会和有关专门委员会进行审议,有关的专门委员会审议与本委员会有关的法律案,宪法和法律委员会负责法律案的统一审议,为了加强各专门委员会之间对法律案审议工作的联系,使宪法和法律委员会统一审议同发挥其他各专门委员会作用有机结合,本法第35条、第36条明确规定了有关的专门委员会审议法律案时,可以邀请其他专门委员会成员列席会议,发表意见;宪法和法律委员会审议法律案时,应当邀请其他专门委员会成员列席会议,发表意见;宪法和法律委员会在审议法律案过程中,对有关的专门委员会的审议意见没有采纳的，应当向有关的专门委员会反馈。这一系列规定较好地解决了宪法和法律委员会和其他各专门委员会审议法律的沟通问题，减少了不必要的矛盾，从而协商解决问题，在专门委员会审议阶段将矛盾化解。但是，在实践过程中，由不同的专门委员会对同一法律案进行审议，可能由于考虑问题的角度不同，也可能由于掌握的情况不同等，有时会对法律案的一些问题提出不同意见，虽然经过沟通，有时也未能达成一致。在这种情况下，专门委员会之间对法律案重要问题意见不一致，依照本条的规定，应当向委员长会议报告。

委员长会议是常委会的核心机构，也可以说是领导机构，但它不具有行政领导职能，它负责处理常委会的日常工作，为常委会行使职权服务，并不代替常委会行使职权。根据法律规定，委员长会议根据需要不定期召开。但由于每次常委会的会期，会议议程草案，交常委会审议的议案都要由委员长会议决定，因此，在每次常委会会议召开前，都要举行委员长会议；同时，又由于交付表决的议案要由委员长会议提请常委会表决，在每次常委会会议期间，也要召开委员长会议。委员长会议由委员长召集并主持，委员长可以委托副委员长主持会议。本条规定专门委员会之间对法律草案的重要问题意见不一致时，应当向委员长会议报告，委员长会议可以就有关问题听取有关专门委员会的介绍，进行研究，提出解决的意见。对于该法律制定的必要性、可行性有重大分歧意见的，委员长会议可以提出将法律案搁置，暂不列入下次常委会会议议程。

第三十九条　法律案的征求意见

列入常务委员会会议议程的法律案，宪法和法律委员会、有关的专门委员会和常务委员会工作机构应当听取各方面的意见。听取意见可以采取座谈会、论证会、听证会等多种形式。

法律案有关问题专业性较强，需要进行可行性评价的，应当召开论证会，听取有关专家、部门和全国人民代表大会代表等方面的意见。论证情况应当向常务委员会报告。

法律案有关问题存在重大意见分歧或者涉及利益关系重大调整，需要进行听证的，应当召开听证会，听取有关基层和群体代表、部门、人民团体、专家、全国人民代表大会代表和社会有关方面的意见。听证情况应当向常务委员会报告。

常务委员会工作机构应当将法律草案发送相关领域的全国人民代表大会代表、地方人民代表大会常务委员会以及有关部门、组织和专家征求意见。

【条文精释】

本条是对各专门委员会和常委会工作机构采取多种形式听取对法律案意见的规定。深入推进科学立法、民主立法是提高立法质量的根本途径。党的十八届三中、四中全会对深入推进科学立法、民主立法提出了一系列要求，在立法法审议和听取意见过程中，常委会组成人员、代表、专家和社会公众也提出了许多好的意见和建议。党的十八届四中全会决定提出："健全立法机关主导、社会各方有序参与立法的途径和方式。"本条在2023年《立法法》修改过程中没有变动。而在2015年《立法法》修改过程中，总结实践做法和经验，认真贯彻落实党中央决策部署，对常委会在立法过程中广泛听取各方面意见的规定，作了进一步完善，主要是对立法论证会、听证会以及法律草案印发征求意见的范围作了完善和细化。

一、座谈会

座谈会是发扬民主的一种传统方式，运用于我国民主生活的各个方面。在立法中，座谈会是由有关法案起草单位，审议机关或者审议机关的工作机构根据需要，邀请与该法案有关的机关、团体、企业事业单位和有关方面的专家，对法律草案的内容进行座谈讨论，发表意见。座谈会的主要特点是简便易行，便于深入讨论问题。在立法工作中，随时可以根据需要举行座谈会，参加座谈会的人员可以包括方方面面，也可以根据需要只邀请某一方面的人员；座谈内容可以是一个法案的全部，也可以只就法案中若干重点问题进行专题座谈；座谈会对发言顺序、发言时间、发言次数等一般不作限制，发言可长可短，可以相互讨论，主持人可以把各方面对法案的不同意见介绍给座谈会参加人员，使与会人员可以从各种不同角度思考问题，主持人也可以参与发表意见，从而使讨论得以展开和深入，特别是对一些难点、焦点问题，通过讨论便于达成共识。根据需要，座谈会在常委会会议初审、二审后都有可能召开。为了提高工作效率，座谈会可以由宪法和法律委员会、有关的专门委员会和常委会工作机构联合召开。参加人员包括有关机关、组织、地方、专家学者和利害关系人等，一般是分类召开几个座谈会。

二、论证会

党的十八届四中全会决定中指出，探索建立有关国家机关、社会团体、专家学者等对立法中涉及的重大利益调整论证咨询机制。2015年《立法法》修改，新增1款，对论证会作了规定。论证会根据需要举行，主要是针对法律案中技术性较强的问题，邀请有关专家对其合理性和可行性进行研究论证，求得比较权威的意见，供常委会审议时参考。如果说座谈会、听证会两个制度主要是解决立法的民主性问题，那么论证会制度主要是解决立法的科学性问题。论证会的主要特点是专业性强，权威性高。论证会所要研究讨论的问题，是法案中专业性、技术性较强的问题，不是一般性的问题。参加论证会的人员必须是对法案所涉及的有关专业、技术问题有较深造诣的专家。专家发表意见主要是对法案所涉及的有关专业，技术问题，从科学性、可行性角度进行论证。参加论证会的人员都是某一方面的专家，他们所发表的意见有充分的论据支持，因此论证意见具有很高的权威性，对立法具有重要的影响甚至具有决定性的影响。为了保证论证意见的客观、公正，举办单位在邀请论证会参加人员时，应当使持各种不同意见的专家都有代表参加，发表意见。

法律案有关问题专业性较强，需要进行可行性评价的，应当召开论证会。2015年《立法法》修改，曾就“税收法定”“城市管理”等专业性较强的问题，专门邀请专家和有关方面，召开论证会。论证会邀请的参会人员，既可以是有关专家，相关部门，还可以是相关领域的全国人大代表。论证情况应当向常委会报告。

三、听证会

2000年审议通过的《立法法》规定，列入常委会会议议程的法律案，应当听取各方面的意见，听取意见可以采取座谈会、论证会、听证会等多种形式。至此，听证制度正式进入立法领域。2015年《立法法》修改对听证会作了进一步完善和细化。听证会较之以往普遍实行的座谈会有其优越性，它的透明度更高，对问题的调查更深入、充分。第一，立法听证会经过利害关系各方及专家的直接陈述、辩论和举证，便于立法机关获得新的资料，有利于进一步了解情况，发现新的事实。第二，有利于充分反映民意。立法听证会通常邀请利害关系人、利益群体和有关专家参加，从而可以使矛盾得到比较充分的暴露，减少立法的盲目性，使立法更加切实可行。第三，立法听证会能够使法案得到充分的审查和讨论，在辩论中使不同意见逐步减少，有利于化解矛盾，使法律更能为大多数人所接受，为法律的出台和今后的执法工作打下基础。第四，通常情况下，听证会要公开举行，参与者在参加立法听证的同时，也受到了深刻的民主法制教育，有利于法制的宣传。

“听证”一词来源于普通法，最初是指司法听证。后来这一制度从英国传到美国，美国把它移植到立法和行政中，目的是加强立法和行政的民主化。“二战”后，立法听证又传入了日本和拉丁美洲等受美国法影响较大的国家和地区。20世纪60年代以来，随着行政权力的不断膨胀，西方社会加强公众参与立法和行政事务的呼声越来越高，美国法律中规定的立法听证制度，受到了西方社会的普遍认同。美国的听证会程序大致包括以下几个内容：一是发出通知，包括听证法案的性质、内容，听证会的时间、地点、程序，主持听证会的机关和有关法律依据，立法过程中对该法律的主要争论焦点。通知往往是在联邦公报或者报刊上刊登，有时也采取公告方式。二是给利害关系人参与听证的机会，使他们得以在听证会上发表自己的意见，提出立法建议。参加听证的各方可以就有关问题展开辩论，提出证据支持自己的主张。三是证人发言后对证人提问。听证会涉及的有关人员有义务到国会及其委员会作证或者提供证词，不出席或者不提供证词的，国会有权依法采取强制措施。在美国举行听证会，特别注意发挥院外利益集团的作用。当某个法案涉及某个利益集团时，听证会一定要听取他们的意见，如制定一个有关核电站的法案，就要听取有关环保组织的意见，同时还要听取有关公民和相关企业的意见。主持听证会的有关委员会不发表意见，可以简单介绍法律的主要问题和收集到的情况，让参加听证的人在听证会上进行充分辩论，由国会议员了解这些意见后，自己作出判断，在今后的审议中发表意见。

2005 年 9 月，全国人大法律委员会、财经委员会和全国人大常委会法工委曾共同举行个人所得税工薪所得减除费用标准听证会。从《立法法》出台到 2013 年 11 月，各地有 29 个省级人大常委会共举行了 82 次立法听证会。地方人大组织的听证会，主要有以下几个特点：第一，从听证的法规上看，涉及面较广。听证最多的是消费者权益保护法规、物业管理法规和道路交通安全法规等。第二，从听证的事项上看，大多数是就法规中直接涉及群众切身利益，社会普遍关注的问题或是意见分歧较大的焦点问题进行听证。例如，道路交通事故中死亡赔偿金和残疾赔偿金的计算标准是按城乡居民“同命同价”还是“同命不同价”，被拆迁房屋货币补偿标准等。第三，从听证陈述人的遴选上看，基本上是涉及重大利益的不同利害关系人。听证的组织机构根据拟听证的事项，按照不同利益主体或持不同观点的各方人数基本相当的原则确定陈述人，同时，考虑陈述人的代表性等因素。例如，2006 年 12 月上海市在制定《上海市绿化条例》过程中，针对“扰民大树”的去与留问题进行听证，选择的 20 名听证陈述人主要是意见不同的两方，一方为“护绿派”，提出是否移树或砍树要慎重决策；另一方为“移树派”，提出要保证居民住宅的通风、采光。听证陈述人具有代表性，有社区居民，业主委员会成员，居委会成员以及物业公司代表，保证了不同利益的各方都能平等发表意见，阐述观点，不同观点相互争锋，法规中的焦点问题得到充分表达，交流。第四，从听证的形式上看，一般都公开进行，形式也较为灵活。例如，山东举行过 3 次网上听证，全程采用网络交流方式，还就“物业管理条例草案”立法听证进行在线观看；上海市对“绿化条例草案”

进行听证时,将听证会会场"搬进"社区;湖南省、浙江省在对"消费者权益保护条例草案""物业管理条例草案"听证时采用了直播方式。第五,从听证的结果上看,许多省份在听证后都制作了听证报告。听证报告包括听证的主要问题、听证会的基本情况、听证会参加人发言的基本观点及处理意见等。听证报告一般被用作常委会的文件或者参阅资料,供常委会会议审议法案时参考,有的根据听证意见提出对法案相应的修改建议,有的听证意见被予以采纳。

2015 年《立法法》修改,总结实践经验,对有关听证会的规定作了完善。第一,明确要求必须召开听证会的情形。法律案有关问题存在重大意见分歧或者涉及利益关系重大调整,需要进行听证的,应当召开听证会。第二,对听证会的陈述人的选择作了规定。为保证陈述人有充分的代表性,明确要求听证会要选取有关基层和群体代表、部门、人民团体、专家、全国人大代表和社会有关方面等各方面的陈述人参加。第三,规定听证会举行后,形成的听证报告要向常委会报告。

四、书面征求意见

往往是在常委会会议初审后,即由常委会工作机构向有关地方和部门发出法律草案征求意见。常委会工作机构负责整理各方面的意见。党的十八届四中全会决定提出,"加强人大对立法工作的组织协调,健全立法起草、论证、协调、审议机制,健全向下级人大征询立法意见机制","建立健全法律法规规章起草征求人大代表意见制度,增加人大代表列席人大常委会会议人数,更多发挥人大代表参与起草和修改法律作用"。2015 年《立法法》修改,根据中央要求和实践经验,完善征求意见的范围,将"相关领域的全国人大代表""地方人大常委会",明确纳入了征求意见的范围。

第四十条　法律案向社会征求意见

列入常务委员会会议议程的法律案,应当在常务委员会会议后将法律草案及其起草、修改的说明等向社会公布,征求意见,但是经委员长会议决定不公布的除外。向社会公布征求意见的时间一般不少于三十日。征求意见的情况应当向社会通报。

【条文精释】

本条是对法律案向社会公布征求意见的规定。在通常情况下,对列入常委会会议议程的法律案，宪法和法律委员会、有关的专门委员会和常委会工作机构都要采取多种形式听取各方面的意见，如召开座谈会、论证会、听证会，将法律草案发送有关机关、组织和专家征求意见，以及到有关地方、部门调查研究等。法律案向社会公布征求意见也是听取意见的一种重要形式。党的十八届四中全会决定中提出，“健全法律法规规章草案公开征求意见和公众意见采纳情况反馈机制，广泛凝聚社会共识”。根据决定要求，在总结全国人大常委会法律草案公开征求意见经验的基础上，《立法法》对法律草案公开征求意见的规定作了完善和细化。

制定法律的过程是充分发扬民主，在民主基础上科学地集中人民意志的过程。立法的公开化是立法民主化和科学化的保证。公开立法过程，人民群众和社会各方面才得以了解情况和广泛发表意见，立法机关才得以广听博纳、集思广益。在西方，一些立法制度比较完善的国家对立法民主原则的落实，总是与立法过程的公开相联系的。不仅法律草案的拟制和审议公开，法律草案的表决也公开。有的国家规定，拟定法律法规必须用公告的方式刊登消息，将法律法规名称、制定机关、立法意图及主要内容公布于众，并给予民众特别是法律法规调整的相对人通过书面或口头方式表达异议的机会。

2000 年审议通过的《立法法》规定：“列入常务委员会会议议程的重要的法律案，经委员长会议决定，可以将法律草案公布，征求意见。”从新中国成立初到十届全国人大常委会任期结束这段时期，法律草案公开征求意见工作虽然有多次实践并收到很好的效果，但此前只将比较重要的法律草案进行公布，征求意见。2008 年 4 月，十一届全国人大常委会委员长会议决定，“凡是常委会审议的法律案，原则上都在中国人大网上公布”。同年 5 月，全国人大常委会秘书长办公会议通过了《全国人大机关向社会公布法律草案工作程序》，持续推进法律草案向社会公布征求意见工作。2015 年 12 月委员长会议通过了《向社会公布法律草案征求意见工作规范》，2016 年法工委印发了《向社会公布法律草案征求意见工作规程》，细化有关工作程序和要求。2021 年修改后的《全国人民代表大会议事规则》对全过程人民民主作了规定，并明确规定准备提请大会审议的法律草案，应当向社会公布，广泛征求意见。①

目前法律草案在全国人大常委会会议审议以后，由全国人大常委会法工委提出法律草案及其说明，报常委会秘书长批准后送办公厅信息中心在中国人大网站

① 参见《在法律草案向社会公布征求意见中深入践行全过程人民民主》，载中国人大网 2022 年 4 月 12 日，http://www.npc.gov.cn/npc/kgfb/202204/7e51c4d1ef2446f28881d6d82fb5f843.shtml。

公布，时间一般为一个月。十二届全国人大以来，对二审后的法律草案也公开征求意见，二审征求意见的时间一般为二十日。对网上征求意见，立法工作机构高度重视：一是指派专人，全程跟踪，每天查阅反馈意见，重要意见和动态随时报告。二是征求意见时间截止后，认真归纳，综合整理，编印社会公众意见简报，并作为立法参阅资料印发常委会会议。三是深入研究，对合理意见予以采纳吸收，如人民群众普遍关注的车船税法，草案全文公布后一个月内，就收到各方面的意见近10万条，全国人大常委会法工委进行了认真梳理分析，并及时向社会作出反馈。考虑到我国乘用车保有量的87%左右都是中小排量，而且主要由广大工薪阶层使用的实际情况，根据大多数人的意见，对草案进行了重要修改，既不增加广大群众的税负，又有利于促进节能减排。法律草案在网上普遍公开的做法，引起了各方面很大关注，获得舆论的热烈欢迎，收到了很好的社会效果。社会公众与媒体普遍认为，网上公布法律草案征求意见是全国人大常委会积极推进科学立法、民主立法的一项重要举措，对于人民群众充分反映自己的意见和愿望；对于集思广益，凝聚共识，做好立法工作；对于宣传普及法律常识，增强全社会法律意识；对于国家行政机关、审判机关、检察机关等更好地贯彻实施法律，都具有重要意义。

列入常务委员会会议议程的法律案，除委员长会议决定不予公开的之外，通常都向社会公布，征求公众意见。自2008年4月以来，全国人大常委会审议的法律案只有两部因为涉及事项比较敏感，未向社会公布征求意见。向社会公布的内容，除法律草案外，还应当包括起草、修改的说明等。这样做有利于社会公众了解法律草案的背景，要解决的主要问题，起草时的考虑等，从而使公众更快地了解法律草案，提出的意见更有针对性。向社会公布征求意见的时间一般不少于三十日。“三十日”给公众留有充分发表意见的时间。征求意见的情况应当向社会通报。

第四十一条　常委会工作机构的意见整理

> 列入常务委员会会议议程的法律案，常务委员会工作机构应当收集整理分组审议的意见和各方面提出的意见以及其他有关资料，分送宪法和法律委员会、有关的专门委员会，并根据需要，印发常务委员会会议。

【条文精释】

本条是对常委会工作机构整理各方面关于法律草案的意见的规定。常委会组成人员审议法律案，一方面要进行调查研究，根据自己了解的有关情况发表对法律案的意见；另一方面要依据会议提供的文件，如各方面对法律草案的意见以及制定该法律的一些背景情况。因此，提供内容丰富而又有参考价值的会议文件是保证立法工作顺利进行的必要前提条件。在常委会审议法律案的过程中，印发常委会会议的立法参阅资料和有关立法工作的文件主要由常委会工作机构负责进行。通常情况下，常委会工作机构为整理与立法有关的材料，要做好以下几项工作：第一，在审议法律案以前，将制定该法律需要了解的背景情况和相关问题整理成参阅资料，在审议该法律草案时，印发常委会会议。第二，在常委会会议审议法律案过程中，常委会工作机构要安排工作人员到六个小组认真听取意见，并作详细的记录，会后将意见归纳整理。一方面将意见分送宪法和法律委员会和有关的专门委员会，以便对法律草案作进一步修改；另一方面根据会议的需要将整理的简报印发下次常委会会议，供常委会组成人员再次审议该法律案时参考。第三，在常委会闭会期间，要将采取多种形式征求的意见（包括宪法和法律委员会、有关的专门委员会和常委会工作机构召开座谈会、论证会、听证会听取到的各方面意见、法律草案发送相关领域的全国人大代表、地方人大常委会、有关部门、组织和专家征求的意见、法律草案向全社会公布征求的意见）进行整理，送宪法和法律委员会和有关的专门委员会，并根据需要印发常委会会议。

第四十二条　法律案的评估

> 拟提请常务委员会会议审议通过的法律案，在宪法和法律委员会提出审议结果报告前，常务委员会工作机构可以对法律草案中主要制度规范的可行性、法律出台时机、法律实施的社会效果和可能出现的问题等进行评估。评估情况由宪法和法律委员会在审议结果报告中予以说明。

【条文精释】

本条是关于法律案通过前评估的规定。这一内容是2015年《立法法》修改新增的条文，2023年《立法法》修改将其中的“法律委员会”修改为“宪法和法律委员会”。

十二届全国人大常委会以来，常委会领导提出提高立法质量，增强法律的可执行性和可操作性的要求。根据常委会领导的要求和部署，全国人大常委会法工委开始实施法律案通过前评估。2013 年 4 月，全国人大常委会法工委对《旅游法》开展了首次通过前评估。此后，全国人大常委会法工委先后对多部法律案开展了通过前评估，为提高通过前评估的质量，真正实现通过前评估的目标，积累了经验。选好评估会的各方面的代表以及做好评估会的准备工作，对提高评估会的质量，非常重要。例如，2014 年 8 月，全国人大常委会法工委召开了《安全生产法》修正案草案的出台前评估会。为提高评估会质量，增强参会人员的代表性，在有关方面推荐的基础上，评估会共邀请全国人大代表，专家学者以及生产经营单位，有关行业协会和技术管理服务机构，地方政府以及安全生产监督管理部门等方面的 23 人参加。从参会代表组成看，既有矿山、建筑等生产单位，也有轨道交通运营、商场等经营单位的代表；既有企业主管安全生产的负责同志，也有生产一线安全管理人员；既有有关部门的代表，也有基层乡镇和街道办事处的同志；既有发达省份的代表，也有来自工业集中省份的代表。在选取代表时，既考虑其行业、职业背景，也充分考虑其单位、职务情况。所有参会代表均未直接参与过《安全生产法》修正案草案的起草和审议工作。为使参会代表充分做好准备，会前，全国人大常委会法工委将草案修改稿印发全体代表，安排半天时间供参会代表研读草案内容。全国人大常委会法工委有关同志就草案的起草过程，主要内容，审议和修改情况向各位代表作了详细说明，并就参会代表提出的一些具体问题作了解答。通过前评估作为民主立法、科学立法的一项创新举措，在提高立法质量，增强立法的可操作性等方面，发挥了很好的作用，也受到了多方的肯定。这个做法也逐渐成为在全国人大常委会立法通过前的“常规动作”。

另外，有的地方，如广东省也在同时期开展了地方性法规的通过前评估，取得了很好的社会效果。全国人大常委会法工委根据实践经验，对法律案通过前评估的对象、开展评估的时间、评估的内容、评估的主体以及评估情况的应用等在本条中作了规范。法律案通过前评估的对象是拟提请常委会会议表决通过的法律案。法律案通过前评估的时间是宪法和法律委员会提出审议结果报告前。法律案通过前评估的内容主要是法律草案中主要制度规范的可行性，法律出台时机，法律实施的社会效果和可能出现的问题。在法律草案经过反复研究论证，多次听取意见及修改，已经比较成熟拟提请表决时，再召开评估会，主要听取的就是各方面对制度规范的可行性，法律出台时机，法律实施的社会效果和可能出现的问题等方面的评估意见，而不是再泛泛地听取意见了。评估情况，作为法律草案是否成熟可行，是否适宜提请常委会会议表决通过的重要参考意见，要在宪法和法律委员会的审议结果报告中予以反映。

第四十三条　法律案的撤回

> 列入常务委员会会议议程的法律案，在交付表决前，提案人要求撤回的，应当说明理由，经委员长会议同意，并向常务委员会报告，对该法律案的审议即行终止。

【条文精释】

本条是对列入常委会会议议程的法律案撤回的规定。提出法案的目的是使之在立法会议上获得通过，制定成为法律。但由于一些原因，如情势变迁，原法案已失去意义或立法时机不成熟，也允许提案人撤回已提出的法案。一般来说提案人有权提出法律案，也有权撤回法律案。撤回法律案的权利是由提案人有权提出法律案派生出来的。外国议会关于提案撤回问题大致有以下几种规定：一是提案未经附议以前，提案人可以随意撤回；二是提案经附议后，提案人如果要求撤回，必须征得附议人的同意；三是提案已为主席接受或交付会议讨论，提案人要求撤回的，要由主席征得全体议员同意后才能撤回；四是提案被修正后，不得撤回。

《立法法》规定，法律案在列入常委会会议议程前，提案人要求撤回的，撤回即时生效，常委会即不列入会议议程。但是，如果法律案已经列入会议议程，提案人要求撤回法律案，则必须符合以下条件：第一，提案人撤回法律案必须是在法律案交付表决之前，因为法律案一旦交付表决，获得通过，就成为法律，自然不能再由提案人撤回；如果法律案交付表决未获通过，依照《立法法》规定提案人可以重新提出，也不存在撤回问题。第二，如果提案人是常委会组成人员十人以上联名，在对所提出的法律案要求撤回时，必须是原提案人全体或过半数以上提出请求，如果是少数提案人提出，不能要求撤回。当然对于提案人是机关的，通常不会出现这种情况，但如果该法律案是两个以上有提案权的机关联合提出的，要求撤回时，也需要协商一致，共同向常委会提出撤回要求。第三，提案人撤回法律案要说明理由，经委员长会议同意并向常委会报告后，对该法律案的审议才终止。依照《全国人民代表大会常务委员会议事规则》的规定，提案人要求撤回议案，经委员长会议同意，会议对该议案的审议即行终止。在制定《立法法》的过程中，最初的草案基本沿袭了《全国人民代表大会常务委员会议事规则》的规定。但一些常委会组成人员提出，提案人要求撤回法律案，应当说明撤回的理由。因为法律案一旦列入常委会会议议程，就不再属于提案人，不能说撤回就撤回，撤回必须要有充足的理由。还有一些常委会组成人员提出，已经常委会会议审议的法律案，只经委员长会议同意即可终止审议，不严肃，建议改为经常委会同意或规定得更详细些。立法机关采纳了各方面的意见，明确规定法律案列入会议议程后，提案人要求撤回的，应当说明理由，经委员长会议同意，并向常务委员会报告，会议对该法律案的审议即行终止。

专题九　全国人大常委会立法的表决与公布

第四十四条　法律草案的表决

> 法律草案修改稿经常务委员会会议审议，由宪法和法律委员会根据常务委员会组成人员的审议意见进行修改，提出法律草案表决稿，由委员长会议提请常务委员会全体会议表决，由常务委员会全体组成人员的过半数通过。
>
> 法律草案表决稿交付常务委员会会议表决前，委员长会议根据常务委员会会议审议的情况，可以决定将个别意见分歧较大的重要条款提请常务委员会会议单独表决。
>
> 单独表决的条款经常务委员会会议表决后，委员长会议根据单独表决的情况，可以决定将法律草案表决稿交付表决，也可以决定暂不付表决，交宪法和法律委员会和有关的专门委员会进一步审议。

【条文精释】

本条是有关常务委员会表决通过法律草案程序的规定。2015 年修改《立法法》时，在本条新增了有关单独表决的规定；2023 年修改《立法法》时，将本条中的“法律委员会”统一修改为“宪法和法律委员会”。

常委会对法律草案进行充分审议后，法律草案必须交付全体会议表决通过才能成为正式法律。因此，对法律案的表决是立法程序中不可少的重要环节。只有通过表决才能判断常委会组成人员对法律案赞成与否，从而确认该法律案是否获得通过。

法律草案通过的条件是常委会全体组成人员过半数同意，这表明我国所采取的表决计算基准既不是出席表决比例制，也不是出席会议比例制，而是全体成员比例制。这种方式以常委会全体组成人员人数为计算比例的基准，而不问其是否出席或者是否参加表决。自十届全国人大常委会以来，常委会组成人员数量一直维持在175人(含委员长会议组成人员),因此过半数也就意味着至少需要获得88名常委会组成人员的同意。为了确保不会出现因出席人数不足常委会全体组成人员半数而导致法律草案无法通过的现象,《全国人民代表大会常务委员会议事规则》第7条规定,“常务委员会会议有常务委员会全体组成人员的过半数出席,始得举行”。这一规定是同常委会表决方式相呼应的,因为一定的出席人数是法案表决通过的保证。

本条第2、3款有关单独表决的规定是2015年修改《立法法》时新增的内容。党的十八届四中全会通过的《关于全面推进依法治国若干重大问题的决定》指出要“完善法律草案表决程序,对重要条款可以单独表决”,有关单独表决的规定正是对这一中央精神的呼应。之所以要设计单独表决的制度,主要是基于立法工作实践的考虑。每一部提交审议并等待表决的法律草案都会涉及大量的法律条文,经过多次的审议、征求意见和修改,应当说常委会组成人员对于其中的大部分条文都能够达成一致意见,但是往往会对个别条文产生分歧意见。在整体表决制度之下,投票的常委会组成人员就有可能面临一个难题:其可能对待表决的法律草案中的个别条文持坚决反对的态度,但是其又无法将这一意志具体地表达出来,因为整体表决制度意味着常委会组成人员只能针对整部法律草案笼统地表示赞成、反对或者弃权。此时该常委会组成人员或者只能考虑到保证整部法律草案通过的重要性,而被迫无视自身对于其中个别条文的反对态度,投票赞成;或者将对个别条文的反对扩大至对整部法律草案的反对,拖延整部法律的出台。无论是哪种情况,显然都是不利于保障立法程序的公正和效率的。而在单独表决制度之下,常委会组成人员就可以将其针对个别条款的具体意志具体地表达出来,使立法中的问题更加明确,审议的焦点也更为集中,有效地提高立法的质量和效率。

根据本条第3款的规定,常委会会议单独表决个别意见分歧较大的重要条款后,可能出现两种情况。第一种是常委会会议表决通过了该条款,此时委员长会议就可以决定将整部法律草案表决稿交付常委会会议表决。第二种是常委会会议未表决通过该条款,此时委员长会议可以决定暂不付表决,交宪法和法律委员会和有关的专门委员会进一步审议。由于存在分歧的具体条款已经明确,因此虽然此时法律草案需要进行进一步的审议,但是宪法和法律委员会和有关的专门委员会就可以集中针对问题和焦点进行审议,从而有效地提高立法的效率和质量。

第四十五条　终止审议

> 列入常务委员会会议审议的法律案，因各方面对制定该法律的必要性、可行性等重大问题存在较大意见分歧搁置审议满两年的，或者因暂不付表决经过两年没有再次列入常务委员会会议议程审议的，委员长会议可以决定终止审议，并向常务委员会报告；必要时，委员长会议也可以决定延期审议。

【条文精释】

本条是有关终止审议的规定。2023年修改《立法法》时，将原先作为处理方式的“由委员长会议向常务委员会报告，该法律案终止审议”修改为“委员长会议可以决定终止审议，并向常务委员会报告”，同时增加了“必要时，委员长会议也可以决定延期审议”的规定。

一般来说，在正常情况下，向常委会提出的法律案，经过常委会会议必要次数的审议之后，就可以由委员长会议提请常委会全体会议表决。但是在某些特殊情况下，列入常委会会议议程的法律案可能被搁置审议或暂不付表决。在以往的法律规定中，对于此类情况应当如何处理并没有明确的规定。考虑到常委会审议法律案不宜久拖不决，本条即针对这些特殊情况作出了有关终止审议的规定。

本条区分了两种特殊情况。第一种情况是列入常委会会议审议的法律案，因各方面对制定该法律的必要性、可行性等重大问题存在较大意见分歧搁置审议满两年的。在审议法律案的过程中，常委会组成人员、有关的专门委员会、有关专家和社会公众等各方面的主体有可能会对制定该法律的必要性、可行性等重大问题存在意见分歧，一般来说这类意见分歧可以通过协商沟通等方式加以解决和消除，但是如果意见分歧太大而无法在短时间内加以解决，委员长会议就应当根据这一实际情况决定将该法律案交宪法和法律委员会以及有关的专门委员会进一步研究，使法律案处于搁置状态。单纯处于搁置状态并不会导致法律案被终止审议，例如《行政强制法》草案自2005年12月首次经全国人大常委会审议以来，一共历经了五次审议，其间多次由于围绕着公权力与私权利之间平衡点的争议和分歧而被搁置审议，而每一次又都是在法律案临近被终止审议的时间点上“重启”审议，以至于有人将对《行政强制法》草案的审议称为“激活”。只有当法律案被搁置审议满两年的，才符合终止审议的条件。

第二种情况则是因暂不付表决经过两年没有再次列入常委会会议议程审议

的。这是指法律案经常委会三次会议审议后，仍有重大问题需要进一步研究的，由委员长会议提出，经联组会议或者全体会议同意，可以暂不付表决，交宪法和法律委员会以及有关的专门委员会进一步审议。如果经过两年没有再次列入常委会会议议程审议的，则同样也满足了终止审议的条件。

近年来也出现个别法律案出台时机不成熟、又不宜终止审议的情况。为适应立法实践中的特殊情况，2023 年《立法法》修改，增加规定“必要时，委员长会议也可以决定延期审议”。[①]

第四十六条　合并表决和分别表决

> 对多部法律中涉及同类事项的个别条款进行修改，一并提出法律案的，经委员长会议决定，可以合并表决，也可以分别表决。

【条文精释】

本条是有关合并表决和分别表决的规定，是 2015 年修改《立法法》时新增的规定，与《立法法》第 44 条第 2、3 款有关单独表决的规定一样，也是对中共中央《关于全面推进依法治国若干重大问题的决定》中有关“完善法律草案表决程序”要求的落实。

根据本条的规定，合并表决或分别表决的前提条件是提案人对多部法律中涉及同类事项的个别条款进行修改一并提出法律案，实践中将此类修改方式形象地称为“打包立法”。在中国特色社会主义法律体系已经形成的当下，国家经济、政治、文化、社会生活的各个方面都已经初步做到了有法可依，这也就意味着针对同一社会关系或同一社会事项往往会有多部不同的法律同时进行调整。当被调整的社会关系和事项发生变化之时，往往会一次性牵涉多部法律中的相关条文，在这种情况下，如果还是依循传统的“一法一案”的审议、表决模式，显然会极大地影响立法工作的效率。在当前立法工作的重心已经转向“完善中国特色社会主义法律体系”的大环境下，出于提高立法效率、节约立法资源的考虑，有必要改变这样一种传统的立法模式。

事实上，早在 20 世纪 90 年代初，全国人大常委会法工委研究室就对“打包立

---

① 参见童卫东：《新〈立法法〉的时代背景与内容解读》，载《中国法律评论》2023 年第 2 期。

法”这种立法形式进行过研究。2004 年,全国人大常委会曾对九部法律中与《行政许可法》不一致的规定进行集中修改,但并没有采取“打包”形式,而是作出了九个修改法律的决定。2009 年 6 月 27 日,十一届全国人大常委会第九次会议表决通过了关于废止部分法律的决定,决定废止《公安派出所组织条例》等八部法律。此次会议还审议了关于修改部分法律的决定草案,拟修改法律 59 件、141 条。这是全国人大常委会首次采用“打包立法”形式,一揽子废止和修改 67 件法律的一次大动作。

当然,严格地来说并非所有的“打包立法”都符合本条所规定的情形,本条所规定的是“对多部法律中涉及同类事项的个别条款进行修改,一并提出法律案的”,而“打包立法”完全有可能只是在一个法律案中包括了多部法律,但这些法律中待修改的相关条款彼此之间并没有关联。例如,2014 年 8 月 31 日十二届全国人大常委会第十次会议通过了全国人大常委会《关于修改〈中华人民共和国保险法〉等五部法律的决定》,该决定对《保险法》《证券法》《注册会计师法》《政府采购法》《气象法》五部法律作出了修改。《保险法》的修改涉及的是保险公司的精算报告制度和合规报告制度等内容,《证券法》的修改涉及的是收购要约等内容,《注册会计师法》的修改涉及的是会计师事务所的设立和外国人参加注册会计师统一考试等内容,《政府采购法》的修改涉及的是资格认定等内容,《气象法》的修改涉及的是建设工程与气象探测环境的关系等内容。由上可以看出,这五部法律中被修改的条款彼此之间可以说没有任何关联,因此这次“打包立法”仅仅是一个形式意义上的“打包”,而并不符合《立法法》本条所规定的“涉及同类事项”的“实质打包”。

有些时候以“打包立法”的形式提出的法律案并不适宜一并采取合并表决的方式,因此本条规定委员长会议也可以决定采取分别表决的方式。例如,2015 年 4 月,国务院提请全国人大常委会审议《药品管理法》等二十六部法律的修正案草案,这些法律修正案均涉及了行政审议制度改革、工商登记改革和价格改革等内容,旨在依法推进政府职能转变,进一步激发市场和社会的活力。但是经十二届全国人大常委会第十四次会议审议之后,有些常委会组成人员提出,对《药品管理法》等二十六部法律规定的修改中,有些法律的修改只分别涉及取消和下放行政审批、工商登记前置审批改为后置审批以及价格改革的内容;有些法律的修改同时涉及上述两个或三个方面内容。建议根据情况,作出梳理、适当分类,将修正案草案拆分为若干修改决定并分别进行表决。全国人大法律委员会建议将修正案草案中的二十三部法律按照修改的内容，分解为四个修改决定草案，提请本次会议分别进行表决。

第四十七条　法律公布

常务委员会通过的法律由国家主席签署主席令予以公布。

【条文精释】

本条是有关法律公布的规定。法律的公布是指立法机关或国家元首将已通过的法律以一定的形式予以公布，以便全社会遵守执行。法律的公布是法的制定程序中的最后一个步骤，它是法律生效的前提。法律通过后，凡是未经公布的，都不能产生法律效力，不具有普遍约束力。本条的规定实际上源于《宪法》，《宪法》第80条规定，“中华人民共和国主席根据全国人民代表大会的决定和全国人民代表大会常务委员会的决定，公布法律……”但是如果对我国历部《宪法》的有关规定进行梳理，就会发现我国有权公布法律的机关几经变化：1954年《宪法》规定由国家主席公布法律，1975年《宪法》则删去了这一规定，1978年《宪法》规定由全国人大常委会委员长公布法律。1982年《宪法》，重新规定由国家主席公布法律。公布法律是国家主席的专有权，其他任何机关和个人均无权公布法律。公布法律也是国家主席的一项义务和责任，这与一些国家有关法律公布的规定存在不同，例如在美国总统可以不签署众议院和参议院通过的法案，从而将其否决。在这些国家，国家元首的法律公布权实质上是对立法机关的一种牵制。而我国的情况则不同，在我国全国人大是最高国家权力机关，国家主席由全国人大选举产生，因此对于全国人大及其常委会表决通过的法律，国家主席有义务和责任签署公布，不能拖延或拒绝。

专题十　法律解释的权限

第四十八条　法律解释的权限

> 法律解释权属于全国人民代表大会常务委员会。
>
> 法律有以下情况之一的，由全国人民代表大会常务委员会解释：
>
> （一）法律的规定需要进一步明确具体含义的；
>
> （二）法律制定后出现新的情况，需要明确适用法律依据的。

【条文精释】

本条是《立法法》对我国法定的法律解释权的相关内容所作的明确规定。包含法律解释权、法律解释的主体、法律解释的对象以及法律解释的条件等具体内涵，现进行逐一分析，以期全面理解该条的法律含义。

在对该条进行阐释之前，我们首先需要明确两个重要的理论问题，即什么是法律解释？为什么要进行法律解释？

第一，什么是法律解释。关于法律解释的含义目前理论界具有不同阐述，但一般都包含法律解释的主体、法律解释的场合、法律解释的对象、法律解释的目标等要素。张志铭教授对于法律解释所下的操作性定义，相对来说比较精准和具有实用性，即法律解释是对法律文本的意思的理解和说明。其中用词的基本含义是："法律"主要指制定法；"法律文本"指"法律条文"；"意思"也即通常所说的"含义""意义"，包括内涵和外延，或者说"涵义"和"指称"；"理解"指解释者对法律文本意思的内心把握；"说明"指对理解结果的外在展示。简单地说，法律解释就是解释者将自己对法律文本意思的理解通过某种方式展示出来。这个操作性定义清晰、严谨地表达出了法律解释最准确的内涵。

第二，为什么要进行法律解释。在我国，法律的表现形式是法律条文，是一种具有抽象性的规范表述。法律是一种事先制定的具有普遍约束的行为规则，具有一般性和普遍性,这也就决定了法律规范不可能太过具体,将抽象的法律规范适用于千差万别的社会事实,便产生了对法律规范进行解释的需要,即对法律进行解释是法律适用的要求。另外,随着社会经济的发展,法律所调整的法律关系也日益复杂和专业化,而表述法律规范的用语也随之与我们日常所理解的含义产生了鸿沟,为了不至于产生理解上的障碍,也需要对其进行法律解释。西方有一句法谚,法律一经制定,便已落后于时代。为了保障法律在某种程度上能够不断适应变化发展的社会和法律自身稳定性的要求,也需要对法律进行解释以与社会发展相适应,这在一定范围内也能够弥补法律的某些漏洞。以上便是需要进行法律解释的几个主要原因。

明确了以上两个重要的理论问题,对于我们更深地理解本条的法律含义具有帮助作用,从而有助于把握我国语境内法律解释的真正内涵。

法律解释权。法律解释权也称法定解释权,即由法律明确规定的国家机关对于依照法定权限和程序制定的制定法的内容和含义进行解释和说明的权力,是国家权力的重要组成部分。此处的法律解释是正式解释,其具有法律上的约束力,司法和执法机关应当将其作为适用和执行法律的依据。不同于法学家和律师或者公民对法律所作的非正式解释,这种解释不具有法律效力,但具有一定的理论参考价值。

法律解释的主体,即谁能够对法律进行解释。本条明确规定了对法律进行解释的主体只能是全国人大常委会,而不包括其他任何国家机关,并且进一步明确规定全国人大常委会所作的法律解释与法律具有同等的法律效力,从而在法律上赋予了全国人大常委会专有的法律解释的权限。

法律解释的对象,即对什么进行解释。法律解释的对象即法律文本。本条所规定的是狭义的法律解释,本条所指称的法律也是狭义上的“法律”的概念,即全国人大及其常委会依照法定权限和程序制定的法律,不包括对行政法规、地方性法规以及规章等规范性法律文件的解释。

法律解释的条件,也可以称为法律解释的场合。具体到本条的规定就是,全国人大常委会在何种情形下才能够或者说是才需要对法律文本的意思进行明确和说明,也即触发法律解释的条件。《立法法》在本条中明确规定了需要全国人大常委会对法律条文进行解释的两种情形,简要分析如下:

(1)法律的规定需要进一步明确具体含义的。法律应当具有确定性和明确性,只有这样才能起到法律的规范作用和指引作用。但是在立法过程中,囿于当时对于社会发展的认知、立法技术的不完备或者其他情况的考量，可能真正写在法律文件中的条文无法达到明确具体的要求，从而表现出一定的模糊性，导致适用太宽泛，或者太狭隘，而不适应社会发展的需要。一旦发生需要适用该规定的情形，全国人大常委会便应当对其进行解释，以规范适用。关于法律的规定需要进一步明确具体含义的，又可以详细分为以下两种情形：

第一，法律条文需要进一步明确法律界限的。1954 年《法院组织法》第 7 条规定，"人民法院审理案件，除法律规定的特别情况外，一律公开进行"。本条便存在法律界限不清晰的情况，即什么叫"法律规定的特别情况"？此时如果不进行明确的界定，仅凭法官自由裁量来决定哪些案件不公开审理，可能会造成法律适用上的混乱。鉴于此，1956 年 5 月全国人大常委会发布《关于不公开进行审理的案件的决定》（已失效），对《法院组织法》关于特别情况可以不公开审理的规定进一步明确："人民法院审理有关国家机密的案件，有关当事人阴私的案件和未满十八周岁少年人犯罪的案件，可以不公开进行。"当时的全国人大常委会通过对属于法律规定的特别情况进行了缩小的解释，从而进一步明确了法律的界限，有助于法律的正确适用。

第二，法律条文的规定自身存在歧义的。由于文字表述的局限性，同一段法律文字，不同的人可能产生不同的理解，尤其是当知识结构不同或者代表不同利益的人对法律进行理解时，甚至会得出意思相反的结论。当双方对法律条文的理解产生较大分歧，而且对当事人的利益产生重大影响时，在难以达成共识的情况下，应当交由全国人大常委会来对法律条文的真正含义作出明确解释，以消除法律适用的歧义，从而起到统一法律适用的作用。

（2）法律制定后出现新的情况，需要明确适用法律依据的。法律规定具有相对的稳定性，法律一经制定出来，便已经落后于社会。社会事实是千变万化的，随着经济和社会的发展，新的社会关系和法律关系层出不穷。在法律实践中，经常会出现新的社会关系需要规范调整，但是严格上来看，又在既有法律规定中找不到可资援引的法律依据。考虑到法律的稳定性的要求和修改法律的复杂性，又不能频繁变动法律规定，此时便需要全国人大常委会动用其专门的法律解释机关的权威来对相关法律条文进行法律解释，从而使法律制定后新出现的情况找到相适应的法律依据，以解决法律调整与社会实践在一定程度上的矛盾。

1980 年 9 月《国籍法》第 3 条规定："中华人民共和国不承认中国公民具有双重国籍。"但香港回归后，有些香港特别行政区居民中的中国公民持有外国护照，针对这种新的实际情况，1996 年 5 月全国人大常委会《关于〈中华人民共和国国籍法〉在香港特别行政区实施的几个问题的解释》指出："所有香港中国同胞，不论其是否持有'英国属土公民护照'或者'英国国民（海外）护照'，都是中国公民。自 1997 年 7 月 1 日起，上述中国公民可继续使用英国政府签发的有效旅行证件去其他国家或地区旅行，但在香港特别行政区和中华人民共和国其他地区不得因持有上述英国旅行证件而享有英国的领事保护的权利。"全国人大常委会通过对法律进行解释的方式，化解了法律适用上的矛盾，较好地解决了因新情况的产生而导致的法律适用问题，避免了通过唐突修改法律而导致法律缺乏稳定性的弊病。

法律解释和法律修改是都是解决法律规范与现实之间冲突的基本方式。对法律条文进行相对平稳的解释而不是直接进行更为激烈的法律修改，主要是出于法律的稳定性的考虑。稳定性是现代法治的一个重要的特征，如果法律朝令夕改或者频繁变动，便很难发挥法律的规范性作用，因此保障法律的稳定性的要求对于法律适用来说具有长远的法律价值。当然法律解释也并不是在任何情况下都优先于法律修改，在实践操作中一般应当遵循以下原则：当法律规范与现实冲突处于"正常性范畴时"，首先可以通过法律解释对法律条文进行阐释，以使社会现实在一定范围内符合法律规范的要求。法律规定本身具有一定的弹性和抽象性，从而可以在一定程度上使相对稳定的法律规范适应不断变化的社会现实，但是这也只能在法律文本本身所能够容纳的最大含义限度内进行，当社会现实与法律文本的冲突达到无法通过弹性的法律解释进行调和的程度时，便不能再通过法律解释去强行使旧的法律规定去适应新的社会关系，此时便需要对现行法律进行修改了。从某种程度上，法律解释与法律修改的适用是以规范与现实冲突的激烈程度为依据的。法律解释是正常的、优先的解决方式，而法律修改是被动的、最后的解决手段。只有正确认识和理解二者之间的关系，才能恰当地解决法律的稳定性和法律的适用之间的矛盾。

【适用指引】

全国人大常委会多次对法律条文作出过专门的法律解释，现附上实例，以能够有一个具体的理解。

全国人民代表大会常务委员会关于《中华人民共和国民法通则》第九十九条第一款、《中华人民共和国婚姻法》第二十二条的解释（2014 年 11 月 1 日第十二届全国人民代表大会常务委员会第十一次会议通过）（已失效）

最高人民法院向全国人民代表大会常务委员会提出，为使人民法院正确理解和适用法律，请求对民法通则第九十九条第一款“公民享有姓名权，有权决定、使用和依照规定改变自己的姓名”和婚姻法第二十二条“子女可以随父姓，可以随母姓”的规定作法律解释，明确公民在父姓和母姓之外选取姓氏如何适用法律。

全国人民代表大会常务委员会讨论了上述规定的含义，认为：公民依法享有姓名权。公民行使姓名权属于民事活动，既应当依照民法通则第九十九条第一款和婚姻法第二十二条的规定，还应当遵守民法通则第七条的规定，即应当尊重社会公德，不得损害社会公共利益。在中华传统文化中，“姓名”中的“姓”，即姓氏，体现着血缘传承、伦理秩序和文化传统，公民选取姓氏涉及公序良俗。公民原则上随父姓或者母姓符合中华传统文化和伦理观念，符合绝大多数公民的意愿和实际做法。同时，考虑到社会实际情况，公民有正当理由的也可以选取其他姓氏。基于此，对民法通则第九十九条第一款、婚姻法第二十二条解释如下：

公民依法享有姓名权。公民行使姓名权，还应当尊重社会公德，不得损害社会公共利益。

公民原则上应当随父姓或者母姓。有下列情形之一的，可以在父姓和母姓之外选取姓氏：

（一）选取其他直系长辈血亲的姓氏；

（二）因由法定扶养人以外的人扶养而选取扶养人姓氏；

（三）有不违反公序良俗的其他正当理由。

少数民族公民的姓氏可以从本民族的文化传统和风俗习惯。

现予公告。

专题十一　法律解释的程序与效力

第四十九条　提出法律解释要求的机关

> 国务院、中央军事委员会、国家监察委员会、最高人民法院、最高人民检察院、全国人民代表大会各专门委员会,可以向全国人民代表大会常务委员会提出法律解释要求或者提出相关法律案。
>
> 省、自治区、直辖市的人民代表大会常务委员会可以向全国人民代表大会常务委员会提出法律解释要求。

【条文精释】

本条是对谁有权向全国人大常委会提出法律解释要求的规定。

全国人大常委会进行法律解释要严格遵守立法解释程序,一般包括以下几道程序:一是提出法律解释要求;二是研究拟订法律解释草案、决定列入常委会会议议程;三是审议法律解释草案;四是表决法律解释草案;五是公布法律解释文本。提出法律解释要求是全国人大常委会立法解释程序的第一步。根据本条规定,有权向全国人大常委会提出法律解释要求的有:国务院、中央军事委员会、国家监察委员会、最高人民法院、最高人民检察院、全国人大各专门委员会以及省、自治区、直辖市的人大常委会。提出法律解释要求所针对的情形,即第 48 条规定:法律的规定需要进一步明确具体含义的或者法律制定后出现新的情况,需要明确适用法律依据的。

根据实践需要,2023 年《立法法》修改,规定国务院、中央军事委员会、国家监察委员会、最高人民法院、最高人民检察院和全国人大各专门委员会,在遇到第 48 条规定的情况时,可以提出法律解释要求,也可以直接提出相关法律案。

【适用指引】

《立法法》在确立法律解释要求提出主体时,考虑到两个问题:(1)在法律执行过程中更容易发现法律上的问题,更需要提出法律解释要求,而在研究或法律宣传中遇到的问题,可以采用讨论或法律询问的方式加以解决,而不需要采用法律解释的方式。(2)在法律执行过程中遇到需要进行法律解释的,应当首先向其上级机关提出,上级机关如果能答复解决,就不需要提出法律解释要求。[①]

2023年《立法法》修改,规定国务院、中央军事委员会、国家监察委员会、最高人民法院、最高人民检察院、全国人大各专门委员会,可以向全国人大常委会提出法律解释要求或者提出相关法律案。这表明有些法律解释问题可以通过立法方式解决。但法律解释和立法毕竟不同,哪些情形可以通过立法而不是法律解释方式解决?或者凡是可以要求法律解释的,都可以提出法律案?《立法法》并没有规定。这一方面需要进一步明确。需原则规定能采取法律解释的,尽量采取法律解释。

提出法律解释要求是否需要同时提出相应的解释内容?存在不同意见。有观点认为不需要:"第一,提出解释要求是因为提出者不清楚法律规定的含义,所以才要求解释,如果提出解释要求的机关能够提出具体的解释内容,说明提出者对法律含义是清楚的,也就无须要求解释了。第二,有利于克服立法解释的部门倾向,避免使立法解释成为一些部门扩大自己权力和谋取不正当利益的工具。"[②]也有学者认为,《立法法》规定全国人大常委会的法律解释同法律具有同等效力,由此法律解释的产生一般也应当遵循类似立法的程序,在此就是要履行提案程序。"否则就会在立法实践中出现程序不一、不严肃、防止了一种部门倾向又容易滋生解释部门的部门倾向等新的问题。以'提出法律解释要求'代替'提出法律解释案',至少是得失参半,因而需要进一步改进。"[③]我们赞同后一种观点,提出法律解释要求不仅要提出要求法律解释的理由和依据,也应提出相应解释内容。

第五十条　法律解释草案的研拟和列入议程

> 常务委员会工作机构研究拟订法律解释草案,由委员长会议决定列入常务委员会会议议程。

---

① 参见武增主编:《中华人民共和国立法法解读》,中国法制出版社2015年版,第185页。

② 武增主编:《中华人民共和国立法法解读》,中国法制出版社2015年版,第186页。

③ 周旺生:《立法学》,法律出版社2009年版,第369页。

【条文精释】

本条是关于由谁研究、拟订法律解释草案和如何列入常委会会议议程的规定。

根据本条规定，全国人大常委会工作机构即法制工作委员会负责研究、拟订法律解释草案。全国人大常委会法工委，是为全国人大及其常委会行使立法权提供服务的专门工作机构，研究拟定法律解释草案是其工作职责之一。在法律解释草案的拟订过程中，全国人大常委会法工委要广泛征求社会各界的意见和建议，包括全国人大常委会其他工作机构、法律实施部门、专家学者、有关公民、法人和其他组织等，以图法律解释在准确表达立法原意基础上，谋求更多的社会共识，适应社会的发展需要。全国人大常委会法工委可以受委员长会议委托，拟订有关法律方面的议案草案，由拟订法律草案的机构负责拟订法律解释草案，“有利于法律解释准确体现立法原意，也有利于保持法律解释的统一，避免法出多门，维护法律的权威和尊严”[①]。

依照《宪法》和《全国人民代表大会组织法》的规定，委员长会议负责处理全国人大常委会的重要日常工作，法律解释草案拟定后，由委员长会议决定是否列入常委会会议议程。全国人大常委会法工委作为全国人大常委会的工作机构，“是一种半职能性机构，它可以行使一定的法律职权，但不可以以独立名义发布执行性的文件、指示、命令，它是为职能机构提供服务的。所以，它本质上是一种服务机构”[②]。作为全国人大常委会的服务机构，法工委拟订的法律解释草案必须提交到委员长会议，由其决定是否列入常委会会议议程。

【适用指引】

由全国人大常委会法工委这一专门机构研究、拟订法律解释草案具有积极意义，特别是在准确理解立法原意，维护法律的统一性方面，但是在适用中也需注意以下问题。

(1)宪法和法律委员会以及其他专门委员会有权提出、审议法律案，并且它们明了和熟悉各相关法律的立法意旨，因此它们也适合提出法律解释草案。如果法律解释草案的拟订只是由全国人大常委会法工委负责，可能会影响其他机关例如全国人大宪法和法律委员会以及其他专门委员会拟订法律解释草案的权力。[③] 因

---

① 武增主编:《中华人民共和国立法法解读》,中国法制出版社2015年版,第187页。

② 蔡定剑:《中国人民代表大会制度》(第4版),法律出版社2003年版,第476页。

③ 参见周旺生:《立法学》,法律出版社2009年版,第369－370页。

此，需要明确全国人大常委会法工委、宪法和法律委员会以及其他专门委员会在拟订法律解释草案上的权限，法工委在研究、拟订法律解释草案时，要积极征求宪法和法律委员会以及其他相关专门委员会的意见建议。

（2）全国人大常委会法工委有一项答复询问的职责，即对各省、自治区、直辖市人大常委会及中央和国家机关有关部门提出的有关法律方面问题的询问进行研究、予以答复，并报全国人大常委会备案。这项职能在行使过程中，可能会影响全国人大常委会的立法解释权。尽管在理论上对询问的答复并不属于法律解释，但某些答复，从实际功能上来看，的确是在进行法律解释。实际上，部分答复经由询问机关认可，会在某些行政、司法系统内部获得普遍约束力并得以执行。[①] 比如最高人民法院办公厅《关于转发全国人民代表大会常务委员会法制工作委员会"对海关法第三十条规定具体适用问题的答复意见"的通知》（法办〔2003〕236 号）规定："辽宁、天津、山东、上海、浙江、湖北、福建、广东、海南、广西高级人民法院，各海事法院：现将全国人民代表大会常务委员会法制工作委员会就海关总署请示的关于《海关法》第三十条规定具体适用问题的答复转发给你们，请在审判工作中执行。"因此，要严格约束全国人大常委会法工委答复询问的职责，遇到询问涉及"法律的规定需要进一步明确具体含义的或者法律制定后出现新的情况，需要明确适用法律依据的"，全国人大常委会法工委不能擅自进行答复，需要由全国人大常委会作出立法解释。

第五十一条　法律解释草案的审议

> 法律解释草案经常务委员会会议审议，由宪法和法律委员会根据常务委员会组成人员的审议意见进行审议、修改，提出法律解释草案表决稿。

【条文精释】

本条是对法律解释草案审议程序的规定。

根据本条规定，法律解释草案列入常委会会议议程后，由常委会会议审议。有说明的，先在常委会会议上听取全国人大常委会法工委作法律解释草案的说明，然后由常委会分组会议审议。提出法律解释草案是否必须同时提出说明，《立法法》

---

① 参见褚宸舸：《论答复法律询问的效力——兼论全国人大常委会法工委的机构属性》，载《政治与法律》2014 年第 4 期。

没有明确规定。法律解释草案经常委会分组审议后，由宪法和法律委员会根据常委会组成人员的审议意见进行审议、修改，提出草案表决稿。宪法和法律委员会是否提出审议结果报告，《立法法》没有明确规定。一般做法是如果修改比较少，可以不提出审议结果报告；如果修改比较多，则可以提出审议结果报告。

【适用指引】

法律解释草案的审议程序在具体适用过程中，需要注意以下几个问题：

第一，提出法律解释草案是否必须提出解释说明。在全国人大常委会已经作出的立法解释中，有些没有提出法律解释说明，比如全国人大常委会关于《刑事诉讼法》第 79 条第 3 款的解释、全国人大常委会关于《刑法》第 30 条的解释等；已提出法律解释说明的主要针对比较复杂的情况，比如《关于〈中华人民共和国澳门特别行政区基本法〉附件一第七条和附件二第三条的解释（草案）的说明》《关于〈中华人民共和国民法通则〉第九十九条第一款、〈中华人民共和国婚姻法〉第二十二条的解释（草案）的说明》等。针对复杂情况提出说明是必要的，不仅有利于贯彻公开公正的原则，也有利于实现公民的知情权与监督权，杜绝关门解释，使解释内容更加符合民意。但即使是简单解释，我们主张也应当提出解释说明。因为法律解释案一旦表决通过，就产生普遍约束力，效力与法律相同，对公民、法人、其他组织的权利义务产生直接影响。全国人大常委会法工委对法律解释的必要性、可行性、主要内容以及解释过程中对分歧意见的协调处理情况的说明等，不仅有助于社会公众理解法律原意，而且体现对公民主体性的尊重，能够更好地促进法律实施。

第二，宪法和法律委员会对法律解释草案的审议是否需要提出审议结果报告，《立法法》没有作出规定。实践中，针对比较复杂的立法解释，宪法和法律委员会会提出审议结果报告。我们主张对所有法律解释草案的审议都应该提出审议结果报告。因为，审议结果报告内容一般涉及参加审议的人员、列席的人员、对草案进行修改的理由等，此种对草案审议过程的展示无疑具有重要意义，不仅具有重要的程序价值，还是立法民主化的重要体现。

第三，全国人大其他专门委员会是否可以审议法律解释草案。《立法法》仅规定宪法和法律委员会根据常委会组成人员的审议意见进行审议、修改，提出法律解释草案表决稿，对其他专门委员会是否可以审议法律解释草案并没有明确规定。各专门委员会是全国人大的常设专门机构，为适应国家管理事务复杂化和专门化的需要而发展起来。我国设有 10 个专门委员会，涉及法律、民族、财政、外事等方面，分别负责本领域的议案研究、审议、拟订等工作。由于专业化的设置，各专门委员会对涉及本领域的事项比较熟悉，更能理解相关问题的理论和现实需要。因此，如果法律解释草案与相关专门委员会密切相关，应当明确规定相关专门委员会参与到法律解释草案的审议中来，发挥其专业上的优势，以确保法律解释的准确性、科学性和可适用性。

第五十二条　法律解释草案的表决与公布

> 法律解释草案表决稿由常委会全体组成人员的过半数通过，由常务委员会发布公告予以公布。

【条文精释】

本条是关于对法律解释草案的表决与公布程序的规定。

根据本条规定，法律解释草案表决稿由常务委员会全体组成人员的过半数通过。法律解释草案需要几次审议通过，《立法法》并未明确规定。在实践中，一般实行一审制，如果遇到法律解释的问题较为复杂，也可以实行二审制。宪法和法律委员会提出的法律解释草案表决稿经全国人大常委会审议后，如果常委会组成人员间没有大的分歧，则由委员长会议提请常委会全体会议表决，以常委会全体组成人员的过半数加以通过。[①]

法律解释草案通过后，由常委会发布公告予以公布，在《全国人民代表大会常务委员会公报》上刊登。法律解释不由国家主席签署公布，原因在于：第一，法律解释是被解释法律的一部分，不是创制新的法律，我国《宪法》规定，国家主席签署公布法律，而没有规定签署公布法律解释。第二，从过去的实践做法看，法律解释都是由全国人大常委会公布的。[②] 2000 年《立法法》颁布实施后，法律解释都由全国人大常委会通过公告形式公布。

【适用指引】

《立法法》第 32 条规定：列入常委会会议议程的法律案，一般应当经三次常委会会议审议后再交付表决，并在之后条款中对每一次审议事项作出了明确规定。

---

① 参见武增主编：《中华人民共和国立法法解读》，中国法制出版社 2015 年版，第 188 页。

② 参见武增主编：《中华人民共和国立法法解读》，中国法制出版社 2015 年版，第 188－189 页。

本条仅仅规定法律解释草案由常委会审议，并没有规定实行几审制，鉴于法律解释与法律具有同等法律效力，也应当明确规定法律解释草案的审议次数及每次审议的具体事项，给法律解释审议程序以确定指引。

法律解释草案通过后，还需要履行公布程序才能使其产生效力。法律解释的公布是法律解释得以生效的关键一步，只有经过公布，法律解释才能为人所知晓，发挥它调整社会关系、规范人们行为的作用。法律解释由全国人大常委会以公告的形式在《全国人民代表大会常务委员会公报》上公布，其他报纸、网站也会加以转载。如今网络媒体发达，要注重利用网络，让法律解释为人所知容易、便捷。

第五十三条　法律解释的效力

> 全国人民代表大会常务委员会的法律解释同法律具有同等效力。

【条文精释】

本条是关于法律解释效力的规定。

法律效力是指法律规范对人们的行为所具有的普遍约束力，包含效力等级和效力范围两个方面。法律解释同法律具有同等效力表明：第一，在效力等级上，法律解释与法律相同。法律解释是对法律文本的解释和说明，效力等级上与法律一致，要低于宪法，但要高于行政法规、地方性法规、部门规章、地方政府规章等。第二，在效力范围上，法律解释与法律相同。具体又可分为时间效力、空间效力、对人效力相同三个方面。法律解释以法律的存在为基础，法律存续期限届满、被废止，法律解释也相应失去效力。全国人大常委会作出的法律解释是一种抽象的规范性解释，而不是个别性解释，具有普遍约束力，可以反复适用，具体案件中如何处理，仍需要由相关法律实施机关依照各自权限和程序办理。

【适用指引】

本条适用时需注意，法律解释是对法律的理解和说明，效力取决于被解释的法律。法律解释不是创制法律，不是独立的法律规范。此外，法律解释在时间效力方面还需注意一个问题：对于全国人大常委会对法律进行解释前已经作出处理的案件，特别是法院已经作出终审判决的案件，为了维护法院权威和社会关系的稳定，在不严重违背社会公共利益和社会秩序的前提下，全国人大常委会可以根据情况免除其受法律解释的约束。比如1999年6月26日，全国人大常委会通过了《关于〈中华人民共和国香港特别行政区基本法〉第二十二条第四款和第二十四条第二款第（三）项的解释》，规定：本解释公布之后，香港特别行政区法院在引用《香港特别行政区基本法》有关条款时，应以该解释为准。该解释不影响香港特别行政区终审法院1999年1月29日对有关案件判决的有关诉讼当事人所获得的香港特别行政区居留权。此外，其他任何人是否符合《香港特别行政区基本法》第24条第2款第3项规定的条件，均须以本解释为准。该解释一方面纠正了香港特别行政区终审法院之前判决中的错误解释，另一方面在不违背大原则前提下，考虑到了香港特别行政区终审法院判决已经产生的后果。①

---

① 参见武增主编：《中华人民共和国立法法解读》，中国法制出版社2015年版，第189－190页。

专题十二　全国人大及其常委会对立法的主导及立法形式

第五十四条　全国人大及其常委会立法主导

全国人民代表大会及其常务委员会应当加强对立法工作的组织协调，充分发挥在立法中的主导作用。

【条文精释】

本条明确了全国人大及其常委会在立法中的主导地位。立法制度是法治国家的一项重要制度，党的十八届四中全会决定提出，健全有立法权的人大主导立法工作的体制机制。在我国统一、多层次的立法体制中，全国人大及其常委会处于整个立法体制的中心。原因有二：一是由我国的根本政治制度决定，我国实行人民代表大会制度，全国人大是最高国家权力机关，行使国家立法权，决定国家其他重大事项；二是我国是一个单一制国家，国家的重要权力由中央政权统一行使，地方的权力来自中央授权。本条对全国人大及其常委会在立法中的主导地位予以法律上的确认，正是在以上原因的基础上作出的。本条是2015年《立法法》修正时新增的内容，2023年新一轮的《立法法》修正保留了该条文，将其由原来的第51条调整至第54条。

笔者认为，《立法法》明确规定全国人大及其常委会在立法中的主导地位有其必要性。首先，为了保证国家政权能够始终掌握在人民手中，使立法能够真正体现人民自己的意志和利益、维护国家的统一和国内市场的统一，一些重要的立法权必须由全国人大及其常委会直接行使，中央行政机关和地方国家机关非经专门授权不能行使。其次，对全国人大及其常委会与国务院的立法权限作出划分，有利于国务院更好地通过制定行政法规行使行政管理职权。从我国近几年的立法实践来看，在划分法律和行政法规的调整界线方面已确立了一些标准，取得了一些经验：

比如,刑事、民事、国家机构方面的事项由法律规定,行政机关内部需全国统一的工作制度和工作程序可以由行政法规规定;基本的行政管理体制和制度方面的事项由法律规定,行政管理体制和制度中某一方面的具体事项以及操作运转方面的事项可以由行政法规规定;基本的经济制度和管理体制方面的事项由法律规定,经济体制中的操作运转事项以及经济、技术标准可以由行政法规规定。再次,对全国人大及其常委会的立法主导地位作出明确规定,有利于地方立法在实践中,更加注重以维护国家法制统一为前提,从本地的具体情况和实际需要出发,调动立法的主动性和积极性,加快地方法制建设的步伐,从而更好地依法管理好地方事务。最后,明确划分中央立法机关的专属立法权限也是绝大多数国家的做法。比如,在中央与地方立法权限的划分上,美国、德国、意大利、瑞士、巴基斯坦、奥地利、印度、马来西亚等国的宪法,都对中央的立法权限作了专门规定。《美国宪法》明确规定了国会的近 20 项专属立法权力,《德国基本法》则列举了 11 项联邦的专属立法权力。在立法机关与行政机关的立法权限划分上,一些国家的宪法都明确规定议会立法和行政立法的范围。例如,法国宪法划分法律事项和法令事项,规定法律事项的立法权属于议会,法令事项的立法权属于政府,并将 15 项应当制定法律的事项列举出来。国外的经验可以借鉴。

【适用指引】

从法律规定和理论上讲,立法权是宪法赋予最高国家权力机关的一项重要职权,全国人大及其常委会无疑是立法的主体机关。任何法律,从起草、调研、论证到法律案审议和表决通过,往往历经很多环节和程序,但不论法律起草者是谁,也不论经过多少次调研、论证和修改,最终必须经过全国人大或全国人大常委会审议,且须经会议表决通过后才能实施。全国人大及其常委会在立法中理应发挥主导作用,然而在实际工作中,这种主导作用发挥得并不理想。例如,在法律案起草、论证中的主导作用发挥不够。由于体制、人员编制和立法经费等方面的原因,绝大多数法律案的起草和人大及其常委会一审前的论证往往处于依靠政府部门的被动地位;一般都是部门起草、政府提出议案、人大及其常委会审议通过。立法实践中,某些法规专业性较强,执法主体是政府部门,由其起草法律案的确有一些有利条件,但关键是不论法律最初起草者为何方主体,作为立法主体的人大及其常委会应“跳出三界外、不在五行中”,站在全局的高度,参与其中、主导这些活动,尽量避免为某些部门“争利”、为个别特殊利益群体立法的现象出现。从总体上看,人大及其常委会提前介入有时不够主动、及时,介入随机性较大,统筹协调有关各方的机制不完善、力度不大。此外,全国人大及其常委会在法律案审议中的主导作用发挥也不够。

为建立“人大主导型”的立法制度体系,在适用《立法法》第54条时,我们可以考虑以下几方面。

第一,有针对性地完善有关立法工作制度、机制。首先,在年度立法计划通过后,全国人大及其常委会提前与政府机关、法工委等进行沟通,就有关立法项目协同开展法律案起草、调研和论证;其次,建立人大常委会组织、立法有关各方参加的沟通协调机制,将具体组织者、参加者及各自的职责任务等进一步制度化、规范化,使立法中出现的问题及时得到有效沟通和处理;最后,建立法律案审议意见办理机制,对人大及其常委会审议意见及其他渠道收集的意见、建议,在办理责任、程序和方式等方面予以明确规定,使法律案审议中的意见、建议采纳更加规范,审议质量不断提高。

第二,落实责任,确保立法有关工作制度的有效执行。在立法过程中,有的制度在执行上责任落实不够,有的制度规定操作起来弹性较大,执行效果欠佳。制度执行不到位,是人大及其常委会在立法的某些环节能够发挥主导作用但没有发挥好的主要原因。为此,在法律立项环节,可以进一步加大立项调研和论证制度的执行力度,采取措施有效扩大立项的征集范围,使立项调研更有广度、深度,进一步扩大法规立项论证的参加范围,增强论证效果,尤其对立项的现实必要性、紧迫性和要解决的问题等逐项进行有针对性的研究、讨论,真正做到慎用立法资源,把“好钢用在刀刃上”。在法律案起草、论证和常委会会议审议的各个环节,建议全国人大常委会加强组织、督查,使全国人大及其常委会在立法中的主导作用在现有制度框架内得到较好发挥。

第三,改进立法经费保障制度,统筹安排全国地方立法工作经费。经费保障问题,是影响人大及其常委会在立法中发挥主导作用的一个至关重要的因素,是有效避免“部门利益法制化”、提高立法质量始终绕不开的“火焰山”。众所周知,立法需要成本。每年财政都会根据立法计划安排一笔资金作为立法工作经费,但从经费分配和实际使用情况看,负有立法职责和应当承担主要立法工作任务的人大及其常委会立法经费在立法工作经费的“总盘子”中所占比重较小,且绝对量也不多,具体落实到每件立法项目上也就更少,与人大及其常委会主导开展法规立项、调研起草、论证和审议等工作的客观需要相比还有相当大的缺口。为此,要保证人大的立法经费在立法工作经费中占有较大比重，以符合人大及其常委会立法工作的实际需要。

第四，要发挥人大及其常委会在立法决策方面的主导作用。在实践中，对争议较大但社会迫切需要的法律案，可以引入第三方评估，充分听取各方意见后，综合各种意见，及时作出决策，不宜拖沓，以致影响立法进度。通过完善审议程序，提高法律草案审议质量和效率。常委会审议法律案时，应当保证常委会组成人员充分发表意见，鼓励各抒己见；在法律案审议过程中，法律案有关问题具有较强的专业性或者需要进行可行性评价的，应当召开论证会，听取专家、有关部门等方面的意见；法律案有关问题存在重大意见分歧或者涉及利益关系重大调整的，应当召开听证会，听取各方面意见，集思广益。

第五十五条　立法形式

> 全国人民代表大会及其常务委员会坚持科学立法、民主立法、依法立法，通过制定、修改、废止、解释法律和编纂法典等多种形式，增强立法的系统性、整体性、协同性、时效性。

【条文精释】

本条是关于全国人大及其常委会坚持科学立法、民主立法、依法立法，丰富立法形式的规定，是 2023 年修改《立法法》时新增的条文。党的二十大报告提出，“推进科学立法、民主立法、依法立法，统筹立改废释纂，增强立法系统性、整体性、协同性、时效性”，因此本条规定也是贯彻落实党的二十大精神的重要体现。

本条前半段规定，全国人大及其常委会坚持科学立法、民主立法、依法立法。《立法法》在第一章总则中，已经分别就科学立法（第 7 条）、民主立法（第 6 条）和依法立法（第 5 条）这三项立法工作的重要原则作出了规定，此处又以集中呈现的方式进一步强调这三项原则的重要性。建设法治中国，必须加强和改进立法工作，深入推进科学立法、民主立法、依法立法，不断提高立法质量和效率，以高质量立法保障高质量发展、推动全面深化改革、维护社会大局稳定。在这三项原则中，科学立法的核心在于尊重和体现客观规律，民主立法的核心在于为了人民、依靠人民，依法立法的核心在于以宪法为依据，依照法定的权限和程序制定或修改法律法规。这三项原则是紧密联系在一起的有机整体，必须在全国人大及其常委会的立法工作中予以整体把握。

本条后半段规定，全国人大及其常委会通过制定、修改、废止、解释法律和编纂法典等多种形式，增强立法的系统性、整体性、协同性、时效性。其中，制定、修改、废止、解释法律是传统上人们所熟知的立法形式，在2000年制定的《立法法》中就已经对这四种立法形式作出了相应的规定。相比较而言，编纂法典在我国是一种较新的立法形式。党的十八大以来，我们顺应实践发展要求和人民群众期待，把编纂民法典摆上重要日程。党的十八届四中全会对编纂民法典作出部署。党中央高度重视民法典编纂工作，2016年6月、2018年8月、2019年12月习近平总书记三次主持中央政治局常委会会议，听取汇报并作出重要指示。2020年5月28日，十三届全国人大三次会议审议通过《民法典》，这是新中国成立以来第一部以“法典”命名的法律，是新时代我国社会主义法治建设的重大成果。

《民法典》的成功编纂为其他领域立法的法典化提供了很好的范例。要总结编纂民法典的经验，适时推动条件成熟的立法领域法典编纂工作。全国人大常委会2021年立法工作计划中已经明确提出，研究启动环境法典、教育法典、行政基本法典等条件成熟的立法领域的法典编纂工作。

第五十六条　全国人大常委会的立法规划和立法计划

全国人民代表大会常务委员会通过立法规划和年度立法计划、专项立法计划等形式，加强对立法工作的统筹安排。编制立法规划和立法计划，应当认真研究代表议案和建议，广泛征集意见，科学论证评估，根据经济社会发展和民主法治建设的需要，按照加强重点领域、新兴领域、涉外领域立法的要求，确定立法项目。立法规划和立法计划由委员长会议通过并向社会公布。

全国人民代表大会常务委员会工作机构负责编制立法规划、拟订立法计划，并按照全国人民代表大会常务委员会的要求，督促立法规划和立法计划的落实。

【条文精释】

本条对全国人大常委会在立法工作中的地位、工作内容作了较为细致的规定，指出全国人大常委会通过立法规划和年度立法计划、专项立法计划等形式统筹安排立法工作。2023年修正时对本条有两处重要修改：一是进一步将立法计划区分为年度立法计划和专项立法计划两种具体形式；二是要求全国人大常委会按照加强重点领域、新兴领域、涉外领域立法的要求，确定立法项目。

专项立法计划一般是针对某一个具体领域或者专项工作制定的立法计划。2020年全国人大常委会首次制定了专项立法修法工作计划。针对当时严峻的新冠肺炎疫情防控形势，全国人大常委会统筹做好立法工作；深入研究生物安全法修订草案、民法典草案、固体废物污染环境防治法修订草案等，根据依法防控疫情、强化公共卫生法治保障的需要，有针对性地提出完善方案。2023年新一轮《立法法》修改明确将专项立法计划作为立法计划的一种形式，将进一步完善全国人大常委会编制立法计划的工作形式，有针对性地促进某些重要领域的立法工作。

与此相应的是，2023年《立法法》修正在要求全国人大常委会应当认真研究代表议案和建议，广泛征集意见，科学论证评估，根据经济社会发展和民主法治建设的需要的基础上，更进一步要求其按照加强重点领域、新兴领域、涉外领域立法的要求，确定立法项目。这一新增规定是对我国近年来经济社会发展格局和面临的国内外新形势对立法工作所提出的挑战的回应，将有力地促进数字经济、新能源产业等重点、新兴领域，以及日益重要的涉外法治领域的立法的发展。

一、立法规划和立法计划的概念和发展

立法是宪法赋予人大及其常委会的一项重要职权。党的十八届四中全会决定提出，健全有立法权的人大主导立法工作的体制机制。全国人大常委会是最高国家权力机关——全国人大的常设机构，享有国家立法权。在主导立法的过程中，全国人大常委会应当发挥其应有的作用，统筹安排立法工作，此外，全国人大常委会工作机构负责编制立法规划和拟订立法计划、督促立法规划和立法计划的落实。

自20世纪80年代以来，我国开始重视立法规划的制定。国务院最早于1981年批准制定了1982—1986年经济立法规划，1988年七届全国人大常委会第二次会议印发了《七届全国人民代表大会法律委员会关于五年立法规划的初步设想》，并于1991年七届全国人大常委会正式制定了第一个立法规划（《全国人民代表大会常务委员会立法规划（1991年10月—1993年3月）》）。此后随着全国人大任期周期，制定五年立法规划和年度立法计划。地方人大自1988年也逐渐开始制定立法规划。有关立法规划的规定在2015年《立法法》修改中得到体现，充分体现我国特色的立法规划制度得以形成。

立法规划就是对制定法律进行规划的活动。规划，规者，有法度也；划者，戈也，分开之意，即为达到一定目的，按照一定的标准，实施分阶段的步骤与方法，通常指为完成某一任务而作出的比较全面的、长远的打算，是对未来整体性、长期性、基本性问题的思考和对未来整套行动方案的设计。立法规划是为了最终形成之“法”而对整个立法进程的合理计划,它既包括对最初立法提案权归属的确定,也包括对立法审议、法的修订、法的废止的整个立法进程程序性的安排。作为对“立法”的合理规划,立法规划所指向的对象,既包括对最高立法机关和中央政府立法的规划,也包括对地方有权立法主体的立法活动的规划。

基于对立法缺陷的弥补,对立法审慎、立法有序性和立法科学性的追求,以及对有限立法资源的有效分配,立法规划制度在我国产生发展起来,并在 20 世纪 80 年代以后逐渐成为一种立法惯例,对我国实际的立法实践产生了积极的影响。对立法进行提前安排与计划遭到一些人的反对,他们认为立法是一个复杂的过程,计划可能只是一种美好的设想,在现实生活中无法得到有效实现。但从立法实践来看,制定立法规划并予以实行是可行的。尤其在完善法律制度的需求极其强烈的当代中国,在借鉴与继承的基础上,立法规划具有很强的现实意义。

二、立法规划的特点及实践

经过多年实践的事实证明,我国人大常委会立法规划是在不断发展成熟的。人大常委会立法规划呈现如下特点:

第一,立法规划围绕着立法目标进行。每届立法规划的制定都是围绕着一定的立法目标而进行的。而立法目标的确定又与国家大政方针政策及政治社会经济发展方向密切相关。例如,党的十四大和十四届三中全会确定的任务是建立社会主义市场经济体制,因此,八届全国人大常委会的立法目标是大体形成社会主义市场经济法律体系框架,涉及相关立法项目主要包括规范市场主体,维护市场秩序,加强宏观调控,促进社会保障,发展基础产业,扩大对外开放等方面;一共 115 项的一类立法项目,其中涉及经济的就有 53 项。党的十五大确立了依法治国、建设社会主义法治国家的基本方略和到 2010 年形成中国特色社会主义法律体系的立法工作总体目标。九届全国人大常委会根据党的十五大的要求,研究了什么是中国特色社会主义法律体系,提出这个体系应当是以宪法为核心,包括法律、行政法规、地方性法规、自治条例和单行条例以及规章在内,由宪法和宪法相关法、民法商法、行政法、经济法、社会法、刑法、诉讼与非诉讼程序法七个法律部门组成的统一整体,该届立法规划的立法目标就是初步形成中国特色社会主义法律体系,九届立法规划中的立法项目就开始进行分类;十届全国人大常委会的立法目标是基本形成中国特色社会主义法律体系;十一届全国人大常委会的立法目标是形成并完善中国特色社会主义法律体系。

第二,从重视法律制定过渡到制定与修改法律并重。立法包括制定、认可、修改和废止法律,所以,立法规划要从法律的立、改、废三方面综合考虑。我国要建设中国特色社会主义法律体系就必须有一定数量的法律相支撑,过去我国法律数量有限,人大常委会的立法工作的重点主要落在制定有效法律上。随着大量法律不断被制定出来,立法关注的重点也理所应当地转向提高立法质量。对现行法律进行清理是提高立法质量的一个重要方面。有些法律如不清理将会严重影响法律质量。清理手段主要包括三种:一是废止部分法律;二是修改部分法律;三是抓紧法律配套法规的制定工作,并明确今后在确定立法项目、起草法律草案的同时,要拟定配套法规,争取与法律同步实施。所以,立法规划中有关法律修改的比例逐渐上升,法律修改与法律制定在人大常委会的立法工作中是同样重要。

第三,立法规划的制定有一定程序。虽然立法规划制定程序没有明确的法律依据或者明确的规则,但在实践中立法规划的起草过程仍遵循一定程序。全国人大常委会立法规划主要是由全国人大常委会法工委立法规划室主持起草的。起草前,全国人大常委会法工委会就向社会各界征集立法建议。在起草过程中也时刻关注社会方方面面的意见和建议。对进入立法规划的项目是一定要进行调查研究的,对其实施效果也是要进行论证的。

第四,立法规划与立法计划结合。年度立法计划相较于立法规划来说更为具体、精确,具有可操作性,其对立法现实及要调整的社会关系有更为直接的作用,对立法规划中存在的偏差或者错误可以进行纠正。立法规划比立法计划更具指导意义,涵盖的范围更广,容量更大。立法规划从某种角度上来说是长远的分阶段实现的立法计划,是立法计划需要加以体现、贯彻、执行的对象。因此,立法规划的制定要考虑立法计划实施的可能性和实施空间。全国人大常委会在制定立法规划之后,每年还会制定年度立法计划,目的就是使立法规划具体化,使之具有可操作性,为立法规划中立法项目的实现制定一个时间表,同时通过立法计划也可以修正立法规划。立法规划是立法计划制定的重要依据,制定立法计划首先应遵从立法规划。

现在,随着制定立法规划经验的不断丰富,收集信息手段的提高以及调研论证的深入充分,立法规划的质量在不断提升,立法规划的科学性不断上升,其指导性以及预见性在不断增强,立法规划与立法计划的结合程度也就在不断提高。紧密结合的立法规划与立法计划以及前后年衔接顺畅的立法计划可以减轻人大的工作量,充分有效地利用社会资源,保证立法工作系统有序地进行。

【适用指引】

有了立法规划的指导,全国人大常委会的立法工作更加具有条理性。根据相关资料的统计,从 1979—1997 年全国人大及其常委会每年的立法数量总体呈上升趋势。随着经济的快速发展,尤其是在党中央确立建设社会主义市场经济体制的目标后,全国人大及其常委会年度立法数量显著增长。我们可以看到,在全国人大及其常委会正式制定第一个五年立法规划后的 1993 年里,全国人大及其常委会共通过法律 34 件,达到了改革开放以来的新高。

立法规划对立法工作的推动作用是毋庸置疑的。但不可否认的是,我国立法规划在实践操作中还存在很多问题,这些问题严重影响着立法规划作用的发挥。

一、立法规划自身存在矛盾

我国的立法规划制度从产生到现在一直存在两对矛盾:强指令性和弱程序性的矛盾,程序性惯例和法定制度的矛盾。这两对矛盾导致立法规划制度内生问题的产生。

1. 强指令性和弱程序性的矛盾

在我国,立法规划是立法机关或有相应立法提案权的主体决定起草某项法律的主要依据,它和法律的起草及提请审议之间有前后衔接的关系。立法规划被批准实施后,有关单位要按照立法规划的要求如期完成法律的起草和提请审议的工作。立法规划的完成是国家重要事务,其中每一个立法项目从确定到完成都对应着一个相关的国家机关,也对应着一个有立法提案权的国家机关的立法议案向全国人大或全国人大常委会提出。立法程序其实就是围绕立法规划进行的,在立法规划内的立法项目,很容易被通过成为法律;而立法规划外的立法动议却很难进入立法议程,立法规划呈现出强指令性的特征。例如,八届全国人大及其常委会共通过法律 62 件,其中 55 件为八届全国人大常委会立法规划内的项目,占通过法律总数的 88.70%,规划外项目仅 7 件。九届全国人大及其常委会共通过法律 75 件,其中 61 件为九届全国人大常委会立法规划内的项目,占通过法律总数的 81.30%,规划外项目仅 14 件。十届全国人大常委会立法规划中共有 76 件立法项目,而在十届全国人大及其常委会通过的所有法律中,规划外项目有 41 件。值得注意的是,从十一届全国人大及其常委会的任期开始,立法规划项目数与规划外项目数的对比开始产生变化。十一届全国人大常委会的两类项目数量分别为 64 件和 66 件,十二届全国人大常委会的两类项目数量分别为 102 件和 108 件,十三届全国人大常委会的两类项目数量分别为 116 件和 121 件。由此可以看出,规划外立法逐渐成为一种重要的立法形式。

而以全国人大代表提出的立法议案为例，在每一次全国人大会议召开之后，全国人大主席团会将全国人大代表提出的立法议案先交于相关专门委员会审议后提出意见。专门委员会提出的处理意见不外乎有以下几种：(1)代表提出的立法议案与正在审议的立法议案重复或者已有相关法律，不予处理；(2)有关立法事宜已经列入规划，正由相关部门展开立法调研或立法论证，督促相关部门抓紧起草，及时提请审议；(3)立法议案所涉及的问题需要有相关法律调整，建议列入规划，由相关部门积极展开立法调研、做好法律起草工作；(4)立法条件不成熟，建议不列入立法规划，再继续开展立法调研和论证。由此可见，建议将全国人大代表的立法议案列入立法规划或者说明立法议案已经列入立法规划是专门委员会的一个基本判断。全国人大代表的立法议案在正式进入立法程序之前必须先进入立法规划。正是立法规划这种强指令性特征的存在使得立法规划是一种具有"准"法性质的规范性法律文件。这至少说明了两个问题：第一，立法规划不论在程序还是在实践中都已经成为我国立法过程中首要的一环，它是绝大多数立法的起点。立法项目进入了立法规划意味着它很有可能成为法律，但规划外的项目很难进入全国人大会议议程。第二，"准"法律规范性文件的"准"字显示出立法规划相较于一般法律文件产生过程缺乏一定的程序要件。编制立法规划程序与一般的立法程序是不同的。立法程序是立法过程中必须遵循的法定的、公开的步骤和方法；编制立法规划的程序可以是法定的、公开的方法和步骤，也可以作为立法主体内部规则规定的方法和步骤而存在。

从我国的立法现状看，很大程度上决定着一部法案命运的立法规划，在实践操作层面主要还是采用非正式程序，具有弱程序性。它主要是采用立法主体内部规则规定的方法和步骤。全国人大常委会法工委负责法律的五年立法规划和年度立法计划等的编制，委员长会议通过后，以全国人大常委会党组名义报请中共中央批准，再由全国人大常委会公布下发执行。从七届人大开始，这样的工作流程就以惯例的形式得到延续，但并没有用法律形式将其固定。这样，实践操作和制度设计之间存在巨大的鸿沟，使得立法规划在我国面临着这样的尴尬：它是缺乏程序规制的重要立法流程。

2. 程序惯例和法定制度的矛盾

总体上看，我国的立法规划在中央尤其是全国人大立法规划，是缺乏法律制度的，在地方虽然有法律规制，大多也只是原则性的规定，并且这些规定很多是粗浅的。立法规划作为前立法程序或者说立法准备程序，与立法程序的其他阶段相比，主要还是停留在“惯例”“做法”层面。

二、立法规划的可行性不强，实现程度低

制定立法规划是为了合理、系统地安排届内的立法工作，对整个立法工作有着重要的作用。由于社会经济状况的不断变化，立法规划不可能完全实现，但是有时立法规划的实现率过低，这就需要引起我们的重视。

造成立法规划可行性不强的原因主要有以下几点。

第一，现实情况的随时变化导致对立法需求和未来的立法条件难以预见。目前我国正处于社会转型时期，各地经济和社会发展速度加快，立法条件也在不断地发展变化，新的立法需求也随之不断地产生。我国的立法规划是对未来五年的立法工作所进行的安排，因此制定立法规划之前，需要对未来五年的立法条件和立法需求进行预测。但是在目前我国社会发展如此快速的前提下，提前预测未来一到两年的立法项目还是比较容易的，若是提前预测五年的，还是比较困难的。在这种情况下，立法规划中很容易会存在一些不符合经济和社会发展要求的或者不具备立法条件的项目，而有一些社会急需并且立法条件已经成熟的项目未被列入立法规划之中。

第二，立法规划制定过程中的主观性太强，使立法规划不能准确地反映客观的立法需求和立法条件。立法规划主要是指导未来五年全国人大及其常委会的立法工作，因此，列入立法规划中的立法项目往往是立法计划项目的主要来源。立法项目一旦列入立法规划就很容易进入立法程序，最终成为法律。因此政府各部门，全国人大各专门委员会将采用各种手段争着将自己的项目列入立法规划，甚至有关领导对具体编制部门也会实施一些干预。面对这种情况，全国人大常委法工委在编制立法规划时，仅是通盘考虑、长期考虑是不够的，更多的是要平衡各方利益。该列入立法规划中的项目没有被列入，而不该列入立法规划中的项目却进入立法规划中的情况必然会产生。

第三，立法论证不够，使不合要求的项目列入立法规划。列入立法规划的立法项目如果能够反映客观的立法需求和立法条件，就能进入立法程序，最终形成法律。因此，有些列入规划的项目没有实现，除因形势发生变化引起的外，很重要的原因之一是这些项目在列入规划时缺乏充分的论证，也就不能对其立法需求和立法条件有一个充分的认识，也没有形成一个完整的立法论证制度。

针对以上原因，在适用《立法法》第56条时，我们认为可以从以下几个方面对立法规划制度进行完善。

1. 建立立法规划项目论证制度，增强立法规划的民主性。

立法规划项目论证是指就某一项目是否需要并且可能进行立法所进行的研究活动，它是科学确定立法项目、编制立法规划和立法计划的基础。立法规划项目论证制度的建立有利于推进立法民主，提高立法质量。立法规划项目的可行性论证主要包括立法时机是否合适，该项目的通过对于相关社会关系的调整是否具有明显作用，该项目是否合理，其主要制度措施是否合法，是否具有可操作性，相关体制障碍是否可以通过立法加以消除或者缓解等。

科学的立法规划项目论证必须有规范可行的工作程序。采用何种论证程序可以由项目的具体情况而定，具体来看，有以下论证程序可供选择：(1)项目建议人按照立项条件自行组织论证。建议人属于人大代表或者常委会组成人员的，应当由建议人或者其委托的机构组织论证。(2)人大及其常委会有关专门委员会组织论证。立法项目符合立项形式要件的，有关专门委员会应当针对法律草案文本和立法建议说明，组织由有关部门、人大立法综合机构、政府法制机构、专家学者参加的论证。这一阶段的论证结果应当体现在相关专门委员会向立法综合机构提交的立项论证报告中。不能通过论证不予立项的，应向建议人作出说明。(3)人大常委会法工委组织论证。人大常委会法工委会同有关专门委员会在立法规划和立法计划提交人大常委会审议之前，邀请有关专家学者以及立法项目涉及切身利益的组织、公民开展座谈会、听证会或者论证会。人大常委会法工委充分搜集利益相关人的意见，获取相关的立法信息，以此作为取舍筛选以至于最终确定立法项目的参考。人大常委会法工委同样也可通过媒体、网络，将立法规划草案向社会公开，征求公民对立法规划的意见，从而使法律具有广泛的民意基础。(4)制定立法规划和立法计划时注意听取搜集政协的意见和建议。

2. 完善立法规划的实施保障工作。

立法规划的制定主要是为了指导立法工作，因此实施立法规划才是最终目标。为了实现立法规划，有关部门应当积极地采取各种措施来保障配合立法规划工作任务的完成。

第一，认真落实立法规划任务。合理向有关机构和部门下达执行立法规划的指标和任务，配备必要的人力和物力。各执行机构和部门要采取积极、有效的措施将下达给自己的指标和任务予以完成，将各立法项目的起草单位、人员、经费、完成时限均落到实处，若因情况发生变化或确有实际困难不能完成时，也必须及时报告。开展必要的宣传和其他辅助工作,以促进立法规划的贯彻落实。

第二,认真检查立法规划的执行情况。立法主体、执行立法规划的机构和部门要以定期和不定期相结合、全面和重点相结合等方式,认真检查立法规划的贯彻落实情况,发现问题,采取措施消除薄弱环节,挖掘和动员新的潜力投入立法工作。

第三,及时采取必要的措施保证立法规划的完成。立法规划批准后,具体措施是否得力,直接影响总计划目标的实现。

3. 对立法规划进行必要的调整。

由于社会经济情况的不断变化,对立法规划做一些调整是必要的。当立法项目所调整的对象发生了变化,立法机关或立法工作机构发生了重大的变化,发现立法规划本身不够完善等时,就需要对立法规划和立法计划进行一定调整。由于立法规划和立法计划是人大常委会制定的,所以只有人大常委会有调整立法规划和立法计划的权力。此外,要切实遵循条件成熟并且是现实急需,确定能完成的变更原则,决不能把不具备立法条件或条件未成熟的项目纳入立法规划和立法计划中。还需要注意的是,要严格把握并认真审查计划变更的事由。对于基于无关紧要或者不正当的理由提出的变更意见,不能予以支持。

4. 发挥正式立法程序的功能。

发挥正式立法程序的功能,是解决立法规划内在矛盾的根本路径。目前,我国正式立法程序复杂、多样,并存在诸多问题,这是由立法体制、立法理念、政治制度、历史传统等多种原因造成的,因此,应多渠道入手,使正式立法程序能够承担起相应的立法任务。具体而言,应扩大立法议案提案权主体、改善立法议案列入议程制度、增强立法审议过程中的博弈机制、丰富法案表决阶段的表决形式、增加立法过程中的透明度。唯有多管齐下,我国立法的正式程序才能达到预期的效果,实现立法真正的民主、科学。

专题十三　法律案起草与提出的其他规定

第五十七条　法律案起草的特殊规定

> 全国人民代表大会有关的专门委员会、常务委员会工作机构应当提前参与有关方面的法律草案起草工作；综合性、全局性、基础性的重要法律草案，可以由有关的专门委员会或者常务委员会工作机构组织起草。
>
> 专业性较强的法律草案，可以吸收相关领域的专家参与起草工作，或者委托有关专家、教学科研单位、社会组织起草。

【条文精释】

本条是2015年修改《立法法》时新增的一个条文，是关于全国人大有关专门委员会、常委会工作机构起草法律草案和发挥专家学者在法律草案起草工作中作用的规定。此前的《立法法》只对提案主体作出规定，没有对专门委员会、工作委员会如何开展法律草案起草工作作出规定。而2015年《立法法》修改增加了这一方面的规定。

为防止部门利益法制化，党的十八届四中全会决定提出，建立由全国人大相关专门委员会、全国人大常委会法工委组织有关部门参与起草综合性、全局性、基础性等的重要法律草案制度。推进科学立法、民主立法，要充分发挥人大在立法工作中的主导作用，从体制机制和工作程序上有效地防止部门利益法律化。

党的十八届四中全会决定提出，探索委托第三方起草法律法规草案。当前的立法实践中，法律草案起草工作中一般都会成立专家顾问小组，邀请相关领域内有影响力的权威专家学者对法律草案起草过程中的方案征求意见，或举行专题论证。实践证明，专家参与立法，是推进科学立法的有效途径。为贯彻党的十八届四中全会精神，并继续发扬专家参与立法的这一优势，本条对专家参与立法作出规定，并进一步加大参与的力度，规定委托起草。

关于法律草案起草过程中发挥人大的主导作用。根据《立法法》的规定，全国人大各专门委员会可以向全国人大提出法律案；委员长会议可以向常委会提出法律案；各专门委员会可以向常委会提出法律案。实践中，委员长会议提请审议的法律案一般由全国人大常委会工作机构承担具体起草工作。主要工作内容有以下两个方面：(1)提前参与。对于国务院、中央军事委员会、国家监察委员会、最高人民法院、最高人民检察院等方面牵头起草的法律草案，全国人大有关专门委员会、常委会工作机构应当提前参与有关方面的法律草案起草工作。(2)组织起草。对于综合性、全局性、基础性的重要法律草案，可以由有关的专门委员会或者常委会工作机构组织起草。这一规定是以党的十八届四中全会决定提出的举措为基础的。应当注意，这一规定并不是限制全国人大专门委员会、常委会工作委员会的起草范围。目前，刑事、民事、国家机构等方面的基本法律，通常由全国人大常委会法工委起草。

专门委员会起草法律草案后，一般由其提出法律案并提请审议，由该委员会负责人作草案说明。全国人大专门委员会是宪法、法律规定的议案提出主体，既可以牵头组织起草法律草案，又可以直接提请全国人大或其常委会审议法律草案。常委会工作机构起草法律草案后，由委员长会议提出法律案并提请审议，由工作机构负责人受委员长会议委托作说明。工作委员会只是组织起草，并不是议案提出主体。常委会工作机构也可以受常委会委托，起草法律草案，由常委会向全国人大提出法律案，由一位委员长会议组成人员作说明。

关于专家参与起草。根据本条第 2 款的规定，专家参与起草有两种形式：一是全国人大有关专门委员会和常委会工作机构吸收专家参与起草工作。实践中，无论是专门委员会还是常委会工作机构都有吸收专家参与起草工作，有的专家甚至与立法工作人员一起搭班子，直接参与承担具体的起草工作。二是委托有关专家学者、教学科研单位和社会组织起草。承担起草工作的机构可以根据立法项目的具体情况，确定委托对象，可以委托一位或多位专家学者，或者成立专家起草组；也可以委托教学科研单位，如高校、研究机构；还可以委托行业协会等社会组织。

第五十八条　法律案的提出与相关资料

提出法律案，应当同时提出法律草案文本及其说明，并提供必要的参阅资料。修改法律的，还应当提交修改前后的对照文本。法律草案的说明应当包括制定或者修改法律的必要性、可行性和主要内容,涉及合宪性问题的相关意见以及起草过程中对重大分歧意见的协调处理情况。

【条文精释】

本条是关于在提出法律案时,同时应当提出的相关文件资料的规定。2023年修改《立法法》时,在法律草案的说明应当包括的内容中增加了"涉及合宪性问题的相关意见"。

法律案是指依法享有提案权的机构和人员即提案人,按照法定程序向立法机关提出的关于制定、修改或废止某项法律的议案。向全国人大及其常委会提出法律案的主体大体可分为两类:机关类和人员联名类。从以往提出法律案的情况来看,机关提出的法律案一般都事先进行了比较慎重、系统的研究论证,起草出法律草案文本、说明,并收集整理了有关资料。针对提出的法律案质量参差不齐的现象,本条对提出法律案的要件作了明确规定,具体要求如下。

一、法律草案文本

在立法实践中,普遍认为法律草案文本应当是立法政策、立法意志与立法语言之间内容与形式高度统一的载体。法律草案文本的存在是开展制定、修改、废止法律工作的前提。法律草案文本的形式可以分为,制定法律的草案文本、修改法律的草案文本、认可法律的草案文本、补充法律的草案文本等。其中,制定法律的草案文本是法律草案文本的基本模式,其内容结构可以根据法律案的不同特点来设计。法律草案文本通常由三方面组成:一是法律的标题即法律名称。二是法律的内容即文本的核心内容,内容主要是关于立法依据、宗旨和原则;关于权利义务的设定;关于行为的法定模式和法定后果;关于专门概念和术语的解释;关于法的适用范围和生效或施行时间的规定;关于授权有关机关制定变通、补充规定或制定实施细则的规定;关于废止有关法的规定;以及其他有关内容。三是文本内容表述层次和序数排列,如总则、分则、附则;编、章、节、条、款、项、目。

二、法律草案说明

法律草案说明是法律案的提案人向立法机关就法律草案中的有关问题进行解释而制作的说明性文件,其目的是使立法机关及其组成人员了解草案的有关问题,理解立法意愿和难点条款,促使法律草案得以更加顺利审议通过。所以,法律草案说明的制作目的与立法目的相一致,服务于立法,为立法提出具备必要性、可行性的解释、阐述和论证的材料。

《全国人民代表大会议事规则》和《全国人民代表大会常务委员会议事规则》对提案人应当就法律草案向审议机关作说明作了规定，但对法律草案说明的具体内容没有规定。本条对法律草案说明的具体内容作了明确规定，法律草案说明应当包括制定该法的必要性、可行性和主要内容，涉及合宪性问题的相关意见以及起草过程中对重要分歧意见的协调情况。

1. 必要性一般是指为什么要立此法，社会现实中为什么需要此法，立此法要解决什么样的问题或者该法所要实现的目标。立法的必要性论述，应简明扼要，抓住重点，构建起解决现实问题与制定法律草案的逻辑关系。

2. 可行性一般是指此法出台后是否可行，包括法律上有无可能，与其他法律是否相衔接，还包括其施行需要什么条件，已经掌握了哪些条件，还需创造什么条件等。对一些专业性较强的法律或者法律条款，还可以运用有关数据资料论证是否可行，也可以附加诸如试验数据、论证材料、计算图表、附图等，以增强可行性报告的说服力。

3. 法律草案的主要内容一般是指该法的立法精神、基本原则、调整的范围、调整的主体、主要的程序、适用范围、法律责任等。法律草案主要内容的说明并不是事无巨细，而主要是对立法原意、法律草案疑点、难点和争议之处加以说明。

4. 涉及合宪性问题的相关意见。如前所述，这是2023年修改《立法法》时新增的内容。宪法是国家的根本法，是治国安邦的总章程，具有最高的法律地位、法律权威、法律效力，具有根本性、全局性、稳定性、长期性。党的二十大报告强调，加强宪法实施和监督，健全保证宪法全面实施的制度体系，更好发挥宪法在治国理政中的重要作用，维护宪法权威。明确法律草案说明中应当包括涉及合宪性问题的相关意见，正是贯彻落实党中央上述部署要求的重要体现。

5. 起草过程中对重要分歧意见的协调情况。立法的过程就是不同利益的表达、博弈、协调的过程。在法律草案起草过程中，不可避免要听取各方面的意见，对各方利益进行协调处理，提取各方的“最大公约数”，并最终落实到法律草案的具体条文中去。党的十八届四中全会通过的中共中央《关于全面推进依法治国若干重大问题的决定》指出，对部门间争议较大的重要立法事项，由决策机关引入第三方评估，充分听取各方意见，协调决定，不能久拖不决。

三、必要的参阅资料

本条对必要的参阅资料的具体范围没有规定。在立法实践中，必要的参阅资料主要包括以下几个方面：一是党和国家的有关方针政策；二是有关方面工作的实际做法和效果，以及有关典型案例；三是有关人大代表、政协委员和社会公众对有关立法项目提出的议案、建议、提案和意见等；四是法律草案提案人、常委会法制工作机构、有关专门委员会对立法相关事项的调研情况报告和分析报告；五是公开征求意见的情况报告和有关听证会、论证会、座谈会的情况报告；六是现行有关法律、行政法规等的规定及其实施情况；七是境外有关的立法情况和做法等。

四、修改前后的对照文本

提案人提出修改法律的法律案时，是以某法的修正案（草案）或者某法（修订）的形式提出的。为了便于立法机关组成人员审议，法制工作部门的同志在工作中创造了修改前后对照文本这一形式。对照文本分为两栏，左栏是修改前的原法律条文，右栏是根据修正案（草案）修改后的文本或者修订后的文本，其中增加、删减和修改的部分，均用黑体标注。近年来，提案人提交修改前后的对照文本已成为提案时的“标准动作”，方便了人大代表和常委会组成人员的审议，受到好评。

第五十九条　法律案的撤回

向全国人民代表大会及其常务委员会提出的法律案，在列入会议议程前，提案人有权撤回。

【条文精释】

本条是对提案人撤回法律案的规定。

目前多数国家对法律案的撤回问题采取的做法是，法律案在委员会审查前，提案人可以随时撤回。但当进入委员会或者审议阶段后，撤回须经过一定程序并获得认可。例如，法国规定，法律案的创议人或第一个签名者，在该法律案所涉及的法律草案于一读前可以随时撤回；政府提出的法律案在议会最后通过前，可以随时撤回。

我国《立法法》对于法律案的撤回，分别规定了两种情况：一是本法第25条和第43条的规定，已列入全国人大或常委会会议议程的法律案，在交付表决前，提案人要求撤回的，应当说明理由，经主席团或委员长会议同意，并向全国人大或常委会报告，对该法律案的审议即行终止。二是本条的规定，向全国人大及其常委会提出的法律案，在列入全国人大和常委会会议议程前，提案人可以随时撤回。法律案在列入会议议程之前，处于提案人的支配之下，是否提出，如何提出，提案人有权决定，因此，在列入会议议程之前，提案人有权撤回。这样规定进一步完善了法律案撤回的程序。

第六十条　法律案的重新提出

交付全国人民代表大会及其常务委员会全体会议表决未获得通过的法律案，如果提案人认为必须制定该法律，可以按照法律规定的程序重新提出，由主席团、委员长会议决定是否列入会议议程；其中，未获得全国人民代表大会通过的法律案，应当提请全国人民代表大会审议决定。

【条文精释】

本条是关于表决未获通过的法律案如何处理的规定。

法律案经表决获得立法机关的通过，是法律案成为法律的最重要和最直接的一步。全国人大和常委会会议通过法律草案按照少数服从多数原则，采用全体成员过半数的办法。法律案获得全体代表的过半数和常委会全体组成人员的过半数同意，该法律案就公布成为法律。如果法律案经表决，赞成票过半数，该法律案就不能公布成为法律。本条规定未获通过的法律案，提案人可以按照法定程序重新提出法律案。

提案人重新提出法律案，要按法律规定的程序。提案人是国家机关的，应经有关国家机关首长签署；提案人是全国人大专门委员会的，要经专门委员会重新讨论通过；提案人是代表或者常委会组成人员联名的，应当重新联名提出。重新提出的法律案列入会议议程的程序，同其首次提出时列入会议议程的程序有所不同。对于国家机关首次提出的议案，全国人大主席团或者委员长会议都应当决定列入会议议程，而不能不决定列入会议议程。而对于重新提出的法律案，全国人大主席团或者委员长会议有权决定是否列入会议议程。如果全国人大主席团或者委员长会议认为立法条件不成熟或者缺少立法的必要性，可以不列入会议议程。因为这种法律案经过审议表决，各种意见反映得比较充分，全国人大主席团或者委员长会议有充足的判断依据。

重新提出法律案的程序是，原来是向全国人大提出的，应当仍然向全国人大提出，而不能改为向常委会提出。当然，原来是向常委会提出的，可以直接向全国人大提出，由全国人大作出决定。

专题十四　法律的公布、修改与废止的有关规定

第六十一条　法律施行日期

> 法律应当明确规定施行日期。

【条文精释】

本条是关于规定法律施行日期的规定。法律施行日期是决定法律何时生效并对公民的社会生活进行调控的明示性规定。在此意义上,法律的施行日期条款是任何一部法律所必备的条款。清晰明确的法律施行日期有利于公民知晓法律规范开始发挥作用的时间,避免法律实施的混乱。

具体来看,法律施行日期的规定在实践中具有以下几个方面的积极作用:(1)有利于明确法律的效力,避免法律效力的不确定状态。(2)有利于给相应的立法机关留下充分的准备时间。(3)有利于法律溯及力问题的解决。所谓的法律溯及力即法律颁布后,对其生效以前的行为是否适用的问题。如果适用,则具有溯及力;否则,无溯及力。如我国现行《刑法》关于溯及力的相关规定:“中华人民共和国成立以后本法施行以前的行为,如果当时的法律不认为是犯罪的,适用当时的法律;如果当时的法律认为是犯罪的,依照本法总则第四章第八节的规定应当追诉的,按照当时的法律追究刑事责任,但是如果本法不认为是犯罪或者处刑较轻的,适用本法。”法不溯及既往一般为各国共同遵循的通例。我国《立法法》也规定我国法律一般不具有溯及力。法律施行时间的明确确定在此意义上,有利于确定相关法律的生效起点。(4)有利于解决新法优先于旧法问题。相比以前的旧法,新法是针对社会生活的变化而做出的回应,总结了以往法律实施的经验,更具科学性。通过法律实施时间比较才能确定哪个法律是新法。

总体上讲,法律施行时间的规定主要有以下三种方式:

第一种是法律条文中明确规定,从其公布之日起生效施行。此种法律施行的

规定在实践中并不多见,一般存在于法律调整较为急迫且无须为立法施行做大量准备的情况下。例如,《反间谍法》(2014 年)第 40 条规定,“本法自公布之日起施行”。这种法律公布方式也常见于对先前法律修改的情况下。法律修改的决定或修正案一般规定自公布之日起施行,如由十二届全国人大三次会议通过的全国人大《关于修改〈中华人民共和国立法法〉的决定》中规定:“本决定自公布之日起施行。”但要注意由于法律修改是对原先法律的部分内容进行修改,因此一般并不改变法律的施行日期,未修改的部分仍然适用于原法规定的生效日期。

第二种是法律公布以后并不立即生效而是经过一段时间再生效,法律自身明确规定了施行的日期。此种方式在立法实践中较为普遍,合理地设置立法的实施时间一方面可以为立法的实施留下充足的准备时间;另一方面可以进行广泛的宣传,便于公民更好地了解相关法律的规定,为法律的实施奠定基础。比如,已由十二届全国人大常委会第十二次会议于 2014 年 12 月 28 日通过的《航道法》第 48 条规定:“本法自 2015 年 3 月 1 日起施行。”

第三种是先公布法律(试行)待相关立法部门加以补充通过正式法律之后,才对正式法律予以公布施行并同时废止试行的相关法律。例如 1982 年 3 月 8 日五届全国人大常委会第二十二次会议通过的《民事诉讼法(试行)》,经过近十年的司法实践,被 1991 年 4 月 9 日七届全国人大四次会议上正式通过的《民事诉讼法》废止。《民事诉讼法》规定,“本法自公布之日起施行,《中华人民共和国民事诉讼法(试行)》同时废止”;再如 1982 年五届全国人大二十五次会议通过的《食品卫生法(试行)》规定,“本法自一九八三年七月一日起试行”,经过十二年的试行,才在 1995 年八届全国人大常委会第十六次会议上通过了正式的《食品卫生法》(已失效)。

还有一种特殊的生效形式,即法律的施行日期以其他法律的施行为条件。此种情形也较为少见,主要在某一法律的实施必须以另一法律的实施为必备前提条件的情况下才会存在。例如,1986 年 12 月 2 日六届全国人大常委会第十八次会议通过的《企业破产法(试行)》第 43 条规定,“本法自全民所有制工业企业法实施满三个月之日起试行”,即《企业破产法》从 1986 年 12 月 2 日通过后要到 1988 年 11 月 1 日起试行。这样的法律施行日期,在十一届三中全会以后我国的法制建设刚刚恢复时多一些,到了 20 世纪 80 年代后期以及进入 20 世纪 90 年代以后,这样的情况就不多了。

在我国,绝大多数法律的生效施行采用的是上述第二种形式,即法律公布后并不立即生效施行,而是经过一段时间以后才生效施行。

第六十二条　主席令内容与法律公布

> 签署公布法律的主席令载明该法律的制定机关、通过和施行时间。
>
> 法律签署公布后,法律文本以及法律草案的说明、审议结果报告等,应当及时在全国人民代表大会常务委员会公报和中国人大网以及在全国范围内发行的报纸上刊载。
>
> 在常务委员会公报上刊登的法律文本为标准文本。

【条文精释】

本条是关于公布法律的主席令的内容和法律公布的有关规定。2023 年修改《立法法》时,在本条第 2 款规定的应当及时在相关媒介上刊载的内容中,增加了"法律草案的说明、审议结果报告"。

一、公布法律的权力

法律的公布是立法程序的最后一步,与法律的生效有密切关系,未经公布的法律不得生效。法律的公布是现代法治的基本要求,民众不受其所不知的法律约束。通过法律的公布使得法律为公民所知,既有利于法律的贯彻实施也可证明法律自身的正当性。我国《宪法》明确规定公布法律的权力属于国家主席,公布的具体方式为签署主席令。签署主席令公布法律,在我国经历了一个发展变化过程。1954 年《宪法》规定国家主席签署公布法律,1975 年《宪法》删去了这一规定,1978 年《宪法》规定全国人大常委会委员长签署公布法律,1982 年《宪法》重新规定国家主席签署公布法律。世界上绝大多数国家,都将公布法律的权力授予国家的权威代表。例如,美国法律的公布以总统签署公布令的形式,法国也是由总统公布而非议会,日本由天皇公布。但是关于法律发布者是否可以拒绝签署法律公布令,各国有不同的规定。例如,《葡萄牙宪法》第 141 条规定,法律、法令或条例以及政府命令,未经总统颁布或签署,在法律上均属无效;《美国宪法》规定法律生效之前,必须经总统批准;1958 年《法兰西共和国宪法》第 10 条规定:"在最后通过的法律送达政府后 15 日内,共和国总统应予以公布。在上述期限届满前,共和国总统可以要求议会就该法律或者该法律的某些条文重新审议。议会对于此项审议的要求不得拒绝。"但我国国家主席作为国家的代表并不享有实际的权力,其权力来源于全国人大及其常委会,因此其并无拒绝签署主席令的权力,签署主席令是国家主席应当履行的义务。事实上,我国也并未出现国家主席拒绝签署的情况。

二、主席令的内容

本条第 1 款对公布法律主席令的内容作了规定,主席令的内容应当包括制定机关、通过和施行时间。其中制定机关是指哪一次人民代表的大会和人大常委会;通过时间指的是法律草案由全国人大常委会和全国人大通过的日期;施行时间即明确规定的法律生效的时间。例如,中华人民共和国主席令(第二十一号)规定:"《中华人民共和国食品安全法》已由中华人民共和国第十二届全国人民代表大会常务委员会第十四次会议于 2015 年 4 月 24 日修订通过,现将修订后的《中华人民共和国食品安全法》公布,自 2015 年 10 月 1 日起施行。"

三、法律公布的刊载物

法律公布以后尚需借助一定的传播渠道,才能为民众所广知。当今世界各国均有自己公布法律的正式刊物,如法国的《法兰西共和国政府公报》、意大利的《意大利共和国公报》、德国的《联邦法律公报》等。本条第 2 款规定了法律公布后刊载的及时性以及法定的刊载物,从中可以看出我国承认的法定传播渠道主要有《全国人民代表大会常务委员会公报》、中国人大网、全国范围内发行的报纸。三种渠道的结合有利于让法律最大程度地为最为广大的民众所知晓,同时又可以保证法律文本的权威性。2023 年修改《立法法》时,通过总结实践做法,明确在上述媒介刊载的内容中,除法律文本外,还应当包括"法律草案的说明、审议结果报告",这有利于普通公众更为全面和准确地理解相关法律的内容与精神。

四、法律公布的标准文本

法律多渠道的公布必然导致法律文本不一的情况,本条第 3 款确定了我国的法律公布的标准文本,以解决各个渠道公布法律文本之间相互矛盾的问题。本条第 3 款规定在《全国人民代表大会常务委员会公报》上刊登的法律文本为标准文本。所谓标准文本,就是各种法律文本之间出现不一致时,均以《全国人民代表大会常务委员会公报》上刊登的法律文本为标准。《全国人民代表大会常务委员会公报》作为全国人大常委会刊登常委会文件的法定刊物,负有及时刊登法律文本的义务;另外其所刊载的文件,都经过了严格的校对审核。因此,将其作为标准文本是可行的。

第六十三条　法律修改与法律废止

> 法律的修改和废止程序,适用本章的有关规定。
>
> 法律被修改的,应当公布新的法律文本。
>
> 法律被废止的,除由其他法律规定废止该法律的以外,由国家主席签署主席令予以公布。

【条文精释】

本条是有关于法律的修改和废止的程序适用以及法律修改、废止后的法律公布问题的规定。

一、法律的修改

法律的修改就是有权机关依据法定的程序,对现行法律的内容加以变更、删除、增加、替换等达到完善法律规定的目的的一种立法活动和制度。法律的修改作为一种完善立法的活动,对于维持法律的稳定性和进步性具有十分重要的意义。法律制定于过去,而面对的却是将来形形色色的社会生活,立法者不可能在立法之初考虑到所有的因素,因此当法律所调控的社会生活发生变化之时,法律修改可以适应社会生活的需要,使得立法保持合理与科学的特性,使得法律体系内在的协调一致成为可能。本条第1款规定法律的修改和废止适用《立法法》第二章的规定。法律的修改权归属全国人大和全国人大常委会,二者在修改法律时应当按照第二章第二节、第三节和第五节的相关程序提出、审议、表决和公布相关的法律修正、废止案。由于特别行政区基本法的修改有专门的修改程序,因此本法的有关规定并不适用于特别行政区基本法的修改。

法律无论是全部修改还是部分修改后均应公布新的法律文本,以维持法律的严肃性。法律修改后公布新的法律文本便于公众及时获知法律的修改内容,并按照新的法律规定相应地调整自我行为。

二、法律的废止与公布

法律的废止是立法主体依据一定职权和程序,对现行法实施变动,使其失去法律效力的专门活动。法律的废止同样属于立法活动,引起法律废止的原因是多方面的:社会生活的变化、新法与旧法的冲突、法律设定之初的任务完成等。法的废止的程序与法的修改程序基本一致,都要经过法律废止案的提出、审议、表决和公布等程序。本条第2、3款规定了法律废止的公布范围即非由其他法律规定废止的法律，废止应由国家主席公布，公布方式为签署主席令。公布法律是国家主席的权力，相应地，法律废止和修改后新文本的公布也理应属于国家主席的权力。

我国法律的废止有四种情况：一是新法中明确规定废止旧的法律。例如，《民法典》第1260条规定，“本法自2021年1月1日起施行。《中华人民共和国婚姻法》、《中华人民共和国继承法》、《中华人民共和国民法通则》、《中华人民共和国收养法》、《中华人民共和国担保法》、《中华人民共和国合同法》、《中华人民共和国物权法》、《中华人民共和国侵权责任法》、《中华人民共和国民法总则》同时废止”。二是通过清理，集中宣布一批法律废止。例如，1987年全国人大常委会对新中国成立以来至1978年年底制定的法律、法令进行了一次全面清理。1987年11月，全国人大常委会法工委向六届全国人大常委会第二十三次会议提出了《关于对1979年底以前颁布的法律进行清理的情况和意见的报告》，报告提出，134件法律中，已经失效的有111件，继续有效或者继续有效而正在研究修改的有23件。[①]三是新的法律颁布施行，旧的法律自然失效。例如，1979年五届全国人大二次会议通过的《人民法院组织法》和《人民检察院组织法》颁布施行后，1951年中央人民政府委员会第十二次会议通过的《人民法院暂行组织条例》和《最高人民检察署暂行组织条例》未公布废止，但在实际中已失去效力。四是法律调整对象消失，法律不再适用。例如，1950年通过的《土地改革法》和《私营企业暂行条例》，分别因当时土地改革的完成和资本主义工商业社会主义改造的结束，不再适用，达到事实上的法律废止。

第六十四条　修改或废止相关法律议案的提出

> 法律草案与其他法律相关规定不一致的，提案人应当予以说明并提出处理意见，必要时应当同时提出修改或者废止其他法律相关规定的议案。
>
> 宪法和法律委员会、有关专门委员会审议法律案时，认为需要修改或者废止其他相关法律规定的，应当提出处理意见。

【条文精释】

本条是关于法律草案与其他法律规定不一致时如何处理的相关规定。2023

① 参见《中国立法向法典化迈进　防止出现“古董法律”》，载中国人大网2009年6月24日，http://www.npc.gov.cn/zgrdw/huiyi/cwh/1109/2009-06/24/content_1507828.htm。

年修改《立法法》时，将本条第 2 款中的“法律委员会”修改为“宪法和法律委员会”。

一、法律草案与其他法律相关规定不一致时的处理办法

法律草案的提出主体在提出法律草案之时，应当对提出的草案所涉及的现行有效法律、法规进行一定的考察和了解。他们更能发现与法律草案相冲突或不合时宜的法律规范，因此，赋予提案人在提出法律草案之时维护法制相统一的义务是可行的。从本条规定来看，法律草案提出主体的义务主要包括两个方面：一是法律草案与其他法律相关规定不一致的，提案人应当予以说明并提出处理意见；二是必要时应当同时提出修改或者废止其他法律相关规定的议案。通过这两方面的义务规定，可以有效地防范因草案提出主体未尽合理的审查义务而造成的新的立法与现存法律的冲突和矛盾情况，又可以有效地实现法律的联动性修改。在一定程度上，也可以有效地遏制部门利益，相关法律的统一修改能够有效保证整个法律体系的统一。

二、宪法和法律委员会、有关专门委员会可以提出处理意见

根据《立法法》的相关规定，列入全国人大及其常委会的会议议程的法律案，由有关专门委员会审议，并由宪法和法律委员会根据专门委员会和其他主体的审议意见进行统一审议。一方面，审议法律草案中存在的法律冲突和不一致的情况，本身就是宪法和法律委员会及有关专门委员会的相关职责；另一方面，宪法和法律委员会及有关的专门委员会作为专业的法律部门，对相关的法律法规更为熟悉，也更容易发现提出的草案与现存法律的冲突。

按照本条的规定，宪法和法律委员会、有关专门委员会审议法律案时，认为需要修改或者废止其他相关法律规定的，应当提出处理意见，由有权机关按照法定程序提请全国人大及其常委会决定。通过法律草案提出人与宪法和法律委员会、有关专门委员会的双重审查，有利于最大限度地维护法律的权威和稳定性。

专题十五　法律内容的技术规定

第六十五条　法律文本的标号形式和立法技术规范的编制机构

> 法律根据内容需要，可以分编、章、节、条、款、项、目。
>
> 编、章、节、条的序号用中文数字依次表述，款不编序号，项的序号用中文数字加括号依次表述，目的序号用阿拉伯数字依次表述。
>
> 法律标题的题注应当载明制定机关、通过日期。经过修改的法律，应当依次载明修改机关、修改日期。
>
> 全国人民代表大会常务委员会工作机构编制立法技术规范。

【条文精释】

本条是关于法律文本标号形式和立法技术规范编制机构的规定。2023 年新一轮的《立法法》修正前，本条原为第 61 条，但只有前 3 个条款，2023 年修正时为本条增补了第 4 款，规定全国人大常委会工作机构编制立法技术规范。

一、法律文本的标号形式

法律文本的标号形式是为了将法律内容的组成和内在联系，层次分明地、有机地表现出来，使法律一目了然，从而方便立法，方便使用。法律内容是否分为以及如何分为编、章、节、条、款、项、目，取决于法律内容的复杂与简单。一部法律可以分为编、章、节，也可分为条、款、项、目，这完全是为了将法律内容表现得清楚和更具逻辑性。一般编、章、节有名称，条、款、项、目则是表现编、章、节内容的独立的意思单位。

（一）编

编一般设置于重大的、篇幅长的法律文本中，编的名称下面可设若干章，编的序号用中文数字。如我国的刑法、刑事诉讼法、民事诉讼法等设有编或分上下编。

（二）章

具有中等篇幅内容的法律，一般按章排列构成。章之上可以有编，也可以不设编，章的下面可以设若干节，内容少的章也可以不设节。可以通过章的设置情况，了解到法律的整体结构和主要内容。章的序号按中文数字依自然数顺序排列。每一章有章名，表达独立的法律内容。我国法律大量地使用章的结构，如《全国人民代表大会议事规则》《全国人民代表大会和地方各级人民代表大会选举法》《兵役法》等。

（三）节

节是设置于章下面的，节有节名。设几个节由章的内容长短决定，节的序号用中文数字表示。节可多可少也可不设，但设节最少不能少于两节。设节的目的是在使用法律时能清楚、迅速地了解整个法律的框架和结构。目前我国有些法律某一章的内容比较多，但并没有设节，如《地方各级人民代表大会和地方各级人民政府组织法》《行政诉讼法》等，这主要是考虑整个法律文本的统一协调。

（四）条、款

1. 条是设在章或节之下，表示法律内容最基本的完整单位。一条规定相同的内容，同一个内容应当规定在同一个条文中。条按照中文数字，以自然数为顺序表示。一部法律的条文应当按统一的顺序排列，一贯到底，内容排列按照逻辑从一般到具体。设条的目的是准确、迅速、有效把握法律最基本的主旨和内容。

2. 款在条之下，表示条的内容分不同层次。一个款表示一个层次的意思，同一个意思只规定在一款中。款没有序号，依附条而存在，一条可以设多款。款的使用率仅次于条，没有款的法律是很少的。

（五）项、目

1. 项设在款之下，表示款的内容分为不同层次的意思。设项时应当注意款的性质和层次，同一性质和层次用项表示，也可以用多项表示款的几层意思。项的序号用中文数字加括号表述。

2. 目设在项之下，表示项的内容分为不同层次的意思。可以用多目表示项有几层意思，目在法律中使用得比较少，序号一般用阿拉伯数字依次表述。

二、法律的标题和题注

（一）法律的标题是指法律文本的名称

一般法律文本的名称应当由三个要件组成：一是法律的适用范围；二是调整对象；三是效力等级。如《监察法》《村民委员会组织法》《商标法》等，都由以上三个要件组成。“中华人民共和国”表示适用范围,“监察、村民委员会和商标”表示调整对象,“法”表示效力等级。

(二)题注是指法律标题下括号内的内容

题注内容包括法律制定机关和通过日期。明确法律制定机关是直接说明了法律的位阶。明确通过日期是直接证明了法律经过了立法机关的审议程序。其主要目的是进一步体现法律的尊严,方便法的修改或废止及执法活动。例如,《企业国有资产法》的题注是:“2008 年 10 月 28 日第十一届全国人民代表大会常务委员会第五次会议通过。”“第十一届全国人民代表大会常务委员会第五次会议通过”表明该法律的制定机关,“2008 年 10 月 28 日”是该法律的通过日期。同时,对于新制定的法律,题注还会标明是几号主席令,以及本法施行日期;多次修改的法律则只标明法律制定机关和通过日期。长期以来,对于法律标题下的题注并没有统一规范,造成实践中多次修改的法律的题注形式存在不统一的问题,对此,2015 年修改《立法法》对此作了规范,即经过修改的法律,应当依次载明修改机关、修改日期,无论其是以修正还是修订方式进行修改,均按照时间先后载明,并标明是第几次修正或修订。

三、立法技术规范的编制机构

本条第 4 款是 2023 年《立法法》修正时新增补的内容,该款规定全国人大常委会工作机构编制立法技术规范。立法技术规范是全国人大常委会法工委会在总结立法工作实践经验,广泛听取各方面意见的基础上,针对立法工作中经常遇到的、带有共性和普遍性的有关法律结构、文字等立法技术层面的问题制定的立法规范。立法技术规范包括法律的结构、形式、文体、修改和废止的方法等方面的规则,是起草、修改法律需要掌握的具体操作标准。改革开放 40 多年来,我国立法工作成绩卓著,中国特色社会主义法律体系已经基本形成,在法律体系中主要的、起支架作用的法律已基本制定出来。按照中国特色社会主义法律体系的要求,除法律门类齐全外,还要求法律体系内部协调、结构严谨,法律之间应当相互衔接。这就要求在立法过程中既需要科学、严密的框架设计,又要求条文表述尽量科学严谨,用语规范统一。

提高立法质量,始终是加强和改进立法工作的重中之重。制定统一的立法技术规范,为法律的起草、审议和修改提供技术层面的支撑,有利于常委会组成人员审议法律草案,提高立法质量,也可以为下位法的制定工作提供指导。立法技术规范研究的最终目标是制定较为科学合理、系统、全面的“立法技术规范”。鉴于总结这方面积累的经验需要一个过程,目前进行的立法技术规范研究,主要是针对在立法工作中经常遇到的、带有共性和普遍性的有关法律结构、文字等技术层面的问题。这些规范应当是科学的、统一的,对立法工作具有一定的指导意义,在立法中“管用、好用”。按照“从实际出发,循序渐进,解决问题,逐步完善”的工作思路,对立法实践中经常遇到的、带有普遍性的、急需解决的和各方面意见又比较一致的问题先规定下来,成熟一批、推出一批、应用一批。对尚未取得共识或者目前还没有研究清楚的问题,暂不规定,可继续研究。

近年来,为适应立法工作需要,全国人大常委会法工委专门组织力量对有关立法技术规范问题进行研究。从2007年年底至今,全国人大常委会法工委多次对立法技术规范进行专题讨论,听取了全国人大各专门委员会法案室、国务院有关部门和语言文字专家的意见,并邀请十一个省、自治区、直辖市人大长期从事立法工作的同志共同研究,选取了认识比较一致的问题制定了《立法技术规范(试行)(一)》《立法技术规范(试行)(二)》。这些立法技术规范是在总结我国立法工作经验的基础上提出的,同时也研究借鉴了一些行政法规、地方性法规的有益做法。这些规范从实践中提炼出来,也还要经过实践检验并在立法实践中不断获得补充和完善。

2023年新一轮的《立法法》修正在第65条增补了一个条款作为第4款,规定全国人大常委会工作机构编制立法技术规范,这既是对全国人大常委会法工委多年来统一立法技术标准、编制立法技术规范的工作的认可,又进一步在立法的层面明确了负责立法技术规范编制工作的主体,必将为今后统一立法技术标准,提高立法质量奠定良好基础。

专题十六　法律配套规定与立法评估

第六十六条　法律的配套规定

> 法律规定明确要求有关国家机关对专门事项作出配套的具体规定的，有关国家机关应当自法律施行之日起一年内作出规定，法律对配套的具体规定制定期限另有规定的，从其规定。有关国家机关未能在期限内作出配套的具体规定的，应当向全国人民代表大会常务委员会说明情况。

【条文精释】

本条是关于法律规定明确要求有关国家机关对专门事项作出配套规定的规定，是 2015 年《立法法》新增条款。

本条规定与我国实践中配套立法长期以来存在的问题息息相关。配套立法并不是一个学术概念，而是在我国存在的一种立法现象。彭真同志曾提出，“法律制定后，实施中还有许多问题需要解决，一般需要制定实施细则，作出具体规定。全国性的实施细则由国务院制定，地方性的实施细则由省、自治区、直辖市的人大和人大常委会制定”。此后，中国的立法政策和实践又发生了一些变化，有学者认为根据我国目前的立法实践和制度安排，配套立法是指，“基于全国人民代表大会以及全国人民代表大会常务委员会制定的法律中的授权条款授权，国务院、省级人大及人大常委会和省级人民政府等受权主体对已有的法律制定实施细则、办法，进行补充完善的立法现象”。徐向华教授认为，配套立法是指，“国务院等有关国家机关根据法律条文的明确规定，为保证该法律的有效实施而对其中不具有操作性的原则性规范或概括性规定予以细化而制定（的）法规、规章和其他的规范性文件”。虽然表述方式不尽相同，但基本可以归纳出配套立法的两个基本构成要件，即作为上位法的法律中要求配套立法的条款，以及根据法律的配套规定所制定的下位法文件。

配套立法的主体呈现多元性，有的上位法在规定配套立法的主体时仅笼统地表述为“由国家另行规定”，如《法官法》第29条规定：“法官的等级设置、确定和晋升的具体办法，由国家另行规定。”配套立法的形式也呈现出多样性，上文提到的行政法规、规章、地方性法规，以及其他规范性文件都是配套立法可能的表现形式，这也与其灵活性的特点相呼应。近年来，我国立法学界和实务界指出了配套立法存在的一些乱象和问题亟须我们的关注与重视。

根据徐向华教授和周欣2010年发表在《中国法学》上的《我国法律体系形成中的法律的配套立法》一文，我国的配套立法呈现出完成率过低、制定期限较长、制定主体游离，以及配套文件效力不恰当等状况。在该研究选取的330个条款所涉及的342项配套立法中，配套立法完成率仅为48.5%，空白配套的问题突出；已完成的166件配套文件的平均制定期限为2年9个月，尚未出台的配套立法距离上位法颁布的时间则早已大于这个数字；166件配套文件中近三成立法主体自行变更；部分配套立法的效力等级偏低，且表现形式呈现随意性。关于配套立法存在问题的事例屡见不鲜，如1996年就已实施的《民用航空法》明确要求原中国民用航空主管部门制定空难赔偿责任限额标准，而《国内航空运输承运人赔偿责任限额规定》在10年之后才出台，在这期间的2005年发生了中国民航第一诉——桂某宁诉原中国民航总局行政不作为案。

值得一提的是，绝大多数配套条款均不规定相关主体应以何种等级的文件进行配套，这也就给了配套立法主体在选择具体形式上的自由裁量权。从立法实践中看，制定主体似乎更喜好选用效力等级较低、但制定程序较为简单、缺乏严格的监督机制的规范性文件予以配套。出台红头文件较为简单，但其缺乏公众参与，缺乏群众基础，问责机制又不健全。这是导致红头文件乱发、多发、多变，甚至相互矛盾的原因之一，红头文件有脱缰之势。

全国人大常委会高度重视法律实施中存在的问题，采取多种举措促进配套规定的规范性、及时性、合理性。2009年2月，十一届全国人大常委会委员长会议制定了《关于法律配套法规制定的工作程序》。

一、关于配套具体规定的制定主体

本条规定的“有关国家机关对专门事项作出配套的具体规定”，主要是指根据法律条文的明确规定，需要由国务院、中央军事委员会等相关有权主体制定（包括修改、废止）的法规、规章及其他规范性文件等。这其中，既包括法律明确规定的就实施某一条文而需要制定的具体办法或者所作的专门授权，也包括法律条文仅规定了基本原则或者设计了基本制度而需要进一步具体细化以便于实施的配套要求。需要注意的是，对于要求有关方面制定的一般性、实施性的配套规定，不属于本条所称“有关国家机关对专门事项作出配套的具体规定”的范围。例如，《全国人民代表大会和地方各级人民代表大会代表法》第51条规定，“省、自治区、直辖市的人民代表大会及其常务委员会根据本法和本行政区域的实际情况，制定实施办法”。

配套的具体规定制定主体主要有：(1)国务院。国务院的重要地位和职能决定了由国务院制定的配套规定有较高的位阶和较强的可执行力，有利于保障法律的顺利实施。例如《保守国家秘密法》规定，从事国家秘密载体制作、复制、维修、销毁，涉密信息系统集成，或者武器装备科研生产等涉及国家秘密业务的企业事业单位，应当经过保密审查，具体办法由国务院规定。(2)国务院和中央军事委员会。有关国防建设方面法律的配套规定，往往由国务院和中央军事委员会共同制定。例如《军事设施保护法》规定，“国务院和中央军事委员会根据本法制定实施办法”。这类配套规定，一般通过行政法规的形式作出，根据《立法法》第77条的规定，有关国防建设的行政法规，可以由国务院总理、中央军事委员会主席共同签署国务院、中央军事委员会令公布。(3)国务院有关部门。例如《律师法》规定，律师收费办法，由国务院价格主管部门会同国务院司法行政部门制定。另外，也存在这样的实践，即由有关部门制定，报国务院批准或备案，如《海关法》规定，海关为履行职责，可以配备武器。海关工作人员佩戴和使用武器的规则，由海关总署会同国务院公安部门制定，报国务院批准。(4)有地方立法权的地方人大常委会。有些法律规定的事项，需要根据当地实际情况作出规定，故将制定配套规定的权力下放给省一级人大常委会，有时也包括较大市的人大常委会。(5)有地方规章制定权的地方人民政府。

二、关于同步制定配套具体规定

《关于法律配套法规制定的工作程序》要求法律配套规定争取做到与法律同步起草、同步出台、同步实施。这是对制定法律配套规定的总体性要求，由于具体实践会有所差异，故此处作提倡性而非强制性要求，相关立法主体仍需根据具体情况而定。[①]

1. 在立法规划、年度立法计划专项立法计划编制阶段，有关方面在提出立法项

---

① 参见黄海华、袁先鹏：《法律配套制度的重要意义和健全完善》，载《中国法治》2023年第1期。

目时,应当同时就该项目是否需要制定法律配套规定进行研究并提出初步意见。

2. 在法律草案起草过程中,经研究论证需要制定法律配套规定的,起草单位应当同时开展有关法律配套规定的研究和起草工作;需要由本部门与其他部门共同制定法律配套规定的,起草单位应当与有关部门共同开展相关配套规定的起草工作;需要由其他部门制定配套规定的,起草单位应当与相关部门做好沟通协调,及时开展法律配套规定的起草工作。

3. 拟提请全国人大及其常委会审议的法律草案,提请审议机关可以在草案说明中介绍需要制定法律配套规定的情况,也可以将法律配套规定草案和已有的规定作为参阅材料,随同法律草案一并报送全国人大常委会。全国人大有关专门委员会审议法律草案时,应当对需要制定法律配套规定的有关情况提出意见。

4. 法律通过后,全国人大常委会法工委应当列出需要制定的法律配套规定目录,通过发函方式督促有关方面及时制定、修改配套规定。

《关于法律配套法规制定的工作程序》还规定了全国人大有关专门委员会、常委会有关工作委员会在督促配套规定方面的职责分工:负责联系法律草案起草的全国人大有关专门委员会,常委会有关工作委员会应当对有关法律配套规定的研究和起草工作进行督促。全国人大有关专门委员会、常委会有关工作委员会应当沟通协调、密切配合,跟踪、掌握法律配套规定的制定进展情况,并结合执法检查和开展有关监督工作,做好法律配套规定制定的督促工作。①

三、关于配套具体规定的制定期限和报告说明义务

本条明确了配套规定的制定主体对专门事项作出配套的具体规定的期限要求,即要求有关国家机关应当自法律施行之日起一年内作出规定。同时,考虑到在具体法律实践中会存在比较复杂或特殊的情况,本条作出了例外规定,即法律对配套的具体规定制定期限另有规定的,从其规定。因为在特定情况下,法律可能要求有关方面制定一些需要为改革发展留有空间、在执行中逐步到位或者需要择机出台、应急出台的法律配套规定。

未按时完成配套规定制定的有关机关,需要向全国人大常委会说明情况,这是其报告说明义务。未按时完成的原因可能有以下几点:一是难度较大。有些问题本来就是立法过程中遗留下来的难题,这些难题并未因法律的通过而自然解决,在制定配套规定时再一次显现出来。二是配套规定在制定过程中发生重大情势变化

---

① 参见黄海华、袁先鹏:《法律配套制度的重要意义和健全完善》,载《中国法治》2023 年第 1 期。

或者确需在实践中继续积累总结经验等特殊客观情况。三是法律实施主管部门不积极。一些法律对部门利益进行了调整,对部门间的权力重新进行了配置,增加了相关责任和义务,相关部门对落实这样的规定不积极不主动。四是对配套法规在实施法律中的重要作用认识不够,没有把配套法规的制定摆到突出的位置。在上述情况下,有关国家机关都应当向全国人大常委会说明情况。

《立法法》有针对性地明确了一年的配套规定制定期限,并就未能按照期限作出具体规定的情况规定了该机关向全国人大常委会的报告说明义务。这将推动配套规定完成率的提高,推动法律的配套文件尽快完善,提高立法效率。长期以来,先立法再配套已成为惯例,先追求完成法律主体框架,而对配套规定的制定和落实缺乏相应的重视和跟进,加之缺乏明确的期限要求,有关主体对于制定配套措施常常呈现出懈怠的姿态。报告说明义务的明确,也将对相关主体产生一定的威慑性,提高其对制定配套规定的重视程度,促使其认识到时间上的紧迫性和法律实施过程中的不可或缺性,这对于进一步完善我国的法制体系、促进法治统一也有积极意义。

【适用指引】

2010 年是中国特色社会主义法律体系形成之年。这个目标的实现,意味着我国有法可依的问题已经得到基本解决,依法治国的实践取得重大进步。但法制实践中,配套法规建设中暴露出的问题制约着有法可依的实现程度。因此,配套法规的建设就成为中国特色社会主义法律体系形成之后一项重要的立法任务,这必将很大程度上促进我国法制建设的规范性、系统性和科学性。党的二十大报告中明确指出“完善以宪法为核心的中国特色社会主义法律体系”,其中一个重要的环节就是“增强立法系统性、整体性、协同性、时效性”,可见其也是中国特色社会主义法律体系形成并不断完善的根本宗旨和基本需求的应有之义。

一、相关国家机关应着力增强立法能力,提高立法质量

1. 树立“粗细皆备”的理念

首先,树立“该粗则粗,该细则细;宜粗则粗,宜细则细”的理念。全国人大及其常委会更应从立法改革的角度着眼,立法以全面、系统和可操作为目标,不过多地依赖配套立法。

其次,应当摒除先立法后配套的惯例。有关国家机关应当及时出台配套规定,尽量做到与法律同步实施。2017 年 6 月 1 日,《网络安全法》正式施行。同日,国家互联网信息办公室在2017年同步推出了《网络产品和服务安全审查办法(试行)》(已失效)、《互联网信息内容管理行政执法程序规定》(已失效)等4部配套规定。随后,国家互联网信息办公室又推出了《互联网跟帖评论服务管理规定》(已失效)、《互联网论坛社区服务管理规定》等6部配套规定,工业和信息化部也推出了《公共互联网网络安全威胁监测与处置办法》等3部配套规定。2018年又有若干配套规定出台。这基本上构成了一个完整的法律系统,是我国法律同步配套建设的正面典型。

2. 优化立法资源配置

立法能力的提高需要优化配置立法资源。首先,可以通过立法权力资源、立法程序资源、立法人力资源的优化配置来提升立法效率。其次,应当尽量避免日后出台法律中的冲突条款,优化配套立法的"依据"资源,为相关配套规定的出台铺平道路。立法是事关全局性、战略性的基础工作,是国家一切工作的根本。国家财政必须拨出专款,保证立法有足够的工作经费、调研经费、会议经费、专家经费、资料经费。

3. 力争把难题解决在首次立法中

立法机关应当在法律制定过程中尽力解决难题,不能把难点下放给二次立法、三次立法。将难题放给制定配套规定的相关机关,表面看来简单易行,实际操作却事倍功半,相关机关并不具备解决此类问题的能力,只会相互推诿或敷衍了事。长此下去,立法机关不触动实质问题,不仅影响了立法工作,还会影响其威信。全国人大及其常委会制定的法律,要尽可能地全面、系统、详细,凡能够在一部法律中解决的问题,就应通过统一的立法来解决,而不必再去层层制定繁杂的配套法规。

4. 做好权力义务关系的协调工作

有关部门重视配套法规制定中权力义务关系的协调将能够极大地促进高速度、高质量的配套立法工作。在有关机关发现问题后,部门主要负责人应亲自出面解决矛盾,扫清法规制定中的障碍。协调好相关权力义务关系,将实质上促进法律以及配套规定的实施效果,提高人民的满意度和幸福指数。

5. 相关机关应加强沟通协商

对提请立法机关审议的法律案,有关专门委员会进行审议时,要关注法律实施所需的配套规定及其研究起草情况,必要时应当在审议意见中作出说明。法律通过后,立法机关要积极开展法律案通过后实施所需配套法规的研究,在第一时间提出配套法规的内容,交由实施机关研究。同时,实施主管部门也要积极主动研究,将需要制定的配套规定和办法及起草安排情况，主动向立法机关报告。

6. 及时修改现行法律中的矛盾冲突条款

现行法律之间存在的矛盾和冲突条款，是一些配套法规迟迟不能出台的重要原因之一。立法机关要全面排查、抓紧解决，作出相应的修改或者解释。立法机关要妥善处理相关法律之间的关系，使我国的法律体系综合配套，统筹协调，加强立法质量，维护法制统一。

二、各相关方面要高度重视制定配套规定工作

1. 充分认识及时制定配套法规的重大意义

配套法规是法律体系的重要组成部分，制定配套法规是立法工作的一个重要环节，也是法律有效实施的一个前提。配套规定的制定工作也是国务院及其有关部门实施法律、履行行政职能的一种重要的工作方式，是实施法律所必须采取的重要措施之一。因此，有关部门对待配套法规的制定工作，要提高重视程度，建立行之有效的问责制。

2. 重视配套与否的审慎评估

全国人大及其常委会必须高度重视配套立法必要和可行的评估。应当尽量避免通过频繁授权配套来回避立法难点和利益矛盾。对于短期内的确无法配套立法的事项，或不在法律中作出配套安排或慎重评估法律草案自身是否立即通过。因此，首先，负责联系草案起草的全国人大有关专门委员会和常委会有关工作委员会应当督促起草单位在起草阶段即对拟制定的配套规则进行专题论证和规范设计；其次，对提请审议的法律案，有关专门委员会应当就配套条款的设置与否予以专门审议，并在审议意见中作出特别说明；最后，各专门委员会和全国人大常委会法工委应当在草案审议阶段注重就是否设定配套条款提出审议意见。

3. 重视配套条款的科学设定

在审慎决策配套的基础上，全国人大常委会应当优化配套条款的合理设计和表述。尽量明确配套文件的制定主体，以促使相应主体积极履行配套职责；严格使用规范语言表述配套主体，以避免理解歧义；明晰配套文件的表现形式，以保障配套规定应有的效力等级。

4. 及早进行配套法规的准备和起草工作

有关国家机关应当在法律的起草阶段就考虑配套法规的研究和起草，各司其职，形成合力。国外有的国家规定，在提出法案时，要求附有法律案通过后实施法律的具体办法。我国目前尚不能采取这样的做法，但要及早着手准备。至少在法律案提请审议时,提案机关应当对法律通过后所需的配套规定及制度安排情况作出说明,争取做到配套规定的起草与法律草案的审议同步进行。在立法工作的部署安排上,应当将配套规定的制定放在优先考虑的位置上。凡是与法律配套实施有关的规定,应当优先立项,列入计划,开展立法起草,确保与法律实施同步出台。

在立法规划或计划阶段建立立法项目和相关配套提议同步提出的机制,即在全国人大常委会工作机构编制立法规划或计划时,国务院和相关部门在提出立法项目时对该项立法是否需要配套以及如何配套同时提出研究意见和具体说明,以确保在法律草案起草时,同步研究配套规则;在法律通过公布后,尽早出台配套文件。在法律草案起草时,就要对拟确立的重要制度、原则和措施的实施办法、配套规定作出设计安排,进行专题论证。

5. 明确责任,加强立法工作的落实

应当明确,与法律配套的规定,有条件的应尽量在法律施行前制定完毕,与法律同步实施。法律明确要求有关国家机关对专门事项作出配套规定的,应当自法律施行之日起一年内作出规定,这是一般性的时间要求。法律对制定期限另有规定的从其规定。有关专门委员会应当加强与对口部门的联系,及时了解制定情况,督促制定出台配套规定。法律实施后,有关专门委员会可以对配套法规的出台及实施情况进行了解,加以分析和研究,提出对策。这也是监督法律实施的应有之义。

三、有效监督配套规定立法工作

1. 应当严格按照《立法法》规定的配套规定制定期限,履行报告说明义务

配套规定的制定期限包括一般规定和例外规定两个部分。首先,在一般情况下,法律规定明确要求有关国家机关对专门事项作出配套的具体规定的,有关国家机关应当自法律施行之日起一年内作出规定。其次,法律对配套的具体规定制定期限另有规定的,从其规定。

制定机关未在规定时限内完成配套的,应当向全国人大常委会提交书面报告,说明推迟理由。在情况复杂并确需在实践中积累经验等特殊情况下,配套主体必须定期向全国人大常委会提交书面报告,说明进展情况。

2. 建立全国人大常委会办公厅发送落实配套立法的通知函制度

全国人大常委会法工委应当自法律通过之日起十个工作日内,列出需配套但在法律通过之时尚未完成的配套文件"清单",由常委会办公厅以"函"的方式向配套主体发出落实配套立法的通知,同时抄送各有关专门委员会和工作委员会。

3. 建立全国人大常委会的配套立法定期跟踪以及问责制度

全国人大有关专门委员会和常委会有关工作委员会应当结合执法检查和其他监督工作，定期跟踪配套立法的进展情况，从配套文件的制定主体、期限、内容以及效力等级等方面进行严格监督。负责联系法律草案起草的全国人大有关专门委员会，常委会有关工作委员会应当对有关法律配套规定的研究和起草工作进行督促。全国人大有关专门委员会、常委会有关工作委员会应当跟踪、掌握配套规定的制定进展情况，并结合执法检查和开展有关监督工作，做好法律配套规定制定的督促工作。制定配套文件的机关出现追求不当利益等消极怠惰的渎职行为时，全国人大常委会应当依法问责。

4. 完善国务院和相关部门的配套文件备案制度

除国务院制定的配套行政法规依法向全国人大常委会备案之外，国务院有关部门制定的配套部门规章、国务院以及有关部门制定的配套规范性文件，应当自发布之日起 30 日内报全国人大常委会备案。

5. 审查立法质量，保证法制的统一性

为了保障法制的统一性，维护社会主义法制的尊严，必须提高配套法规的立法质量。上位法的制定机关一旦发现配套法规与上位法的规定有抵触的，就应当依照《宪法》和《立法法》的有关规定，予以改变或者撤销。

第六十七条　立法后评估

> 全国人民代表大会有关的专门委员会、常务委员会工作机构可以组织对有关法律或者法律中有关规定进行立法后评估。评估情况应当向常务委员会报告。

【条文精释】

本条是关于组织立法后评估的规定，是 2015 年《立法法》新增条款。

立法后评估是法治建设发展到一定阶段的必然产物。我国法治建设经历了从无法可依到逐步健全的发展历程。目前我国法律体系已经基本形成，健全立法制度、提高立法质量、完善法律体系就成为今后法治建设的主要任务，同时也意味着今后将从数量型立法转向质量型立法；从粗放型立法转向集约型立法；从速度型立法转向完善型立法。

立法后评估,一般是指在法律、法规颁布实施一段时间后,结合法律、法规的实施情况,包括取得的成效、存在的问题,对特定的法律、法规所进行的评价。对法律进行立法后评估,目的在于通过对其主要制度设计的科学性、合理性和可操作性进行评价,为考量是否需要修改完善提供依据。发现实施中存在的问题,对改进法律实施提出有针对性的建议。

有关资料显示,近年来,全国人大、国务院、各地方人大和政府已经开始开展立法后评估试点工作,探索建立立法后评估工作机制。如全国人大原内务司法委员会组织对残疾人保障法进行评估,环境与资源保护委员会组织对大气污染防治相关法律进行评估,全国人大常委会法工委自 2010 年至 2012 年先后组织对《科学技术进步法》《农业机械化促进法》《中小企业促进法》三部法律有关制度进行评估。

一、立法后评估的主体

鉴于立法后评估的组织实施、评估内容和标准的设定、评估结果的作出均依赖于评估主体,评估主体的设计和作用决定着立法后评估的效果,是一个很关键的环节。

本条所指的是对法律进行立法后评估的主体,根据本条规定,开展立法后评估工作的主体是全国人大有关的专门委员会和常委会工作机构,他们是立法后评估的组织实施部门,发挥主导作用。同时,由于立法后评估工作涉及的工作量大、环节多、要求高,仅仅依靠立法机关难以达到评估效果。要在发挥立法机关的主导作用的基础上,取得法律实施主管机关的支持和配合,必要时还要发挥地方人大、相关专业机构、高等院校、科研单位以及专家的作用,相互协调,才能保障评估工作顺利开展,取得实效。例如,2010 年,全国人大常委会对《科学技术进步法》有关制度进行立法后评估,由全国人大常委会法工委牵头组织,邀请科技部、教育部、中国科学院、中国科协等单位参加,组成评估工作小组,具体组织落实评估工作。2012 年,对《残疾人保障法》进行立法后评估时,是由原全国人大内务司法委员会牵头,由全国人大常委会法工委、中国残疾人联合会组成评估工作领导小组和工作机构,民政部、人力资源和社会保障部、教育部、原卫生部、工业和信息化部、财政部、住房和城乡建设部等参加。

二、评估的对象

立法后评估对象的选择是立法后评估程序中首先要解决的问题。虽然从理论上来说,所有的法律法规都可以是立法后评估的对象,但是,所有法律法规不加选择地进行评估是不经济的;同时某些法律法规的特点也决定了对其评估的意义不大，很难进行有效的评估，或者在现阶段、现有条件下不宜进行评估。因此，对评估对象进行研究以选择合适的评估对象就具有重要意义。

根据本条规定，立法后评估既可以对有关法律进行评估，也可以对法律中的有关规定进行评估。

1. 对有关法律进行评估

这是指以整部法律为整体进行评估，既包括对一部法律进行评估，也包括对涉及某一类制度的多部法律进行评估。2012 年，全国人大原内务司法委员会组织开展对《残疾人保障法》进行后评估工作，采用的就是对整部法律进行评估的方式。

2. 对法律中的有关规定进行评估

这是指对一部法律中涉及某项制度的部分条文进行评估。例如，2010 年全国人大常委会首次立法后评估，选择的评估对象是 2007 年《科学技术进步法》第 20 条关于财政性资金科技项目知识产权归属和使用、第 33 条关于鼓励企业增加研发投入两项制度。这是因为 2007 年修订《科学技术进步法》时，为了加强知识产权保护和激励自主创新，对知识产权保护制度和研究开发与技术创新投入制度作了更为详细的规定。这几项制度的实施，事关结构调整与经济转型的国家战略，具有一定的典型意义。

三、评估方法和过程

立法后评估通常采用定性与定量相结合的方法，包括文献研究、问卷、调查、实地调研和统计分析等。文献研究主要是通过查阅和分析现行法律、法规、规章，立法档案资料，各级人大的相关执法检查报告、专题调研报告，各级相关政府部门提供的统计数据、工作报告和研究报告完成的。问卷调查一般采用多阶段、分层抽样调查的方法进行。实地调研主要选取有代表性的地区进行，调研通过召开座谈会、实地考察、随机走访等方式，深入基层、深入群众、了解社会各界对法律制度及实施情况的评价、意见和建议。统计分析主要是根据收集到的各种信息，对评估的主要内容，从不同角度进行比较研究，客观评价法律制度及实施情况。

四、关于评估报告

中国特色社会主义法律体系形成后，修改完善法律和制定配套法规摆到立法工作更加重要的位置上来。要在总结试点经验基础上，积极开展立法后评估工作，通过多种形式，对法律制度的科学性、法律规定的可操作性、法律执行的有效性等作出客观评价，为修改完善法律、改进立法工作提供重要依据。这主要通过评估报告来体现。评估报告是立法后评估工作的成果表现形式，是对整个立法后评估工作的概括和总结,也是对法律进行评估的结论性成果。本条也规定"评估情况应当向常务委员会报告"。立法后评估报告通常要提交常委会书面审议。

【适用指引】

立法后评估作为国际和国内法学界公认的法律完善的重要手段,适应了我国法治建设的这种客观变化,并以其制度内涵的公正性、民主性、公开性和科学性而受到法学的学界和立法机关的广泛关注。检验立法工作和现行法律法规优劣的标准只能是其实施效果和文本质量。立法后评估是在立法领域运用实践标准的一个比较好的方法,对相关法律进行立法后评估,不仅是提高立法质量的有效途径,也是维护国家法治统一的有效措施。

一、进行立法后评估应遵循一般性原则

1. 客观性原则

客观性要求在评估过程中尊重客观事实,不主观猜测与判断,尽量把握事物的本来面目。客观性原则是贯穿于评估活动始终的一项原则。在评估的启动阶段,决定评估的对象,不是来源于某一领导的决定,而是来自评估对象选择的客观依据;在评估实施阶段,收集评估信息,运用一定评估方法对信息资料进行整理、加工,形成评估结论,都必须基于客观的、全面的信息,基于科学的评估标准与指标等,得出的是科学的、中肯的评估结论;在评估结果的回应阶段,是基于现有的制度运作以及事物发展的客观必然性,启动法律的创制、修改或废止程序。在评估过程中,要尽量防止主观性因素的影响,力图选择客观性的评估主体,建立规范、科学的评估标准与指标,构造科学的评估方法,保障评估过程及结果的公正性与客观性。

2. 公开性原则

立法后评估的公开性原则源自立法的根本性质。立法是社会利益格局的制度化,对立法的评估,会直接或间接促成利益格局的变化,因此,社会公众都比较关注立法后的评估活动,它是社会的事情。因此,立法后评估后应坚持公开性原则。在实践操作中,立法后评估的公开性原则要求:第一,立法后评估的评估信息要公开。第二,立法后评估的程序公开,程序公开是结果公正的基本保证。有关主体在实施立法后评估活动之前,应向社会公开立法后评估应遵守的基本程序,接受社会的监督。第三,立法后评估的过程公开。立法后评估主体在立法评估中采用什么样的技术、方法、手段,立法后评估的操作过程及其各环节,立法后评估的标准、指标体系等都向社会公开。第四,立法后评估的结果公开。第五,立法后评估结果的回应

要公开。

3. 定性与定量相结合的原则

在立法后评估过程中，信息的采集、整理与加工以及评估的技术与方法，都离不开定性评估与定量评估，正确的评估方法应当是将两者有机地结合。定性评估方法一般是评估主体根据自己的经验、知识，综合运用逻辑思维，通过对评估对象的性质进行分析与判断，进而形成对法律实施效果的基本评判。定量评估方法，“是指根据调查研究、资料搜集所获得的信息，运用运筹学、统计学、数学、计量经济学、系统工程理论等学科的理论与方法，建立评估的数学模型，然后借助电子计算机等手段进行大量的计算来求得答案的方法、技术的总称”。评估、评价作为现代重要的管理技术，已从早期的单纯定性评估过渡到现代的定性评估与定量评估相结合的阶段。在立法后评估中，定性方法主要适合对非量化的法律实施效果作出评判。定量方法则是适合那些需要进行量化分析的大量信息、数据。通过定性评估与分析，把握法律实施效果的价值方向与原则，通过定量评估与分析，我们能够取得更为客观、科学的评估结果，可以减少不必要的评估纠纷与争论，使人更容易接受评估判断。

4. 独立性原则

独立性原则是立法后评估的基本需要，也是保证评估结论可信度的起码要求。独立性主要包括政治独立性和经济独立性两个方面。政治独立性要求立法后评估的主体在进行评估时不应受决策层政治倾向的影响，不应受法律执行部门态度的影响，以及不应受利益群体的社会媒体压力的影响。经济独立性是指立法后评估的经济来源应有公共部门的制度性保证，不应因经费不足而接受被评估部门及相关部门及人员的资助，防止受到物质利益和经济利益的诱导。即使是内部评估主体，也尽可能地吸收专家、学者、非营利组织等参加，防止评估脱离独立性的原则，保证评估结果的公正性以及各方的接受性。

二、选择评估对象应遵循相应标准

根据我国选择立法后评估对象的现实探索，结合国外选择立法评估对象的经验，笔者认为，当前立法后评估的主要目的应是重在发现问题，同时总结并推广经验。因此，“选择评估对象时的指导思想应当是：维护人民群众切身利益，推动社会、经济又好又快发展，促进依法行政、公正司法。其工作原则是：选择社会现状与法律实施相关度较高的项目，也就是影响法律实施效果的其他因素较少的项目；选择社会关注度高，立法后评估结果对立法执法可能产生真正影响的项目”。当然，选择评估对象时应慎重，既要考虑立法工作的现实需要，又要考虑开展立法后评估的工作基础；既要考虑社会公众的关注程度，又要考虑评估工作对执法工作可能产生的影响；既要考虑评估工作的典型意义，又要考虑评估结果的客观、真实。

一般来讲，凡是涉及经济、社会和公共管理类的法律在其颁布实施3— 4 年后，都应当对其进行立法后评估。但在选择评估对象时应依据一定的标准，评估对象的选择标准主要包括有效性、时间性、必要性与可行性。

1. 有效性。立法后评估对象选择的有效性标准是指所选择的立法后评估对象的确有评估的价值，能够通过评估取得一定的效果。第一，通过评估了解法律的制度设计以及实施情况，为今后对该法的立、改、废提供依据。第二，通过立法后评估总结立法经验进而提高立法的质量和水平，完善立法制度。第三，通过评估取得一定的经济效益和社会效益。

2. 时间性。立法后评估对象选择的时间性原则说的是评估活动要选择合适的时机。立法后评估的对象必须是实施一段时间后的法律。法律只有在实施一段时间以后，其效果才会显现出来，存在的问题也才会充分暴露，此时对其进行评估才能有的放矢。

3. 必要性。立法后评估的必要性原则是指有没有对法律进行评估的需要，如法律是否存在合法性问题，法规规章在实施中是否存在问题较多，群众反响比较大。

4. 可行性。立法后评估对象选择的可行性原则是指评估所需要的人力、物力、财力等外在条件已经具备，可以进行评估。立法后评估得到相关制度的保障和支持。

除上述四个标准外，在选择评估对象时还应遵循一定的先后顺序。第一，在实施过程中产生了矛盾和冲突的法律应该优先进行立法后评估。第二，在制定过程中意见分歧比较大，表决时低票通过的法律要予以高度关注，重点评估，看其是否适合当前经济社会发展的要求，检视它的规范是否科学合理，评估它的实施是否达到预期的效果。

三、立法后评估内容及标准的选择

1. 评估指标体系确定的原则

首先，主观性与客观性相结合。在设计评估指标体系时，既要考虑反映法律客观状态的评估指标，如合法性、合理性、系统性、稳定性等；也要考虑反映公众对立法实施情况主观认知的评估指标，如效益性、导向性等。

其次,应然性与实然性相结合。立法后评估要通过对法的实然性的认知,来评估立法目标、立法价值等应然性的实现程度,进而发现立法中的问题或者法律实施中的症结所在。因此,指标体系必须将应然性与实然性两者有机结合起来,才能得出更科学、更全面的评估结论。

再次,普遍性与特殊性相结合。法律所调整的社会关系错综复杂,既有共性的制度规定,也有特殊的制度规定。因此,设计的指标体系既要对共性的制度进行评估,也要对特殊的制度进行评估,这就需要充分考虑将普遍性与特殊性有机结合。

最后,可操作性原则。立法后评估指标体系的设计应是可测量的、切实可行的,而不是笼统的,应从评估工作的实际出发,实事求是,确保其客观可行,每一个指标都有实际意义。该指标可以分为两类:一类是可以量化的定量指标,另一类是难以量化的定性指标。立法后评估指针的选择应考虑被评估对象的特点与信息数据采集的条件。

2. 立法后评估的内容和标准

不同的法律的立法后评估侧重点不尽相同,有的重点对法律实施效果、立法成本、存在的问题及缺陷等进行评估;有的重点对责任主体的责任落实情况、立法争议焦点问题实施状况等进行评估;有的则对贯彻实施情况、重要制度落实情况、实施绩效等进行评估。立法后评估因评估对象、考察角度不同,评估的标准也可能有差异,要注意针对不同类型标准分别设定一般标准与特殊标准;短期标准、中期标准与长期标准;微观标准、中观标准与宏观标准;最低标准与最高标准。同时,要注意设计科学的、完整的、可操作性的指标,能够较为准确地反映法律实施状况及效果。

3. 评估指标的设计

综合考察国外各国立法后评估的内容、评估的指标后,我国的立法后评估应从立法质量、立法实施过程以及立法的实施绩效三方面来设计指标。

第一,立法质量指标。立法质量指标主要包括合法性、合目的性和技术性指标。合法性指标又分为形式合法性和实质合法性的指标,形式合法性主要是从立法内容、立法权限、立法程序三个方面设计指标;实质合法性主要是从受众内心服从性设计指标。合目的性指标分为目标内容明确具体、目标在政治经济社会方面可行两个方面。技术性指标分为协调性、完整性和可操作性三个方面的指标。

第二,立法实施过程评估指标。对立法实施过程应主要围绕实施主体的能力、公众守法状况和实施的监督机制三个方面设计指标。

第三，立法的实施绩效评估。实施绩效评估指标应包括效率、效能、公平和适当性四个方面的指标。

四、恰当选择立法后评估方法

采用哪种方法进行立法后评估，基本的原则是既要考虑方法的经济性，又要考虑方法保障评估的科学性。因此建议将定性方法与定量方法相结合。

1. 定性分析方法

立法后评估运用定性分析方法是指评估者根据自己的经验和知识，综合运用逻辑思维，通过对评估对象的性质进行分析和判断，进而形成对法律的质量、实施效果的基本评判。定性分析方法是所有评估方法中通用性最强的方法之一。定性分析方法能够弥补定量分析方法的不足：首先，许多法律的质量、效果无法被量化或难以用数字去衡量；其次，当法律实施效果涉及公平、公正等价值理念时，定量评估方法难有用武之地，而定性分析方法却能够显示出解决这类问题的优越性。常用的定性分析方法有问卷调查、座谈会、实地调研、个案分析及比较分析等。

(1)问卷调查。这是广泛了解、听取和采纳群众意见的有效方式，在采用问卷调查法时，要注意受调查群众的代表性，即样本量的结构要合理。调查问卷的发放，既要面向整个社会，也要注意向利益相关群体的重点发放，这样，问卷信息的采集才会更有效，更具有参考价值。

(2)座谈会。就评估中的重点、难点问题召集有关执法部门、专家学者进行座谈，这对评估工作的开展有很大的帮助。座谈会可以采用专题座谈、部门座谈、利益相关方座谈等多种形式。

(3)个案分析。通过个案分析，能够对需要评估的重点问题进行深入研究，从而为准确评价法律实施中存在的问题，进一步完善法律法规中的制度设计奠定良好的基础。

(4)实地调研。就是到调研区域或者行业进行实地了解，亲自走访、座谈、调查等，亲自收集第一手资料的过程，完成调研工作。

(5)比较分析。比较分析法在地方立法质量跟踪评估领域的应用是指将收集到的法律实施前后的相关信息数据进行整理分组，通过对没有法律与有法律后社会效果的比较分析，立法预期与法律现实绩效的比较分析，实施效果的正反方面比较分析，以及同一领域相关法规间的横向比较分析等，运用各种对比分析的手法得出最终评估结论。根据比较分析方法的基本原理，其主要包括从水平、速度、结构和效益的角度来比较评价法律的文本质量与实施绩效。

2. 定量分析方法

定量分析方法是指根据调查研究、资料收集所获得的信息，运用运筹学、统计学、数学、计量经济学、系统工程理论等学科的理论与方法，建立评估的数学模型，然后借助电子计算机等手段进行大量的计算来求得答案的方法、技术的总称。定量评估方法强调以准确、可靠的数据作为评估的依据，以严密的逻辑推理、精确的数学计算为评估的基本工具。定量方法的标准化、精确化程度较高，逻辑推理比较严谨，因而使评估结果更客观、更科学，从而减少了不必要的评估纠纷与争论，易于使评估对象接受评估判断，结束评估活动。定量分析方法主要有资料统计分析、成本—收益分析法、成本—效能分析等。

资料统计分析是指对从评估工作中得来的数据进行搜集，整理和分析的过程。通过资料统计分析，我们可以获得比较直观的数据。这种分析方法比较直观，从而更能说明问题。

成本—收益分析法是一种非常有用的立法后评估方法，它为评估效率提供了一种可重复的理性的方法，促使评估者在"事后成本—收益分析"中，认真考虑各种实际存在的成本与收益。在立法后评估中，它迫使评估者明确可预见到的各种成本与收益，从而避免了只顾需要不顾成本，或只顾成本而不顾效率的倾向。

"成本—效能分析法"是对"成本—效益分析法"的一种改进方法。它主要针对立法成本与其达到特定目标的有效性程度进行比较，而不要求法律绩效的货币化。

值得注意的是，由于各种分析方法都有一定的优缺点，适用场合各不相同。故而适用单一方法评估可能会产生非常严重的误导；过分倚重于量化评估方法，忽视必要的定性分析也是不可取的。各种不同方法之间存在互补性，在实践中需要根据具体情况选择一种主要的分析方法，同时结合其他方法分析的结果综合地作出评估结论。

在采用多种评估方法相结合时，应该根据评估的不同阶段采取不同的方法。一般我们可以把评估分为以下三个阶段：第一阶段是法律文本质量的评估，具体可以包括合法性、合目的性、技术性等关于法律本身的评估，这一阶段可以采用专家咨询、座谈会、论证会的方式进行。第二阶段是法律实施效果的评估。可以采用调查问卷的方式对法律的实施效果进行测评。调查问卷可以委托给统计局的调查队进行，也可以采用网上问卷的方式进行。此阶段还可采用成本—收益法进行测算，从经济效益上判断其是否可取。第三阶段是形成评估报告阶段。这一阶段可以针对上一阶段形成的初步的评估意见进行专项调研。召开评估小组工作会议,研究论证评估中出现问题的原因及对策,形成最终的评估报告,作为法律修改、废止等措施的依据。

五、立法后评估基本程序的设置

综览各国立法后评估程序,基本步骤大同小异。我国的立法后评估程序应该包括以下四个环节。

第一个环节是评估的启动和准备。这一阶段首先要确定评估的目标和标准;其次是确定评估的方法和评估方案;再次是确定评估的内容并制作评估问卷和调查图表;最后是确定参加评估或者数据采集的对象。

第二个环节是评估的实施。根据评估方案具体实施评估,进行数据采集和开展有关调查,召开有关专家、执法机关、群众代表参加的座谈会、研讨会。

第三个环节是对采集的数据进行综合整理。运用科学的分析方法对调查数据进行比较分析和评价,形成评估结论。根据评估结论进一步建议设置新的立法项目、修改或废止现有法律。

第四个环节是编写评估报告。立法后评估的最后工作就是编写评估报告。评估报告是指评估主体运用评估方案确定的评估方法对法律的实施情况进行科学、全面、公正的调查研究后所得出的综合结论。

六、充分应用立法后评估结果

立法后评估的所有工作,都是为了取得最终的评估结果。立法后评估是手段不是目的,目的是将评估结果转化为应用。评估结果的应用有助力于立法机关发现立法工作缺陷,有助于立法机关转变立法观念、提高立法质量,也为法律的修改、废止等工作提供了重要的现实依据。对立法后评估结果的应用可以表现在以下几个方面。

1. 评估结果在立法部门的应用

评估结果中属于立法方面的问题,应及时反馈给立法机关或者制定机关。立法机关或者制定机关应当适时启动法律的立、改、废程序,进一步修改、补充、完善相关立法。

(1)明令废止或宣布失效。需要明令废止的情形主要有:主要内容与上位法相抵触;已被新的法律代替;管理部门已经被撤销,所依据的上位法已被明令废止或者宣布失效;主要规定超越制定机关立法权限;主要规定明显不适当或者不具有操作性,且没有新的管理部门履行其职能;制定违背法定程序。经评估确认已不再发生效力的，制定机关应当宣布失效。需要宣布失效的情形主要有：适用期已过；调整对象已消失；主要内容已不符合社会经济文化的发展实际。

(2)及时修订。经评估确认只需要进行部分修改就能够继续有效实施的，法律的制定机关应当及时进行修订。需要予以修订的情形主要有：个别条款与上位法相抵触；监管事项已消失或者监管方式已改变；部分内容已不符合社会经济文化的发展实际等。

(3)立法解释。经评估确认对条文的理解存在异议，通过明确其含义依然可以适用的，由法律的制定机关及时进行立法解释。需要作出立法解释的情形主要有：概念、定义或者文字表述有歧义；有些规定需要进一步明确其具体含义；出现新的情况，适用范围需要作出进一步明确。

2. 评估结果在执法部门的应用

评估结果中建议需要加强执法措施和力度的，应明确各执法职能部门的职责，加强各部门的协调沟通，分工协作，把评估结果真正落到实处。作为执法机关同样有义务进一步提高执法人员的执法水平和执法队伍的整体素质以保证法律的实施。

3. 评估结果在其他方面的应用

对评估中获得的先进立法理念、执法方式和工作经验要及时总结、交流、共享，相互促进，共同提高。另外，立法后评估结果还可能影响国家的大政方针。

专题十七　有关法律问题的决定

第六十八条　有关法律问题的决定

> 全国人民代表大会及其常务委员会作出有关法律问题的决定，适用本法的有关规定。

【条文精释】

本条是关于全国人大及其常委会作出有关法律问题的决定的规定，是 2023 年修改《立法法》时新增的条文。

我国宪法学界的通说认为，全国人大及其常委会的职权分为立法权、监督权、任命权和重大事项决定权。有观点认为，有关法律问题的决定的权力基础在于重大事项决定权。但实际上，全国人大及其常委会所享有的以上四大类职权，都可以通过作出决定的方式加以行使。例如，十三届全国人大常委会第二十四次会议于 2020 年 12 月 26 日通过《关于加强国有资产管理情况监督的决定》，这是全国人大常委会通过决定行使监督权的体现；七届全国人大五次会议于 1992 年 4 月 3 日通过《关于兴建长江三峡工程的决议》，这是全国人大通过决定行使重大事项决定权的体现。因此，全国人大及其常委会作出有关法律问题的决定，应当理解为是在制定法律（表现为制定《中华人民共和国某某法》）之外，另一种行使国家立法权的方式。

从历史上看，自 1954 年以来，全国人大及其常委会就开始通过作出“决定”（或“决议”）的方式来行使国家立法权。例如，1955 年全国人大常委会通过《关于处理违法的图书杂志的决定》，其中列举了 6 种构成违法图书杂志的情形，并规定相应的处理措施。这份决定中还介绍了出台背景，“全国人民代表大会常务委员会第二十一次会议和第二十三次会议讨论了国务院周恩来总理提出的图书杂志审查处理暂行条例（草案）……所提图书杂志审查处理条例，可以暂不制定”。从中可以看出，国务院作为提案机关的原本设想是通过全国人大常委会的审议制定一部单行法律，但是全国人大常委会在审议之后决定先以“决定”的形式对于这一问题作出规定。

虽然有关法律问题的决定在实践中发挥了重要作用，但是很长一段时间以来，在法律层面一直缺乏对于此类决定的系统规范。1987 年制定的《全国人民代表大会常务委员会议事规则》第 16 条第 2 款规定：“有关法律问题的决定的议案和修改法律的议案，法律委员会审议后，可以向本次常务委员会会议提出审议结果的报告，也可以向下次或者以后的常务委员会会议提出审议结果的报告。”这也就意味着，有关法律问题的决定可以在经一次常委会会议审议之后即交付表决，这也是很长一段时间以来唯一一处有关此类决定的规范。

在 2023 年立法法修改过程中，全国人大常委会于 2022 年 10 月公布的《立法法（修正草案）征求意见》中就已经新增了该条规定，在文字表述上和现有的正式条文没有区别。但是在当时，这一条的位置是在第六章“附则”之中。2022 年 12 月，全国人大常委会公布《立法法（修正草案二次审议稿）征求意见》，该条规定仍然位于第六章“附则”之中。根据时任全国人大常委会副委员长王晨于 2023 年 3 月 5 日所作的《关于〈中华人民共和国立法法（修正草案）〉的说明》，在提交十四届全国人大一次会议审议的《立法法（修正草案）》中，该条规定的位置被调整至第二章“法律”的第五节“其他规定”。从条文所处位置的变化，可以解读出立法机关对于有关法律问题的决定的定位也发生了一定的变化。目前被规定在《立法法》第六章“附则”中的是军事法规、军事规章，监察法规以及司法解释，而根据《立法法》第 2 条第 1 款的规定，法律、行政法规、地方性法规、自治条例和单行条例的制定、修改和废止，适用本法。换言之，被规定在附则中的几类规范性文件，同《立法法》第 2 条第 1 款所规定的几类规范性文件存在一定区别。而有关法律问题的决定的条文规定，虽然在所处位置上几经变化，但是条文内容一直都是“……适用本法的有关规定”，同《立法法》第 2 条第 1 款具有高度一致性。因此，将该条规定的位置调整至第二章“法律”，确实是更为妥当的处理方式。当然，此类决定究竟适用《立法法》中的哪些具体规定，仍然需要根据实践情况进行具体分析和具体判断。

专题十八 法律询问答复

第六十九条 法律询问答复

> 全国人民代表大会常务委员会工作机构可以对有关具体问题的法律询问进行研究予以答复，并报常务委员会备案。

【条文精释】

本条是关于法律询问答复的规定。

在法律实施中，有关部门与地方往往向立法工作机构提出一些法律询问，要求予以答复，以指导工作。针对这种情况，本条总结多年来这方面的工作经验，对法律询问作了规定。

根据多年全国人大常委会法工委答复法律询问的情况来看，法律询问的范围主要有以下几种：(1)国务院所属机构在执行法律过程中提出的具体法律问题；(2)最高人民法院、最高人民检察院的工作机构在司法过程中提出的具体法律问题；(3)省、自治区、直辖市人大常委会工作机构在工作中提出的具体法律问题；(4)向全国人大常委会提出的法律解释要求，经研究不需要进行法律解释、可以采用法律询问答复的问题；(5)全国人大常委会领导交办的其他需要研究答复的问题。另外，还有人民团体和全国性社会团体在法律实施过程中向法制工作机构提出的具体法律问题。

根据本条规定，法律询问答复的主体是全国人大常委会工作机构，实践中为全国人大常委会法工委，该委员会的职责之一为对“省级人大常委会及中央有关国家机关提出的有关法律问题的询问，进行研究答复”。

由于法律询问答复不是由立法机关作出，而是由立法机关的工作机构作出，且它的数量多、影响大，因此，自立法法颁布实施以来，社会上对法律询问答复的效力和去留的争论，就从来没有停止过。在这次修改《立法法》和整理历年法律询问答复的过程中,我们也对此作了思考。笔者认为,从多年来的实际工作看,法律询问的内容一般不属于《立法法》第48条规定的由全国人大常委会解释的两种情况:一是法律规定需要进一步明确具体含义的;二是法律制定后出现新的情况,需要明确适用法律依据的。这些询问出现频繁,量也很大,有时候要求答复的时限很短。如果将这些问题都提请常委会作法律解释,既没有必要,也不可能。法律询问答复是全国人大常委会法工委根据法律规定,按照严格的工作程序研究提出的,特别是法工委参加了法律的具体制定工作,比较了解立法原意,因此,法律询问答复虽然不具有法律解释的法律效力,但其对法律的理解是比较权威的。

法律询问答复必须报全国人大常委会备案,目的是加强对法律询问答复的监督,如果发现不正确的答复,可以进行纠正。

【适用指引】

法律询问的具体流程:由法工委有关业务室根据法律规定,研究起草答复意见,报法工委领导审批,一些重要的法律询问答复,还要报全国人大常委会秘书长审批;然后以书面或其他形式答复询问的有关部门。目前,法工委共有6个立法业务室,分别为刑法室、民法室、经济法室、国家法室、行政法室和社会法室。另有3个综合业务室,分别为立法规划室、法规备案审查室和研究室。

各部门、地方应当把法律询问答复作为理解执行法律的指导依据。如果对询问答复有不同的看法,可以根据本法第48、49条的规定,通过法定程序提出法律解释要求。

专题十九　全国人大常委会法工委基层立法联系点

第七十条　全国人大常委会法工委基层立法联系点

> 全国人民代表大会常务委员会工作机构根据实际需要设立基层立法联系点,深入听取基层群众和有关方面对法律草案和立法工作的意见。

【条文精释】

本条是关于全国人大常委会法工委基层立法联系点的规定,是2023年修改《立法法》时新增的条文。

2014年召开的党的十八届四中全会通过《中共中央关于全面推进依法治国若干重大问题的决定》,在其中明确提出"建立基层立法联系点制度"。2015年7月,全国人大常委会法工委设立了首批4个基层立法联系点。随后,又于2020年7月(6个)、2021年7月(12个)和2022年8月(10个)分三批增设了基层立法联系点。截至2023年3月,全国人大常委会法工委共设立31个基层立法联系点和1个立法联系点,①覆盖全国31个省区市。根据统计和整理,目前已有的基层立法联系点可以分为四种类型:第一,地方人大常委会和乡镇人大主席团,此类基层立法联系点的数量最多;第二,街道办事处和党群服务中心;第三,科技城和有关公司;第四,高校,即设在中国政法大学的立法联系点。

党的二十大报告在第六部分"发展全过程人民民主,保障人民当家作主"里提出"健全吸纳民意、汇集民智工作机制,建设好基层立法联系点"。这再一次强调和凸显了立法联系点对于吸纳民意、汇集民智、发展全过程人民民主的重要价值。2023年《立法法》修改,为了更好体现立法坚持全过程人民民主的要求,根据党中

---

① 2020年7月,中国政法大学被设为第二批立法联系点之一,这也是目前唯一一个设在高校的全国人大常委会法工委立法联系点。由于中国政法大学并非"基层",因此该联系点被称为"立法联系点"而非"基层立法联系点"。

央精神和实践做法，增加了有关全国人大常委会法工委基层立法联系点的本条规定。

根据本条规定，设立全国人大常委会法工委基层立法联系点的主要作用是“深入听取基层群众和有关方面对法律草案和立法工作的意见”。从总体工作模式来看，各个基层立法联系点都在已有的网上公布法律草案向社会公众征求意见、向部门和地方发函征求意见，以及立法调研、座谈会、听证会、论证会等传统形式之外，拓展了新的人民群众有序参与国家立法的有效形式。具体的工作模式主要包括以下几个方面。

第一，征集立法意见。各个基层立法联系点普遍采取召开座谈会等形式，就法律草案、年度立法计划等征集所在地区的基层群众意见，经整理后上报至全国人大常委会法工委。截至2022年12月，已有142部法律草案征求基层立法联系点的意见，收集了1.5万多条意见，采纳了2800多条意见，真正实现了人民民主和国家意志相统一。

第二，开展立法调研。例如，上海市虹桥街道办事处基层立法联系点在《未成年人保护法》修订前，结合创建儿童友好社区开展全龄段需求调研；四川省雅安市人大常委会基层立法联系点围绕《种子法》修改，走访了市农业农村局、农业综合执法大队、种业公司等单位进行调研。通过调研，为基层立法联系点自身形成相关意见建议提供了重要参考。

第三，开展普法工作。例如，上海市虹桥街道办事处基层立法联系点在《民法典》颁布后，通过组织开展专家讲座、布置展板以及新媒体平台宣传报道等形式进行基层普法，对老百姓的法律疑惑及时解答。在普法过程中收集和汇总了基层群众新的法律需求，为将来的修订优化方向提供民意参考。

值得注意的是，各个基层立法联系点还普遍结合自身特色与优势，创新立法联系方式，明确立法联系重点。例如，江苏省昆山市人大常委会基层立法联系点开通“立法民意征集点智慧平台”，通过“吃讲茶”（在茶馆里评判是非）、“讲讲张”（聊天）等形式收集群众意见建议；广东省江门市江海区人大常委会基层立法联系点借助“侨梦苑”平台，充分发挥本地港澳同胞、侨胞侨眷在相关领域立法联系中的作用。

专题二十　立 法 宣 传

第七十一条　立法宣传

全国人民代表大会常务委员会工作机构加强立法宣传工作，通过多种形式发布立法信息、介绍情况、回应关切。

【条文精释】

本条是关于全国人大常委会法工委加强立法宣传的规定，是2023年修改《立法法》时新增的条文。

党的二十大报告强调，要“深入开展法治宣传教育，增强全民法治观念”，“努力使尊法学法守法用法在全社会蔚然成风”。近年来，全国人大常委会积极拓展立法工作的信息公开渠道，增强立法工作透明、更好回应社会关切，其中比较具有代表性的做法是全国人大常委会法工委发言人机制。

2019年7月，经中央宣传部批准，全国人大常委会法工委建立发言人机制。2019年8月21日，法工委召开首场发言人记者会，发言人介绍了发言人机制的设立初衷和主要形式，指出为了加强与新闻媒体的联系，为了更好地向社会公众介绍立法工作情况，经研究决定，法工委建立发言人机制，定期或者不定期召开记者会。自此之后，在每次全国人大常委会会议召开前，定期举办法工委发言人记者会，及时权威发布立法修法信息、近期部分法律草案公开征求意见情况，深入细致解读相关法律的核心制度和重要条款，回答记者提出的涉立法热点问题，成为“常态举措”。截至目前，法工委已通过发言人机制以不同形式发声60余次，通过这一机制积极稳妥开展人大对外发声工作，加强涉人大立法方面的舆情研判和引导工作，及时就有关问题表明态度、说明情况、回应关切、解疑释惑，对外发声和立法宣传工作实现良好开局。

据介绍，下一步法工委将认真贯彻落实党的二十大精神，从以下几方面提升发言人机制的立法宣传质量和效果：一是不断丰富发声内容、创新宣传方式，更好展示新时代立法工作的成就、特征和经验，更好实现人民群众对立法工作的知情权、参与权和表达权，更好讲述中国立法故事、人大故事、民主故事。二是按照党中央决策部署，坚持守土有责、守土尽责，不断提升政治判断力、政治领悟力、政治执行力，加强斗争精神和斗争本领养成，敢于发声、善于发声，有力支持和配合涉外法治斗争。三是及时准确发布立法信息、主动高效回应社会关切，不断提升对外发声的主动性、及时性、系统性，不断提高立法工作的能见度、见报率、出镜率，把法律制度宣传好、解读好、阐释好，增强全社会法治观念，增强全民族的法治信仰，努力在“八五”普法中再创新绩，使尊法学法守法用法在全社会蔚然成风。①

① 参见张维炜、丁子哲：《让立法的开放之门更加敞亮通透——全国人大常委会法工委发言人机制成效综述》，载《中国人大》2022年第22期。

专题二十一　行政法规的权限与立法计划

第七十二条　行政法规的权限

国务院根据宪法和法律，制定行政法规。

行政法规可以就下列事项作出规定：

（一）为执行法律的规定需要制定行政法规的事项；

（二）宪法第八十九条规定的国务院行政管理职权的事项。

应当由全国人民代表大会及其常务委员会制定法律的事项，国务院根据全国人民代表大会及其常务委员会的授权决定先制定的行政法规，经过实践检验，制定法律的条件成熟时，国务院应当及时提请全国人民代表大会及其常务委员会制定法律。

【条文精释】

本条是有关行政法规的权限的规定，本条的三款规定分别从三个层面对此作出了规定。

第1款规定“国务院根据宪法和法律，制定行政法规”，对于该款规定的准确理解需要结合《立法法》第10条第1款和第80、81条的规定。《立法法》第10条第1款规定：“全国人民代表大会和全国人民代表大会常务委员会根据宪法规定行使国家立法权。”这直接表明了全国人大及其常委会的立法权限。《立法法》第80条规定：“省、自治区、直辖市的人民代表大会及其常务委员会根据本行政区域的具体情况和实际需要，在不同宪法、法律、行政法规相抵触的前提下，可以制定地方性法规。”第81条第1款规定：“设区的市的人民代表大会及其常务委员会根据本市的具体情况和实际需要，在不同宪法、法律、行政法规和本省、自治区的地方性法规相抵触的前提下，可以对城乡建设与管理、生态文明建设、历史文化保护、基层治理等方面的事项制定地方性法规……”这两处规定事实上是用“不抵触”原则确立了地方人大及其常委会的立法权限。由此反观《立法法》第72条第1款的规定，实际上也是用“根据”原则在宏观层面对国务院的立法权限进行了基本的界定，而如何理解“根据”原则的内涵，自然也就需要将其置于“国家立法权——‘根据’原则——‘不抵触’原则”的立法权限脉络之中。

在实践中，对于“根据宪法和法律”这一规定存在多种不同的理解。有的认为根据宪法和法律是指制定行政法规必须根据宪法或法律的授权，即只有在宪法或法律明确规定某些事项由国务院规定的情况下，才可以针对这些事项制定行政法规。例如，《政府采购法》第87条规定：“本法实施的具体步骤和办法由国务院规定。”该条规定即授权国务院制定相应的行政法规来规定实施《政府采购法》的具体步骤和办法等事项。有的认为根据宪法和法律是指行政法规应当根据宪法或法律的具体规定，即只能就宪法或法律的具体规定制定行政法规，行政法规就是对这些具体规定的进一步具体化。例如，《宪法》第36条规定公民有宗教信仰自由，而国务院于2004年制定的《宗教事务条例》即为对这一宪法规定的进一步具体化。还有的认为根据宪法和法律是指制定行政法规应当以宪法和法律规定的国务院的职权范围为根据，即国务院可以针对自己的职权范围所及事项制定行政法规，而不能超出这种职权范围制定行政法规。《宪法》第89条详尽列举了国务院的18项职权，根据这种理解，凡是属于这18项职权范围内的事项，国务院都可以制定行政法规。

应当说，对于“根据宪法和法律”的这些理解方式都有其合理性所在，但是也都存在各自的问题。认为制定行政法规必须根据宪法或法律的明确授权的问题在于，实践中包含了明确授权某些事项由国务院制定的法律实为少数，如此一来将会导致对国务院立法权限的过分限制，难以适应改革开放形势的客观需要，不利于调动行政立法的积极性，充分发挥行政立法的优势。行政立法的优势之一就是能及时应对社会生活中出现的新情况和新问题，而这时往往并没有具体法律的授权依据。如某些制定法律的条件不成熟、来不及制定法律或者需要通过制定行政法规积累经验的具体行政管理事项，如果过于强调必须有授权或者法律依据才能制定行政法规，就有可能贻误立法时机。

与之相对应的，认为国务院可以针对宪法和法律所规定的自身职权范围所及事项制定行政法规的问题则在于失之过宽，综合观察《宪法》第89条有关国务院职权的规定和第62条有关全国人民代表大会职权的规定、第67条有关全国人大常委会职权的规定，不难发现国务院的职权和全国人大及其常委会的职权在效力上都是覆盖全国,在范围上也存在重叠之处。如果凡属于国务院职权范围内的事项均可以制定行政法规,就有可能造成对全国人大及其常委会的国家立法权的僭越。例如《宪法》第89条第6项规定,国务院"领导和管理经济工作和城乡建设",而"经济工作"中有关"税种的设立、税率的确定和税收征收管理等税收基本制度""对非国有财产的征收、征用""基本经济制度以及财政、海关、金融和外贸的基本制度"等事项均属于《立法法》第11条所明确规定的只能由全国人大及其常委会制定法律的事项。又如《宪法》第89条第9项规定,国务院"管理对外事务,同外国缔结条约和协定","对外事务"不可避免地涉及国家主权的问题,而《立法法》第11条第1项同样明确规定"国家主权的事项"只能制定法律。相较于以上两种理解方式而言,认为行政法规就是对宪法和法律规定的进一步具体化的问题在于,行政法规以及地方性法规、规章等规范性文件都是对于宪法和法律规定的进一步具体化,单纯的"具体化"的表述并不足以准确地区分国务院的立法权限与地方人大及其常委会、国务院所属机构、地方人民政府等主体的立法权限之间的区别。另外,"具体化"的要求同样可能使得行政法规难以发挥及时应对社会生活中出现的新情况和新问题的优势,也难以避免国务院立法权限与全国人大及其常委会立法权限之间的重叠。

对此,《立法法》的处理方式是表现在本条第2款的规定之中。根据本条第2款的规定,行政法规可以就"为执行法律的规定需要制定行政法规的事项"和"宪法第八十九条规定的国务院行政管理职权的事项"两类事项作出规定。笔者认为,本款的这两项规定是一个有机联系的整体,"执行法律的规定"进一步明确了"根据宪法和法律"的内涵,即贯彻实施法律。国务院作为最高国家行政机关,是作为最高国家权力机关的全国人大及其常委会的执行机关,贯彻实施全国人大及其常委会制定的法律是它的一项重要职责。国家最高行政机关贯彻执行法律,将法律规定的权利义务关系落实到具体的个人和组织,特别是由于我国地大人多,经济文化发展不平衡,为适应各地不同的情况,有些法律条文比较原则,这些都需要国务院根据各种实际情况,制定具体的实施规定。"宪法第八十九条规定的国务院行政管理职权的事项"看似与前文所述的国务院可以针对宪法和法律所规定的自身职权范围所及事项制定行政法规的观点并无二致,但是这一规定的要点在于通过"行政管理"的表述界分了国务院的立法权限和全国人大及其常委会的立法权限,也就是说国务院所享有的行政管理权,全国人大及其常委会所享有的是重大问题的创制权,两者在职权范围上尽管可能存在重叠,但是在立法权限上则存在明确的界分，这也进一步重申了行政法规的“执行法律的规定”的内在精神。此外，这一规定也使得当相关法律规定处于空白之时，国务院得以依据自身的行政管理职权，及时进行行政立法来应对社会生活中出现的新情况和新问题。

本条第 3 款的规定实际上是对于《立法法》有关授权立法规定的一个限制性补充。本款规定的限制性体现在隐性地强调了行政法规的权限的行政管理性质。正是由于行政法规在本质上是就国务院行政管理职权事项所作出的规定，因此其对于应当由全国人大及其常委会制定法律的事项的规定只能是暂时的，而不可能是永久的。当制定法律的条件已经成熟时，就应当将这一立法权限交还给全国人大及其常委会，由后者行使国家立法权制定法律。对于“制定法律的条件已经成熟”，笔者认为可以从以下几个方面加以把握：第一，行政法规所规范的社会关系已经比较稳定，不是在急速的变化调整中；第二，行政法规所规定的措施和制度，经实践检验是可行的、必需的；第三，改革的方向比较明确具体；第四，各方面的意见比较一致。一般来说，争论比较大的问题，往往是不太成熟的事项。

第七十三条　国务院立法计划

> 国务院法制机构应当根据国家总体工作部署拟订国务院年度立法计划，报国务院审批。国务院年度立法计划中的法律项目应当与全国人民代表大会常务委员会的立法规划和立法计划相衔接。国务院法制机构应当及时跟踪了解国务院各部门落实立法计划的情况，加强组织协调和督促指导。
>
> 国务院有关部门认为需要制定行政法规的，应当向国务院报请立项。

【条文精释】

本条是有关国务院年度立法计划的规定，其中第 1 款规定是 2015 年修改《立法法》时新增的规定，第 2 款规定则是 2000 年《立法法》第 57 条的后半段。

尽管有关国务院年度立法计划的规定是新增的，但是在实践中国务院自 1986 年就开始制定立法计划。国务院的年度立法计划由国务院的法制工作机构负责编制。在 2018 年国务院机构改革之前，本条和后续相关条文中提及的“国务院法制机构”是指原国务院法制办公室；在 2018 年国务院机构改革之后，将司法部和国务院法制办公室的职责整合，重新组建司法部，不再保留国务院法制办公室，因此编制国务院年度立法计划的职责也专由司法部具体承担。

一般而言，编制国务院年度立法计划的程序主要包括三个阶段：首先是提出立法项目。立法项目一般由国务院所属机构提出。提出立法项目，并不是简单地提出一个立法题目，而是要在立法调研的基础上，提出立法报告书。对立法项目所要解决的主要问题为什么必须通过立法来解决？现行法律、法规、规章对解决这些问题有无规定？该项立法的调整对象是什么？与相关法律、法规、规章是什么关系？该项立法的主要内容是什么，面临哪些主要问题？从而对立法时机是否成熟，何时可以出台等问题作出回答和说明。其次是汇总审查。国务院法制工作机构对各部门提出的立法项目，从社会主义法律体系和行政管理的要求出发，分析、研究每个立法项目的必要性、可行性和出台时机；分析各个立法项目之间、每个立法项目与现行立法之间的关系。然后，根据实际需要，按照轻重缓急，对需要立法的项目进行综合平衡，编制出立法计划。最后是报请审批。由国务院法制机构报请国务院批准，由国务院对立法项目作出决策，通常由国务院常务会议审议通过最终的立法工作计划。

从内容上而言，国务院年度立法计划通常包括两大部分。第一部分是指导思想、立法重点和预期目标。第二部分则是具体的项目安排，这一部分通常又可以细分为三个子部分：首先是“力争年内完成的项目”，其次是“预备项目”，最后是“研究项目”。这一系列项目又包括“国务院提请全国人大常委会审议的法律草案、法律修订草案”“制定、修订的行政法规”“党中央、国务院交办的立法项目”“配合全国人大常委会审议的法律项目”“国际条约审查项目”等多个方面。立法计划对于指导立法工作具有重要意义，它有利于明确立法工作的重点、难点、目标和任务，加强对立法工作的领导；有利于立法决策者、立法工作机构、立法工作人员以及其他有关方面，如专家学者，积极主动地开展工作，保证立法工作有条不紊地进行；有利于把立法和改革决策结合起来，使立法与社会关系协调发展，取得预期的社会效果；有利于保持立法工作的协调统一，防止重复立法和分散立法，降低立法成本，提高立法质量。

根据本条第1款的规定，国务院法制机构应当及时跟踪了解国务院各部门落实立法计划的情况，加强组织协调和督促指导。这意味着国务院法制机构的职责绝不仅限于编制立法计划，还包括一系列后续工作，其应当及时跟踪了解国务院各部门落实立法计划的情况，加强组织协调和督促指导，推动各起草部门抓紧列入立法计划项目的研究起草工作。在法规审查过程中，要加强对重点、难点问题的调研论证和协调，经充分协调各部门仍然不能达成一致意见的，要列明各方理据，提出倾向性意见，及时报请国务院决定，要建立立法计划执行情况评估机制，并把各起草部门完成立法计划的情况，作为编制下一年度立法计划的重要参考。

本条第2款规定："国务院有关部门认为需要制定行政法规的，应当向国务院报请立项。"如前所述，该款规定是2000年《立法法》第57条的后半段，该条的完整规定是"行政法规由国务院组织起草。国务院有关部门认为需要制定行政法规的，应当向国务院报请立项"。从中可以看出，2000年《立法法》第57条将行政法规制定过程中的起草和立项两个环节置于一个条文之中，使得有关立项的规定过于原则化、概括化，同时在体系上也欠缺协调一致性。2015年《立法法》修改将其单独抽取出来，与有关国务院立法计划的规定形成了一个完整的立项环节的规定，此安排无疑是更为妥当的。

专题二十二　行政法规的起草与审查

第七十四条　行政法规的起草

> 行政法规由国务院有关部门或者国务院法制机构具体负责起草，重要行政管理的法律、行政法规草案由国务院法制机构组织起草。行政法规在起草过程中，应当广泛听取有关机关、组织、人民代表大会代表和社会公众的意见。听取意见可以采取座谈会、论证会、听证会等多种形式。
>
> 行政法规草案应当向社会公布，征求意见，但是经国务院决定不公布的除外。

【条文精释】

本条是有关行政法规起草的规定。本条第1款延续了2015年《立法法》的规定，“行政法规由国务院有关部门或者国务院法制机构具体负责起草”，更加准确地反映了行政法规起草的实践，同时也意味着走上前台的“国务院有关部门”和“国务院法制机构”需要承担起更大的责任。

本条第1款规定“重要行政管理的法律、行政法规草案由国务院法制机构组织起草”，笔者认为这一规定是为了避免出现“部门立法”现象。部门立法是指负责起草行政法规（包括相当数量的法律）草案的国务院部门在起草过程中，为本部门争权力、争利益、避责任，还通过法律和行政法规来固化，使得部门利益法制化、谋利行为合法化，即“既当运动员，又当裁判员”，其危害，是不言而喻的。党的十八届三中全会《中共中央关于全面深化改革若干重大问题的决定》提出要“完善中国特色社会主义法律体系，健全立法起草、论证、协调、审议机制，提高立法质量，防止地方保护和部门利益法制化”。党的十八届四中全会《中共中央关于全面推进依法治国若干重大问题的决定》进一步指出要“健全有立法权的人大主导立法工作的体制机制”“健全立法机关主导、社会各方有序参与立法的途径和方式”。在

2015年《立法法》修改过程中，一个重要的方向就是遏制部门立法，防止部门利益法制化的趋势。相较于国务院有关部门而言，国务院法制机构并不承担具体的业务工作，主要是统筹考虑、统一规划国务院的立法工作，由其来组织起草"重要行政管理的法律、行政法规草案"，无疑能够更为有效地避免个别部门的利益凌驾于社会公共利益之上，遏制部门立法的现象。2019年党的十九届四中全会《中共中央关于坚持和完善中国特色社会主义制度　推进国家治理体系和治理能力现代化若干重大问题的决定》要求"完善立法体制机制。坚持科学立法、民主立法、依法立法，完善党委领导、人大主导、政府依托、各方参与的立法工作格局，立改废释并举，不断提高立法质量和效率"。

一般而言，行政法规草案的起草工作包括以下几个环节：一是准备工作。起草任务确定之后，负责起草的人员即着手准备起草。准备工作包括了解立法目的、任务和要解决的实际问题；了解与立法事项有关的现行法律、法规和政策；了解立法事项的理论研究情况；了解立法事项的现实情况。在此基础上，拟定起草计划、步骤和方法等。二是专题研讨和调研。根据初步了解的情况，就立法事项拟定出调研提纲和研讨专题。专题研讨既可以在起草人员内部进行，也可以召开专题研讨会，邀请有关专家、学者参加。专题调研可以采取请进来、走出去相结合的办法。请进来就是请有关部门和单位的人员座谈，了解情况；走出去就是到实际生活中调查了解立法事项的情况以及人民群众的意见、要求和建议等。同时还要对国外的相关情况和做法进行研究，以资借鉴。确定需要立法解决的主要问题并提出可行的解决方案，是起草工作的关键环节，是草拟条文的前提和基础。三是拟定条文和起草说明。这个工作也可以分步进行，先列出需要规定的问题，并按逻辑顺序进行编排，形成合理的结构。随后运用立法技术，科学表达需要规定的事项，形成草案试拟稿，在起草人员内部开展讨论研究。经过初步修改完善，形成征求意见稿，发送各有关方面征求意见，然后再作进一步的修改完善。对于起草工作中的一些重大、敏感性问题，还应及时向上级请示报告，保持起草工作的正确方向。这其中的有些工作，并不是一次就能完成的，有的可能要进行多次，如内部讨论、征求意见、请示报告等。四是报请起草机关审批，形成正式的草案送审稿。由某一个部门单独承担起草任务的，由部门首长召开有关会议讨论决定，如部务会议、委务会议、局务会议；由两个或两个以上部门承担起草任务的，主办单位讨论决定之后，要送相关部门审查同意。起草机关在审查讨论时，具体负责起草工作的负责人要对草案的主要内容、重要问题、处理办法和不同意见予以汇报说明。另外，根据《行政法规制定程序条例》第 12 条的规定，起草行政法规，除了应当遵循《立法法》确立的立法原则，并符合宪法和法律的规定之外，还应当符合下列要求：（1）弘扬社会主义核心价值观；（2）体现全面深化改革精神，科学规范行政行为，促进政府职能向宏观调控、市场监管、社会管理、公共服务、环境保护等方面转变；（3）符合精简、统一、效能的原则，相同或者相近的职能规定由一个行政机关承担，简化行政管理手续；（4）切实保障公民、法人和其他组织的合法权益，在规定其应当履行的义务的同时，应当规定其相应的权利和保障权利实现的途径；（5）体现行政机关的职权与责任相统一的原则，在赋予有关行政机关必要的职权的同时，应当规定其行使职权的条件、程序和应承担的责任。

同时，行政法规草案在起草过程中要广泛征求并听取各方面的意见，这是由我国的国家性质所决定的，立法应当体现人民的意志，反映人民的意见、要求和建议。对此，本条第 1 款的后半段和第 2 款从两个方面作出了规定。首先，根据本条第 1 款后半段的规定，行政法规在起草过程中，应当广泛听取有关机关、组织、人民代表大会代表和社会公众的意见。听取意见可以采取座谈会、论证会、听证会等多种形式。“兼听则明，偏听则暗”，广泛而全面地倾听各方面的意见具有至关重要的作用。我们在前面已经指出，2015 年《立法法》修改在行政法规起草过程中应当听取意见的主体中新增了“人民代表大会代表”，这实际上也是强化人大立法主导作用、防止部门利益法制化的进一步体现。听取意见的形式是多样化的：座谈会即由起草机关邀请有关专家和部门、社会团体、企业事业组织的代表座谈，就立法事项发表意见。为了使座谈会收到较好效果，参加座谈的人员要有一定的广泛性、代表性、专业性，要为参加座谈的人员提供有关背景资料，给予较充分的研究时间等。对于座谈会的意见，应当归纳整理，逐条逐项进行研究。论证会即邀请有关专家对草案内容，尤其是一些带有技术性的问题的必要性、可行性和科学性进行研究论证，作出评估。研究论证并不必然得出支持性的结论，对于否定性的意见要听得进去，要勇于面对、正视反对意见，并如实汇报。参加论证的人员要坚持实事求是，做到客观公正，认真履行职责，用自己的专业知识为立法服务。听证会在起草行政法规的过程中，要根据所涉项目的具体情况组织听证。听证制度最初源于英美普通法中的自然公正原则。其基本含义有两个：一是任何人不应成为自己案件的法官；二是任何人在受到惩罚或其他不利处分之前，应为之提供公正的申辩机会，其目的是保证司法公正。后来，这一原则推广应用于立法和行政领域，形成了立法听证制度和行政听证制度。除上述三种法条明文列举的听取意见方式外，行政机关还可以广泛而灵活地采取多种听取意见的方式。其次，本条第 2 款规定："行政法规草案应当向社会公布，征求意见，但是经国务院决定不公布的除外。"2000 年《立法法》只规定了"列入常务委员会会议议程的重要的法律案，经委员长会议决定，可以将法律草案公布，征求意见"，对于行政法规草案的公布则没有作出规定。《行政法规制定程序条例》第 20 条第 2 款则规定："国务院法制机构可以将行政法规送审稿或者修改稿及其说明等向社会公布，征求意见。向社会公布征求意见的期限一般不少于 30 日。"这表明对于行政法规草案而言，不公布是常态，公布反而成了例外。《立法法》明确规定了行政法规草案原则上应当向社会公布并征求意见，只有在例外的情况下才可以由国务院决定不公布，这无疑将在行政法规的起草制定过程中更加充分地发扬民主，提升行政立法的民主性和科学性。

【适用指引】

本条在适用过程中的主要疑难点在于 2015 年《立法法》修改的两处规定。一是"重要行政管理的法律、行政法规草案由国务院法制机构组织起草"中的"重要行政管理"应当如何理解？二是"行政法规草案应当向社会公布，征求意见，但是经国务院决定不公布的除外"中"国务院决定不公开"的情形有哪些？我们在前面的分析中已经指出，这两处规定的新增分别针对遏制部门立法现象和提升行政立法民主性这两大问题，而对于"重要行政管理"和"国务院决定不公开"这两处表述的解释实际上涉及行政机关的自由裁量问题。

首先，关于"重要行政管理"，这一规定实际上源于党的十八届四中全会《中共中央关于全面推进依法治国若干重大问题的决定》中有关完善立法体制的要求，《中共中央关于全面推进依法治国若干重大问题的决定》指出要"加强和改进政府立法制度建设，完善行政法规、规章制定程序，完善公众参与政府立法机制。重要行政管理法律法规由政府法制机构组织起草"。我们梳理了 2010—2014 年由原国务院法制办组织起草的法律、行政法规草案的性质，发现大致包括以下三种类别：第一，相关事项涉及国务院的整体职权，或者涉及多个国务院部门职权。例如《重大行政决策程序条例》《行政执法程序条例》《行政执法监督条例》等行政法规所涉及的都是国务院的整体行政管理职权，而并非某一个部门的单独职权；又如《长江三峡水利枢纽安全保卫条例》涉及了公安部、交通运输部、水利部等多个国务院部门的职权。对于这些涉及国务院整体职权或者多个国务院部门职权的事项，由国务院法制办公室来统筹组织起草是较为妥当的。第二，相关事项涉及法律保留事项。例如,《国有土地上房屋征收与补偿条例》所规范的是国有土地上房屋的征收与补偿活动,涉及了《立法法》第 8 条第 7 项所规定的“对非国有财产的征收、征用”这一原本只能制定法律的事项,这又是由《城市房地产管理法》第 6 条所授权的。对于这类涉及法律保留事项而又由国务院制定行政法规的,由国务院法制办公室来统筹组织起草是显然也是较为妥当的。第三,虽然相关事项所涉及的主要是某个部门的职权,但是该事项在行政管理上具有较为重要的意义。例如,《志愿服务条例》虽然涉及的主要是民政部的职权,但是志愿服务本身与扶危济困、扶贫助学、紧急救援、社会建设、大型会议等各个领域密切相关,而国家层面专门立法的长期缺位又严重影响着志愿服务法制体系的整体建设,已成为依法推动志愿服务事业稳健发展的瓶颈。因此,对于这一具有重要行政管理意义的事项,由国务院法制办公室来统筹组织起草是较为妥当的。综合过往实践中的做法和经验,笔者认为对于本条第 1 款中所称的“重要行政管理的法律、行政法规草案”,应当理解为是所规定的事项涉及了国务院的整体职权或者多个国务院部门的职权或者涉及法律保留事项,或者涉及多个综合领域。同时我们也应当注意到,根据《行政法规制定程序条例》第 15 条的规定,起草行政法规,起草部门应当对涉及有关管理体制、方针政策等需要国务院决策的重大问题提出解决方案,报国务院决定。

其次,应当如何理解“行政法规草案应当向社会公布,征求意见,但是经国务院决定不公布的除外”中的“国务院决定不公布”?笔者认为,规定行政法规草案应当向社会公布,所体现的是民主立法的原则,该原则也被明确规定在《立法法》第 6 条:“立法应当坚持和发展全过程人民民主,尊重和保障人权,保障和促进社会公平正义。立法应当体现人民的意志,发扬社会主义民主,坚持立法公开,保障人民通过多种途径参与立法活动。”同时,通过广泛征求、听取社会各方面的意见,也有助于提升行政立法的质量,这又体现了科学立法的原则。因此,虽然本条规定授权国务院可以自行决定不公布行政法规草案,但是基于民主立法和科学立法的原则,这种例外情况应当是被严格限制的,只有那些极少数的确实不宜向社会公布的行政法规草案,才可以经由国务院的决定不予公布。对此,国务院于 2013 年 3 月 23 日印发的《国务院工作规则》第 18 条第 2 款指出,要“完善政府立法工作机制,扩大公众参与,除依法需要保密的外,所有行政法规和部门规章的草案都要公开征求意见”。

第七十五条　行政法规的审查

行政法规起草工作完成后，起草单位应当将草案及其说明、各方面对草案主要问题的不同意见和其他有关资料送国务院法制机构进行审查。

国务院法制机构应当向国务院提出审查报告和草案修改稿，审查报告应当对草案主要问题作出说明。

【条文精释】

本条是有关行政法规审查的规定。与法律草案在提出之后需要经由全国人大或全国人大常委会审议一样，行政法规草案起草完成之后，也需要经由相关部门的审查。我们在前面已经指出，实践中绝大多数的行政法规草案都是由国务院各部门实际负责起草的，各部门在起草过程中，难以避免地较多考虑本部门的工作需要，而相对忽视了妥善地处理局部与全局、本部门和其他部门、行政相对人的关系，在客观上受到一定的局限。再加上各部门起草者主观和客观上的原因，行政法规的草案难免会有一些缺陷，严重的还有可能出现“部门立法”的问题。因此，在将行政法规草案报国务院决定之前，由国务院法制机构进行统一的审查，有利于克服和避免立法失误，或者将其减到最低程度，提高立法质量，保证法制统一，防止部门利益法制化。

根据本条第 1 款的规定，起草部门在将行政法规草案报送国务院法制机构进行审查之时，应当一并提交草案的说明、各方面对草案主要问题的不同意见和其他有关资料。根据《行政法规制定程序条例》第 17 条第 2 款的规定，草案的说明应当对立法的必要性，主要思路，确立的主要制度，征求有关机关、组织和公民意见的情况，各方面对送审稿主要问题的不同意见及其协调处理情况，拟设定、取消或者调整行政许可、行政强制的情况等作出说明。笔者认为，说明还应当具有针对性，扼要地反映草案的主要内容。其中各方面对草案主要问题的不同意见应当被全面而客观地反映，不能故意隐瞒不同意见。“其他有关资料”，根据《行政法规制定程序条例》第 17 条第 2 款的规定，主要包括所规范领域的实际情况和相关数据、实践中存在的主要问题、国内外的有关立法资料、调研报告、考察报告等，笔者认为有关资料应当包括论证材料、现状分析、实施评估、理论分析等部分。

根据《行政法规制定程序条例》第 18 条第 2 款的规定，国务院法制机构主要从以下几个方面对起草机关报送的行政法规草案进行审查：第一，是否严格贯彻落实党的路线方针政策和决策部署,是否符合宪法和法律的规定,是否遵循立法法确定的立法原则。第二,是否符合该条例第 12 条的规定:(1)弘扬社会主义核心价值观;(2)体现全面深化改革精神,科学规范行政行为,促进政府职能向宏观调控、市场监管、社会管理、公共服务、环境保护等方面转变;(3)符合精简、统一、效能的原则,相同或者相近的职能规定由一个行政机关承担,简化行政管理手续;(4)切实保障公民、法人和其他组织的合法权益,在规定其应当履行的义务的同时,应当规定其相应的权利和保障权利实现的途径;(5)体现行政机关的职权与责任相统一的原则,在赋予有关行政机关必要的职权的同时,应当规定其行使职权的条件、程序和应承担的责任。第三,是否与有关行政法规协调、衔接。第四,是否正确处理有关机关、组织和公民对草案主要问题的意见。第五,其他需要审查的内容。《立法法》和《行政法规制定程序条例》均没有对审查行政法规草案的程序作出规定,从实践中来看,一般包括以下几个阶段:一是了解情况。法制机构接到草案后,要根据草案性质和业务分工,确定具体负责审查的部门和人员。经办人员着手进行审查时,首先要了解草案的有关情况。主要包括起草过程、草案的主要内容及条文的含义、对草案的主要不同意见、现行有关的法律、法规和方针政策、现实的基本情况、国外的相关情况等。了解情况可以采取请起草部门介绍情况、深入实际调查研究、书面收集有关资料等多种方式。根据《行政法规制定程序条例》第 21 条的规定,国务院法制机构应当就行政法规送审稿涉及的主要问题,深入基层进行实地调查研究,听取基层有关机关、组织和公民的意见。二是征求意见。审查者要想了解草案的矛盾和焦点,是否必要和可行,最好的办法就是征求各方面的意见,从中发现问题。征求意见可以按照《立法法》在起草过程中征求意见的方式、方法和要求的规定办理,也可以根据草案的具体情况采取其他更为灵活的方式,如电话征求意见、口头征求意见、有针对性地征求个别部门的意见等。根据《行政法规制定程序条例》第 20、22 条的规定,国务院法制机构应当将行政法规送审稿或者行政法规送审稿涉及的主要问题发送国务院有关部门、地方人民政府、有关组织和专家征求意见。行政法规送审稿涉及重大利益调整的,国务院法制机构应当进行论证咨询,广泛听取有关方面的意见。论证咨询可以采取座谈会、论证会、听证会、委托研究等多种形式。行政法规送审稿涉及重大利益调整或者存在重大意见分歧,对公民、法人或者其他组织的权利义务有较大影响,人民群众普遍关注的,国务院法制机构可以举行听证会,听取有关机关、组织和公民的意见。三是协调分歧。对于有关部门之间存在的分歧较大的问题,审查机关应当进行协调,即由审查机关的领导或其上级领导主持,召集有关方面的人员,对草案的不同意见进行协商,形成解决方案。其目的是要使各方达成合理、合法的一致意见。做好协调工作,必须深入调查研究,掌握正确的方法。应当充分发挥民主,让各方面充分发表意见,并提出理由和依据。在协商解决方案时,要思路开阔,准备多种解决方案,以便最终达成一致意见。同时,也要坚持原则,对事关法制统一的大问题,不能迁就。一般情况下,比较复杂的问题要经过多次协调才能解决。如果经过反复协调,有关部门仍不能取得一致意见,审查机关应在分析研究各方面意见、掌握各种情况的基础上,提出解决方案,报请上级机关决断。四是审查修改。主要是审查草案是否具有宪法、法律依据或者授权依据;草案内容是否同宪法、法律相抵触;是否同其他相关行政法规相衔接;是否符合党的方针、政策;结构、条文和法律用语是否准确;条文内容是否科学、合理、可行;是否符合改革和发展的实际需要。对于一些重大复杂的问题,必要时还可以展开论证工作。在此基础上对草案送审稿进行修改,并写出审查结果报告。

对于行政法规草案的审查结果,本条并没有作出相应的规定。根据《行政法规制定程序条例》第 19 条的规定,行政法规送审稿有下列情形之一的,国务院法制机构可以缓办或者退回起草部门:第一,制定行政法规的基本条件尚不成熟或者发生重大变化的。例如,有关的改革实践经验尚不成熟,或者相关事项所对应的国务院职权范围尚不明确等情形。第二,有关部门对送审稿规定的主要制度存在较大争议,起草部门未征得机构编制、财政、税务等相关部门同意的。在起草行政法规的过程中,起草部门应当就涉及其他部门的职责或与其他部门关系密切的规定,与有关部门协商一致,即便经过充分协商仍然不能取得一致的,也应当在上报行政法规草案之时说明情况或理由。如果起草部门未与有关部门进行协商,而相关部门又对送审稿规定的主要制度存在较大争议,国务院法制机构就有权缓办或者退回起草部门。第三,上报送审稿不符合该条例第 15—17 条规定的。这是指起草部门向国务院报送行政法规送审稿之时,没有由起草部门主要负责人签署;或者几个部门共同起草的行政法规送审稿,没有由该几个部门主要负责人共同签署;或者在将行政法规送审稿报送国务院审查之时,没有一并报送行政法规送审稿的说明和有关材料。

根据本条第 2 款规定,国务院法制机构应当向国务院提出审查报告和草案修改稿,审查报告应当对草案主要问题作出说明。与起草部门自身就行政法规草案所作的说明有所不同,国务院法制机构提出的审查报告除对草案主要问题进行说明外，需要更加侧重于说明各方面对草案的不同意见以及对不同意见的协调结果。根据《行政法规制定程序条例》第23条的规定，国务院有关部门对行政法规送审稿涉及的主要制度、方针政策、管理体制、权限分工等有不同意见的，国务院法制机构应当进行协调，力求达成一致意见。对有较大争议的重要立法事项，国务院法制机构可以委托有关专家、教学科研单位、社会组织进行评估。经过充分协调不能达成一致意见的，国务院法制机构、起草部门应当将争议的主要问题、有关部门的意见以及国务院法制机构的意见及时报国务院领导协调，或者报国务院决定。这是为了提请国务院领导注意相关重点问题，以便更好地作出决策。另外，国务院法制机构在审查行政法规草案的过程中，应当充分吸收各有关部门、组织、社会公众等不同方面的意见，在与起草部门进行协商之后，对行政法规草案进行修改，形成草案修改稿。根据《行政法规制定程序条例》第24条的规定，国务院法制机构应当认真研究各方面的意见，与起草部门协商之后，对行政法规送审稿进行修改，形成行政法规草案和对草案的说明。

【适用指引】

除《立法法》第75条和《行政法规制定程序条例》中的相关规定外，还有一些规范性文件对于行政法规草案的审查程序作出了更为细致的规定，这些规定有助于我们更好地理解《立法法》第75条中的若干细节问题，其中最具有典型意义的是国务院办公厅于2002年3月20日发布的《关于法规审查有关工作程序规定的通知》。

该通知第1条规定："国务院法制办起草或者审查法律草案、行政法规草案，要严格执行《中华人民共和国立法法》和《行政法规制定程序条例》，深入调查研究，广泛听取有关机关、组织和公民的意见，组织专家进行论证。对国务院有关部门提出的不同意见，国务院法制办要认真研究并按照公文处理工作的有关规定进行协调，力求达成一致；经协调，达不成一致的，要提出解决问题的方案，向国务院分管领导同志报告，请国务院分管领导同志协调。"这一规定进一步强调了在对行政法规草案进行审查的过程中，国务院法制办公室应当就草案尤其是其中的主要问题深入进行实地调查研究，听取有关机关、组织和公民的意见，对于重大疑难问题应当召开由有关单位、专家参加的座谈会、论证会，听取意见，研究论证。该规定还尤其强调了协调国务院有关部门提出的不同意见的重要性，相较于《行政法规制定程序条例》中的有关规定而言，该规定进一步明确了如果经国务院法制办协调仍不能达成一致意见，则应当提出解决问题的方案，向国务院分管领导同志报告，请国务院分管领导同志进行协调。

根据该通知第 2 条规定，法律草案、行政法规草案报请国务院常务会议审议前或者采用传批方式报请国务院领导同志审批前，国务院法制办公室要将法律草案、行政法规草案及说明送国务院办公厅有关秘书局，由秘书局就是否符合国务院领导同志有关指示精神等进行复核。同时根据《关于法规审查有关工作程序规定的通知》第 3 条的规定，根据国务院常务会议精神修改的法律草案、行政法规草案报请国务院总理签署议案或者予以公布前，或者法律草案、行政法规草案采用传批方式报请国务院领导同志审批前，国务院法制办公室要先送起草部门和相关部门复核。起草部门和相关部门对修改后的法律草案、行政法规草案提出复核意见，要采用书面形式，并由本部门主要负责人或者分管负责人签发；未按时限提出书面意见的，视为没有不同意见。国务院法制办公室对起草部门和相关部门提出的意见，要认真加以研究；未采纳或未完全采纳的，应按规定与有关部门进行协商。协商达成一致意见的，由国务院法制办公室负责报告，有关部门在法律草案、行政法规草案审批过程中不得再提出不同意见；未达成一致意见的，国务院法制办公室在报告中要反映有关部门的不同意见和理据，提出解决方案，报请国务院领导同志裁决。这两条规定向我们揭示出了实践中对于行政法规草案所进行的审查的多层次性。《立法法》第 75 条和《行政法规制定程序条例》仅规定了以国务院法制办公室为主题的审查，而根据以上两条的规定，行政法规草案的实践中还可能经受复核。第一种情形是在国务院法制办公室审查完成之后、报请国务院常务会议审议前或者采用传批方式报请国务院领导同志审批前，由国务院办公厅有关秘书局就是否符合国务院领导同志有关指示精神等进行复核。根据国务院办公厅于 2008 年 7 月 10 日发布的《国务院办公厅主要职责内设机构和人员编制规定的通知》中的有关规定，国务院办公厅内设三个秘书局。其中秘书一局负责办理国务院全体会议、国务院常务会议等会务及国务院领导同志内事活动、政府信息公开、文电收发运转和国徽印鉴管理、信息、档案、公文核稿、文印、机要通信和机要文件交换、办公厅保密、《国务院公报》和《国务院大事记》编辑等方面的工作。秘书二局负责办理发展改革、工业和信息化、财政、人力资源和社会保障、国土资源、环保、住房和城乡建设、交通运输、铁道、水利、农业、商务、银行、审计、国资监管、海关、税务、工商管理、质量监督、检验检疫、统计、林业、旅游、气象、证券、保险、电力监管、扶贫、供销、贸促及港澳经济等方面的文电、会务和督查调研工作。秘书三局负责办理教育、科技、国防、外事、政法、民族、监察、机构编制、民政、文化、卫生、人口计生、广电、新闻出版、体育、知识产权、宗教、参事、机关事务管理、港澳台侨、法制、地震、自然科学基金、妇女儿童、残疾人工作等方面的文电、会务和督查调研工作。联系全国人大、全国政协、军队、宣传、统战等方面的工作。承办国家科技教育领导小组的日常工作。综合前述规定，国务院法制办公室应当根据起草部门的情况将行政法规草案报送相应的秘书局进行复核。第二种情形是根据国务院常务会议精神修改的法律草案、行政法规草案报请国务院总理签署议案或者予以公布前，或者法律草案、行政法规草案采用传批方式报请国务院领导同志审批前，国务院法制办公室要先送起草部门和相关部门复核。

《关于法规审查有关工作程序规定的通知》第 4 条规定，根据《宪法》第 89 条的规定，国务院部门职权划分、管理体制等事项由国务院规定；对这些事项，国务院已经作出决定的，国务院各部门不得再通过任何途径提出不同意见。这表明，尽管国务院各有关部门可以在国务院法制办公室审查行政法规草案的过程中就草案所涉及的主要制度、方针政策、管理体制、权限分工等事项提出不同意见，但是如果这些事项属于国务院已经作出决定的有关国务院部门职权划分、管理体制等事项，则国务院各部门不得再通过任何途径提出不同意见。

专题二十三　行政法规的决定与公布

第七十六条　行政法规的决定

行政法规的决定程序依照中华人民共和国国务院组织法的有关规定办理。

【条文精释】

本条是有关行政法规决定程序的规定，准确地来说是有关行政法规决定程序的准用性规定，因为条文本身并没有直接规定相应的具体内容，而是准用《国务院组织法》的有关规定进行办理。行政法规的决定，是指国务院在对国务院法制机构经过审查之后提交的审查报告和行政法规草案修改稿进行认真研究的基础之上，就行政法规草案是否修改、如何修改、是否通过等事项作出的决定。根据本条的规定，该决定程序依照《国务院组织法》的有关规定办理。《国务院组织法》是关于国务院的组成、会议制度、领导制度、工作中的请示报告制度和机构设置的原则的重要法律。该法第 2 条第 2 款规定："国务院实行总理负责制。总理领导国务院的工作。副总理、国务委员协助总理工作。"因此，在讨论行政法规草案时，在充分发扬民主、听取意见和建议的基础上，由总理作出决策，决定是否修改、如何修改以及是否颁布实行。不实行少数服从多数的合议表决制。

《国务院组织法》第 4 条规定："国务院会议分为国务院全体会议和国务院常务会议。国务院全体会议由国务院全体成员组成。国务院常务会议由总理、副总理、国务委员、秘书长组成。总理召集和主持国务院全体会议和国务院常务会议。国务院工作中的重大问题，必须经国务院常务会议或者国务院全体会议讨论决定。"一项行政法规的颁布，往往是一项新的管理制度或措施的诞生；行政法规在全国范围内实施，具有普遍约束力，影响广泛；有的还规定有处罚措施，涉及行政相对人的切身利益。因此，一般来说，制定行政法规都属于国务院工作中的重大问题，都应当经国务院常务会议或者国务院全体会议讨论决定。当然，个别行政法规草案，各方面意见比较一致，实践经验比较成熟，调整对象比较简单，或者只对原有行政法规作少量条文修改，这类不属于重大问题的草案，可以由国务院领导书面审批或者召开总理办公会议决定。对此，根据《行政法规制定程序条例》第 26 条第 1 款的规定，行政法规草案由国务院常务会议审议，或者由国务院审批。《国务院工作规则》第 20 条也规定，国务院常务会议的主要任务包括了“审议行政法规草案”。另外，根据《行政法规制定程序条例》第 26 条第 2 款的规定，国务院常务会议审议行政法规草案时，由国务院法制机构或者起草部门作说明。说明的内容应当包括行政法规草案的起草过程、指导思想、草案的基本原则、对重要问题的处理办法，尤其应当说明对不同意见的协商结果。国务院常务会议或者全体会议讨论通过行政法规，没有严格的次数要求，多数情况下，一次会议即可通过；有的行政法规也可经过两次或者两次以上会议讨论通过。

【适用指引】

与《立法法》对于法律草案审议和表决程序的规定相比，对于行政法规草案决定程序的规定可以说是相当“简陋”的。虽然我们可以从《国务院组织法》的相关规定中合理地推导出行政法规草案的决定程序，但是一方面《国务院组织法》毕竟没有对行政法规草案的决定程序作出明确的规定，另一方面《国务院组织法》本身也是一部相当原则性、概括性的法律，该法仅有 11 个条文，有关规定也不够细致。因此，简单地规定行政法规草案的决定程序依照《国务院组织法》的有关规定办理不可避免地会导致一系列问题。

首先，我们在前面已经指出，根据《国务院组织法》第 2 条第 2 款的规定，行政法规草案的决定不实行少数服从多数的合议表决制，而是由总理作出决策。这是由国务院所实行的总理负责制所决定的。但是我们也应当注意到，行政机关所实行的首长负责制是基于行政效率的考虑，而行政立法本质上仍然属于立法，其与行政管理行为之间毕竟存在差别，如果一味地注重行政效率，就有可能导致行政立法受到行政性的影响。因此，在坚持首长负责制、保证行政效率的前提下，应当更加注重和强调行政法规决定程序中的民主原则和程序原则。国务院总理应当在听取各方面意见、集思广益的基础之上行使最后的决定权。

其次，根据《国务院组织法》《行政法规制定程序条例》《国务院工作规则》等法律法规和规范性文件的相关规定，行政法规草案既可以由国务院常务会议审议，也可以由国务院采取其他方式决定。区分的标准仅在于行政法规草案所涉及的事项是否属于"国务院工作中的重大问题"。从实践中的做法来看，采取其他方式决定的情况大约占到了1/3的比例，这类行政法规草案主要包括了法律的实施细则、对行政法规部分条款的修改以及调整事项比较单一、各方面意见一致又亟须出台的行政法规。笔者认为，不管是多么简单的行政法规，都会涉及公民、法人和其他组织的权利义务，都是重要的，也因此都属于"国务院工作中的重大问题"，否则就没有必要制定行政法规。与此同时，党的十八届四中全会《中共中央关于全面推进依法治国若干重大问题的决定》也明确要求"加强和改进政府立法制度建设，完善行政法规、规章制定程序"。因此，笔者认为在《立法法》第76条的条文本身尚未被修改的情况之下，在实践中应当坚持行政法规草案均经由国务院常务会议或全体会议决定，对于调整事项较为单一、各方面意见比较一致的行政法规草案，可以由国务院常务会议决定；而对于调整事项较为负责、经过反复协调之后各方面仍然有不同意见等情况的行政法规草案，则应当由国务院全体会议决定。也只有这样，才能够真正地贯彻民主原则，才能够真正地保证行政法规的立法质量。

第七十七条　行政法规的公布

> 行政法规由总理签署国务院令公布。
>
> 有关国防建设的行政法规，可以由国务院总理、中央军事委员会主席共同签署国务院、中央军事委员会令公布。

【条文精释】

本条是有关行政法规公布的规定。行政法规的公布是行政法规制定程序中的最后一个环节，未公布的法尚未广为人知，还不能发挥它调整社会关系、规范人们行为的作用。要使行政法规广为人知并发挥作用，必须将其公布于众，以便国家机关、公职人员和公民都能够了解、执行和遵守行政法规，从而实现行政立法的目的。因此，行政法规通过之后，要及时公布。

根据本条第1款的规定，行政法规由总理签署国务院令公布。这是由于总理是作为国家最高行政机关的国务院的首长，领导和主持国家行政机关的工作。《国务院组织法》第5条也规定："国务院发布的决定、命令和行政法规，向全国人民代表大会或者全国人民代表大会常务委员会提出的议案，任免人员，由总理签署。"总理签署公布行政法规，表明该项行政法规已经完成了立法程序，开始产生法律效力。总理公布行政法规,采取签署国务院令的形式。国务院令的内容通常包括该行政法规的制定机关、通过日期和施行时间。

本条第2款是本次《立法法》修改过程中新增的条款。根据《宪法》第93条第1款的规定,中华人民共和国中央军事委员会领导全国武装力量。《国防法》第15条则详尽地规定了中央军事委员会的职权。在实践中,部分涉及中央军事委员会职权的行政法规,采取国务院总理和中央军事委员会主席共同签署国务院、中央军事委员会令的形式予以公布。例如,2011年10月29日,时任国务院总理的温家宝和中央军事委员会主席的胡锦涛共同签署国务院、中央军事委员会令(第608号)公布了《退役士兵安置条例》。本次《立法法》修改将实践中的这一做法在法律层面予以确认,并明确了以此种形式公布的是“有关国防建设的行政法规”。

【适用指引】

本条在适用过程中主要的疑难点在于第2款规定。应注意到,2015年《立法法》在附则部分新增了一条有关军事法规、军事规章的规定,根据《立法法》第117条的规定,中央军事委员会根据宪法和法律,制定军事法规。军事法规、军事规章的制定、修改和废止办法,由中央军事委员会依照本法规定的原则规定。从而将军事法规、军事规章纳入了《立法法》调整的范围。在实践中也可以看出,军事法规是由中央军事委员会主席签署中央军事委员会命令予以公布的,例如2013年9月7日,中央军事委员会公布了《中国人民解放军警备条令》(军发〔2013〕50号)。随之而来的问题是,应当如何区分“有关国防建设的行政法规”和“军事法规”?

从制定主体的职权上来看,根据《宪法》第89条第10项的规定,国务院“领导和管理国防建设事业”,第93条则规定中央军事委员会“领导全国武装力量”。《国防法》对于这两者在该领域的职权进行了更为详尽的规定。根据《国防法》第14条和第15条的规定,国务院行使下列职权:(1)编制国防建设的有关发展规划和计划;(2)制定国防建设方面的有关政策和行政法规;(3)领导和管理国防科研生产;(4)管理国防经费和国防资产;(5)领导和管理国民经济动员工作和人民防空、国防交通等方面的建设和组织实施工作;(6)领导和管理拥军优属工作和退役军人保障工作;(7)与中央军事委员会共同领导民兵的建设,征兵工作,边防、海防、空防和其他重大安全领域防卫的管理工作;(8)法律规定的与国防建设事业有关的其他职权。中央军事委员会行使下列职权:(1)统一指挥全国武装力量;(2)决定军事战略和武装力量的作战方针;(3)领导和管理中国人民解放军、中国人民武装警察部队的建设,制定规划、计划并组织实施;(4)向全国人大或者全国人大常委会提出议案;(5)根据宪法和法律,制定军事法规,发布决定和命令;(6)决定中国人民解放军、中国人民武装警察部队的体制和编制,规定中央军事委员会机关部门、战区、军兵种和中国人民武装警察部队等单位的任务和职责;(7)依照法律、军事法规的规定,任免、培训、考核和奖惩武装力量成员;(8)决定武装力量的武器装备体制,制定武器装备发展规划、计划,协同国务院领导和管理国防科研生产;(9)会同国务院管理国防经费和国防资产;(10)领导和管理人民武装动员、预备役工作;(11)组织开展国际军事交流与合作;(12)法律规定的其他职权。从中可以看出,两者的职权是有所侧重和差别的,国务院的职权更侧重于有关国防建设事业的行政管理工作,而中央军事委员会的职权则更侧重于军事和武装方面的专门事项。我们在前面所举的两个例子中,以国务院、中央军事委员会令的形式公布的《退役士兵安置条例》对应了《国防法》第 14 条第 6 项规定的由国务院行使的“领导和管理拥军优属工作和退役军人保障工作”,而以中央军事委员会命令的形式公布的《中国人民解放军警备条令》则对应了《国防法》第 15 条第 6 项规定的“决定中国人民解放军、中国人民武装警察部队的体制和编制,规定中央军事委员会机关部门、战区、军兵种和中国人民武装警察部队等单位的任务和职责”。

但是,我们也应当注意到,国务院和中央军事委员会的职权之间仍然存在一定的重叠之处,例如《国防法》第 14 条第 4 项规定国务院“管理国防经费和国防资产”,第 15 条第 9 项则规定中央军事委员会“会同国务院管理国防经费和国防资产”,那么有关“管理国防经费和国防资产”的法规究竟属于“有关国防建设的行政法规”还是“军事法规”就成了一个问题。根据《国防法》第 40 条第 1 款的规定,国防资产所指的是“国家为武装力量建设、国防科研生产和其他国防建设直接投入的资金、划拨使用的土地等资源,以及由此形成的用于国防目的的武器装备和设备设施、物资器材、技术成果等”,以这一定义为标准来观察,《军工关键设备设施管理条例》《武器装备质量管理条例》《军服管理条例》等一系列法规都是以国务院、中央军事委员会令的形式予以公布的,但《中国人民解放军房地产管理条例》却是以中央军事委员会命令的形式予以公布的。又如《国防法》第 14 条第 7 项规定“与中央军事委员会共同领导民兵的建设,征兵工作,边防、海防、空防和其他重大安全领域防卫的管理工作”,涉及这些事项的法规究竟属于“有关国防建设的行政法规”还是“军事法规”同样也成了一个问题。

中央军事委员会于 2003 年 4 月 3 日发布的《军事法规军事规章条例》则在一

定程度上使这一问题更为复杂化，根据《军事法规军事规章条例》第 7 条第 2 款的规定，应当制定军事法规的事项包括以下几项：(1) 中国人民解放军的体制和编制；(2) 总部、军兵种、军区以及相当等级单位的任务和职责；(3) 中国人民解放军军事、政治、后勤、装备建设的基本制度；(4) 中国人民解放军的奖惩制度；(5) 为执行法律的规定需要制定军事法规的事项；(6) 其他属于中央军委职权范围的事项。这三大类事项交织在一起，使得"有关国防建设的行政法规"和"军事法规"之间的界分更加模糊。

尽管我们在此处所讨论的表面上是法规公布主体的问题，但是这一问题的实质在于军事法规的权限，其解决仍有待于立法者在对相关规范进行系统整理之后给出一个明确的规定。

第七十八条　行政法规的公布载体

行政法规签署公布后，及时在国务院公报和中国政府法制信息网以及在全国范围内发行的报纸上刊载。

在国务院公报上刊登的行政法规文本为标准文本。

【条文精释】

本条是有关行政法规的公布载体的规定。行政法规经签署公布之后，如果不及时通过一定的载体予以刊登，就难以使公民、法人和其他社会组织及时知晓行政法规的相关内容，进而对自己的行为进行调整。尤其是对于那些规定自公布之日起施行的行政法规，如果不能及时地使相关主体知晓相关内容，不可避免地会产生有关溯及力的问题。因此规定行政法规经签署公布后应及时刊载具有重要的意义。

根据本条第 1 款的规定，刊载行政法规的主体包括国务院公报、中国政府法制信息网和在全国范围内发行的报纸。这三类主体具有各自的优势所在。国务院公报的优势在于其权威性，但是其问题则在于公报的出版时间与行政法规的公布时间并不一致，在很多场合往往晚于甚至是大大晚于行政法规的公布时间，同时实践中国务院公报的覆盖面较为有限，在及时公布行政法规的内容方面存在一定的局限性。在全国范围内发行的报纸的优势在于时效性强、覆盖面广，在很大程度上弥补了国务院公报所存在的局限性，其问题则在于由于编辑校对上的失误有可能导致公布的行政法规文本上的错误。中国政府法制信息网是2015年《立法法》修改过程中新增的公布载体,随着信息技术的发展,采取网上公布的方式,无疑更有利于公民、法人和其他社会组织的获取与查阅。当然,从立法技术的角度来看,我们认为“中国政府法制信息网”在表述上存在值得商榷的地方,该网站实际上是原国务院法制办公室的官方网站,但是“中国政府法制信息网”作为一个网站的站名,是有可能发生改变的。我们可以注意到,《立法法》对于类似的情形都没有使用特定主体在当前所使用的名称,而是使用了一个描述性的、具有包容性的表述,例如对于国务院法制办公室就称为“国务院法制机构”。因此,在《立法法》这样一个严肃的、要求一定稳定性的法律文本中,使用类似“中国政府法制信息网”的表述是不严谨的,更为妥当的表述是“国务院法制机构官方网站”。

根据本条第2款的规定,在国务院公报上刊登的行政法规文本为标准文本。在实践中,行政法规经签署公布之后,除了本条第1款所规定的应当及时刊载的三类主体之外,还会有其他报纸、杂志、书籍予以刊登,事后还会有各种“汇编”“全书”“大全”等书籍收录行政法规,但由于编辑校对工作不到位,各种文本之间出现不一致的情况时有发生,不够严肃。为了便于执法和司法,必须明确标准文本。因此,《立法法》规定,在国务院公报上刊登的行政法规文本为标准文本。文本之间发生不一致时,应当以公报上刊登的文本为准。

专题二十四　对行政法规的暂时调整或者暂时停止适用

第七十九条　对行政法规的暂时调整或者暂时停止适用

> 国务院可以根据改革发展的需要，决定就行政管理等领域的特定事项，在规定期限和范围内暂时调整或者暂时停止适用行政法规的部分规定。

【条文精释】

本条是关于国务院决定对行政法规进行暂时调整或者暂时停止适用的规定，是2023年修改《立法法》时新增的条文。

2014年召开的党的十八届四中全会通过《中共中央关于全面推进依法治国若干重大问题的决定》，在其中强调“实现立法和改革决策相衔接，做到重大改革于法有据、立法主动适应改革和经济社会发展需要。实践证明行之有效的，要及时上升为法律。实践条件还不成熟、需要先行先试的，要按照法定程序作出授权”。2015年修改《立法法》时，新增一条作为第13条，对法律层面的暂时调整或者暂时停止适用作出了规定，当时尚没有就行政法规层面的暂时调整或者暂时停止适用作出规定。

不过，此类对行政法规进行暂时调整或者暂时停止适用的实践做法在2014年之前就已经出现。例如，国务院于2013年12月21日发布《关于在中国（上海）自由贸易试验区内暂时调整有关行政法规和国务院文件规定的行政审批或者准入特别管理措施的决定》，分别围绕“改革外商投资管理模式”和“扩大服务业开放”两个方面，暂时调整了若干部行政法规中规定的有关行政审批和其他特别管理措施。值得注意的是，虽然这份决定援引了全国人大常委会《关于授权国务院在中国（上海）自由贸易试验区暂时调整有关法律规定的行政审批的决定》作为制定依据，但是后一份决定仅授权国务院暂时调整相关法律中规定的有关行政审批。因此在这一时期,国务院作出的此类决定仍然具有一定的创制性。

2017 年 12 月 22 日,国务院公布了修改后的《行政法规制定程序条例》,其中新增一条作为第 35 条:“国务院可以根据全面深化改革、经济社会发展需要,就行政管理等领域的特定事项,决定在一定期限内在部分地方暂时调整或者暂时停止适用行政法规的部分规定。”实际上也就是 2023 年《立法法》新增的第 79 条的“前身”。

根据本条规定,对行政法规进行暂时调整或者暂时停止适用的目的是“改革发展的需要”。例如,国务院于 2020 年 9 月 25 日发布的《关于同意在浙江省暂时调整实施有关行政法规规定的批复》中就指出,“为进一步深化‘放管服’改革优化营商环境”,同意在浙江省暂时调整实施 4 部行政法规的有关规定。对行政法规进行暂时调整或者暂时停止适用的事项要件是“行政管理等领域的特定事项”。在 2023 年修改《立法法》之前,有关暂时调整或者暂时停止适用法律的事项要件也是“行政管理等领域的特定事项”,2023 年修改则删去了“行政管理等领域”的限制。两相对比可以看出对行政法规进行暂时调整或者暂时停止适用在事项要件层面的特殊性。对行政法规进行暂时调整或者暂时停止适用的时间和范围要件是“规定期限和范围”,同《行政法规制定程序条例》第 35 条中规定的“在一定期限内在部分地方”一致,《立法法》中的条文表述同修改后的有关“暂时调整或者暂时停止适用法律”的第 16 条第 1 款保持了一致。实践中,有一些决定对暂时调整的期限作出了明确规定。例如,前引的《关于同意在浙江省暂时调整实施有关行政法规规定的批复》就规定“自即日起至 2023 年 12 月 31 日……”但也有一些决定没有对暂时调整或者暂时停止适用的期限作出了明确规定。在《立法法》对于此类决定作出明确规定之后,后续的决定应当严格遵循立法法的规定进行。

专题二十五 地方性法规、自治条例和单行条例的权限

第八十条 省级地方性法规的制定

> 省、自治区、直辖市的人民代表大会及其常务委员会根据本行政区域的具体情况和实际需要，在不同宪法、法律、行政法规相抵触的前提下，可以制定地方性法规。

【条文精释】

本条是关于省级地方性法规的制定权限的规定。在2023年《立法法》修改之前，省级地方性法规和设区的市级地方性法规被规定在同一个条文之后。2023年《立法法》修改，将关于省级地方性法规的规定单独列为一个条文。

从地方性法规的制定主体来看，1979年通过的《地方各级人民代表大会和地方各级人民政府组织法》第6条规定："省、自治区、直辖市的人民代表大会根据本行政区域的具体情况和实际需要，在和国家宪法、法律、政策、法令、政令不抵触的前提下，可以制订和颁布地方性法规，并报全国人民代表大会常务委员会和国务院备案。"第27条规定："省、自治区、直辖市的人民代表大会常务委员会在本级人民代表大会闭会期间，根据本行政区域的具体情况和实际需要，在和国家宪法、法律、政策、法令、政令不抵触的前提下，可以制订和颁布地方性法规，并报全国人民代表大会常务委员会和国务院备案。"首次在法律层面确立了地方立法权。1982年通过的《宪法》第100条规定："省、直辖市的人民代表大会和它们的常务委员会，在不同宪法、法律、行政法规相抵触的前提下，可以制定地方性法规，报全国人民代表大会常务委员会备案。"在宪法层面确认了1979年《地方各级人民代表大会和地方各级人民政府组织法》的规定。2000年通过的《立法法》也延续了上述规定。

从地方性法规的制定原则来看，包括两个方面。首先是根据本行政区域的具

体情况和实际需要的原则。地方性法规的特性之一是具有地方性，也就是说，第一，制定地方性法规的主体只能是地方国家权力机关；第二，地方性法规的内容应适应地方的实际情况，解决本行政区域的实际问题；第三，地方性法规的效力只限于本行政区域，超出本行政区域即没有约束力。在制定地方性法规的过程中，无论是制定执行性的地方性法规，还是在中央尚未立法而先行立法的情况下，都要注意根据本地方的具体情况和实际需要，有针对性地立法。那种在地方立法中贪大求全的倾向，是不可取的。另外，地方性法规所规范的事项，应只限于本行政区域，不能超越这个范围。如有的地方性法规的内容涉及水污染治理的事项，如果水域只限于本行政区域，本地方制定这样的法规无疑是可以的；但如果水域是跨不同的行政区域的，那么一个行政区域的地方性法规对全流域的污染问题作出规定，就是不适当的，即使制定出来，也无法得到执行。

其次是不同宪法、法律、行政法规相抵触的原则。宪法是国家的根本大法，法律、行政法规是地方性法规的上位法，制定地方性法规不能同宪法、法律和行政法规相抵触，否则即是无效的。多年来，由于宪法和法律对于地方性法规的权限未作具体界定，因此，对于"不抵触"，在理论界和实践中有不同的理解。有的意见认为，既然宪法和法律对地方性法规只规定不相抵触原则和报备案制度，对地方立法权限并无明确的限制性规定，因此，地方性法规只要遵循了不抵触原则，只要是地方实际需要的，都可以制定，即使涉及中央统一管理的事项，地方性法规也不是不可以规定。有的意见则认为，地方性立法从属于中央立法，地方性法规不仅不能同宪法、法律和行政法规的规定不一致，对于中央尚未立法的事项，地方性法规不应先行立法。无论是从理论上还是从实践中看，上述两种对"不抵触"原则或过宽或过窄的理解都失之偏颇。我国《宪法》规定，中央和地方国家机构的职权划分，遵循在中央统一领导下充分发挥地方主动性、积极性的原则。"不抵触"原则正是在地方性法规与中央立法的关系上体现了上述中央与地方关系总的原则。根据不抵触原则，第一，地方性法规的制定要有利于国家法制统一，只能由法律规定的事项，地方性法规不能涉及；法律、行政法规已经作出规定的，地方性法规不能与之相违背。第二，在地方性法规的制定中，应充分发挥地方立法的主动性和积极性，通过制定地方性法规，结合本地方的具体情况和实际需要，因地制宜，保证宪法、法律和行政法规的实施，同时有针对性地解决地方性事务。对于专属立法权之外的事项，考虑到国家处于改革时期，中央立法不能一步到位的，地方可以先行立法，在总结实践经验后，再上升为中央立法。

第八十一条　设区的市级地方性法规的制定

设区的市的人民代表大会及其常务委员会根据本市的具体情况和实际需要，在不同宪法、法律、行政法规和本省、自治区的地方性法规相抵触的前提下，可以对城乡建设与管理、生态文明建设、历史文化保护、基层治理等方面的事项制定地方性法规，法律对设区的市制定地方性法规的事项另有规定的，从其规定。设区的市的地方性法规须报省、自治区的人民代表大会常务委员会批准后施行。省、自治区的人民代表大会常务委员会对报请批准的地方性法规，应当对其合法性进行审查，认为同宪法、法律、行政法规和本省、自治区的地方性法规不抵触的，应当在四个月内予以批准。

省、自治区的人民代表大会常务委员会在对报请批准的设区的市的地方性法规进行审查时，发现其同本省、自治区的人民政府的规章相抵触的，应当作出处理决定。

除省、自治区的人民政府所在地的市，经济特区所在地的市和国务院已经批准的较大的市以外，其他设区的市开始制定地方性法规的具体步骤和时间，由省、自治区的人民代表大会常务委员会综合考虑本省、自治区所辖的设区的市的人口数量、地域面积、经济社会发展情况以及立法需求、立法能力等因素确定，并报全国人民代表大会常务委员会和国务院备案。

自治州的人民代表大会及其常务委员会可以依照本条第一款规定行使设区的市制定地方性法规的职权。自治州开始制定地方性法规的具体步骤和时间，依照前款规定确定。

省、自治区的人民政府所在地的市，经济特区所在地的市和国务院已经批准的较大的市已经制定的地方性法规，涉及本条第一款规定事项范围以外的，继续有效。

【条文精释】

本条是关于设区的市地方性法规的制定权限的规定。2023 年修改《立法法》时，除了将该条同关于省级地方性法规的第 80 条分列为两条之外，还在本条第一款中新增了“基层治理”作为制定设区的市级地方性法规的事项，并将原先的“环境保护”修改为“生态文明建设”。

从地方性法规的制定主体来看，1982 年《宪法》同时对《地方组织法》进行了修改。1982 年修改的《地方各级人民代表大会和地方各级人民政府组织法》第 27 条第 2 款规定："省、自治区的人民政府所在地的市和经国务院批准的较大的市的人民代表大会常务委员会，可以拟订本市需要的地方性法规草案，提请省、自治区的人民代表大会常务委员会审议制定，并报全国人民代表大会常务委员会和国务院备案。"1986 年《地方各级人民代表大会和地方各级人民政府组织法》又进行了一次修改，修改后的《地方各级人民代表大会和地方各级人民政府组织法》第 7 条第 2 款规定："省、自治区的人民政府所在地的市和经国务院批准的较大的市的人民代表大会根据本市的具体情况和实际需要，在不同宪法、法律、行政法规和本省、自治区的地方性法规相抵触的前提下，可以制定地方性法规，报省、自治区的人民代表大会常务委员会批准后施行，并由省、自治区的人民代表大会常务委员会报全国人民代表大会常务委员会和国务院备案。"第 38 条第 2 款规定："省、自治区的人民政府所在地的市和经国务院批准的较大的市的人民代表大会常务委员会，在本级人民代表大会闭会期间，根据本市的具体情况和实际需要，在不同宪法、法律、行政法规和本省、自治区的地方性法规相抵触的前提下，可以制定地方性法规，报省、自治区的人民代表大会常务委员会批准后施行，并由省、自治区的人民代表大会常务委员会报全国人民代表大会常务委员会和国务院备案。"

2000 年通过的《立法法》第 63 条第 2 款规定："较大的市的人民代表大会及其常务委员会根据本市的具体情况和实际需要，在不同宪法、法律、行政法规和本省、自治区的地方性法规相抵触的前提下，可以制定地方性法规，报省、自治区的人民代表大会常务委员会批准后施行。"同条第 4 款规定："本法所称较大的市是指省、自治区的人民政府所在地的市，经济特区所在地的市和经国务院批准的较大的市。"2015 年修改《立法法》之后，将有权制定地方性法规的主体从"较大的市"扩大到所有"设区的市"，同时明确自治州的人大及其常委会也可以行使设区的市制定地方性法规的职权。此外，根据 2015 年 3 月 15 日十二届全国人大三次会议通过的《关于修改〈中华人民共和国立法法〉的决定》和 2023 年 3 月 13 日十四届全国人大一次会议通过的《关于修改〈中华人民共和国立法法〉的决定》，广东省东莞市和中山市、甘肃省嘉峪关市、海南省三沙市和儋州市，比照适用《立法法》有关赋予设区的市地方立法权的规定。

从地方性法规的制定原则来看，设区的市级地方性法规也需要遵循"根据本行政区域的具体情况和实际需要"和"不同宪法、法律、行政法规和本省、自治区的地方性法规相抵触"。值得注意的是，相比起省级地方性法规而言，设区的市级地方性法规不得抵触的对象中还包括“本省、自治区的地方性法规相抵触”。因此，本条第1款的后半段规定了省级人大常委会对设区的市级地方性法规的合法性审查机制。

从地方性法规的制定事项来看，2015年修改《立法法》时，一方面扩大了有权制定地方性法规的主体，另一方面又将设区的市级地方性法规的制定事项明确为“城乡建设与管理、环境保护、历史文化保护等方面的事项”。此后，在设区的市行使地方立法权的实践中，不少地方就特定的具体事项来函询问是否属于设区的市立法权限，全国人大常委会法工委基本上都作了肯定答复，支持设区的市的立法需求。因此，实践中对“城乡建设与管理”范围的理解和把握是较为宽泛的。在2023年《立法法》修改过程中，一些地方建议适当扩大设区的市立法权限，以适应实践中地方不断增长的立法需求。考虑到设区的市的特点和地方创新基层治理的实际需要，增加规定设区的市可以对“基层治理”事项制定地方性法规；同时，根据2018年《宪法修正案》有关表述，将“环境保护”修改为“生态文明建设”，进一步适应设区的市制定地方性法规的实际需要。①

第八十二条　地方性法规的权限

> 地方性法规可以就下列事项作出规定：
>
> （一）为执行法律、行政法规的规定，需要根据本行政区域的实际情况作具体规定的事项；
>
> （二）属于地方性事务需要制定地方性法规的事项。
>
> 除本法第十一条规定的事项外，其他事项国家尚未制定法律或者行政法规的，省、自治区、直辖市和设区的市、自治州根据本地方的具体情况和实际需要，可以先制定地方性法规。在国家制定的法律或者行政法规生效后，地方性法规同法律或者行政法规相抵触的规定无效，制定机关应当及时予以修改或者废止。
>
> 设区的市、自治州根据本条第一款、第二款制定地方性法规，限于本法第八十一条第一款规定的事项。
>
> 制定地方性法规，对上位法已经明确规定的内容，一般不作重复性规定。

① 参见童卫东：《新〈立法法〉的时代背景与内容解读》，载《中国法律评论》2023年第2期。

【条文精释】

本条是对地方性法规的权限范围的规定。2023 年修改《立法法》时，根据相关条文的序号变化，对本条第 2 款和第 3 款中引用的条文序号进行了相应修改，具体内容没有发生变动。

在《立法法》制定的过程中，对于如何划分中央与地方的立法权限范围，提出过三种方案：第一种是对中央和地方权限范围一一作出列举；第二种是维持宪法的现行规定，不作进一步明确；第三种是划出一块全国人大及其常委会的专属立法权限，对地方性法规的权限范围只作原则规定。第一种方案既不符合我国的体制，又不可行。这是因为，我国是单一制国家，地方的权力是中央赋予的，不存在只能由地方立法而中央不能立法的情况，同时，实际上也很难对中央和地方的立法权限都作出列举。第二种方案是维持现状的意见，不能解决现实中存在的立法权限不明确的问题。经过反复研究，立法机关采取第三种方案，在规定全国人大及其常委会的专属立法权后，对地方性法规的权限范围作出了原则规定。

根据本条的规定，地方性法规可以作出规定的事项，包括以下三类。

（一）为执行法律、行政法规的规定，需要根据本行政区域的实际情况作具体规定的事项

这一规定是指在有上位法的情况下，为保证法律和行政法规的实施，地方性法规可以制定执行性的规定。法律和行政法规是要在全国范围内实行的，为了符合全国各地情况，有些规定只能比较概括和原则，比较具体的规定则需要由地方性法规根据本行政区的实际情况加以制定，这样才利于更好地根据实际情况执行法律和行政法规。在一些法律和行政法规中对此作出了明确的规定，如《全国人民代表大会和地方各级人民代表大会选举法》第 60 条规定："省、自治区、直辖市的人民代表大会及其常务委员会根据本法可以制定选举实施细则，报全国人民代表大会常务委员会备案。"对于上述规定，地方人大及其常委会应当制定地方性法规，这是地方人大及其常委会的职责。地方制定执行性的、具体化的规定，不能和法律、行政法规相抵触。

这里，有两个问题需要注意：第一，根据《立法法》的规定，地方应对确有需要作具体规定的事项制定地方性法规，哪些方面需要规定就规定哪些方面，不要构筑体系，对法律、行政法规的规定不要作不必要的重复。第二，地方性法规应当以法律、行政法规规定为依据作出具体化的或补充的规定，但不能同法律或行政法规相抵触。

（二）地方性事务中需要制定地方性法规的事项

何为地方性事务？地方性事务是与全国性的事务相对应的，地方性事务是指具有地方特色的事务，一般来说，不需要或在可预见的时期内不需要由全国制定法律、行政法规作统一规定。例如，对本行政区域内某一风景名胜的保护，就属于地方性的事务，一般来说不需要国家作出规定。又如，禁放烟花爆竹，在某些城市中被认为是必要的，因此他们制定了禁放烟花爆竹的地方性法规，而在其他城市则被认为燃放烟花爆竹不应当受到限制，因此，这类事项显然不必要由国家统一立法。

（三）在全国人大及其常委会专属立法权之外，中央尚未立法的事项

最高国家权力机关的专属立法权，是地方性法规的"禁区"，无论国家是否制定法律，地方都不能作出规定，否则地方性法规就是越权，是无效的。对于最高国家权力机关专属立法权以外、国家尚未制定法律或者行政法规的事项，则允许地方性法规先行作出规定。在实际立法实践中，即使是允许地方先行作出规定的，如果涉及中央统一管理的事项，地方也不宜作出规定。因此，在国家立法出台前，地方可以先制定地方性法规，以解决地方的实际问题。但中央一旦立法，由于法律和行政法规的位阶高于地方性法规，地方性法规同法律或行政法规相抵触的规定即为无效，制定机关应当及时进行修改或者废止。

第八十三条　区域协同立法

> 省、自治区、直辖市和设区的市、自治州的人民代表大会及其常务委员会根据区域协调发展的需要，可以协同制定地方性法规，在本行政区域或者有关区域内实施。
>
> 省、自治区、直辖市和设区的市、自治州可以建立区域协同立法工作机制。

【条文精释】

本条是有关区域协同立法的规定，是2023年修改《立法法》时新增的条文。

党的十八大以来，区域协调发展战略上升为国家战略，成为统筹推进"五位一体"总体布局、协调推进"四个全面"战略布局和全面贯彻落实新发展理念的重大战略部署。党的二十大报告提出要"促进区域协调发展""深入实施区域协调发展战略"。在这一背景下，区域协同立法成为近年来不少地方立法的创新做法，从实践来看，京津冀、长三角已经形成比较成熟的立法协同工作机制，山西、福建、山东、

江西、湖北、湖南、广西、云南、贵州、重庆、四川等不少地方也进行了积极探索。中央人大工作会议明确提出，建立健全区域协同立法、流域立法、共同立法工作机制。2022 年修改的《地方各级人民代表大会和地方各级人民政府组织法》，对区域协同立法作出了原则规定。2023 年修改《立法法》过程中，不少地方建议总结实践中的成熟经验和做法，对区域协同立法作出规定。因此，为贯彻国家区域协调发展战略和中央人大工作会议精神，适应地方实践需要，增加规定：“省、自治区、直辖市和设区的市、自治州的人民代表大会及其常务委员会根据区域协调发展的需要，可以协同制定地方性法规，在本行政区域或者有关区域内实施。”“省、自治区、直辖市和设区的市、自治州可以建立区域协同立法工作机制。”①

根据本条第 1 款的规定，协同制定地方性法规，既可以在省级层面进行，也可以在设区的市级层面进行。前一种情况的典型例子是京津冀三地围绕大气污染防治问题进行的区域协同立法。北京市人大于 2014 年通过了《北京市大气污染防治条例》，天津市人大于 2015 年通过了《天津市大气污染防治条例》，河北省人大于 2016 年通过了《河北省大气污染防治条例》。这三部条例中均不同程度地规定了大气污染协同防治的内容，如《天津市大气污染防治条例》第 69 条规定：“本市与北京市、河北省及周边地区建立大气污染防治协调合作机制，定期协商区域内大气污染防治重大事项。”《河北省大气污染防治条例》第 61 条第 1 款规定：“省人民政府应当与北京市、天津市以及其他相邻省、自治区人民政府建立大气污染防治协调机制，定期协商大气污染防治重大事项，按照统一规划、统一标准、统一监测、统一防治措施的要求，开展大气污染联合防治，落实大气污染防治目标责任。”在设区的市级层面，如四川省成都市、德阳市、眉山市、资阳市四地的人大常委会于 2021 年 12 月通过《关于加强区域协同立法推动成德眉资同城化更高质量发展的决定》。

同时，本条第 1 款还规定协同制定的地方性法规“在本行政区域或者有关区域内实施”。例如，前面提及的《北京市大气污染防治条例》和《河北省大气污染防治条例》都明确“本条例适用于本市/本省行政区域内大气污染防治”。

根据本条第 2 款的规定，省、自治区、直辖市和设区的市、自治州可以建立区域协同立法工作机制。例如，京津冀三地就于 2015 年 3 月召开了首次京津冀协同立法工作会议，通过了《关于加强京津冀人大协同立法的若干意见》。此后，三省市

---

①　童卫东：《新〈立法法〉的时代背景与内容解读》，载《中国法律评论》2023 年第 2 期。

制定了多个立法协同文件，探索确立了顺畅有效的协同立法机制。目前，联席会议已经成为三省市商讨立法工作的重要机制。联席会议每年至少召开一次会议，采取三方轮流负责的方式，交流年度立法计划和三省市重要法规的立法工作，研究讨论协同立法相关文件，研究协同立法有关专门问题。

第八十四条　经济特区法规

> 经济特区所在地的省、市的人民代表大会及其常务委员会根据全国人民代表大会的授权决定，制定法规，在经济特区范围内实施。
>
> 上海市人民代表大会及其常务委员会根据全国人民代表大会常务委员会的授权决定，制定浦东新区法规，在浦东新区实施。
>
> 海南省人民代表大会及其常务委员会根据法律规定，制定海南自由贸易港法规，在海南自由贸易港范围内实施。

【条文精释】

本条是对经济特区法规的规定。2023 年修改《立法法》时，本条新增了第 2 款和第 3 款，分别对浦东新区法规和海南自由贸易港法规作出了规定。

经济特区法规是经济特区所在地的省、市的人大及其常委会根据全国人大的授权决定制定的在经济特区范围内实施的法规。经济特区法规是我国地方立法的一种特殊形式。我国的经济特区和经济特区立法是改革开放的产物。1980 年 8 月 2 日，国务院向全国人大常委会提出了在广东省的深圳、珠海、汕头和福建省的厦门设立经济特区，并同时将《广东省经济特区条例（草案）》提请审议。同年 8 月 26 日，五届全国人大常委会十五次会议批准了国务院提出的《广东省经济特区条例》。此后，全国人大及其常委会作出了一系列关于经济特区立法的授权决定。1981 年 11 月 26 日，五届全国人大常委会第二十一次会议决定授权广东省、福建省人大及其常委会，根据有关的法律、法令和政策规定的原则，按照各该省经济特区的具体情况和实际需要，制定经济特区的各项单行经济法规，并报全国人大常委会和国务院备案。1988 年 4 月 13 日，七届全国人大一次会议决定划定海南岛为海南经济特区，同时，授权海南省人大及其常委会，根据海南经济特区的具体情况和实际需要，遵循国家有关法律、全国人大及其常委会有关决定和国务院有关行政法规的原则制定法规，在海南经济特区实施，并报全国人大常委会和国务院备案。经济特区立法开始以来，广东省、福建省以及海南省人大及其常委会根据国家法律、法规和政策以及国务院的行政法规的原则，结合经济特区的实际情况，制定了大量的经济特区法规，对于经济特区的经济建设和改革开放，发挥了重要作用。为了更好地发挥经济特区的作用，1992 年 7 月 1 日，七届全国人大常委会第二十六次会议、1994 年 3 月 22 日八届全国人大二次会议和 1996 年 3 月 17 日八届全国人大四次会议，分别决定授权深圳市、厦门市和汕头市、珠海市的人大及其常委会和各该市的人民政府分别制定法规和规章，分别在各该经济特区实施。

一、关于经济特区法规的性质和效力

有关授权决定未对经济特区法规性质作出规定，《立法法》第 101 条第 2 款规定了经济特区法规在经济特区内的优先适用效力以及解决法律冲突的原则，但未明确它的性质和效力等级。由于理论上对经济特区法规与法律和行政法规、部门规章、一般地方性法规等几层关系的理解不一致，在执法、司法实践中，尤其是经济特区与非经济特区之间的经济案件审理中的法律、法规冲突现象比较严重。

（1）以“代理说”为理论依据，提出经济特区法规实质上是最高国家权力机关向经济特区让渡部分国家立法权，是全国人大立法权的逻辑衍生，超越了一般地方立法的范畴，享有与全国人大立法同等的效力。

（2）以“立法权转移说”为理论基础，提出立法主体通过授权行为使其立法权转移到一个无此项法定立法权的国家机关，立法权性质的转移意味着授权立法的地位应与接受授权机关原来的立法地位相适应。据此，经济特区法规的效力等级等同于经济特区所在地运用较大市立法权制定的地方性法规。

（3）部分学者提出经济特区法规是一种新型授权立法，它既非国家立法权的一部分，也不同于地方的立法模式，是一种新型的地方立法权。

一些人提出，经济特区法规是中国改革开放的特色产物，传统理论很难为其性质与效力提供依据。经济特区法规与法律、行政法规、一般地方性法规之间的关系，关系到利益调整和权力冲突问题，很难靠法律诠释来解决。

二、关于经济特区法规的权限

有关授权决定采用笼统的表述，规定“根据具体情况和实际需要，遵循宪法的规定以及法律和行政法规的基本原则，制定法规”。《立法法》则规定“经济特区法规根据授权对法律、行政法规、地方性法规作变通规定”。通常认为经济特区法规可以对法律和行政法规进行变通和填缺。但如何界定“基本原则”的内涵、“变通”的尺度、“填缺”的空间，在理论和实践中一直争议较大。

(1)关于“法律和行政法规的基本原则”。一种意见认为,应指该法律或行政法规的基本宗旨和指导思想、所需确立的基本制度以及该法律或行政法规总则中规定的贯穿于该整个法律或法规的总原则,有关世界贸易组织的规则也应包含在基本原则范畴内。另一种意见认为,“法律、行政法规的基本原则”是法律或行政法规的立法精神和倾向,为了便于经济特区立法创新,在理解上宜粗不宜细,必要时再就具体立法问题请全国人大常委会作出指导和解释。

(2)关于授权立法的事项范围,主要有以下一些意见和建议:①依据《立法法》规定,有关国家机关、国家主权、刑事法律制度、公民基本政治权利和人身自由权利、司法制度以及明确属于国家事权的立法权,必须由全国人大及其常委会行使,不属授权范围。从七个法律部门对应分析,经济特区法规不能涉及宪法和宪法相关法、刑法、诉讼与非诉讼程序法,行政法、民法、商法、经济法、社会法的立法领域,则可在一定范围内涉及。②对于立法法中规定的十项专属立法权,经济特区法规不能笼统突破,其中相对保留的立法权限,可由全国人大通过一事一授的形式授权。③可以增设有关请求授权立法的制度,根据需要,经济特区所在地的省市的人大及其常委会可以向全国人大及其常委会提出授权立法的请求,全国人大代表或全国人大常委会组成人员也可以依法提出授权立法议案,由全国人大及其常委会决定。④鉴于经济特区建立之初授权立法的需要,当时采取了“一揽子”授权方式,但随着法制的健全和完善的需要,现在应采取限制和列举并用的方式,在法律中对经济特区立法的权限范围作出明确规定。

三、关于经济特区法规的监督机制

分析授权决定和立法法的有关内容,关于经济特区法规的监督机制包括两个层面:一是授权机关有权撤销被授权机关制定的超越授权范围或者违背授权目的的法规,必要时可以撤销授权。二是接受经济特区法规备案的机关对经济特区法规的审查。

有些人认为,作为经济特区立法的授权机关,全国人民代表大会会期较短,难以对授权实施真正的监督。在备案上,也存在几个方面的问题。一是在备案主体上,根据相关授权规定,备案主体涉及全国人大常委会、国务院和省人大常委会三个主体,后两者有无审查权,并无规范明确。二是在理论上,备案审查的标准不明确,三个备案机关之间缺乏有效的沟通,各备案机关可能会基于对“基本原则”的不同理解,作出相互矛盾的审查结论。三是从实践中看,备案机关对报送备案的规范性文件存在备而不查、流于形式的现象。对此,学者强调要完善经济特区法规备案审查制度和法规冲突协调机制作为完善有关立法的重要内容，同时建立对备案的主动审查制度和终止授权立法的明示制度。

有的学者提出，授权立法监督包括对程序的监督，许多国家都在授权法中明确规定了授权立法程序，被授权机关必须按照程序立法，否则监督机关可以以违反程序要求而宣布授权立法无效。一些学者还提出，要建立重要授权立法的批准制度，一些重要的授权立法应当在授权主体审查批准后才能生效。

四、关于经济特区法规存续的必要性

随着改革开放的全面深入，对经济特区法规存续的必要性出现了一些不同看法。有人提出，经济特区法规是改革开放特定阶段的产生，随着社会主义市场经济的不断完善和中国加入世界贸易组织，经济特区优惠政策优势日益弱化，它的历史使命已经宣告完成，应予以废止，但也有人提出，从我国改革开放和经济社会发展的现实来看，经济特区还将在一段时期内存在，经济特区法规要继续为它提供制度创新的动力，从这个意义上来说，今后经济特区的特殊之处就在于有授权立法权。

五、浦东新区法规和海南自由贸易港法规

本条第 2 款和第 3 款分别对浦东新区法规和海南自由贸易港法规作出了规定。

2021 年 6 月 10 日，全国人大常委会通过了《关于授权上海市人民代表大会及其常务委员会制定浦东新区法规的决定》。该决定提出，“为建立完善与支持浦东大胆试、大胆闯、自主改相适应的法治保障体系，推动浦东新区高水平改革开放，打造社会主义现代化建设引领区”“一、授权上海市人民代表大会及其常务委员会根据浦东改革创新实践需要，遵循宪法规定以及法律和行政法规基本原则，制定浦东新区法规，在浦东新区实施。二、根据本决定制定的浦东新区法规，应当依照《中华人民共和国立法法》的有关规定分别报全国人民代表大会常务委员会和国务院备案。浦东新区法规报送备案时，应当说明对法律、行政法规、部门规章作出变通规定的情况”。

同样是在 2021 年 6 月 10 日，全国人大常委会通过了《海南自由贸易港法》。该法第 10 条规定：“海南省人民代表大会及其常务委员会可以根据本法，结合海南自由贸易港建设的具体情况和实际需要，遵循宪法规定和法律、行政法规的基本原则，就贸易、投资及相关管理活动制定法规（以下称海南自由贸易港法规），在海南自由贸易港范围内实施。海南自由贸易港法规应当报送全国人民代表大会常务委员会和国务院备案；对法律或者行政法规的规定作变通规定的，应当说明变通的情况和理由。海南自由贸易港法规涉及依法应当由全国人民代表大会及其常务委员会制定法律或者由国务院制定行政法规事项的,应当分别报全国人民代表大会常务委员会或者国务院批准后生效。”

据介绍,在2023年《立法法》修改过程中,对要不要在立法法作出规定,进行过认真研究。在十四届全国人大一次会议上,有些代表提出浦东新区法规、海南自由贸易港法规是新时代地方立法的新形式,是国家立法体制创新发展的重大制度成果,应当在《立法法》中固定下来;但也有代表认为这是两种特殊的地方立法形式,不需要在《立法法》中规定。考虑到全国人大常委会授权制定浦东新区法规、海南自由贸易港法规,是为我国推进更高水平上对外开放提供法制保障,具有象征意义,而且这两种法规是新的地方立法形式,《立法法》作为规范立法制度的基本法律,对此作出规定是必要的。[①]

第八十五条　自治条例和单行条例

> 民族自治地方的人民代表大会有权依照当地民族的政治、经济和文化的特点,制定自治条例和单行条例。自治区的自治条例和单行条例,报全国人民代表大会常务委员会批准后生效。自治州、自治县的自治条例和单行条例,报省、自治区、直辖市的人民代表大会常务委员会批准后生效。
>
> 自治条例和单行条例可以依照当地民族的特点,对法律和行政法规的规定作出变通规定,但不得违背法律或者行政法规的基本原则,不得对宪法和民族区域自治法的规定以及其他有关法律、行政法规专门就民族自治地方所作的规定作出变通规定。

【条文精释】

本条是对自治条例和单行条例的制定原则、报批程序以及变通范围的规定。

制定自治条例和单行条例是自治机关行使自治权的重要方式。自治条例是民族自治地方的人民代表大会依照当地民族的政治、经济和文化的特点制定的全面调整本自治地方事务的综合性规范性文件。单行条例是民族自治地方的人民代表大会依照当地民族的政治、经济、文化的特点制定的调整本自治地方某方面事务的

---

① 参见童卫东:《新〈立法法〉的时代背景与内容解读》,载《中国法律评论》2023年第2期。

规范性文件。自治条例集中体现民族自治地方的自治权，具有民族自治地方总章程的性质；单行条例是民族自治地方行使某一方面自治权的具体规定，单行条例应当遵循自治条例的规定。

关于自治条例和单行条例制定中应遵循的原则。本条第1款规定："民族自治地方的人民代表大会有权依照当地民族的政治、经济和文化的特点，制定自治条例和单行条例。"根据这一原则，自治条例和单行条例在权限范围内可以对法律和行政法规予以变通。自治条例和单行条例制定权主要是为了保证民族区域自治机关行使自治权，体现的是《宪法》规定的"各民族一律平等"原则。

关于自治条例和单行条例的报批程序。根据本条第1款规定，自治区的自治条例和单行条例，报全国人大常委会批准后生效。自治州、自治县的自治条例和单行条例，报省或者自治区的人大常委会批准后生效，并报全国人大常委会备案。这一规定，也是对《宪法》和《民族区域自治法》有关规定的重申。自治条例和单行条例的报批程序，在1954年《宪法》中就有规定。根据1954年《宪法》的规定，自治区、自治州、自治县的自治条例和单行条例，一律报全国人大常委会批准。1982年《宪法》对此作出了修改，规定只有自治区的自治条例和单行条例报全国人大常委会批准，将批准自治州和自治县的自治条例和单行条例的权力下放到省、自治区人大常委会。规定自治条例和单行条例的报批程序，主要是出于国家法制统一的考虑。由于自治条例和单行条例的制定可以对法律和行政法规进行变通，那么自治条例和单行条例有关的变通规定是否适当，则由上级人大常委会进行审查。经审查，如果上级人大常委会认为有关的变通规定是适当的，便作出批准的决定，该自治条例或单行条例即生效；否则，上级人大常委会可以作出不批准的决定，自治条例或单行条例的制定机关就此应当作出修改。

关于自治条例和单行条例的变通范围。一般来说，自治条例和单行条例可以在以下两个方面对法律、行政法规作出变通规定：一是国家法律明确授权可以变通的事项。如婚姻法等法律中明确规定民族自治地方可以根据该法的基本原则制定变通或补充规定。二是国家立法虽未明确授权，但是不完全适合本民族自治地方实际情况的规定。我国幅员辽阔，地区间经济、文化发展不平衡，特别是自治地方与沿海发达地区相比，差距很大，国家立法是面向全国的，难以完全照顾到民族自治地方的特殊情况，因此，有些规定可能存在不完全适合自治地方的情况。在这种情况下，自治条例和单行条例依法可以对有关规定予以变通。

根据本条第2款规定，自治条例和单行条例不能作变通规定的范围包括以下几个方面。

第一,自治条例和单行条例不得对法律和行政法规的基本原则作出变通规定。一部法律和行政法规的基本原则,是它们最核心的内容,是法律和行政法规基本精神的体现。如果自治条例和单行条例对基本原则作出变通,那么就是对整部法律或行政法规的否定,当然更谈不上保证宪法、法律、行政法规在本行政区域内的遵守和执行,这是与其担负的职责相违背的。

第二,自治条例和单行条例不得对《宪法》和《民族区域自治法》作出变通规定。《宪法》是国家的根本大法,规定了国家的根本制度、国家生活的基本准则和公民的基本权利义务等根本性问题,具有最高的法律效力和权威,是国家统一和各民族团结的基础,全国各族人民、一切国家机关和武装力量、各政党和各社会团体、各企业事业组织,都必须以《宪法》为根本的活动准则,《宪法》的各项原则和规定必须得到全面的遵守和执行。因此,《宪法》的规定是不能变通的,否则,就无法维护国家的统一和各民族的团结。《民族区域自治法》是实施宪法规定的民族区域自治制度的基本法律,全面系统地规定了民族自治地方的建立,民族自治地方自治机关的组成和自治权,上级国家机关领导和帮助,民族自治地方内的民族关系等,是各民族自治地方立法的法律依据。如果允许变通《民族区域自治法》的规定,民族自治地方就否定了自己立法的法律依据,因此,《民族区域自治法》也是不能变通的。

第三,自治条例和单行条例不得对其他有关法律、行政法规专门就民族自治地方所作的规定作出变通规定。法律、行政法规中专门就民族自治地方所作的规定,是全国人大及其常委会、国务院立法过程中,已经充分考虑到维护国家整体利益和照顾自治地方民族特点和实际情况的需要而制定的,对此,自治条例和单行条例就不能再以特殊为由进行变通。例如,《全国人民代表大会和地方各级人民代表大会选举法》第 12 条对地方各级人民代表大会的代表名额进行了规定,该条第 3 款规定,“自治区、聚居的少数民族多的省,经全国人民代表大会常务委员会决定,代表名额可以另加百分之五。聚居的少数民族多或者人口居住分散的县、自治县、乡、民族乡,经省、自治区、直辖市的人民代表大会常务委员会决定,代表名额可以另加百分之五”。这就是专门对民族自治地方所作的规定,对此,自治条例和单行条例不应再作变通规定。

第八十六条　应由人大通过的地方性法规

规定本行政区域特别重大事项的地方性法规，应当由人民代表大会通过。

【条文精释】

本条是对应由人大通过的地方性法规的规定。根据《宪法》和《地方各级人民代表大会和地方各级人民政府组织法》规定，制定地方性法规的主体包括有地方性法规制定权的人大及其常委会。但实践中，除少数涉及人大职权的地方性法规（如人大工作条例或议事规则）外，地方人大常委会很少向地方人大提请地方性法规案。在有的地方，地方人大甚至从未制定过地方性法规，造成宪法和法律规定的地方人大制定地方性法规的权力被虚置，这是不符合宪法和法律原意的。出现这一问题的原因如下：一是《宪法》和《地方各级人民代表大会和地方各级人民政府组织法》没有对地方人大及其常委会制定地方性法规的权限范围作出划分。根据《宪法》规定，全国人大制定和修改刑事、民事、国家机构的和其他的基本法律，全国人大常委会制定和修改应当由全国人大制定的法律以外的其他法律。虽然目前对于究竟何为“基本法律”，还存在不同意见，但《宪法》的规定为全国人大及其常委会在立法权限上作出了基本的界定和分工。而地方性法规则没有也难作基本与非基本之分。二是地方人大召开人大会议时，会期比较短，为节省时间，一般也就不将地方性法规案列入议程。另外，地方人大常委会对地方人大制定地方性法规的权力认识不足也是造成这一问题的原因之一。针对这一情况，本条规定：“规定本行政区域特别重大事项的地方性法规，应当由人民代表大会通过。”这为地方人大及其常委会在制定地方性法规方面的权限作出了一个基本的分工。对于什么属于“特别重大事项”，《立法法》没有作出明确规定。一般来说，凡涉及本地区全局的重要事项或涉及较多数群众切身利益或较多群众关心的事项，都可以认为属于特别重大事项。应当注意的是，《立法法》的这一规定，只是规定了特别重大的事项应由地方人大通过，但地方人大制定地方性法规的权限，并不限于此，对于属于地方人大职权范围内的其他事项，地方人大也可以制定地方性法规。

第八十七条　地方性法规、自治条例和单行条例的制定程序

> 地方性法规案、自治条例和单行条例案的提出、审议和表决程序，根据中华人民共和国地方各级人民代表大会和地方各级人民政府组织法，参照本法第二章第二节、第三节、第五节的规定，由本级人民代表大会规定。
>
> 地方性法规草案由负责统一审议的机构提出审议结果的报告和草案修改稿。

【条文精释】

本条是对地方性法规、自治条例和单行条例的制定程序的规定。地方性法规的制定程序是指地方国家机关在制定、修改或废止地方性法规方面的活动过程。一般的立法程序大致可以分为四个阶段，即提出法律草案、审议法律草案、通过法律和公布法律。地方性法规的制定程序也不例外。立法法根据《宪法》以及《全国人民代表大会组织法》、《全国人民代表大会议事规则》和《全国人民代表大会常务委员会议事规则》，并结合立法实际，比较具体地规定了全国人大及其常委会的立法程序。《立法法》对于地方性法规制定程序则规定得比较原则。根据本条的规定，地方性法规案的提出、审议和表决程序，根据《地方各级人民代表大会和地方各级人民政府组织法》，参照《立法法》第二章第二节、第三节、第五节的规定，由本级人大规定。

【适用指引】

一、地方性法规案的提出

提出地方性法规案，是地方性法规制定程序的正式开始。

（一）向大会提出地方性法规案和列入议程的程序

根据《地方各级人民代表大会和地方各级人民政府组织法》的规定，在地方人大会议期间，大会主席团、常委会、各专门委员会、本级人民政府以及县级以上的地方各级人民代表大会代表10人以上联名，可以向本级人大提出属于本级人大职权范围内的议案。在大会期间，大会主席团、常委会、各专门委员会、本级政府提出的地方性法规案，由主席团决定提交本级人民代表大会会议审议，或者并交有关的专门委员会审议、提出报告，再由主席团审议决定提交大会表决。代表10人以上联名提出的地方性法规案，由主席团决定是否列入大会议程，或者先交有关的专门委

员会审议，提出是否列入大会议程的意见，再由主席团决定是否列入大会议程。实践中，向大会提出的地方性法规案，往往是先向常委会提出，经常委会审议后，由常委会决定提请大会审议。

（二）向常委会提出地方性法规案和列入议程程序

在地方人大闭会期间，常委会主任会议、本级人民政府、人大各专门委员会以及常委会组成人员 5 人以上联名可以向本级人大常委会提出属于本级人大常委会职权范围内的议案。主任会议向本级人大常委会提出的地方性法规案，直接列入常委会议程，由常务委员会会议审议。本级人民政府、人大各专门委员会向常委会提出的地方性法规案，由主任会议决定提请常委会会议审议，或者先交有关的专门委员会审议、提出报告，再提请常委会会议审议。常委会组成人员 5 人以上联名向常委会提出的地方性法规案，由主任会议决定是否提请常委会会议审议，或者先交有关的专门委员会审议、提出报告，再决定是否提请常委会审议。实践中，地方人大及其常委会通过的地方性法规，主要是本级政府提出的，然后是常委会的工作机构。代表团、代表联名或常委会组成人员联名提出的议案不少，但由于议案内容往往不很规范，很难直接提请会议审议，因此被直接列入议程审议通过的很少。

（三）提出地方性法规案的要求

《立法法》对提出地方性法规案的要求没有作规定，但对提出法律案的要求作了规定。根据《立法法》第 58 条的规定，提出法律案，应当同时提出法律草案文本及其说明，并提供必要的参阅资料。法律草案的说明应当包括制定该法律的必要性、可行性和主要内容。《立法法》的这一规定，同样适用于地方性法规案。

二、地方性法规案的审议

关于地方性法规的审议程序，《立法法》主要从三个方面作了规定：一是根据《地方各级人民代表大会和地方各级人民政府组织法》，二是可以参照法律案的审议程序，三是应当统一审议。《地方各级人民代表大会和地方各级人民政府组织法》对地方人大及其常委会审议议案程序的规定，都适用于对地方性法规案的审议。下面着重就参照和统一审议问题进行介绍。

1. 参照法律案的审议程序。法律案与地方性法规案的审议程序虽然有所区别，但基本原则和程序是相通的。因此，《立法法》没有必要也难以对地方性法规案的审议程序作出统一的规定，而只是原则规定可以参照法律案的审议程序。那么，参照什么呢？主要是参照法律案审议程序中，有关保证立法的民主性、公正性和科学性，保证立法质量等方面的规定。具体来讲，法律案的以下审议程序，可供地方人大及其常委会审议地方性法规案参照:一是三审制。为保证全国人大常委会对法律案进行深入的审议,《立法法》总结实践经验,明确规定法律案的审议一般实行三审制,即法律案一般经常委会三次会议审议后,才能交付表决。地方人大常委会审议地方性法规案,不一定都要实行三审制,但三审制所包含的慎重原则,是适用于地方的。从以往的实践看,许多地方是实行二审制,实践证明效果是好的,可以继续坚持。但有些地方不论地方性法规案的难易程度,一律实行一审制,实践证明,这难以对地方性法规案中的问题进行深入的审议,不利于提高立法质量。二是专门委员会审议制度。《立法法》针对法律案都要经过专门委员会审议以及法律委员会和有关专门委员会在审议法律案中的分工和程序等问题,作了规定。这是多年来全国人大及其常委会的一贯做法,效果是好的,这一做法可供地方参照。三是广泛听取各方面意见的制度。为充分发扬民主,集中民智、民意,使制定的法律更加符合实际,反映人民的意愿,《立法法》总结实践经验,规定了一系列听取各方面意见的制度,主要有召开座谈会、论证会、听证会等形式,听取意见;将法律草案发送有关机关、组织和专家,书面征求意见;对于重要的法律案,经委员长会议决定,可以将法律草案公布,征求意见。论证会和听证会,是《立法法》总结一些地方人大的经验作出的新规定。论证会是指对草案涉及的一些专业性、技术性较强的问题邀请有关方面的专家进行论证。听证会是指邀请政府官员、专家学者、与法律案有关的利害关系人或有关代表和委员到委员会陈述意见,为审议法律案提供依据和参考。以上这些广泛听取各方面意见的制度,地方可以根据本地的实际情况和特点,参照适用。以上三个方面,是地方应当参照的主要内容。当然,《立法法》关于法律案审议程序的其他一些规定,比如关于法律案的撤回和终止审议的规定等,地方也都可以参照。

2. 关于统一审议问题。所有法律案都由法律委员会进行统一审议,是全国人大及其常委会立法实践中的一条成功经验,这对于保证国家法治的统一,保证立法质量,起到了很重要的作用。地方性法规案是否要有统一审议程序,过去有关法律没有规定。实践中,各地有三种做法:第一种是参照全国人大的做法,由有关委员会对所有的地方性法规案进行统一审议。第二种是没有实行统一审议,自始至终由各委员会分别进行审议。第三种是先由有关委员会分别审议,但在交付表决前由负责法制的委员会进行统一审议。在《立法法》的制定过程中,关于地方性法规是否应当实行统一审议,曾经有不同意见。一种意见认为,全国人大实行统一审议是历史形成的,地方的情况与此不同,如果实行统一审议,势必引起机构和人员的变动，甚至会影响立法工作，也不利于发挥其他委员会的作用。另一种意见主张实行统一审议，认为地方性法规草案由各个专门委员会分别审议后直接提交常委会，法规之间在内容、体例上容易出现矛盾，"部门利益倾向"也较难以克服。《立法法》采纳了后一种意见。根据本条规定，地方性法规草案要由负责统一审议的机构提出审议结果的报告和草案修改稿，也就是说，必须要有一个统一审议的机构。那么，什么机构可以成为"负责统一审议的机构"？在《立法法》制定的过程中，有的地方提出，工作委员会或者主任会议是否可以负责统一审议？我们认为，第一，审议权是立法权的一部分，只有人大代表才能成为审议主体。工作委员会不是由人大产生的，其工作人员大多不是代表，因此，不能由工作委员会负责统一审议。第二，主任会议担负着繁重的常委会日常工作，难以把过多的精力用于对地方性法规草案的审议上。在审议地方性法规草案的过程中，主任会议起协调、领导作用，统一审议应由专门委员会负责。因此，"负责统一审议的机构"应当是人民代表大会依照《地方各级人民代表大会和地方各级人民政府组织法》设立的专门委员会。

三、地方性法规案的表决

地方性法规草案修改稿经人民代表大会或常委会审议后，如果对重大问题没有大的分歧意见，则由主席团或者主任会议交付全体会议表决。根据《地方各级人民代表大会和地方各级人民政府组织法》的规定，人大会议表决地方性法规草案，以全体代表的过半数通过；常委会表决地方性法规草案，以常委会全体组成人员的过半数通过。

四、自治条例和单行条例的制定程序

自治条例和单行条例的制定程序与地方性法规的制定程序基本相同，但也有区别：第一，自治条例和单行条例只能由民族自治地方的人大制定，常委会不能制定。但自治条例案或单行条例案可以由常委会向人民代表大会提出，或由其他提案人向常委会提出，经常委会审议后，再提请代表人民代表大会审议。因此，《立法法》中关于全国人大及其常委会立法程序中的规定，自治地方在制定自治条例和单行条例制定程序时，可以予以参照。第二，自治区的自治条例和单行条例须报全国人大常委会批准后生效；自治州、自治县的自治条例和单行条例，须报省、自治区、直辖市的人大常委会批准后生效。

第八十八条　地方性法规、自治条例和单行条例的公布

> 省、自治区、直辖市的人民代表大会制定的地方性法规由大会主席团发布公告予以公布。
>
> 省、自治区、直辖市的人民代表大会常务委员会制定的地方性法规由常务委员会发布公告予以公布。
>
> 设区的市、自治州的人民代表大会及其常务委员会制定的地方性法规报经批准后，由设区的市、自治州的人民代表大会常务委员会发布公告予以公布。
>
> 自治条例和单行条例报经批准后，分别由自治区、自治州、自治县的人民代表大会常务委员会发布公告予以公布。

【条文精释】

本条是对地方性法规、自治条例和单行条例的公布的规定。地方性法规的公布是指法定主体将地方性法规制定机关通过的法规依法定程序予以公开发布。公布是地方性法规制定程序中的一个法定程序。法律是以国家的强制力来保证执行的，需要全社会的遵守和执行。要使一切国家机关、社会组织以及每个公民都去遵守和执行法律，首先要使他们了解法律的内容。地方性法规是在一个地域范围内实施的规范，其中的许多内容是对法律和行政法规的具体化以及涉及本地方事务的规定，可以说与本地区的个人和组织的利益息息相关。因此，要使地方性法规发挥作用，必须做好地方性法规的公布工作，否则，即使通过的地方性法规本身是完善的，在实际的执行过程中仍然可能发生混乱，这对加强法治是十分不利的。

【适用指引】

首先是地方性法规的公布主体。根据本条的规定，省、自治区、直辖市的人民代表大会制定的地方性法规由大会主席团发布公告予以公布。由大会主席团公布，一方面，由于地方没有类似国家主席这一超然于行政机关、审判机关和检察机关之外的机构；另一方面，主席团作为人大会议的主持机关，凡人大会议需要向公众公布的事项，都由主席团公布，因此地方性法规由它公布比较适当。省、自治区、直辖市的人大常委制定的地方性法规由常委会发布公告予以公布。

设区的市的人大及其常委会制定的地方性法规报经批准后，由设区的市的人大常委会发布公告予以公布。设区的市的人大制定的地方性法规，由于需要报省、

自治区的人大常委会批准,因此,经批准后,不论是市人大还是市人大常委会制定的地方性法规,都由设区的市的人大常委会予以公布。

其次是自治条例和单行条例的公布主体。《立法法》颁布前,对于自治条例和单行条例的公布,法律没有明确的规定,因此实践中做法不太一致。比如,自治州的自治条例报经省人大常委会批准后,有的地方以省人大常委会公告的形式公布,有的地方交由自治州人大常委会公布。《立法法》对于自治条例和单行条例的公布作出了明确的规定,即自治条例和单行条例报经批准后,分别由各自的制定机关的人大常委会发布公告予以公布,而不由批准机关公布。这同设区的市制定的地方性法规报经批准后,由设区的市人大常委会公布的规定是一致的。

第八十九条　地方性法规、自治条例和单行条例的公布载体

地方性法规、自治条例和单行条例公布后,其文本以及草案的说明、审议结果报告等,应当及时在本级人民代表大会常务委员会公报和中国人大网、本地方人民代表大会网站以及在本行政区域范围内发行的报纸上刊载。

在常务委员会公报上刊登的地方性法规、自治条例和单行条例文本为标准文本。

【条文精释】

本条是对地方性法规、自治条例和单行条例公布的内容与载体的规定。一是地方性法规、自治条例和单行条例公布的内容。与 2015 年《立法法》条文相比,本次修正增加了草案的说明、审议结果报告等内容,以向社会公布立法的过程回应公众的关切。二是地方性法规、自治条例和单行条例的公布载体。所谓地方性法规的公布载体,是指在何种媒体公布地方性法规的文本。在外国,许多国家都有公布法律的正式刊物,这类刊物多称为公报或政府公报,如《意大利共和国公报》《法兰西共和国政府公报》。这类刊物公布法律非常及时,而且其中有一些还可供公民或市民免费索取,为公民了解法律提供了方便。在《立法法》制定之前,我国对地方性法规公布后的刊登,没有相应的法律规定,实践中,一般是在常务委员会公报(有的地方称会刊、会报)上刊登,同时也在本地报纸上刊登。但有一些地方,人大常委会的公报是内部刊物,无法达到公布的目的。而报纸刊登,由于经济原因,许多地方报纸不愿刊登或刊登不及时。

【适用指引】

根据本条的规定，地方性法规、自治条例和单行条例公布后，除文本外，还应当公布草案的说明、审议结果报告等。其中草案说明主要介绍了草案制定过程中的重要事项，包含制定的意义、制定的指导思想、遵循的原则和工作过程、草案的主要内容等；审议结果报告包含有草案经审议后代表们提出的具体意见以及立法机关对于上述意见的回应等。上述内容对于社会公众了解地方性法规、自治条例和单行条例的制定背景、制定过程，理解具体条文的确切含义均具有重要价值。

本条也规定地方性法规公布后，首先应当及时在本级人大常委会公报上刊登，并明确规定，刊登于公报上的文本，是标准文本。所谓“标准文本”，就是如果各种地方性法规文本之间出现不一致的情况，以在人大常委会公报上刊登的文本为准。这样有利于维护地方性法规的严肃性和权威性，保证地方性法规的正确执行。其次，地方性法规还应及时在本行政区域范围内发行的报纸上刊登。报纸是一种传统的传播媒体，其传播范围广，价廉且易于得到，并具有可以反复阅读和收藏的特点，在报纸上刊登地方性法规，有利于使本地的个人和组织了解法规的内容。北京市人大常委会已经定期公开出版发行《北京市人民代表大会常务委员会公报》，刊登北京市人大及其常委会通过的地方性法规，使地方性法规的公布载体得以规范化。

此项条文以及第 88 条都是对公民知情权的一种保护，也是法律公开性的表现，同时也是政府信息公开的有效措施。信息公开是以公民获得政府信息的权利为基础的，而不是以行政权力为基础。民众需要什么信息，政府就要提供什么信息，只有这样，相应的宪法上的权利才能够实现。公民个人根据宪法权利和具体的法律规定，自由地获取政府信息，是公民和公共权力机关之间关系的一项基本原则。

政府信息是无形的，它必须通过一定的方式体现出来，一定的方式实质就是一定的载体的表现形式。比如，通过政府公开刊物刊载出来，通过设立阅览室展现出来等，这些表现形式均离不开一定的载体，所以说，政府信息公开要以载体为依托，离开载体，政府信息就无法传递。载体的范围是多种多样的，既可以是纸张书面形式，也可以是电子形式，并且随着科技的发展，通过计算机网络形式获得信息的方式更为普及。

需要关注的是自治条例和单行条例的公布载体。根据 2015 年《立法法》第 79 条的规定，自治区的自治条例和单行条例公布后，应及时在本级人大常委会公报和本行政区域范围内发行的报纸上刊登。之所以仅对自治区的自治条例和单行条例的刊登作了规定，而对自治州和自治县的自治条例和单行条例的刊登问题没有作出规定，主要考虑到当时自治州、自治县人大常委会不一定都有常委会公报和本地方报纸，难以对自治州、自治县的自治条例和单行条例的刊登问题作出统一的规定。因此当时自治州、自治县可以采取适当方式公布自治条例和单行条例。例如，可以将自治条例、单行条例的文本在省、自治区行政区域范围内发行的报纸上刊登，或者发给公民和组织，或者将文本在公共场所张贴，使公民、组织了解条例的内容。本次《立法法》的修正将所有的自治条例和单行条例的公布载体进行了规定，不再予以区分。

专题二十六　地方人大常委会基层立法联系点

第九十条　地方人大常委会基层立法联系点

> 省、自治区、直辖市和设区的市、自治州的人民代表大会常务委员会根据实际需要设立基层立法联系点，深入听取基层群众和有关方面对地方性法规、自治条例和单行条例草案的意见。

【条文精释】

本条是关于地方人大常委会基层立法联系点，是2023年修改《立法法》时新增的条文。

从实践情况来看，地方人大常委会基层立法联系点的出现时间要早于全国人大常委会法工委基层立法联系点。我国最早的地方立法联系点，可以追溯至2002年甘肃省人大常委会在甘肃省定西市临洮县设立的地方立法联系点。这之后，基层立法联系点在多地逐渐铺开。在十四届全国人大一次会议的新闻发布会上，发言人介绍目前全国各地已经设立了5500多个基层立法联系点，这些联系点同全国人大常委会法工委基层立法联系点一起，形成了国家级、省级、市级联系点三级联动的工作格局，共同成为让基层声音原汁原味抵达国家立法机关的"直通车"。

值得注意的是，关于地方人大常委会基层立法联系点的本条规定，是在十四届全国人大一次会议审议《立法法（修正草案）》的过程中新增的。根据全国人大宪法和法律委员会《关于〈全国人民代表大会关于修改《中华人民共和国立法法》的决定（草案）〉修改意见的报告》规定，有些代表提出，基层立法联系点是践行全过程人民民主重大理念的一个生动实践，不仅全国人大常委会工作机构设立了基层立法联系点，多数省级和设区的市级人大常委会也设立了基层立法联系点，建议补充相关内容。宪法和法律委员会经研究，建议采纳这一意见，增加规定："省、自治区、直辖市和设区的市、自治州的人民代表大会常务委员会根据实际需要设立基层立法联系点，深入听取基层群众和有关方面对地方性法规、自治条例和单行条例草案的意见。”

在《立法法》对地方人大常委会基层立法联系点作出明确规定之后，下一步可以考虑从四个方面对地方立法联系点进行完善。第一，对地方立法联系点进行全过程的制度化、规范化构建；第二，增加规定地方立法联系点开展活动的形式和渠道；第三，对地方立法联系点进行适度专业化的引导；第四，增加地方立法联系点的数量，扩大其覆盖范围。在具体工作的开展过程中，应当确保地方立法联系点的参与群众达到最大化、具有代表性、富有实质性。要将自愿参与和邀请参与有机结合起来，将专业人员和普通群众结合起来，将集中性的立法参与和常态化的立法参与结合起来，避免立法征集民意的过程变成走过场，避免立法联系点成为固定范围人员的内部讨论，避免由工作人员自行参与征求意见代替面向普通群众征求意见，避免群体受众单一的工作方式，促使立法征集民意的活动更加有效、科学、广泛。

专题二十七　部门规章和地方政府规章的权限

第九十一条　部门规章制定主体、依据以及权限范围

> 国务院各部、委员会、中国人民银行、审计署和具有行政管理职能的直属机构以及法律规定的机构，可以根据法律和国务院的行政法规、决定、命令，在本部门的权限范围内，制定规章。
>
> 部门规章规定的事项应当属于执行法律或者国务院的行政法规、决定、命令的事项。没有法律或者国务院的行政法规、决定、命令的依据，部门规章不得设定减损公民、法人和其他组织权利或者增加其义务的规范，不得增加本部门的权力或者减少本部门的法定职责。

【条文精释】

本条对部门规章的制定主体、依据和权限范围作出了明确规定。2023 年修改《立法法》时，在本条第 1 款中新增了“法律规定的机构”作为部门规章的制定主体。

本条第 1 款明确规定了部门规章的制定主体，国务院各部、委员会、中国人民银行、审计署和具有行政管理职能的直属机构以及法律规定的机构可以制定部门规章。根据党的二十届二中全会审议通过的《党和国家机构改革方案》、十四届全国人大一次会议审议批准的国务院机构改革方案和国务院第一次常务会议审议通过的国务院直属特设机构、直属机构、办事机构、直属事业单位设置方案，国务院现有组成部门 26 个、直属特设机构 1 个、直属机构 14 个、办事机构 1 个、直属事业单位 7 个。其中，26 个组成部门和 1 个直属特设机构均可以制定部门规章，直属机构中除国务院参事室和国家机关事务管理局外，也可以制定部门规章。

2023 年修改《立法法》时新增的“法律规定的机构”，主要是为了回应实践中的一些特殊情况。例如，《海警法》第 82 条规定：“中国海警局根据法律、行政法规和

国务院、中央军事委员会的决定，就海上维权执法事项制定规章，并按照规定备案。”而根据《海警法》第 2 条和《人民武装警察法》第 2 条的规定，中国海警局属于人民武装警察部队海警部队，是中华人民共和国武装力量的组成部分，由党中央、中央军事委员会集中统一领导。又如，《密码法》第 42 条规定：“国家密码管理部门依照法律、行政法规的规定，制定密码管理规章。”而根据国务院 2023 年发布的《关于部委管理的国家局设置的通知》中的规定，国家密码管理局与中央密码工作领导小组办公室，一个机构两块牌子，列入中共中央直属机关的下属机构序列。对于这些特殊的机构，需要单行法律的授权，才能制定规章。

本条第 2 款明确了部门规章的制定依据。对于如何理解规章的制定依据，过去曾有两种不同意见：一种意见认为，有权制定规章的行政机关除了根据法律、法规制定规章外，在不同法律、法规相抵触的前提下，在法律赋予的职权范围内，根据实际需要也可以制定规章。认为制定规章是规章制定机关行使行政管理职权的形式之一，规章制定机关在其职权范围内，凡法律未曾禁止的，以及不属于法律、法规明确列举的调整事项，规章制定机关可以通过制定规章来履行职权。如果将规章的调整权限仅限定在根据法律、法规的具体授权上，必将限制行政机关的管理职能，可能会使一些本应管理的事项因缺少规范而不能管，或者使一些本来能够纳入依法管理范围内的行政行为，只停留在政策管理层次上。这种意见被称为“职权说”。

另一种意见认为，制定规章不是行政机关固有的权力，规章制定机关制定规章，应遵守《国务院组织法》和《地方各级人民代表大会和地方各级人民政府组织法》对制定规章的要求，即应根据法律、法规制定规章。把制定规章看作行政机关行使职权的形式，有许多矛盾和问题：一是与行政机关的性质不符，行政机关是执行机关，不是立法机关；二是与职权的性质不符，行政机关的职权是指在哪些事项上享有管理权，而不是指享有创制权；三是会带来很多问题，造成多头立法，管理混乱。鉴于我国当前处于经济转轨时期，在建立社会主义市场经济体制过程中，建章立制的任务十分繁重，可以考虑建立委任立法制度，在没有法律、法规的情况下，由有权的机关委任或委托行政机关制定规章，以解决实际问题。这种意见被称为“依据说”。

从《立法法》的实际规定来看，应当说更接近于“依据说”的观点。2015 年修改《立法法》时新增加的“没有法律或者国务院的行政法规、决定、命令的依据，部门规章不得设定减损公民、法人和其他组织权利或者增加其义务的规范，不得增加本部门的权力或者减少本部门的法定职责”应当视为对“部门规章应限定在与执法相关的事项”的进一步肯定，目的是防止与执法无关的减损公民、法人和其他组织权利或者增加其义务的规范，以及增加本部门的权力或者减少本部门的法定职责的规范的制定，而非意指在不涉及前面如减损公民权利等方面内容时，部门规章制定主体可以在法律或国务院的行政法规、决定、命令的依据外制定部门规章。

第九十二条　涉及国务院两个以上部门职权范围的事项

涉及两个以上国务院部门职权范围的事项，应当提请国务院制定行政法规或者由国务院有关部门联合制定规章。

【条文精释】

本条是对涉及国务院两个以上部门职权范围的事项制定规章的规定。

实践中，国务院部门规章之间、国务院部门规章与地方性法规之间、国务院规章与地方政府规章之间不协调、不一致甚至相互矛盾的现象较为严重。《立法法》为解决上述问题，在第 91 条第 2 款中规定“没有法律或者国务院的行政法规、决定、命令的依据”，部门规章不得增加本部门的权力或者减少本部门的法定职责；在本条又规定，制定规章时，涉及两个以上国务院部门职权范围的事项，应当提请国务院制定行政法规或者由国务院有关部门联合制定规章。《规章制定程序条例》第 9 条对立法法这一规定的精神作了重申：“涉及国务院两个以上部门职权范围的事项，制定行政法规条件尚不成熟，需要制定规章的，国务院有关部门应当联合制定规章。有前款规定情形的，国务院有关部门单独制定的规章无效。”

对于本条规定所涉及的部门规章与行政法规的内容划分问题，在实践中应把握以下几点：第一，调整内容是法律没有规定，国务院也没发布过决定、命令加以规定的，应当制定行政法规来规定，不能规定在部门规章中。第二，调整内容涉及几个部门的管理权限，超出单个部门职权的，应制定行政法规。现行由几个部门联合制定规章的做法应逐步改进。在一个部门权限内的内容，可制定部门规章。第三，在我国目前有些部门职权范围划分并不十分明确的现状下，调整内容很明确地在部门职权范围内的，制定部门规章；调整内容是否属于本部门职权范围尚不明确的，制定行政法规。第四，凡是有关行政机关职权、地位、机构设置等组织法方面内容的，制定行政法规。部门规章不能规定组织法方面的内容。第五，在中央和地方的分权关系还有待于通过体制改革解决的情况下，为了避免地方利益破坏政令的统一性，凡涉及中央和地方较大利益关系的问题，都应通过制定行政法规来加以解决。

各部委在制定规章时，应妥善地处理好各种关系：第一，部委规章与行政法规的关系。本来，制定规章应当以行政法规为依据，但是，由于什么事项应由规章规定，什么事项应由行政法规规定不甚清楚，而常常发生规章想"升格"从而"挤占"行政法规的现象；同时，行政法规因体制等诸多因素难以出台而将许多本应由行政法规规定的事项"降格"由规章来规定。这种情况造成了法律规范位阶的混乱，在客观上影响了规章的实效。第二，部门规章与地方性法规的关系。这个问题的实质是中央与地方的关系问题。在这个层面上，很难笼统地说部门规章的效力与地方性法规的效力孰高孰低。比如，在宏观经济方面，部委以规章形式确定的财政、金融、计划等政策，应当说，在我们这样一个单一制国家里，地方国家机关的活动包括省级人大及其常委会制定地方性法规的活动，都要遵循。第三，不同部委规章之间的关系。这个问题的实质是各部委的权限划分及相应的利益分配问题。由于其涉及政府职能转变和政府体制的改革等深层次矛盾而成为新旧体制转轨时期的热点和难点，使不少部委规章相互交叉、冲突和矛盾，造成地方尤其基层执法部门的混乱。解决这个问题，关键是各部委要从政府职能转变和国家利益的高度来行使自己的权力，对那些由于权限划分不清楚的权力灰色领域，不要以立法的方式来抢占"地盘"；对那些可能要被改革掉的权力或者利益，不要以立法的方式加以巩固。

第九十三条　地方政府规章规定主体、依据以及权限范围

省、自治区、直辖市和设区的市、自治州的人民政府，可以根据法律、行政法规和本省、自治区、直辖市的地方性法规，制定规章。

地方政府规章可以就下列事项作出规定：

（一）为执行法律、行政法规、地方性法规的规定需要制定规章的事项；

（二）属于本行政区域的具体行政管理事项。

设区的市、自治州的人民政府根据本条第一款、第二款制定地方政府规章，限于城乡建设与管理、生态文明建设、历史文化保护、基层治理等方面的事项。已经制定的地方政府规章，涉及上述事项范围以外的，继续有效。

除省、自治区的人民政府所在地的市，经济特区所在地的市和国务院已经批

准的较大的市以外，其他设区的市、自治州的人民政府开始制定规章的时间，与本省、自治区人民代表大会常务委员会确定的本市、自治州开始制定地方性法规的时间同步。

应当制定地方性法规但条件尚不成熟的，因行政管理迫切需要，可以先制定地方政府规章。规章实施满两年需要继续实施规章所规定的行政措施的，应当提请本级人民代表大会或者其常务委员会制定地方性法规。

没有法律、行政法规、地方性法规的依据，地方政府规章不得设定减损公民、法人和其他组织权利或者增加其义务的规范。

【条文精释】

本条是关于地方政府规章制定主体、依据以及权限范围的规定。2023 年修改《立法法》时，在本条第三款新增了“基层治理”作为设区的市级地方政府规章可以规定的事项；并将“环境保护”修改为“生态文明建设”。

关于本条规定，我们可以从以下五个方面来理解。

一、地方政府规章的制定主体

省、自治区、直辖市和设区的市、自治州的人民政府有规章制定权。2015 年修改《立法法》后，将地方政府规章的制定主体扩大到所有设区的市、自治州，以及广东省东莞市和中山市、甘肃省嘉峪关市、海南省三沙市这四个不设区的地级市；2023 年修改《立法法》后，海南省儋州市也获得了地方政府规章的制定权。之所以要对地方政府规章的制定主体进行扩容，是因为随着我国社会主义市场经济的不断发展，设区的市、自治州作为一个地区的政治中心和经济中心，其经济规模不断扩大，社会事务日趋复杂，作用越来越重要。让所有设区的市、自治州的人民政府也有地方政府规章的制定权，从而使它们能够根据当地的实际情况和特点来贯彻实施法律、行政法规和地方性法规。

根据本条规定，省、自治区、直辖市人民政府的所属部门以及县、自治县、县级市的人民政府没有规章制定权。但是，在现实生活中，这些无权制定规章的机构却制定了大量的规定。它们制定的规定有些在内容上与地方规章没有多大区别，有些规定由省、自治区、直辖市人民政府批准或批转，因此，许多在实际部门工作的同志把这些规定与地方政府规章相混淆。按照宪法和有关法律规定，规章的制定必须严格按照权限进行，没有规章制定权的省、自治区、直辖市人民政府的部门以及县、自治县、县级市的人民政府不能制定规章。

二、制定地方政府规章的依据

根据本条规定，制定地方政府规章需要注意两个方面的问题：

一是制定地方政府规章要根据法律、行政法规和本省、自治区、直辖市的地方性法规，也即制定地方政府规章采用"依据说"，没有上位法依据，不得制定地方政府规章。这一点与制定地方性法规采用的"不抵触"说有明显区别。根据《宪法》第100条规定，省、直辖市的人民代表大会和它们的常务委员会，在不同宪法、法律、行政法规相抵触的前提下，可以制定地方性法规。只要不与上位法相抵触，无须上位法依据，也可以制定地方性法规。

二是没有法律、行政法规、地方性法规的依据，地方政府规章不得设定减损公民、法人和其他组织权利或者增加其义务的规范，这是本条第6款的规定，是2015年修改《立法法》时增加的内容。根据这一规定，没有上位法的明确授权，地方政府规章没有权利义务的设定权。这一点也与制定地方性法规采用的"不抵触说"有明显区别，只要不与上位法相抵触，无须上位法依据，地方性法规也可以设定权利义务。需要注意的是根据"法不溯及既往原则"，已经制定的地方政府规章没有上位法的依据设定权利义务，在没有违反上位法的禁止性规定的前提下，这些设定权利义务的规定仍然是有效的，但需要根据立法法的精神及时进行清理。

三、地方政府规章规定的事项范围

地方政府规章规定的事项应当是为执行法律、行政法规、地方性法规的规定而需要制定规章的事项和属于本行政区域的具体行政管理事项。

1. 为执行法律、行政法规、地方性法规的规定需要制定规章的事项

这里有两种情况：一种是法律、行政法规和地方性法规明确规定由地方政府制定规章的事项。据此，地方政府可以根据授权，结合本地区的实际情况，就如何执行法律、行政法规、地方性法规的规定制定有关规章。另一种是虽然法律、行政法规和地方性法规没有规定地方政府可以制定规章，但为执行法律、行政法规、地方性法规，需要制定一些配套措施和具体规定，在这种情况下，如果本地区的改革和建设确有需要，地方政府也可以根据法律、行政法规和地方性法规的规定以及本地区的实际情况制定有关规章。

2. 属于本行政区域的具体行政管理事项

关于县级以上地方各级人民政府的职权，《宪法》规定，县级以上地方人民政府依照法律规定的权限，管理本行政区域内的经济、教育、科学、文化、卫生、体育事

业、城乡建设事业和财政、民政、公安、民族事务、司法行政、计划生育等行政工作。《地方各级人民代表大会和地方各级人民政府组织法》根据《宪法》作了进一步具体规定。在《宪法》和《地方各级人民代表大会和地方各级人民政府组织法》规定的职权范围内,属于具体行政管理事项,省、自治区、直辖市和设区的市、自治州的人民政府可以制定规章。不属于具体行政管理事项,而是属于应当制定地方性法规的事项,则地方政府不能制定规章,而应当向本级人大及其常委会提出地方性法规案,由本级人大及其常委会依法制定地方性法规。具体行政管理事项大体可以包括以下几个方面:一是有关行政程序方面的事项,包括办事流程、工作规范等;二是有关行政机关自身建设的事项,包括公务员行为操守、工作纪律、廉政建设等;三是不涉及创设公民权利义务的有关社会公共秩序、公共事务或事业的具体管理制度,如公共场所(公园、电影院等)的管理规定,市场(如早市、夜市、超市等)的管理秩序,学校秩序管理规定等。需要注意的是,根据本条第1款的规定,制定地方政府规章的根据是法律、行政法规和本省、自治区、直辖市的地方性法规,因此,地方政府规章对属于本行政区域的具体行政管理事项作出规定,也需要有上位法的依据。

四、地方政府规章可以设定临时性行政措施

本条第6款规定,制定地方政府规章,没有法律、行政法规、地方性法规依据,不得设定减损公民、法人和其他组织权利或者增加其义务的规范。同时,考虑到地方实际工作的需要,本条第5款规定:“应当制定地方性法规但条件尚不成熟的,因行政管理迫切需要,可以先制定地方政府规章。规章实施满两年需要继续实施规章所规定的行政措施的,应当提请本级人民代表大会或者其常务委员会制定地方性法规。”上述规章“实施满两年”后,如未提请本级人大或其常委会制定地方性法规,规章所规定的本应制定地方性法规进行规定的行政措施自然失效,但规章其他规定继续有效。

五、关于设区的市、自治州制定地方政府规章问题

本条第3款规定:“设区的市、自治州的人民政府根据本条第一款、第二款制定地方政府规章,限于城乡建设与管理、生态文明建设、历史文化保护、基层治理等方面的事项。已经制定的地方政府规章,涉及上述事项范围以外的,继续有效。”第4款规定:“除省、自治区的人民政府所在地的市,经济特区所在地的市和国务院已经批准的较大的市以外,其他设区的市、自治州的人民政府开始制定规章的时间,与本省、自治区人民代表大会常务委员会确定的本市、自治州开始制定地方性法规的时间同步。”这两款是 2015 年修改《立法法》时增加的关于设区的市、自治州制定地方政府规章的立法事项范围，原 49 个较大的市已经制定的立法事项范围外的地方政府规章的效力，以及新赋予立法权的设区的市、自治州开始制定规章的时间的规定。

专题二十八　部门规章和地方政府规章的制定程序

第九十四条　规章制定程序

> 国务院部门规章和地方政府规章的制定程序，参照本法第三章的规定，由国务院规定。

【条文精释】

本条是关于规章制定程序的规定。制定行政规章的程序可分为工作程序和立法程序，主要包括制定规章的计划的提出、规章的起草、规章草案的审查、规章的审批和发布、规章的备案等。《立法法》对规章的制定程序从两个方面作了规定：一是原则规定，国务院部门规章和地方政府规章的制定程序，参照《立法法》关于行政法规制定程序的规定，由国务院规定。国务院在制定行政规章制定程序时，既要考虑规定起草、审议、通过、公布的一般条件和步骤，更要考虑如何建立一套开放式的程序，以更好反映公众意志和利益，提高规章的科学性、可行性，夯实制定程序的基础。二是对制定规章必不可少的程序作了明确规定。

《立法法》第三章对行政法规的制定程序作了基本规定，可供规章参照的主要内容：一是起草工作的组织制度。《立法法》第 74 条规定："行政法规由国务院有关部门或者国务院法制机构具体负责起草，重要行政管理的法律、行政法规草案由国务院法制机构组织起草……"第 73 条第 2 款规定："国务院有关部门认为需要制定行政法规的，应当向国务院报请立项。"这些规定，保证了行政法规的起草工作紧紧围绕在国务院统一组织、领导下进行，避免多头起草、盲目起草，以维护行政法规的严肃性和统一性。这一精神应当适用于规章的起草。二是广泛听取各方面的意见制度。《立法法》第 74 条规定："……行政法规在起草过程中，应当广泛听取有关机关、组织、人民代表大会代表和社会公众的意见。听取意见可以采取座谈会、论证会、听证会等多种形式。行政法规草案应当向社会公布，征求意见，但是经国务院决定不公布的除外。”这一规定也适用于规章的起草。三是报送审查制度。《立法法》第75条规定：“行政法规起草工作完成后，起草单位应当将草案及其说明、各方面对草案主要问题的不同意见和其他有关资料送国务院法制机构进行审查。国务院法制机构应当向国务院提出审查报告和草案修改稿，审查报告应当对草案主要问题作出说明。”这一规定也适用于规章的制定。

本条规定，部门规章和地方政府规章的制定程序，由国务院制定。国务院是国家最高行政机关，它领导全国各级行政机关，为避免政出多门，保障政令的统一，国务院制定规章制定程序时，应考虑以下几个方面的内容：一是根据有关规定和实践做法，部门规章草案一般由部门下属的业务主管司（局）在本司（局）的职责范围内提出。规章的主要内容如果与两个或者两个以上业务主管司（局）有联系，应当由有关的业务主管司（局）会签后联合提出。属于全局性的规章草案，可以由部门内的法制工作机构提出。各司（局）起草的规章草案，经司（局）负责人签署后，应当连同规章草案说明和有关资料一并上报。实践中，地方政府规章草案一般由地方人民政府所属的委、办、厅、局（本部分以下简称各工作部门）在本部门的职责范围内提出。如果规章中的主要内容涉及两个以上部门职责，应当由有关部门会签后联合提出。属于全局性的规章草案，可由政府法制办提出。向地方人民政府提出规章草案，由规章草案的提出单位的负责人签署后，连同规章草案的说明和有关资料一同上报。

二是根据有关规定和实践做法，规章草案起草完成后，应当由部门下属负责法制工作的机构进行统一审查，提出审查意见。然后，提交部务会议或委员会会议讨论。部务会议或者委员会会议讨论规章草案时，由提出规章草案的司（局）作说明，由负责法制工作的机构汇报审查意见。部务会议或者委员会会议由各部部长、各委员会主任召集和主持。在部务会议或者委员会会议讨论规章草案时，部门内有关的司（局）负责人可以列席会议，反映本司（局）的意见。向地方人民政府报送的规章草案，一般先由地方人民政府法制机构负责协调和审查修改，然后提请政府常务会议或全体会议讨论。政府常务会议或者全体会议一般由省长（自治区政府主席、市长）召集和主持。讨论时，由负责起草规章的部门作草案的说明，然后由政府法制机构汇报审查意见。政府常务会议或全体会议讨论规章草案时，相关的工作部门负责人可以列席会议，反映意见。

关于规章草案的决定程序和发布、备案，应当按照《立法法》第95—97条和第109条的规定作出规定。

【适用指引】

本条在适用过程中,应当结合国务院于 2017 年 12 月 22 日修订的《规章制定程序条例》的相关规定。该条例包括立项、起草、审查、决定和公布、解释与备案等主要内容。在报送立项方面,国务院部门内设机构或者其他机构认为需要制定部门规章的,应当向该部门报请立项。省、自治区、直辖市和设区的市的人民政府所属工作部门或者下级人民政府认为需要制定地方政府规章的,应当向该省、自治区、直辖市或者设区的市的人民政府报请立项。报送制定规章的立项申请,应当对制定规章的必要性、所要解决的主要问题、拟确立的主要制度等作出说明。并且,国务院部门法制机构,省、自治区、直辖市和设区的市的人民政府法制机构,应当对制定规章的立项申请和公开征集的规章规定项目建设进行评估论证,拟订本部门、本级人民政府年度规章制定工作计划,报本部门、本级人民政府批准后向社会公布。年度规章制定工作计划应当明确规章的名称、起草单位、完成时间等。此外,国务院部门,省、自治区、直辖市和设区的市的人民政府,应当加强对执行年度规章制定工作计划的领导。对列入年度规章制定工作计划的项目,承担起草工作的单位应当抓紧工作,按照要求上报本部门或者本级人民政府决定。年度规章制定工作计划在执行中,可以根据实际情况予以调整,对拟增加的规章项目应当进行补充论证。

在规章的审查方面,法制机构主要从以下方面对送审稿进行审查:是否贯彻落实党的路线方针政策和决策部署,遵循立法法确定的立法原则,符合宪法、法律、行政法规和其他上位法的规定;是否在没有法律、行政法规等上位法依据的情况下,设定减损公民、法人和其他组织权利或者增加其义务的规范,增加本部门的权力或者减少本部门的法定职责;制定政治方面法律的配套规章,是否按照有关规定及时报告党中央或者同级党委(党组);制定重大经济社会方面的规章,是否按照有关规定及时报告同级党委(党组);是否切实保障公民、法人和其他组织的合法权益;是否在规定其应当履行的义务的同时,规定其相应的权利和保障权利实现的途径;是否体现行政机关的职权与责任相统一的原则;是否在赋予有关行政机关必要的职权的同时,规定其行使职权的条件、程序和应承担的责任;是否体现全面深化改革精神,科学规范行政行为,促进政府职能向宏观调控、市场监管、社会管理、公共服务、环境保护等方面转变;是否符合精简、统一、效能的原则,相同或者相近的职能应当规定由一个行政机关承担,简化行政管理手续;是否符合社会主义核心价值观的要求;是否与有关规章协调、衔接;是否正确处理有关机关、组织和公民对规章送审稿主要问题的意见；是否符合立法技术要求；需要审查的其他内容。而当规章送审稿有下列情形之一的，法制机构可以缓办或者退回起草单位：制定规章的基本条件尚不成熟或者发生重大变化的；有关机构或者部门对规章送审稿规定的主要制度存在较大争议，起草单位未与有关机构或者部门协商的；未按照有关规定公开征求意见的；上报送审稿不符合报送审查的要求的。

另外，实践中应当注意，规章有下列情况之一的，由制定机关解释：一是规章的规定需要进一步明确具体含义的；二是规章制定后出现新的情况，需要明确适用规章依据的。规章解释由规章制定机关的法制机构参照规章送审稿审查程序提出意见，报请制定机关批准后公布。规章的解释同规章具有同等效力。

第九十五条　规章决定程序

> 部门规章应当经部务会议或者委员会会议决定。
>
> 地方政府规章应当经政府常务会议或者全体会议决定。

【条文精释】

本条是关于规章决定程序的规定。为了确保规章制定的民主性，《立法法》在对规章制定程序作原则规定的同时，对规章的决定程序专门作了规定，即应当集体讨论通过。

部门规章应当经部务会议或者委员会会议决定。部门规章是国家事务管理工作中的重要事项，因此要经部务会议、委员会会议上讨论，充分发表意见后通过。但是，这些会议不是实行表决制，而是实行首长负责制，因此，审议通过部门规章不实行少数服从多数的办法，而采取首长负责制。审议规章草案时，由法制机构作说明，也可以由起草单位作说明。与会成员可以充分发表意见、建议，最后由主持会议的行政首长决定是否通过。国务院部门审议、通过规章，没有严格的次数要求，多数规章是一次会议通过的，也有的规章需要经过两次会议甚至更多次会议方能通过。

地方政府规章是地方行政管理事务中的重要事项，应当经政府常务会议或者全体会议决定，以保证地方政府重大决策的科学性和可行性。审议规章是制定机关的一项重要权力，是制定规章的关键程序。政府常务会议或者全体会议审议规章的步骤如下：(1)由法制机构或起草单位负责人向政府常务会议或者全体会议作规章草案的说明;政府法制工作机构负责人向会议作规章草案审查报告。(2)政府领导人提出问题,与会有关人员发表意见。(3)政府领导人对规章草案涉及的主要问题发表看法,意见一致的,即原则通过规章草案,意见不一致的,待修改后再通过。通过规章不要求经过表决,因为国家行政机关是实行首长负责制,而不是实行委员会制,无须表决。

法制机构应当根据有关会议审议意见对规章草案进行修改,形成草案修改稿,报请本部门首长或者省长、自治区主席、市长、自治州州长签署命令予以公布。

【适用指引】

本条在适用过程中,在界定具体法律文件是否具有规章的法律效力方面发挥着作用。如在"韦正能诉泸州市公安局江阳区分局治安行政处罚案"中,值得探讨的问题是公安部作出的公安部《关于对同性之间以钱财为媒介的性行为定性处理问题的批复》是否具有法律效力。法院审理后认为,该批复不是规章,不具有规章的法律效力。根据本条规定,以及《立法法》第 96 条规定的"部门规章由部门首长签署命令予以公布。地方政府规章由省长、自治区主席、市长或者自治州州长签署命令予以公布",由于《关于对同性之间以钱财为媒介的性行为定性处理问题的批复》不具备《立法法》规定的上述要件,因此《关于对同性之间以钱财为媒介的性行为定性处理问题的批复》不是规章,只是公安部的一个规范性文件。根据《行政诉讼法》相关规定,人民法院审理行政案件,以法律法规为依据,参照规章。因此,对于行政机关的不属于法规、规章的规范性文件,只有经法院审查合法、合理,才能作为判断具体行政行为合法性的标准。从中可以看出,本条有关规章决定程序的规定在司法适用领域有着广阔的应用空间。

第九十六条　规章公布程序

部门规章由部门首长签署命令予以公布。

地方政府规章由省长、自治区主席、市长或者自治州州长签署命令予以公布。

【条文精释】

本条是关于规章公布程序的规定。在规章通过之后,公布就成为制定规章的最后程序，也是规章对公众产生法律效力的标志。未经合法公布的规章不应当具有法律效力，对公众没有约束力。规章公布应当由机关首长签署命令公布。公布规章的命令应当载明该规章的制定机关、序号、规章名称、通过日期、施行日期、部门首长或者省长、自治区主席、市长、自治州州长署名以及公布日期。部门联合规章由联合制定的部门首长共同署名公布，使用主办机关的命令序号。根据《规章制定程序条例》的规定，规章应当自公布之日起 30 日后施行；但是涉及国家安全、外汇汇率、货币政策的确定以及公布后不立即施行将有碍规章施行的，可以自公布之日起施行。

【适用指引】

本条规定在实践中应予以重视，因为在现实生活中，仍有以“红头文件”公布规章的情况，这种方式传播范围有限，难以被认定为法律意义上的公布，因而是欠妥的。公布是行政立法“公开性”“民主性”的体现。公布是行政规章生效的一个重要程序。凡是未经公布的规章，都不能认为其已发生效力。在“中国第十九冶金建设有限公司与福州市敖江引水开发公司建设工程施工合同纠纷上诉案”中，上诉人第十九冶金建设有限公司认为，福州市人民政府批转财政局相关审核意见的通知并没有经过市长签署命令发布，福建省财政厅和财政部的两份通知同样也没有经过部门首长签署命令即予以发布。上述三份财政部门的通知都不符合《立法法》第 96 条即本条的规定，对福州市敖江引水开发公司都没有约束力。三级财政部门的通知不属于法律、法规或规章，对第十九冶金建设有限公司没有约束力，福州市财政投资评审中心对讼争工程造价出具的审核结论不能作为本案讼争工程造价的结算依据。法院审理后认为，最高人民法院(2008)民一他字第 4 号《关于人民法院在审理建设工程施工合同纠纷中如何认定财政评审中心出具的审核结论问题的答复》指出：“财政部门对财政投资的评定审核是国家对建设单位基本建设资金的监督管理，不影响建设单位与承建单位的合同效力及履行。”因此，福州市财政投资评审中心仅对作为建设单位福州市敖江引水开发公司进行监督与管理，对于合同相对一方的第十九冶金建设有限公司没有约束力，不影响第十九冶金建设有限公司根据合同的约定向福州市敖江引水开发公司主张权利，即法院肯定了这三份《通知》不具有规章的效力。

在适用过程中还应当注意到，按照法律不溯及既往的原则，在《立法法》公布前已经制定的规章，不符合本条规定的公布程序的，继续有效。如在“珠海格力电器股份有限公司诉浙江省开化县工商行政管理局行政处罚上诉案”中，二审法院经审查后认为：虽然2000年《立法法》第76条（2023年修改后为第96条）第1款规定“部门规章由部门首长签署命令予以公布”，国务院《规章制定程序条例》对规章的发布形式也有相应规定，而《产品标识标注规定》（于2014年7月2日废止）并不符合这一发布形式。但是，《立法法》是2000年7月1日才开始施行的法律，而国务院《规章制定程序条例》是2001年11月16日发布的。根据“法律效力不溯及既往”的原则，不能以2000年《立法法》和2001年国务院《规章制定程序条例》的规定来判断1997年《产品标识标注规定》不符合法律规定的规章发布形式并进而确定其法律位阶属于“规章以下的其他规范性文件”。从《产品标识标注规定》发布的机关、发布的依据、调整的对象、规定的内容看，属于规章这一法律位阶。上诉人开化县工商行政管理局关于《产品标识标注规定》系“规章以下的其他规范性文件”的理由，不予采信。故而，对于在2000年《立法法》公布前制定的法律文件，即使其公布程序不符合本条规定，结合其发布的机关、发布的依据、调整的对象、规定的内容等方面进行综合判断后认为属于规章的，也具有规章的效力。

第九十七条　规章公布载体

部门规章签署公布后，及时在国务院公报或者部门公报和中国政府法制信息网以及在全国范围内发行的报纸上刊载。

地方政府规章签署公布后，及时在本级人民政府公报和中国政府法制信息网以及在本行政区域范围内发行的报纸上刊载。

在国务院公报或者部门公报和地方人民政府公报上刊登的规章文本为标准文本。

【条文精释】

本条是对规章公布载体的规定。规章制定后应当全部及时地在有关媒体上公布。为了统一公布形式，《立法法》规定，部门规章签署公布后，及时在国务院公报或者部门公报和中国政府法制信息网以及在全国范围内发行的报纸上刊载。地方政府规章签署公布后，及时在本级人民政府公报和中国政府法制信息网以及在本行政区域范围内发行的报纸上刊载。其中，部门规章和地方政府规章签署公布后，及时在中国政府法制信息网刊载是2015年修改《立法法》增加的内容，目的是公开网络发布平台，便于公众查询了解，增加规章发布的透明度。

部门公报应当刊登本部门发布的所有规章，国务院公报只是有选择地刊登部分重要的规章。规章在国务院公报刊登，并不表示国务院认可该规章，国务院如发现规章有问题，仍可依法予以改变或撤销。在国务院公报上刊登，也不能代替部门依照规定的程序向国务院报送备案。在《立法法》制定过程中，曾经规定，规章应当一律在国务院公报上刊登，以便群众获知和了解。但有的同志提出，部门规章数量很大，都由国务院公报刊登并不现实，因此，改为两种形式都可以。但从长远看，还是应当努力做到所有部门规章都由国务院公报刊登。

《立法法》规定，在国务院公报或部门公报上刊登的部门规章文本为标准文本。根据这一规定，其他各种形式的规章文本，包括部门自己印发的单行本或汇编本，如果同在国务院公报或部门公报上刊登的规章文本不一致，应当以国务院公报或部门公报上刊登的文本为准。如果国务院公报上刊登的文本同部门公报上刊登的文本不一致，应当以国务院公报上刊登的文本为准。因为国务院公报权威性更大、发行范围更宽，其严肃性和权威性应当受到维护和保证。同样，在地方政府公报上刊登的地方政府规章文本为标准文本。

【适用指引】

本条规定在适用过程中可能遇到的问题是，或有同志认为在一些外经贸领域，其内容需要保密，以及涉及国家外交、外贸政策等情况的，不宜按规章公布的方式公开，可以发布给具体的管理相对人，而不向全社会公开。对此，全国人大常委会法工委在2001年答复对外经济贸易合作部关于这类不公开的规章是否符合立法法此条关于规章必须公示的原则，是否影响规章的效力的法律询问时，明确指出："部门规章未按上述规定公布的，不具有规章的效力，不能作为行政处罚的依据。"所以，任何规章都应在制定后及时地在有关媒体上公布。

专题二十九　法律效力的规定

第九十八条　宪法的法律效力

> 宪法具有最高的法律效力，一切法律、行政法规、地方性法规、自治条例和单行条例、规章都不得同宪法相抵触。

【条文精释】

本条是有关宪法的法律效力的规定，宪法的法律效力是与宪法的法律地位紧密联系在一起的。一方面，宪法与法律体系的其他组成部分具有共同性，法所具有的性质和特征，宪法也同样具有；另一方面，与法律体系的其他组成部分不同，宪法是国家的根本法、高级法，是“法律的法律”。宪法在一个国家的法律体系中的根本法地位是由其以下三个特征所决定的：第一，宪法规定了一个国家最为根本性的内容。宪法的内容涉及一个国家的政治、经济、文化、社会、对外交往等各方面的重大原则性问题，涉及一个国家的根本制度和基本制度问题。第二，宪法有着更为严格的制定和修改程序。宪法的制定一般要求成立一个专门机构，宪法草案的通过程序比普通法律要严格，同时宪法规定的特定主体才能够提出修改宪法的有效议案，修改宪法的程序也比普通法律严格。第三，即为本条所规定的内容，宪法具有最高的法律效力。宪法的最高法律效力是指在一个国家之内，相对于所有社会主体的行为，宪法的效力是最高的。在一个法治国家，法律调整着所有的社会关系，即所有的社会主体都被纳入法律的调整范围。宪法调整的主要对象是国家权力，而国家权力的主要运行方式有两种，包括依据宪法制定法律和依据宪法作出具体的宪法行为。因此，宪法的最高法律效力是相对于法律和直接依据宪法作出的具体宪法行为而言的。就本条的规定而言，此处所称的宪法的“最高的法律效力”无疑相对于依据宪法制定法律这一国家权力的运行方式而言的，这一方面意味着宪法是一般法律的制定基础和依据，另一方面表明一般法律的规定与宪法相抵触的将无效。由于本章所规定的是“适用与备案审查”，因此本条的重心落在了后一点之上。

本条的内容在我国宪法的序言和正文已有相关的规定，《宪法》序言最后一段指出：“本宪法以法律的形式确认了中国各族人民奋斗的成果，规定了国家的根本制度和根本任务，是国家的根本法，具有最高的法律效力。”同时《宪法》第5条第3款规定：“一切法律、行政法规和地方性法规都不得同宪法相抵触。”相关资料显示，在制定2000年《立法法》之时，全国人大常委会审议的草案中规定各种规范性文件的法律效力等级时，最初并没有这一规定。但有的同志认为，既然《立法法》要确立我国法律体系中各种规范性文件的效力等级，缺少宪法的效力的规定是不完整的，重申宪法这一规定，对正确把握法律效力的层级关系和准确适用法律有积极意义。其他规范性文件效力等级的比较，首先必须看它是否符合宪法的规定，如果违反宪法的规定，效力等级无论高低都没用。因此，2015年修正的《立法法》重申了宪法的规定。

尽管本次《立法法》的修改并没有触及这一条文，但是我们应当注意到《中共中央关于全面推进依法治国若干重大问题的决定》中有关“完善以宪法为核心的中国特色社会主义法律体系，加强宪法实施”的规定已经赋予了这一条文以新的生命力。《中共中央关于全面推进依法治国若干重大问题的决定》旗帜鲜明地提出要“完善以宪法为核心的中国特色社会主义法律体系，加强宪法实施”，并且明确规定要“健全宪法实施和监督制度”“完善全国人大及其常委会宪法监督制度，健全宪法解释程序机制。加强备案审查制度和能力建设，把所有规范性文件纳入备案审查范围，依法撤销和纠正违宪违法的规范性文件”。这意味着本条所规定的“一切法律、行政法规、地方性法规、自治条例和单行条例、规章都不得同宪法相抵触”将不再仅仅是一个没有强制力保障的单纯宣示，而是将通过宪法实施和监督制度的实际运作在实践中获得真正的生命力。

【适用指引】

本条在适用过程中的关键在于如何准确地理解“相抵触”的含义。从字面上来看，“抵触”意味着矛盾的存在，因此“一切法律、行政法规、地方性法规、自治条例和单行条例、规章都不得与宪法相抵触”即意味着所有这些一般法律都不得与宪法产生矛盾。对此我们可以设想两种极端的情形，在第一种情形之中，只要一般法律的规定与《宪法》的规定存在任何差异，都将构成与宪法的抵触。如此一来，立法者的立法权将受到极大的制约，甚至于只能照抄《宪法》的规定，而宪法规范本身的原则性、抽象性、概括性又决定了立法者不可能仅仅通过照抄《宪法》规定来制定一般法律。在第二种情形之中，只有一般法律的规定与《宪法》的规定之间存在直接而明显的矛盾之时，才构成与宪法的抵触。所谓的“直接而明显的矛盾”，是指一般法律的规定直接违反了宪法所明确命令或禁止的事项。例如我国《宪法》第34条规定：“中华人民共和国年满十八周岁的公民，不分民族、种族、性别、职业、家庭出身、宗教信仰、教育程度、财产状况、居住期限，都有选举权和被选举权；但是依照法律被剥夺政治权利的人除外。”按照前述理解方式，只有当涉及选举的一般法律作出诸如“只有完成了高等教育的中华人民共和国公民才享有选举权和被选举权”的规定之时，才构成了与宪法的抵触。而正如前文所述，宪法规范具有极大的原则性、抽象性和概括性，在其所明确命令和禁止的事项之外，还存在相当广阔的空间，如果只有出现“直接而明显的矛盾”之时才构成“抵触”，立法者的立法权将过于宽泛，宪法对于立法权的约束将被极大地削弱，宪法的最高法律效力也将无从体现。因此我们认为，对于“与宪法相抵触”的认定，应当介于这两种极端情形之间。

如此一来，在判断一般法律是否与宪法相抵触之时，就不能够仅仅着眼于宪法条文的字面含义，而必须首先通过宪法解释，明确宪法的整体价值取向和具体条文的目的指向，尤其是要明确特定目的是只涉及了一个法益，还是在具有内在张力的不同法益之间作出了一个平衡，进而判断一般法律的相关规定是否会妨碍宪法目的的实现。其中的复杂之处在于，由于宪法所保障的利益和价值是多元的，因此宪法规范的目的涉及多个法益的情况是多数，换言之，宪法规范之间的对立和冲突是一种极为常见乃至于正常的现象，由此判断一般法律的规定是否与宪法相抵触就成为一个相当复杂的问题。对此，我们认为可以借鉴德国公法学家罗伯特·阿列克西（Robert Alexy）的学说，通过如下的标准来判断是否构成抵触：如果一般法律的规定涉及两个或数个相关冲突的宪法规范，那么该规定对于其中某一宪法规范所造成的侵害程度越高，其所欲实现的另一或另外数个宪法规范的重要性程度也应当越高，否则一般法律的规定即构成对于宪法的抵触。

我们可以通过当年引起了巨大争论的“《物权法》草案违宪之争”为例进行一个初步的说明。《物权法（草案）》违宪之争始于北京大学法学院巩献田教授于2005年发表的《一部违背宪法和背离社会主义基本原则的〈物权法（草案）〉——为〈宪法〉第12条和86年〈民法通则〉第73条的废除写的公开信》，在这封公开信之中,巩献田教授认为《物权法(草案)》一方面删除了《宪法》第12条第1款有关“社会主义的公共财产神圣不可侵犯”的规定,另一方面又规定了“平等保护国家、集体和私人的物权”,这是对社会主义原则的背离,同时也是违宪的行为。我们可以看到,在巩献田教授的论证进路中,《物权法(草案)》的相关争议规定所涉及的宪法规范是《宪法》第12条第1款,同时还间接涉及了《宪法》第1条第2款有关“社会主义制度是中华人民共和国的根本制度。禁止任何组织或者个人破坏社会主义制度”的规定,这两款的内在精神是一致的,都是保障社会主义制度在经济领域的体现,因此《物权法(草案)》的相关规定是与宪法相抵触的。但是问题在于,这两个条文就能够代表我国《宪法》的全貌吗?稍加观察我们就不难发现,为巩献田教授所批判的草案相关规定还涉及了《宪法》第13条第1款有关“公民的合法的私有财产不受侵犯”的规定和第15条第1款有关“国家实行社会主义市场经济”的规定,而后两款规定分别是1993年和2004年两次《宪法》修正所新增的条款。现在我们可以开始判断《物权法(草案)》的相关规定是否与宪法相抵触:首先,引起争议的相关规定至少涉及了《宪法》第1条第2款、第12条第1款和《宪法》第13条第1款、第15条第1款这两组存在一定内在张力的宪法规范;其次,《物权法(草案)》中确实没有直接出现“社会主义的公共财产神圣不可侵犯”的规定,但是《物权法(草案)》第五章“国家、集体和私人所有权”中使用了将近20个条文对国家所有权和集体所有权进行详尽的规定,即便我们可以将“公共财产条款”的删除理解为是在基本原则层面削弱了对于社会主义公共财产的保护力度,但是在大量具体规定存在的情况下,这样的一种削弱显然是极其微小的,因此《宪法》第1条第2款、第12条第1款所受的侵害程度是较低的。与此同时,平等保护国家、集体和私人的物权既是对于宪法“私有财产权条款”的直接具体化,同时也是社会主义市场经济的内在要求,因此市场经济的主旨要求就是不同市场主体之间具有平等性,再考虑到这两个宪法条款都是伴随着我国改革开放进程的推进,在《宪法》修改过程中所新增的条款,其重要性自然不言而喻。综上,通过权衡《宪法》第1条第2款、第12条第1款所受到的侵害程度与实现《宪法》第13条第1款、第15条第1款的重要性程度,《物权法(草案)》的相关规定并没有构成对宪法的抵触。

当然,以上仅仅是对于如何判断“与宪法相抵触”的一个初步分析,在实践中由于立法事实的丰富多样,相关的权衡结果也会随着个案有所不同,因此我们不可能提出一个一劳永逸的解决方案来判断“相抵触”的构成要件,只能通过个案先例的不断积累,逐渐得出某些初步性的判断标准。而这也正是将宪法监督机制真正运转起来的重要意义所在,如果我们始终不进行实际的演练,就永远不会理解宪法的“最高法律效力”究竟意味着什么。

第九十九条　法律、法规、规章的效力等级

法律的效力高于行政法规、地方性法规、规章。

行政法规的效力高于地方性法规、规章。

【条文精释】

本条是有关法律、行政法规、地方性法规、规章等规范性文件的效力等级的规定。在我国的法律体系中,宪法具有最高的法律效力,包括法律、行政法规、地方性法规、规章等在内的众多规范性文件都具有法律效力,但是这些规范性文件由不同的机关所制定,彼此之间难免出现相互矛盾或者相互冲突的情况。为了解决不同规范性文件之间的冲突,保证法制的统一,就必须明确法律、行政法规、地方性法规、规章等规范性文件之间的效力等级,以便于法的适用。

法律的效力高于行政法规、地方性法规、规章。此处所称的“法律”是狭义上的法律,特指由全国人民代表大会及其常务委员会所制定的法律。我国《宪法》第57条规定:“中华人民共和国全国人民代表大会是最高国家权力机关。它的常设机关是全国人民代表大会常务委员会。”第58条规定:“全国人民代表大会和全国人民代表大会常务委员会行使国家立法权。”因此,法律的效力之所以高于行政法规、地方性法规和规章,是由于其制定机关全国人大及其常委会是最高国家权力机关,行使国家立法权。行政法规的制定机关是国务院,根据《宪法》第85条的规定,国务院是最高国家权力机关的执行机关,是最高国家行政机关。地方性法规的制定机关是享有地方立法权的地方人大及其常委会,根据《宪法》第96条的规定,它们是地方国家权力机关。规章的制定机关是国务院的各部、各委员会、中国人民银行、审计署、具有行政管理职能的直属机构和享有地方立法权的地方人民政府,根据《宪法》的有关规定,它们的位阶分别低于国务院和地方人大及其常委会。在这一整套国家机关体系之中,制定法律的全国人大及其常委会居于最高的位阶,因此法律的效力也就仅次于宪法,而高于行政法规、地方性法规、规章。

行政法规的效力高于地方性法规、规章。如果将“规章”予以进一步的分解,

那么这一款的含义是国务院所制定的行政法规的效力高于地方性法规、部门规章和地方政府规章。应当说后两个效力优先关系是较为容易理解的，部门规章的制定机关是国务院的内设部门，地方政府规章的制定机关是地方国家行政机关，《宪法》第89条第3项和第4项明确规定国务院“统一领导各部和各委员会的工作”“统一领导全国地方各级国家行政机关的工作”。这两类机关的工作都需要受到国务院的领导，其位阶都低于作为最高国家行政机关的国务院，因此部门规章和地方政府规章的效力自然也就低于行政法规。稍显难以理解的是行政法规的效力高于地方性法规，它们各自的制定机关分属于“国家行政机关”和“国家权力机关”两套不同的机关体系，因此解释这一效力优先关系的依据只能是中央与地方之间的关系。根据《宪法》第85条的规定，国务院是最高国家权力机关的“执行”机关，又根据第89条第1项的规定，国务院“根据宪法和法律，规定行政措施，制定行政法规，发布决定和命令”。因此行政法规是国务院履行其执行最高国家权力之职责的重要形式，其在全国范围内统一实施。而根据《立法法》第83条的规定，地方性法规所规定的事项仅在本行政区域内有效。我国是一个单一制国家，为了实现中央对地方的统一领导，建立统一的市场经济，保证国家法制的统一，需要确立行政法规的权威，因此行政法规的效力高于地方性法规。

【适用指引】

本条在适用过程中的疑难点主要体现在如何准确地理解“效力高于”这一表述。在法理学中，效力是法律规范的存在方式，在此意义上，法律规范是指法律要求某种事态应当存在或发生，尤其是人的行为应当以某种特定的方式作出。从中我们不难看出，某项法律规范“存在”，实际上是指该项法律规范“有效”，反之该项法律规范则是“无效”的。因此，效力应该只有“有无”之别，不应存在“高低”之分。但前文已经指出，之所以要明确不同规范性文件之间的效力等级，是为了解决它们之间可能存在的冲突与矛盾，一旦冲突与矛盾产生，就应当适用效力等级更高的规范，而不再适用效力等级较低的规范。由此可以看出，“效力高低”的真正内涵在于“当法律冲突产生之时，不同规范的效力的有无”。当法律的效力高于行政法规时，实际上是当某一法律规范与某一行政法规产生冲突时，该法律规范有效，该行政规范则失去其效力。因此，尽管本条的条文表述中没有规定任何前提条件，但在适用该条时必须牢牢记住它其实是隐含着“当发生法律冲突时”这一条件的。如果仅仅是抽象地来看，那么法律、行政法规、地方性法规、规章所具有的约束力都是同一的,我们都必须遵守。

规范性文件之间的冲突最为常见的是在司法裁判的领域,尤其是在行政诉讼的领域。我们可以注意到《行政诉讼法》第 63 条明确规定:“人民法院审理行政案件,以法律和行政法规、地方性法规为依据……人民法院审理行政案件,参照规章。”根据该条的规定,人民法院审理行政案件,以法律、行政法规、地方性法规等为“依据”,同时“参照”规章。这意味着规章的地位与作为“依据”的法律、法规不同,人民法院在参照规章之时,可以对规章的规定是否合法有效进行判断,对于合法有效的规章才应当适用。同时在法律、行政法规、地方性法规之间,人民法院也应当遵循《立法法》第 99 条所规定的效力等级来确定规范适用的优先顺序。这一点在相当多的行政诉讼案件中都得到了体现,例如在 2011 年“温州某盐业进出口有限公司与某市盐务管理局盐业行政处罚纠纷上诉案”中,法院指出 2013 年“根据《中华人民共和国立法法》第七十九条的规定,法律、行政法规的效力高于地方性法规。法律及《盐业管理条例》没有设定工业盐准运证制度。《盐业管理条例》对盐业公司之外的其他企业经营盐的批发业务也没有规定行政处罚。被上诉人某市盐务管理局以温州某盐业进出口有限公司未取得准运证运输其他用盐为由,作出被诉行政处罚决定违反了《盐业管理条例》的规定,依法应予以撤销”。① 又如在“郑州海王工业盐销售有限公司诉中牟县盐务管理局不服行政处罚案”中,法院指出“被告对原告采取行政强制措施依据的《河南省盐业管理条例》属于地方性法规,与《行政许可法》、国务院《盐业管理条例》相比属于下位法,根据《中华人民共和国立法法》第七十九条‘法律的效力高于行政法规、地方性法规、规章。行政法规的效力高于地方性法规、规章’的规定,应当优先适用《行政许可法》和国务院《盐业管理条例》。故被告依据《河南省盐业管理条例》第十七条之规定对原告采取查扣强制措施属于适用法律错误”。② 从中可以看出,本条有关法律、法规、规章的效力等级的规定在司法适用领域有着广阔的应用空间。

本条在适用过程中的另一个疑难点在于如何准确地把握某些特殊类型的规范性文件的效力。“法律的效力高于行政法规、地方性法规、规章”,但是由全国人大及其常委会所制定的规范性文件并不仅限于法律,还包括具有规范性内容的决定和决议,例如全国人大常委会于 2012 年通过的全国人大常委会《关于加强网络信息保护的决定》,其中就明确规定了网络服务提供者、其他企事业单位等主体的法

---

① 浙江省温州市中级人民法院行政判决书,(2011)浙温行终字第 180 号。

② 河南省中牟县人民法院行政判决书,(2013)牟行初字第 71 号。

律权利、义务与责任。与此同时，“行政法规的效力高于地方性法规、规章”，但是国务院同样也会发布具有规范性内容的决定和命令，例如国务院于2015年4月发布了国务院《关于实施银行卡清算机构准入管理的决定》，其中明确规定了银行卡清算机构准入管理的规范性内容，此外全国人大及其常委会还可以授权国务院根据实际需要，对部分法律保留事项先行制定行政法规。上述这些由全国人大及其常委会制定的具有规范性内容的决定和决议、由国务院发布的具有规范性内容的决定和命令、由国务院根据授权所制定的行政法规的效力等级应当如何确定，就成了实践中的一个难题。

就司法实践的情况来看，部分法院已经开始直接援引由全国人大及其常委会所制定的具有规范性内容的决定和决议，例如在“陈某清与中国电信股份有限公司乐山分公司姓名权纠纷上诉案”①和“马某与北京恩希时代通讯设备有限责任公司财产损害赔偿纠纷上诉案”②中，法院都直接援引了全国人大常委会《关于加强网络信息保护的决定》，并视其具有与法律同等的效力。笔者认为，就法理而言，由全国人大及其常委会所制定的具有规范性内容的决定和决议属于法的渊源，具有与法律同等的法律效力；由国务院所发布的具有规范性内容的决定和命令也属于法律渊源，具有与行政法规同等的法律效力。但是并不排除根据个案情形而出现例外的情况。至于由国务院根据授权所制定的行政法规的效力，则应当适用《立法法》第106条第2款的规定，由全国人大常委会裁决其与法律之间的效力等级。

第一百条　地方性法规、地方政府规章的效力等级

> 地方性法规的效力高于本级和下级地方政府规章。
>
> 省、自治区的人民政府制定的规章的效力高于本行政区域内的设区的市、自治州的人民政府制定的规章。

【条文精释】

本条是有关地方性法规、地方政府规章的效力等级的规定，其规定了法律、行政法规的法律效力高于地方性法规、规章，但是在地方性法规和规章内部也存在效力等级的问题，本条所处理的正是地方性法规和规章中地方政府规章之间的效力

① 四川省乐山市中级人民法院民事判决书，(2014)乐民终字第488号。

② 北京市第二中级人民法院民事判决书，(2014)二中民终字第03345号。

关系。第1款规定地方性法规的效力高于本级和下级地方政府规章,这一点同样可以经由制定机关的位阶加以说明。地方性法规的制定机关是享有地方立法权的地方人大及其常委会,地方政府规章的制定机关则是享有地方立法权的地方人民政府。根据我国《宪法》第96条第1款的规定,地方各级人民代表大会是地方国家权力机关,而根据《宪法》第105条第1款的规定,地方各级人民政府是地方各级国家权力机关的执行机关。这表明在我国的政治体制之中,地方人大及其常委会的位阶高于地方人民政府,后者向前者负责并报告工作,因此地方性法规的效力自然也就高于本级和下级地方政府规章的效力。这一效力等级的优先关系也体现在地方政府规章的制定依据之中,《立法法》第93条第1款规定:"省、自治区、直辖市和设区的市、自治州的人民政府,可以根据法律、行政法规和本省、自治区、直辖市的地方性法规,制定规章。"其中明确规定了地方性法规是地方政府制定规章的依据之一。事实上,通过制定地方政府规章以贯彻实施地方性法规的相关规定,正是地方人民政府行使其"执行地方国家权力"的职责的重要方式之一。

本条第2款规定,"省、自治区的人民政府制定的规章的效力高于本行政区域内的设区的市、自治州的人民政府制定的规章"。由于本次《立法法》修改扩大了"较大的市"的范围,因此相较于2015年《立法法》的对应条款而言,本款也相应地将"较大的市"修改为"设区的市、自治州"。该款规定的核心内涵是上级政府规章的法律效力高于下级政府规章,这一点也不难理解,根据我国《宪法》第108条第1款的规定,县级以上的地方人民政府领导所属各工作部门和下级人民政府的工作,因此省、自治区的人民政府领导其辖区内的设区的市、自治州的人民政府。规定省、自治区的人民政府制定的规章的效力高于本行政区域内的设区的市、自治州的人民政府制定的规章,符合我国的地方行政管理体制。

【适用指引】

本条在适用过程中可能产生的疑难点在于本条规定并非孤立存在的,而是受到了《立法法》中其他相关条文的影响。首先,根据本条的规定,地方性法规的效力高于本级和下级地方政府规章,而省、自治区的人民政府制定的规章的效力高于本行政区域内的设区的市、自治州的人民政府制定的规章。但是,所有这些地方性法规和地方政府规章的法律效力均低于法律和行政法规。根据《立法法》第93条第1款的规定,地方政府规章的制定依据除地方性法规外,还包括法律和行政法规。因此,如果某一地方政府规章是根据法律和行政法规所制定的,那么当其与地方性法规产生冲突之时，就不能够简单地依据本条第1款的规定判定其无效，而应当先审查该地方性法规是否与法律、行政法规相抵触。审查的可能结果有两个：一是该地方性法规因与法律、行政法规相抵触而无效，而该地方政府规章虽然与地方性法规相冲突，但是符合法律、行政法规的规定，因而仍然有效；二是该地方性法规与地方政府规章均因与法律、行政法规相抵触而无效。同此原理，在上下级地方政府规章的关系之中也有可能出现类似的问题。

其次，《立法法》第93条第5款第1句规定："应当制定地方性法规但条件尚不成熟的，因行政管理迫切需要，可以先制定地方政府规章。"该款规定与《立法法》第12条所规定的"本法第十一条规定的事项尚未制定法律的，全国人民代表大会及其常务委员会有权作出决定，授权国务院可以根据实际需要，对其中的部分事项先制定行政法规"之间具有极大的相似性，可称为"地方版"的授权立法决定。由此也引出了一个类似的问题：此种情形下所制定的地方政府规章与地方性法规之间的效力关系应当如何确定？应当说相较于全国人大及其常委会对国务院所作出的"中央版"授权立法决定而言，《立法法》对于"地方版"的授权立法决定的规定较为粗疏的，一方面，其设定了"应当制定地方性法规""条件尚不成熟""行政管理迫切需要"等条件，却没有明确应当由哪个主体来认定这些条件，也没有设定地方人大及其常委会的权限；另一方面，对于前文所提出的地方政府规章与地方性法规之间的可能冲突，《立法法》也没有像第106条第2款的规定那样提出一个解决方案。因此我们认为，对于此类可能产生的冲突，可行的解决方案是类推适用《立法法》第12条和第106条第2款的规定，将先行制定地方政府规章视为是地方人大及其常委会对相应地方人民政府所作出的授权，并由地方人大及其常委会裁决当两者的规定不一致时应当如何确定适用。

第一百零一条　自治条例、单行条例、经济特区法规的效力

> 自治条例和单行条例依法对法律、行政法规、地方性法规作变通规定的，在本自治地方适用自治条例和单行条例的规定。
>
> 经济特区法规根据授权对法律、行政法规、地方性法规作变通规定的，在本经济特区适用经济特区法规的规定。

【条文精释】

本条是有关自治条例、单行条例、经济特区法规的效力的规定。从广义上来

讲,自治条例、单行条例、经济特区法规都属于地方性法规的范畴,其效力等级本应适用《立法法》第 99 条的规定,低于法律和行政法规。但是这三种规范性文件又与普通的地方性法规之间存在区别,自治条例和单行条例是民族自治地方的人民代表大会依照当地民族的政治、经济和文化的特点所制定的特殊地方立法,经济特区法规则是经济特区所在地的人大及其常委会根据全国人大的授权所制定的特殊地方立法,因此它们的效力等级就不能够简单地适用普通地方性法规的规定,而必须加以特别规定。

根据我国《宪法》第 115 条的规定,民族自治地方的自治机关依照宪法、民族区域自治法和其他法律规定的权限行使自治权。这一自治权正是《立法法》第 85 条第 2 款所规定的"自治条例和单行条例可以依照当地民族的特点,对法律和行政法规的规定作出变通规定"的权限来源。依据这一规定,自治条例和单行条例对于法律、行政法规和地方性法规所作出的变通规定,是民族自治地方的人民代表大会根据本地方的实际情况贯彻执行国家的法律规范、行使自身自治权的体现,对此应予尊重。由此可见,在民族自治地方,自治条例和单行条例有优先适用的法律效力。

与自治条例和单行条例略显不同,经济特区法规则是源自全国人民代表大会及其常务委员会的授权。1981 年 11 月 26 日,全国人大常委会通过了《关于授权广东省、福建省人民代表大会及其常务委员会制定所属经济特区的各项单行经济法规的决议》,决定"授权广东省、福建省人民代表大会及其常务委员会,根据有关的法律、法令、政策规定的原则,按照各该省经济特区的具体情况和实际需要,制定经济特区的各项单行经济法规,并报全国人民代表大会常务委员会和国务院备案"。1988 年 4 月 13 日,全国人大通过了《关于建立海南经济特区的决议》,决定"授权海南省人民代表大会及其常务委员会,根据海南经济特区的具体情况和实际需要,遵循国家有关法律、全国人民代表大会及其常务委员会有关决定和国务院有关行政法规的原则制定法规,在海南经济特区实施,并报全国人民代表大会常务委员会和国务院备案"。1992 年 7 月 1 日,全国人大常委会通过了《关于授权深圳市人民代表大会及其常务委员会和深圳市人民政府分别制定法规和规章在深圳经济特区实施的决定》,决定"授权深圳市人民代表大会及其常务委员会根据具体情况和实际需要,遵循宪法的规定以及法律和行政法规的基本原则,制定法规,在深圳经济特区实施,并报全国人民代表大会常务委员会、国务院和广东省人民代表大会常务委员会备案"。1994 年 3 月 22 日,全国人大通过了《关于授权厦门市人大及其常委会和厦门市人民政府分别制定法规和规章在厦门经济特区实施的决定》，决定“授权厦门市人民代表大会及其常务委员会根据经济特区的具体情况和实际需要，遵循宪法的规定以及法律和行政法规的基本原则，制定法规，在厦门经济特区实施，并报全国人民代表大会常务委员会、国务院和福建省人民代表大会常务委员会备案”。1996 年 3 月 17 日，全国人大通过了《关于授权汕头市和珠海市人民代表大会及其常务委员会、人民政府分别制定法规和规章在各自的经济特区实施的决定》，决定“授权汕头市和珠海市人民代表大会及其常务委员会根据其经济特区的具体情况和实际需要，遵循宪法的规定以及法律和行政法规的基本原则，制定法规，分别在汕头和珠海经济特区实施，并报全国人民代表大会常务委员会、国务院和广东省人民代表大会常务委员会备案”。2000 年制定《立法法》之时，则将这一系列实践中的做法予以制度化和法律化，规定“经济特区所在地的省、市的人民代表大会及其常务委员会根据全国人民代表大会的授权决定，制定法规，在经济特区范围内实施”。经济特区法规遵循宪法的规定，在不同法律和行政法规的基本原则相抵触的前提下，根据具体情况和实际需要制定。特区法规享有的权限比一般地方性法规的权限要大，它可以变通法律、行政法规和地方性法规，将国家给予经济特区的特殊政策具体化，在改革开放方面作出探索试验性规定，起立法“试验田”的作用。这是授权制定经济特区法规的目的所在。因此，对其所作的变通规定，在经济特区范围内，它有优先适用的效力。

【适用指引】

本条在适用过程中的主要难点在于如何准确地把握“变通规定”的界限。自治条例、单行条例、经济特区法规在本行政区域内享有优先法律效力的前提是它们对于法律、行政法规和地方性法规作出了变通规定，但是它们之所以能够作出这样的变通规定，归根结底又是源于宪法、全国人大及其常委会的授权。因此，并非自治条例、单行条例、经济特区法规所作出的任意变通规定都能够享有优先法律效力，其仍需要满足“不抵触”这一隐含的前提条件。

相对而言，自治条例和单行条例作出变通规定的界限比较明确。如前所述，民族自治地方的人大之所以能够作出变通规定，是源自宪法赋予其的自治权。而根据《宪法》第 115 条的规定，自治权的行使需要“依照宪法、民族区域自治法和其他法律规定的权限”，因此自治条例和单行条例作出变通规定的界限就在于宪法、民族区域自治法和其他法律所设定的限制条件。《民族区域自治法》第 6 条第 2 款规定:“民族自治地方的自治机关根据本地方的情况,在不违背宪法和法律的原则下,有权采取特殊政策和灵活措施,加速民族自治地方经济、文化建设事业的发展。”《立法法》第 85 条第 2 款规定:“自治条例和单行条例可以依照当地民族的特点,对法律和行政法规的规定作出变通规定,但不得违背法律或者行政法规的基本原则,不得对宪法和民族区域自治法的规定以及其他有关法律、行政法规专门就民族自治地方所作的规定作出变通规定。”综合以上法律规范,自治条例和单行条例作出变通规定的界限:(1)不违背宪法、法律、行政法规、地方性法规的基本原则;(2)不得对宪法和民族区域自治法的规定以及其他有关法律、行政法规专门就民族自治地方所作的规定作出变通规定。

经济特区法规作出变通规定的界限则不那么清晰。2000 年制定《立法法》时对于经济特区法规的规定是高度概括化的,仅仅指出了经济特区法规的权限范围是由全国人大及其常委会的授权决定所规定的,因此我们需要回到具体的授权决定之中来寻找经济特区法规作出变通规定的界限。在授权广东省与福建省的决定中,全国人大常委会的表述是“根据有关的法律、法令、政策规定的原则”;在授权海南省的决定中,全国人大的表述是“遵循国家有关法律、全国人民代表大会及其常务委员会有关决定和国务院有关行政法规的原则”;在授权深圳市、厦门市、汕头市、珠海市的决定中,全国人大及其常委会的表述是“遵循宪法的规定以及法律和行政法规的基本原则”。综合来看,经济特区法规作出变通规定的界限是“不得违反宪法的规定以及法律和行政法规的基本原则”,但是这一界限仍然是比较模糊的。诚然,这样的处理既能适应现在有些需要变通的情况,也为今后的发展变化留下了空间和余地,但是变通规定的界限长期处于不确定的状况,显然不利于法制统一的实现。因此我们认为,可以在一定程度上参照有关自治条例和单行条例作出变通规定的界限,如果中央立法时已经考虑到经济特区的情况之后作出全国统一规定,经济特区应当遵循中央立法的规定,制定或者修改经济特区法规时,不应再作出与中央立法不一致的规定。

第一百零二条　部门规章、地方政府规章的效力

> 部门规章之间、部门规章与地方政府规章之间具有同等效力,在各自的权限范围内施行。

【条文精释】

本条是有关部门规章和地方政府规章的效力的规定。根据《立法法》第 91 条和第 93 条的规定,部门规章是由国务院各部、委员会、中国人民银行、审计署和具有行政管理职能的直属机构根据法律和国务院的行政法规、决定、命令,在本部门的权限范围内所制定的规范性文件。地方政府规章是由省、自治区、直辖市和设区的市、自治州的人民政府根据法律、行政法规和本省、自治区、直辖市的地方性法规所制定的规范性文件。从中可以看出,享有规章制定权的主体非常多,导致规章的数量也相当庞大,根据中国人大网的数据,截至 2023 年 1 月,我国现行有效的宪法法律有 252 部,行政法规及文件有 674 部,部委规章及文件有 3928 部,地方性法规规章有 22,123 部,共 26,977 部。数量如此庞大的各类规章之间不可避免地会产生各种冲突,为了建立解决规章冲突的机制,就必须明确不同规章之间的效力关系。

部门规章和地方政府规章的制定机关如前所述,根据《宪法》第 86 条和《国务院组织法》的相关规定,国务院各部、各委员会、中国人民银行、审计署、具有行政管理职能的直属机构都是国务院的组成部分,彼此之间的地位是平等的,因此由它们根据法律和国务院的行政法规、决定、命令在本部门的权限范围内所制定的部门规章之间的效力也是相同的。根据《宪法》第 89 条第 3、4 项的规定,国务院"统一领导各部和各委员会的工作""统一领导全国地方各级国家行政机关的工作"。从中可以看出,国务院各部、委员会、中国人民银行、审计署和具有行政管理职能的直属机构与省、自治区、直辖市和设区的市、自治州的人民政府都属国务院领导,彼此之间并没有领导与被领导的关系,因此部门规章与地方政府规章之间的效力也是相同的。

由于两类规章的制定机关在行政关系上是平等的,并不存在领导与被领导的关系,因此如同本条所规定的那样,部门规章之间、部门规章与地方政府规章之间的法律效力是相同的,如果它们彼此之间发生冲突,则应当按照《立法法》第 106 条第 1 款第 3 项的规定由国务院裁决适用何者。

【适用指引】

本条在适用过程中的主要疑难点在于其与《立法法》第 100 条尤其是第 1 款之间的关系。根据本条的规定,部门规章与地方政府规章之间具有同等效力,而根据《立法法》第 100 条第 1 款的规定,地方性法规的效力高于本级和下级地方政府规章。如果将这两条机械地联系在一起，就有可能得出“地方性法规的效力 > 地方政府规章的效力 = 部门规章的效力”这样一个等式，进而推导出“地方性法规的效力高于部门规章”的结论。应当看到，这样一种认识在实践中并不少见，例如在“广州市雄伟五金厂与周某东退还股金纠纷上诉案”中，上诉人与被上诉人在案件的法律适用问题上产生了争议，被上诉人（原审原告）在一审的民事起诉状中援引了由原轻工业部于 1993 年制定的《轻工集体企业股份合作制试行办法》这一部门规章，上诉人则认为应当适用由广东省人大常委会于 1998 年制定的《广东省股份合作企业条例》这一地方性法规。在上诉状中，上诉人诉称：“根据《立法法》第 91 条[①]规定：‘地方性法规的效力高于本级和下级地方政府规章’；第 93 条[②]又规定：‘部门规章之间、部门规章与地方政府规章之间具有同等效力，在各自的权限范围内施行。’由此可以推定，《广东省股份合作企业条例》的法律效力应当高于《轻工集体企业股份合作制试行办法》。处理本案有关退股问题，应当适用《广东省股份合作企业条例》，而不应当适用《轻工集体企业股份合作制试行办法》。”[③]二审法院在判决中则指出原审法院适用《轻工集体企业股份合作制试行办法》中的有关规定，支持被上诉人要求退还股金的请求，并依照公平原则处理上诉人与被上诉人之间的纠纷正确，并不存在法律适用上的错误，驳回了上诉人的上诉。

“地方性法规的效力高于部门规章”的结论之所以错误，是由于这一推导过程机械地将《立法法》第 100 条有关地方性法规与地方政府规章之间效力等级的规定和第 91 条有关部门规章与地方政府规章之间效力等级的规定联系在一起，而忽视了在这两个条文中推导出各自效力等级关系的前提条件。在《立法法》第 100 条第 1 款的规定中，地方性法规的效力之所以高于本级和下级地方政府规章，是由于地方性法规的制定机关——地方人民代表大会及其常委会是“地方国家权力机关”，而地方政府规章的制定机关——地方人民政府是“地方国家权力机关的执行机关”，前者在我国政治体制中的位阶高于后者，所以由前者所制定的规范性文件的效力也高于后者。而在《立法法》第 102 条的规定中，部门规章的效力之所以等同于地方政府规章，是由于两者的制定机关都属国务院的领导，彼此之间并不存在领导与被领导的关系，这一“同等关系”的限定条件是在“国家行政机关”这一机关体系之中，如果跳出了这一体系，就不能够将这一同等关系简单地适用到其他关系

① 对应 2023 年《立法法》第 100 条。——编者注

② 对应 2023 年《立法法》第 102 条。——编者注

③ 广东省广州市中级人民法院民事判决书，(2006)穗中法民二终字第 859 号。

之中。

总而言之，由于《立法法》第100条和第102条的背后分别隐藏着“国家权力机关”和“国家行政机关”这两个机关体系，因此我们不能够简单地将这两个条文的规定联系在一起，进而得出“地方性法规的效力高于部门规章”的结论。当地方性法规与部门规章之间产生冲突之时，我们需要回到这两个机关体系之中，因此《立法法》第106条第1款第2项规定：“地方性法规与部门规章之间对同一事项的规定不一致，不能确定如何适用时，由国务院提出意见，国务院认为应当适用地方性法规的，应当决定在该地方适用地方性法规的规定；认为应当适用部门规章的，应当提请全国人民代表大会常务委员会裁决”。

专题三十　法律冲突的解决

第一百零三条　同位阶规范性文件的冲突解决

> 同一机关制定的法律、行政法规、地方性法规、自治条例和单行条例、规章，特别规定与一般规定不一致的，适用特别规定；新的规定与旧的规定不一致的，适用新的规定。

【条文精释】

本条是有关同一机关所制定的同位阶规范性文件之间冲突应当如何解决的规定。由于同位阶规范性文件是由同一机关所制定的，因此它们之间并不存在效力的位阶，而是具有同等的法律效力，从理论上来说，由同一机关所制定的规范性文件之间应当是协调统一的，但是由于不同的规范性文件调整社会关系的范围和角度，制定规范性文件的时间不同，立法技术的高低有别等原因，在实践中依然存在相当数量的同位阶规范性文件之间的冲突。对此，部分规范性文件在制定时即考虑到了这一问题，并通过立法技术规范加以了解决，例如《行政复议法》第 42 条规定："本法施行前公布的法律有关行政复议的规定与本法的规定不一致的，以本法的规定为准。"《涉外民事关系法律适用法》第 51 条规定："《中华人民共和国民法通则》第一百四十六条、第一百四十七条，《中华人民共和国继承法》第三十六条，与本法的规定不一致的，适用本法。"但是在绝大多数的规范性文件中并没有明确这一规则，因此需要在《立法法》中统一规定同位阶规范性文件产生冲突时的解决规则。

本条确立了两个规则：一是"特别规定优于一般规定"，二是"新的规定优于旧的规定"。同位阶的规范性文件所调整的社会关系的范围有大有小，所谓一般规定，是指调整某一大类社会关系的规定，而特别规定是指调整某类特殊社会关系的规定，当这两类被调整的社会关系发生重合之时，就应适用"特别规定优于一般规定”的规则。确立特别规定优于一般规定的规则，是因为特别规定是在考虑具体社会关系的特殊需要的前提下制定的，更符合它所调整的社会关系的特点，所以具有优先适用的效力。

同位阶规范性文件的制定时间也会有先后，任何法律规范都是为了调整某类社会关系而被制定出来的，当所调整的社会关系随着时间发生变化之时，相应的法律规范也应当随之修改和更新，这就有可能产生新的规定与旧的规定之间的冲突。对此，部分规范性文件也在制定时考虑到了这一问题，并设置了相应的解决规则。例如，由全国人大常委会于2014年11月1日公布的《反间谍法》于第40条规定，由全国人大常委会于1993年2月22日通过的《国家安全法》自《反间谍法》公布之日起废止；又如，由国务院于2006年11月11日公布的《外资银行管理条例》于第73条规定，由国务院于2001年12月20日公布的《外资金融机构管理条例》自《外资银行管理条例》施行之日起废止。同样地，在大量的规范性文件之中并没有设置这样明确的规则，因此本条明确了“新的规定优于旧的规定”的规则，这是因为新的规定是在充分考虑到社会关系的发展变化的情况下所修改和更新的，更加符合它所调整的社会关系在新形势下的特点，所以具有优先适用的效力。

【适用指引】

本条所确立的两条冲突解决规则——“特别规定优于一般规定”和“新的规定优于旧的规定”本身并不难理解，在适用过程中可能产生的疑难问题源于对该条中相关表述的理解，例如如何理解“同一机关”，如何识别不同规定之间的“不一致”，如何判断“特别规定”与“一般规定”、“新的规定”与“旧的规定”等。

首先来看“同一机关”。本条所确立的冲突解决规则的适用前提是“同一机关制定的”规范性文件之间产生的冲突，在《立法法》颁布之前，学理上一般认为“特别法优于一般法”“新法优于旧法”的适用范围是“同位阶规范性文件”之间，《立法法》在制定过程中吸收了这两条法理，进而确立了“特别规定优于一般规定”“新的规定优于旧的规定”的规则，但是《立法法》又将“同位阶规范性文件”修改为“同一机关制定的同位阶规范性文件”。我们应当注意到，这两个概念之间是有所区别的，由同一机关制定的规范性文件必然属于同位阶规范性文件，但是反过来同位阶规范性文件未必都是由同一机关所制定的。例如《立法法》第102条规定，“部门规章之间、部门规章与地方政府规章之间具有同等效力”，《企业年金基金管理办法》和《专利代理管理办法》都是部门规章，属于同位阶规范性文件，但是它们分别由人力资源和社会保障部与国家市场监督管理总局两个不同的机关所制定。应当说《立法法》所确立的“同一机关所制定的规范性文件”这一前提条件，更加符合我国立法主体多层次性和法律体系的复杂性的实际情况。

在实践中由“同一机关”所引出的另一个问题是全国人大与全国人大常委会是否属于“同一机关”。根据《宪法》和《立法法》的有关规定，全国人大制定和修改刑事、民事、国家机构的和其他的基本法律，全国人大常委会制定和修改除应当由全国人大制定的法律以外的其他法律；在全国人大闭会期间，对全国人大制定的法律进行部分补充和修改，但是不得同该法律的基本原则相抵触。但在实践中，全国人大所制定的法律所占比例越来越少，由全国人大常委会所制定的法律越来越多，同时在规范层面原本清晰的全国人大与全国人大常委会的立法权限划分到了实践中却开始模糊化。就民事基本法律而言，《民法典》是由全国人大所制定的，而《涉外民事关系法律适用法》却是由全国人大常委会所制定的。当这两类法律之间产生冲突之时，能否适用《立法法》第 103 条的规定就成了一个问题。笔者认为，这一问题的解决需要回到相关法律规范本身。《宪法》第 57 条规定：“中华人民共和国全国人民代表大会是最高国家权力机关。它的常设机关是全国人民代表大会常务委员会。”尽管同样使用了“机关”一词，但是两者之间仍然存在区别。从产生方式来看，全国人大由省、自治区、直辖市、特别行政区和军队选出的代表组成，全国人大常委会则由全国人大从代表中选出的委员组成；从立法权限来看，全国人大制定基本法律，全国人大常委会制定基本法律以外的法律；从立法权性质来看，全国人大常委会所享有的权限位阶低于全国人大的立法权。因此，这两者不属于“同一机关”，由它们各自制定的法律产生冲突之时也不能适用《立法法》第 103 条的规定。

其次来分析“不一致”。在针对《立法法》第 98 条的适用指引的分析之中，我们曾经简要地探讨了“抵触”的含义，应当说“抵触”和此处的“不一致”之间具有一定的相似性，都表现出一种“不相容”的性质。但是两者之间也存在一定的区别，“抵触”的结果是绝对无效，表现为一种排斥性的不相容，且多用在异位阶的规范性文件之间；而“不一致”的结果并不必然导致无效，表现为一种择一性的不相容。在实践中，“不一致”具体可能表现为三种形式。一是包含关系，即一方是在另一方范围内作出更加明确具体的规定，或者一方对另一方的规定作出了补充和拓展。例如《国家赔偿法》第 9 条第 2 款规定：“赔偿请求人要求赔偿，应当先向赔偿义务机关提出，也可以在申请行政复议或者提起行政诉讼时一并提出。”而《行政复议法》第 29 条第 2 款规定:"申请人在申请行政复议时没有提出行政赔偿请求的,行政复议机关在依法决定撤销或者变更罚款,撤销违法集资、没收财物、征收财物、摊派费用以及对财产的查封、扣押、冻结等具体行政行为时,应当同时责令被申请人返还财产,解除对财产的查封、扣押、冻结措施,或者赔偿相应的价款。"后者就是对前者内容的补充规定。二是相交关系,即两个规范性文件的规定之间存在交叉的关系。三是相离关系,这是一种彻底分离的不一致,例如《安全生产许可证条例》第 3 条第 2 款规定:"省、自治区、直辖市人民政府安全生产监督管理部门负责前款规定以外的非煤矿矿山企业和危险化学品、烟花爆竹生产企业安全生产许可证的颁发和管理,并接受国务院安全生产监督管理部门的指导和监督。"而 1984 年《民用爆炸物品管理条例》(已失效)则规定由公安部门负责监管烟花爆竹的生产。在这三种"不一致"的表现形式之中,相交关系和相离关系更容易造成实践中的难题。

最后来分析"特别"与"一般"、"新的"与"旧的"。特别与一般的区分是相对性的,是按照适用范围的不同而作出的一种分类。因此,特别与一般之间区分的相对性主要体现在适用范围的不同,适用范围较窄的是特别法(规定),适用范围较宽的则是一般法(规定)。如果我们对"适用范围"这一要素进行更为细致的区分,可以将其分为人、事、时、地四个方面,这也就意味着特别规定也可随之被划分为四种类型:(1)主体性特别规定,即某一规范性文件是针对特定主体的状况而制定的,仅适用于该特定主体。(2)事项性特别规定,即某一规范性文件是针对特定事项的状况而制定的,仅适用于该特定事项。(3)时效性特别规定,即某一规范性文件是仅在特定时期发生法律效力的,如《戒严法》第 2 条规定:"在发生严重危及国家的统一、安全或者社会公共安全的动乱、暴乱或者严重骚乱,不采取非常措施不足以维护社会秩序、保护人民的生命和财产安全的紧急状态时,国家可以决定实行戒严。"(4)地域性特别规定,即某一规范性文件是根据某地区的特殊情况所制定的,仅适用于该地区。"新的"与"旧的"之间的区分则较为清晰,但是要注意将其与法的溯及力问题区别开来。"新的规定优于旧的规定",是为了解决两个规范性文件的规定有效的情况下,该适用哪个规定,而法的溯及力所要解决的则是新法对它生效以前发生的事件和行为是否适用的问题,一般是从旧的原则。

第一百零四条　法的溯及力

法律、行政法规、地方性法规、自治条例和单行条例、规章不溯及既往，但为了更好地保护公民、法人和其他组织的权利和利益而作的特别规定除外。

【条文精释】

本条是有关法的溯及力的规定。法的溯及力是关于法是否具有溯及既往的效力的问题，即法对它生效前所发生的事件和行为是否适用。如果适用，法就具有溯及力；如果不适用，法就不具有溯及力。根据本条的规定，无论是法律、行政法规、地方性法规、自治条例、单行条例还是规章，均不具有溯及既往的效力，这也就意味着法只对其生效后的人们的行为起到规范作用，也意味着不能够要求人们遵守还没有制定出来的法。这一原则的确立所体现的核心价值追求是防止公权力的滥用对私权利造成侵害，维护公民的既得权利与原有的法律地位，保障公民的自由。在法治社会，人的自由就是法律之下的自由，而要实现法律之下的自由，就必须坚持法不溯及既往的原则。如果法能够溯及既往，人们就无法判断自己的行为在法律下是否是自由的，因为人们只有在知道行为时的法是如何规定的情况下才可以自由选择自己的行为。从另一个方面来看，坚持法不溯及既往，还能够限制国家权力，防止其滥用而践踏公民权利。

但是我们也应当注意到，法不溯及既往是一个原则性的规定，而任何原则都是相对的，都可能存在例外。法不溯及既往的例外正是源自它所体现的核心价值追求，我们之所以要坚持法不具有溯及既往的效力，是因为这样可以有效地防止公权力的滥用对私权利造成侵害，但是如果法溯及既往的结果是对私权利有利的，那么我们也可以例外地允许其具有溯及既往的效力。因此，本条后半段规定当法为了更好地保护公民、法人和其他组织的权利和利益而作出特别规定之时，这一特别规定可以溯及既往。“更好地保护公民、法人和其他组织的权利和利益”可以表现为减轻行为人的责任，也可以表现为增加公民的权利，还可以表现为其他形式。典型的例子是《刑法》第 12 条第 1 款规定：“中华人民共和国成立以后本法施行以前的行为，如果当时的法律不认为是犯罪的，适用当时的法律；如果当时的法律认为是犯罪的，依照本法总则第四章第八节的规定应当追诉的，按照当时的法律追究刑事责任，但是如果本法不认为是犯罪或者处刑较轻的，适用本法。”依据该规定，在《刑法》施行以前的某行为如果被当时的法律认为是犯罪，则应当按照当时的法律追究刑事责任，但是当《刑法》不认为该行为是犯罪或者处刑较轻之时，则应当适用《刑法》的规定。其原因就在于《刑法》的规定减轻甚至于免除了行为人的刑事责任，更好地保护了行为的权利和利益，因此可以溯及既往。另外需要注意的是，这里的“公民、法人和其他组织”是指法律、法规、规章等规范性文件所直接指向的公民、法人和其他组织，是法律、法规、规章等特定的调整对象，不是泛指，不是为了保护多数人的利益而使法律、法规、规章等具有溯及力。

【适用指引】

我们可以注意到，在 2000 年《立法法》颁布之前，长期以来我国只有《刑法》明确作出了有关法不溯及既往及其例外的规定，在《立法法》颁布之后，相关的研究也主要集中于刑法，兼及行政法、税法等公法领域，对于私法领域中法的溯及力问题的研究则相对欠缺。事实上，相较于公法领域而言，私法领域中法的溯及力问题尤其是其例外情况要复杂得多，这也是本条在适用过程中的一个难点问题。

与刑法等公法不同，我国民事法律的溯及力问题及其例外情况都是由最高人民法院的司法解释加以规定的，而且这些司法解释本身也存在溯及力的问题，相关情况错综复杂。具体来说，最高人民法院民商事司法解释有关溯及力问题及其例外情况的规定大致可以分为四种类型：第一种是司法解释适用于其公布施行后新受理的一审案件；第二种是以解释涉及的法律实施日为限，法律实施日前形成的纠纷适用当时的法律和司法解释，法律实施日以后形成的纠纷且尚在一审或二审阶段的案件适用新司法解释；第三种是虽然没有明确针对何种程序的案件，但是明确了法律、行政法规没有规定的情形下，可以参照新司法解释的有关规定处理；第四种是除有的解释既规定自身的溯及力，又规定解释所涉及的法律的溯及力外，还有的司法解释没有规定自身的溯及力问题，而是专门规定了法律的溯及力问题。更为复杂的是，虽然另外一些司法解释没有就溯及力问题作出直接而明确的规定，但是并不代表这些司法解释就不涉及自身及其所解释的法律的溯及力问题。

从中我们可以看出，私法领域尤其是民商事司法解释有关溯及力问题的规定极其混乱，大部分没有明确规定；有规定的部分，除了极少数以行为或事件作为溯及力的对象外，绝大部分是以案件作为溯及力对象，即便如此，在具体表述上也不统一：有的规定适用于司法解释实施后新受理的一审案件，有的规定适用于已经受理的一审案件或一审、二审案件，还有少数规定仅适用于某特殊类型的案件。这种表述模式虽然反映了最高人民法院在制定司法解释时的着眼点是针对人民法院在审判实践中统一适用法律问题,但是,如果以法的溯及力的对象是“行为或事件”来进行评判,就可以发现,司法解释实际上多是有溯及力的。当然,这种溯及力的表现有程度上的差别:最严格的是规定司法解释生效后新受理的一审案件适用新的司法解释,其次是规定司法解释生效后仍在审理中的一审案件适用新司法解释,最宽松的是规定审理中的一审、二审案件皆可适用新司法解释。对于司法解释溯及力问题没有规定的司法解释,究竟如何理解其溯及力问题,又存在极不统一的认识。

这一混乱的规定现象在实践中导致了各种问题,这集中体现在损害赔偿标准范围确定、合同效力判断、民事责任承担等方面;对于司法解释有无溯及力的认识,在司法实践中比较混乱,特别是对于只规定了实施时间、没有规定溯及力的那部分司法解释,除了当事人认识五花八门外,法院在司法适用中也很不统一;对于规定了自身溯及力的司法解释,当事人与法院的认识也存在分歧。但是,问题的关键不在于这种分歧,而在于这方面的规定标准不一,致使适用效果很不合理。特别是对于规定“新受理的一审案件”适用司法解释的,有的当事人为了达到适用的效果采取撤诉后再重新起诉的办法。这不仅浪费了司法资源,也致使对方当事人严重不满,更令人感到法律适用中的随意性。

从立法例来看,我国大多数民商事单行法都未制定过渡条款,没有就本法的溯及力进行明文规定,这一现状导致法律适用的困难:在新旧法律交替时,究竟适用新法还是旧法来处理相关的案件? 为了弥补立法的不足,实践中最高司法机关通过制定规范性司法解释来确定相关法律的溯及力。几乎每一次新修订法律,随后都有司法解释出台,其中往往规定新法的溯及力问题。根据 1981 年 6 月全国人大常委会《关于加强法律解释工作的决议》的规定,司法解释是最高人民法院对审判工作中如何具体应用法律、法令的问题进行解释。而“凡关于法律、法令条文本身需要进一步明确界限或作补充规定的,由全国人民代表大会常务委员会进行解释或用法令加以规定”。2015 年《立法法》修改又专门针对司法解释问题增加了相关规定,重申了上述规定的精神:“最高人民法院、最高人民检察院作出的属于审判、检察工作中具体应用法律的解释,应当主要针对具体的法律条文,并符合立法的目的、原则和原意。遇有本法第四十五条第二款规定情况的,应当向全国人民代表大会常务委员会提出法律解释的要求或者提出制定、修改有关法律的议案”。最高人民法院在法律没有明确溯及力,立法机关也没有授权的情况下,以司法解释的形式规定民事法律是否具有溯及力实际上已超越了最高人民法院司法解释的权限。笔者认为，针对立法本身对是否存在溯及力问题没有特别规定，审判实践又需要明确新法律适用中的问题，最高人民法院通常会对有关新法律的溯及力问题作出规定（其中包括作出不溯及既往原则的例外规定），此种做法需要改进、完善。必须明确法的溯及力为法治的基本问题之一，应属于立法层面，而不是司法解释层面。即便作为权宜之计，司法解释若进行规定也必须谨慎，必须与司法解释的合法性、规范性等相适应。具体设想如下：（1）全国人大常委会对于司法解释的溯及力有关规定要纳入备案审查的重点；（2）全国人大常委会要加强对已有法律溯及力问题的立法解释工作；（3）新的民事立法对于自身溯及力问题要注重作出专门的规定；（4）在具体的司法实践中，应该确立如下原则，如果法律没有规定溯及力，则司法适用中应推定该法律没有溯及力。

第一百零五条　新的一般规定与旧的特别规定之间的冲突解决

法律之间对同一事项的新的一般规定与旧的特别规定不一致，不能确定如何适用时，由全国人民代表大会常务委员会裁决。

行政法规之间对同一事项的新的一般规定与旧的特别规定不一致，不能确定如何适用时，由国务院裁决。

【条文精释】

本条是有关法律之间、行政法规之间对同一事项的新的一般规定与旧的特别规定产生冲突时应当如何解决的规定。《立法法》第 103 条确立了由同一机关制定的规范性文件“特别规定优于一般规定”“新的规定优于旧的规定”这两条规则，由于这两条规则之间是平等的，不存在效力上的高低关系，因此就有可能产生相互交叉的现象，出现本条中“新的一般规定”与“旧的特别规定”之间相互冲突的现象。此时就无法简单地依据前述两条规则来解决冲突，而只能回到发生冲突的法律、行政法规的制定机关身上，由其作出裁决。根据本条的规定，当法律之间对同一事项新的一般规定与旧的特别规定不一致，不能确定如何适用时，应当由全国人大常委会裁决。在这里可能产生的疑问是，法律的制定机关包括全国人大及其常委会，同时根据《立法法》第 10 条第 2 款的规定，“刑事、民事、国家机构的和其他的基本法律”只能由全国人大制定，而本书在对《立法法》第 103 条的分析讨论中也已经指出了“全国人民代表大会”和“全国人民代表大会常务委员会”不是该条所称的“同一机关”，那么为什么此处还要规定由全国人大常委会裁决相应的冲突呢？应当说这一在规范层面略有瑕疵的规定是基于现实考虑的“无奈之举”，全国人大每年只召开一次，会期有限，议事内容又极其繁多。很难有效地应对实践中所产生的诸多冲突。而全国人大常委会无论是从会议召开的频率、会期的长度，还是议事内容的集中程度等方面来看，都更有能力应对相应的冲突。另外，本条没有规定裁决的程序，但是一般来说是由执法机关逐级上报到全国人大常委会。如可以通过本系统，上报到国务院、中央军事委员会、最高人民法院、最高人民检察院和各省、自治区、直辖市人大常委会，由它们向全国人大常委会提出。全国人大常委会的裁决在性质上与法律解释相类似。因此，裁决程序原则上可以参照法律解释的程序。根据本条第 2 款的规定，当行政法规之间对同一事项的新的一般规定与旧的特别规定不一致，不能确定如何适用时，应当由国务院裁决。相应的裁决程序则可以参照全国人大常委会的裁决程序。

【适用指引】

对于法律之间、行政法规之间就同一事项所产生的新的一般规定与旧的特别规定之间所产生的冲突，本条规定分别由全国人大常委会和国务院依照立法权限分别进行裁决，但是对于这一裁决所依据的标准则语焉不详。其中的复杂之处正在于我们在分析“特别规定优于一般规定”这一规则时所指出的“特别”与“一般”之间的相对性。对此，最高人民法院印发的《关于审理行政案件适用法律规范问题的座谈会纪要》即指出，法律之间、行政法规之间或者地方性法规之间对同一事项的新的一般规定与旧的特别规定不一致的，人民法院原则上应按照下列情形适用：新的一般规定允许旧的特别规定继续适用的，适用旧的特别规定；新的一般规定废止旧的特别规定的，适用新的一般规定。不能确定新的一般规定是否允许旧的规定继续适用的，人民法院应当中止行政案件的审理，属于法律的，逐级上报最高人民法院送请全国人大常委会裁决；属于行政法规的，逐级上报最高人民法院送请国务院裁决；属于地方性法规的，由高级人民法院送请制定机关裁决。

第一百零六条　地方性法规、规章之间的冲突解决

> 地方性法规、规章之间不一致时，由有关机关依照下列规定的权限作出裁决：
>
> （一）同一机关制定的新的一般规定与旧的特别规定不一致时，由制定机关

裁决；

（二）地方性法规与部门规章之间对同一事项的规定不一致，不能确定如何适用时，由国务院提出意见，国务院认为应当适用地方性法规的，应当决定在该地方适用地方性法规的规定；认为应当适用部门规章的，应当提请全国人民代表大会常务委员会裁决；

（三）部门规章之间、部门规章与地方政府规章之间对同一事项的规定不一致时，由国务院裁决。

根据授权制定的法规与法律规定不一致，不能确定如何适用时，由全国人民代表大会常务委员会裁决。

【条文精释】

本条是有关地方性法规、规章之间的冲突解决的规定。虽然《立法法》第 100、102 条规定了地方性法规、部门规章、地方政府规章各自的效力，同时第 103 条等也确立了地方性法规、规章之间某些冲突情形的解决方式，但是这些规定尚不足以解决所有的地方性法规与规章之间可能产生的冲突。本条的规定，正是旨在建立一种解决更为全面的地方性法规、规章等规范性文件之间冲突的机制。

根据本条第 1 款第 1 项的规定，同一机关制定的地方性法规之间、规章之间对同一事项的新的一般规定与旧的特别规定不一致时，由制定机关裁决。该项规定与《立法法》第 105 条规定的原理是一致的，此时制定机关可以根据立法的目的、原意等因素作出裁决。

同款第 2 项所处理的是地方性法规与部门规章对同一事项的规定不一致时的解决机制。我们在《立法法》第 102 条进行分析之时就指出，不能由于该条规定部门规章与地方政府规章之间具有同等效力，又由于《立法法》第 100 条第 1 款规定地方性法规的效力高于本级和下级地方政府规章，就将这两者机械地联系在一起，进而得出地方性法规的效力高于部门规章的结论。地方性法规是由地方权力机关制定的，在其所辖行政区域内有效，部门规章是由国务院部门制定的，在全国范围内有效，在适用的地域范围上，部门规章大于地方性法规。但地方性法规和部门规章不是一个效力层次，地方性法规可以作为人民法院的审判依据，规章在法院审判时只作为参照。因此，难以抽象地说地方性法规和部门规章谁高谁低，以及发生冲突时，谁该优先适用。根据本条的规定，当地方性法规与部门规章对同一事项的规定发生不一致之时，由国务院先提出意见。之所以作出如此规定，需要与《立法法》第108条有关改变或者撤销各类规范性文件的权限的规定联系起来。根据第108条第2项的规定，全国人大常委会有权撤销同宪法、法律和行政法规相抵触的地方性法规；又根据同条第3项的规定，国务院有权改变或者撤销不适当的部门规章和地方政府规章。从这两项的规定中我们可以看出，国务院有权对部门规章是否“适当”作出判断，当部门规章与地方性法规发生不一致时，如果存在问题的是部门规章，则国务院可以直接行使改变或者撤销权。但是改变或撤销地方性法规的权限并不属于国务院，因此如果国务院认为存在问题的是地方性法规，则应当提请全国人大常委会作出裁决。在这里可能产生的疑问是，既然根据《立法法》第108条第2项的规定，全国人大常委会有权撤销同宪法、法律和行政法规相抵触的地方性法规，那么为什么不可以是由全国人大常委会先提出意见，如果认为存在问题的是地方性法规，则直接行使其撤销权；如果认为存在问题的是部门规章，则由国务院作出裁决呢？笔者认为，这涉及两个机关之间关系的问题。根据《宪法》第57条的规定，中华人民共和国全国人大是最高国家权力机关。它的常设机关是全国人大常委会。又根据《宪法》第85条的规定，中华人民共和国国务院，即中央人民政府，是最高国家权力机关的执行机关，是最高国家行政机关。尽管不能由此简单地说国务院就是全国人大常委会的执行机关，但是两者之间存在位阶高低是显而易见的。如果由全国人大常委会向国务院发出“就适用何者作出裁决”的要求，从行政关系上而言难免对国务院造成无形的压力，进而可能影响裁决的公正性。因此由国务院先提出意见的规定是更为妥当的。

《立法法》第106条第1款第3项所处理的是部门规章之间、部门规章与地方政府规章对同一事项的规定不一致时的解决机制。该项规定需与《立法法》第102条的规定联系在一起加以考察，根据《立法法》第102条的规定，部门规章之间、部门规章与地方政府规章之间具有同等的法律效力，在对该条进行分析之时我们已经指出这是由于两类规章的制定机关都属国务院领导，彼此之间没有领导与被领导的关系。而在实践之中，由于国务院所属的各部、各委员会等机构的管理权限之间可能存在划分不清或交叉的情况，不同部门规章的规定会有冲突。同时，部门规章与地方政府规章所调整的社会关系之间也有可能产生重合的现象，部门规章与地方政府规章之间也会发生冲突。此时，就需要回到两类规章制定机关的共同领导机关——国务院身上，由其来作出裁决。

本条第2款所处理的则是根据授权制定的法规与法律规定不一致时的解决机

制。根据《立法法》第 12 条和第 84 条的规定，所谓“根据授权制定的法规”，是指全国人大及其常委会授权国务院根据实际需要，对《立法法》第 11 条所规定的法律保留事项事项中尚未制定法律的部分事项先行制定的行政法规，以及全国人大授权经济特区所在地的省、市的人大及其常务委员会所制定的法规。这两类法规与普通的行政法规和地方性法规之间存在一定的区别，由国务院根据授权所制定的行政法规所规定的其实是原本只能由法律加以规定的事项，典型者如由国务院所制定的一系列涉及税收基本制度的行政法规，包括《营业税暂行条例》《消费税暂行条例》《增值税暂行条例》《耕地占用税暂行条例》等。不难看出这类行政法规享有较大的立法权限，一方面容易与法律的规定之间产生冲突，另一方面也容易令人产生其效力相当于法律的感觉。与此同时，根据《立法法》第 101 条第 2 款的规定，由经济特区所在地的省、市的人大及其常委会根据授权所制定的经济特区法规对法律作变通规定的，在该经济特区适用经济特区法规的规定。而我们在对该款规定进行分析之时就已经指出，经济特区法规的变通规定的界限是较为模糊的，通过对于全国人大及其常委会所作的授权决定的系统梳理也只能得出“不得违反法律的基本原则”的概括性规定，这就导致经济特区法规同样面临着与国务院根据授权制定的行政法规相类似的问题。当这两类根据授权制定的法规与法律的规定出现不一致之时，就需要判断它们是否违反了授权规定，是否违背了法律的基本原则，而由作为授权主体的全国人大常委会作出这一裁决显然是最为合适的。

应当注意的是，虽然本次《立法法》修改并没有对该款的规定进行修改，但是由于对国务院的授权立法作出了更为明确的限制，规定全国人大及其常委会向国务院作出的授权决定“应当明确授权的目的、事项、范围、期限以及被授权机关实施授权决定应当遵循的原则等”，因此事实上使得全国人大常委会在对国务院根据授权制定的法规与法律规定发生不一致时所作出的裁决有了更为明确的依据。

【适用指引】

相较于法律、行政法规而言，由于地方性法规和规章的制定主体较多，地方性法规和规章的数量也极其庞大。根据中国人大网的数据，截至 2023 年 1 月我国现行有效的宪法法律有 252 部，行政法规及文件有 674 部，部委规章及文件有 3928 部，地方性法规规章有 22, 123 部，共 26, 977 部。在本次《立法法》修改将享有地方立法权的主体扩充到所有设区的市之后，这一数量显然还会急剧增加，地方性法规与规章之间的冲突数量自然也会随之攀升。在实践中，此类冲突最常发生的领域无疑是司法审判领域，尤其是涉及法律规范层级和门类较多的行政审判领域。司法审判的特点决定了其必须及时地解决相应的纠纷，因此当作为审判依据的地方性法规和规章之间发生不一致时，法院显然不可能将每个案件都报请本条所规定的各个有权裁决机关作出裁决，否则会导致司法效率的极度低下。从这个角度来看，虽然在本条规定的表述中只有第1款第2项和第2款出现了“不能确定如何适用时”的表述，但是其实在这四种情形之中，需要由相应机关作出裁决的隐藏前提都是“不能确定如何适用”。换言之，如果适用规范的主体本身能够“确定如何适用”，就不需要进入“作出裁决”的阶段。因此本条规定在适用过程中的一个重点问题是如何在不同的情形之中厘清“能够确定如何适用”的具体内涵。

对此，最高人民法院于2004年印发的《关于审理行政案件适用法律规范问题的座谈会纪要》中的若干规定值得我们加以参考。2004年，最高人民法院在上海召开全国法院行政审判工作座谈会期间，就审理行政案件适用法律规范问题进行了专题座谈，与会人员在总结审判经验的基础上，对一些带有普遍性的问题达成了共识。关于法律规范冲突的适用规则，该纪要针对不同的情形确立了人民法院的适用规则。当地方性法规之间对同一事项的新的一般规定与旧的特别规定不一致时，人民法院原则上应按照下列情形适用：新的一般规定允许旧的特别规定继续适用的，适用旧的特别规定；新的一般规定废止旧的特别规定的，适用新的一般规定。不能确定新的一般规定是否允许旧的规定继续适用的，人民法院应当中止行政案件的审理，由高级人民法院送请制定机关裁决。当地方性法规与部门规章之间对同一事项的规定不一致时，人民法院一般可以按照下列情形适用：(1)法律或者行政法规授权部门规章作出实施性规定的，其规定优先适用；(2)尚未制定法律、行政法规的，部门规章对于国务院决定、命令授权的事项，或者对于中央宏观调控的事项、需要全国统一的市场活动规则及对外贸易和外商投资等需要全国统一规定的事项作出的规定，应当优先适用；(3)地方性法规根据法律或者行政法规的授权，根据本行政区域的实际情况作出的具体规定，应当优先适用；(4)地方性法规对属于地方性事务的事项作出的规定，应当优先适用；(5)尚未制定法律、行政法规的，地方性法规根据本行政区域的具体情况，对需要全国统一规定以外的事项作出的规定，应当优先适用；(6)能够直接适用的其他情形。不能确定如何适用的，应当中止行政案件的审理，逐级上报最高人民法院依照相关规定送请有权机关处理。

当部门规章与地方政府规章之间对相同事项的规定不一致时，人民法院一般可以按照下列情形适用:(1)法律或者行政法规授权部门规章作出实施性规定的,其规定优先适用;(2)尚未制定法律、行政法规的,部门规章对于国务院决定、命令授权的事项,或者对属于中央宏观调控的事项、需要全国统一的市场活动规则及对外贸易和外商投资等事项作出的规定,应当优先适用;(3)地方政府规章根据法律或者行政法规的授权,根据本行政区域的实际情况作出的具体规定,应当优先适用;(4)地方政府规章对属于本行政区域的具体行政管理事项作出的规定,应当优先适用;(5)能够直接适用的其他情形。不能确定如何适用的,应当中止行政案件的审理,逐级上报最高人民法院送请国务院裁决。

当国务院部门之间制定的规章对同一事项的规定不一致时,人民法院一般可以按照下列情形选择适用:(1)适用与上位法不相抵触的部门规章规定;(2)与上位法均不抵触的,优先适用根据专属职权制定的规章规定;(3)两个以上的国务院部门就涉及其职权范围的事项联合制定的规章规定,优先于其中一个部门单独作出的规定;(4)能够选择适用的其他情形。不能确定如何适用的,应当中止行政案件的审理,逐级上报最高人民法院送请国务院裁决。

专题三十一　法律等的改变与撤销

第一百零七条　改变或撤销规范性文件的情形

> 法律、行政法规、地方性法规、自治条例和单行条例、规章有下列情形之一的，由有关机关依照本法第一百零八条规定的权限予以改变或者撤销：
>
> （一）超越权限的；
>
> （二）下位法违反上位法规定的；
>
> （三）规章之间对同一事项的规定不一致，经裁决应当改变或者撤销一方的规定的；
>
> （四）规章的规定被认为不适当，应当予以改变或者撤销的；
>
> （五）违背法定程序的。

【条文精释】

本条是有关改变或撤销法律、行政法规、地方性法规、自治条例和单行条例、规章等规范性文件情形的规定，一共包括五种情形。

第一种是“超越权限的”。所谓的权限指的是立法权，根据我国《宪法》和《立法法》的有关规定，全国人大及其常委会行使国家立法权，而为了更好地实现社会管理以及发挥地方的积极性、主动性，《宪法》《立法法》等又赋予了国务院、地方人大及其常委会、国务院各部门、地方人民政府等主体以不同形式的立法权，由此形成了具有中国特色的统一而又多层次的立法体制。这些不同形式的立法权的具体权限是不同的，具体来说，全国人大制定和修改刑事、民事、国家机构的和其他的基本法律；全国人大常委会制定和修改除应当由全国人大制定的法律以外的其他法律；在全国人大闭会期间，对全国人大制定的法律进行部分补充和修改，但是不得同该法律的基本原则相抵触；国家主权的事项等特定事项只能够制定法律；行政法规只能就为执行法律的规定需要制定行政法规的事项和《宪法》第89条所规定的国务院行政管理职权的事项作出规定；应当由全国人大及其常委会制定法律的事项，国务院可以根据全国人大及其常委会的授权决定先制定行政法规，但是有关犯罪和刑罚、对公民政治权利的剥夺和限制人身自由的强制措施和处罚、司法制度等事项除外，同时授权决定应当明确授权的目的、事项、范围、期限以及被授权机关实施授权决定应当遵循的原则等；地方性法规只能就为执行法律、行政法规的规定，需要根据本行政区域的实际情况作具体规定的事项和属于地方性事务需要制定地方性法规的事项作出规定，其中设区的市、自治州只能就城乡建设与管理、环境保护、历史文化保护等方面的事项作出规定；除法律保留事项外，其他事项国家尚未制定法律或者行政法规的，可以先制定地方性法规；规定本行政区域特别重大事项的地方性法规，应当由人民代表大会通过；部门规章规定的事项应当属于属于执行法律或者国务院的行政法规、决定、命令的事项。没有法律或者国务院的行政法规、决定、命令的依据，部门规章不得设定减损公民、法人和其他组织权利或者增加其义务的规范，不得增加本部门的权力或者减少本部门的法定职责；涉及两个以上国务院部门职权范围的事项，应当提请国务院制定行政法规或者由国务院有关部门联合制定规章；地方政府规章只能就为执行法律、行政法规、地方性法规的规定需要制定规章的事项和属于本行政区域的具体行政管理事项作出规定，其中设区的市、自治州只能就城乡建设与管理、环境保护、历史文化保护等方面的事项作出规定；应当制定地方性法规但条件尚不成熟的，因行政管理迫切需要，可以先制定地方政府规章；没有法律、行政法规、地方性法规的依据，地方政府规章不得设定减损公民、法人和其他组织权利或者增加其义务的规范。不同的制定机关在制定各自的规范性文件之时必须在法定的权限范围内行使权力，超越权限进行的立法，应属无效，应当由有关机关予以改变或者撤销。

第二种是“下位法违反上位法规定的”。所谓的“下位法”和“上位法”是就不同规范性文件的效力位阶而言的，这就涉及《立法法》第98条到第102条有关不同规范性文件效力等级的规定。根据这一系列规定，宪法具有最高的法律效力；法律的效力高于行政法规、地方性法规、规章；行政法规的效力高于地方性法规、规章；地方性法规的效力高于本级和下级地方政府规章；省、自治区的人民政府制定的规章的效力高于本行政区域内的设区的市、自治州的人民政府制定的规章；部门规章之间、部门规章与地方政府规章之间具有同等效力。因此《宪法》是最高位的法，法律、行政法规、地方性法规、自治条例和单行条例、规章相对于它都是下位法；法律是上位法，行政法规、地方性法规和规章相对于法律而言都是下位法；行政法规是上位法，地方性法规和规章相对于它是下位法；地方性法规是上位法，本级和下级地方政府规章是下位法；上级地方政府规章是上位法，下级地方政府规章是下位法。如果下位法与上位法相冲突，违反了上位法的规定，下位法就不能适用，就应当改变或撤销。需要注意的是，根据《立法法》第101条的规定，自治条例、单行条例和经济特区法规可以对法律、行政法规、地方性法规作变通规定，因此它们之间不存在上位法与下位法的区别。同时《立法法》也没有就地方性法规和部门规章之间的效力等级作出规定，因此它们之间也不存在上位法与下位法的区别。

第三种是"规章之间对同一事项的规定不一致，经裁决应当改变或者撤销一方的规定的"。根据《立法法》第102条的规定，部门规章之间、部门规章与地方政府规章之间具有同等效力，当它们之间对同一事项的规定不一致时，应当根据《立法法》第106条第1款第3项的规定，由国务院作出裁决。在国务院作出应当改变或者撤销一方的规定的裁决之后，自然应当遵循这一裁决。

第四种是"规章的规定被认为不适当，应当予以改变或者撤销的"。"不适当"与"违反规定""不一致"是不同的，它是就合理性与正当性而言的。法律并没有明确规定哪些情形属于"不适当"，我们认为可以借助宪法学上的比例原则加以理解。比例原则启动的前提是国家限制、干预了基本权利，一旦确认了这一前提之后，就进入了比例原则的预备阶段，追问国家行为的目的与目的本身的正当性，国家行为的目的必须尽量精确而具体地界定。一旦确认了国家行为的目的与目的本身的正当性，即可依次进入比例原则的第一与第二阶段，考察目的与手段之间的关系。第一阶段涉及"适合原则"，追问作为手段的国家行为是否适合于实现其目的。适合原则不要求手段能完全或者基本上实现目的，只要求手段有助于目的之实现。如果所涉国家行为合乎适合原则的要求，就要进一步接受第二阶段"必要原则"的检验，必要原则要求国家在所有对目的实现相同有效的手段中，选择最温和的、对基本权利限制最少的，甚至不限制基本权利的手段。换言之，如果可以找到其他能够同样有效地促进目的之实现、却能较少地限制，甚至不限制基本权利的手段，原本的手段就是不必要而违宪的。如果所涉国家行为被认定为无必要，或者没有必要原则的用武之地，就进一步接受第三阶段"狭义比例原则"，或称"权衡原则"的检验。狭义的比例原则要求，对基本权利的限制与由此得以实现的目的之间必须有合理的、适度的、成比例的、相称的、平衡的关系。比例原则的前两个阶段都是以国家行为的目的作为判断手段正当性的前提或标准，目的本身是不被质疑的。这个阶段则要跳脱出狭义的目的手段关系，把目的也列为检验与衡量的对象，追问为了特定目的而要求某人或某些人承受特定负担是否合理,追问是否值得为了实现某一或某些法益而付出限制基本权利的代价。具体来说,就是要求国家所干预的基本权利越重要,对基本权利的干预越强、造成的损失越大,由此得以实现的其他法益就应该随之越重要。依据比例原则的内涵,如果规章的规定仅仅是指出一个极度抽象而宽泛的目的,或者虽然这一目的能够被精确而具体地界定,但是本身不具有正当性,就有可能被认定为是“不适当”的。进一步地,如果规章的规定丝毫无益于实现其目的,甚至还有负面的破坏效果;或者规章的规定虽然有助于目的之实现,但却不是所有对目的实现相同有效的手段中最为温和的;或者规章的规定对于公民、法人以及其他组织权利的侵犯程度与其所欲实现目的的重要性之间不成比例之时,同样有可能被认定为是“不适当”的,进而应当予以改变或者撤销。

第五种是“违背法定程序的”。对于法律、行政法规、地方性法规、自治条例和单行条例、规章等一系列规范性文件,《立法法》及其他法律都规定了各自的制定程序。立法是一项程序性很强的活动,它是通过一定的民主程序,将符合多数人的利益和意志的行为规范上升为法律规范,让所有的人遵守执行。因此,程序合法是规范性文件有效的一个前提条件,制定机关应当严格依照本法以及其他法律规定的程序,否则,制定出来的规范性文件就是无效的。通常来说,各类规范性文件的制定都包括了提出、审议、表决、公布四个阶段,以法律为例,《立法法》第 17 条和第 29 条分别规定了有权向全国人大和全国人大常委会提出法律案的主体,第 21 条至第 26 条规定了全国人大的法律案审议程序,第 31 条至第 43 条规定了全国人大常委会的法律案审议程序,第 27 条和第 44 条分别规定了全国人大和全国人大常委会的法律案表决程序,第 28 条和第 47 条则规定了通过法律的公布程序。如果一部法律在制定过程中的提出、审议、表决、公布任一环节上违背了前述条文所规定的程序,就应当被认定为“违背法定程序的”,进而被改变或撤销,其他规范性文件亦同。

【适用指引】

本条所规定的五种应当改变或撤销规范性文件的情形在实践中均有所体现,其中较为典型的是“超越权限的”和“下位法违背上位法规定的”,以下我们将举例加以说明。

立法超越权限的情形广泛出现在地方立法之中,例如甘肃省第十一届人大常委会于 2007 年将《甘肃省人事争议仲裁条例》提上议事日程,将其列为甘肃省

2008年度立法计划调研起草项目之一，相关工作指定由原甘肃省人大内务司法委员会负责。起草该地方性法规的背景是，近年来随着事业单位全面推行聘用合同制管理，事业单位人员的“铁饭碗”将被彻底打破，人事争议案件逐年增多，迫切需要成立专门机构和相关配套政策来仲裁处理越来越多的人事争议案件。然而，在2008年5月，全国人大常委会有关领导在《各级人民代表大会常务委员会监督法》培训班上明确指出，人事争议仲裁是仲裁的一种，属于我国《立法法》第11条规定的“应当由法律规定的事项”，不宜制定地方性法规。对此，原甘肃省人大内务司法委员会进行认真研究后，与甘肃省人事厅沟通并达成了一致意见，随后向省人大常委会提出了取消《甘肃省人事争议仲裁条例》立法项目的建议，并向主任会议作了书面报告。2009年1月，甘肃省十一届人大二次会议取消了这一立法项目。

“下位法违背上位法规定的”一个典型例子是2012年引起广泛争议的河南省周口市以开展“平坟复耕”工作为名义而进行的强制平坟运动。根据周口市方面的说法，该项工作所依据的是由国务院1997年制定的《殡葬管理条例》第20条的规定，该条规定：“将应当火化的遗体土葬，或者在公墓和农村的公益性墓地以外的其他地方埋葬遗体、建造坟墓的，由民政部门责令限期改正；拒不改正的，可以强制执行。”正是依据其中的“拒不改正的，可以强制执行”这一规定，周口市开展了为期数月的强制平坟运动，先后有约200万个坟头被平掉。然而，《殡葬管理条例》作为国务院制定的行政法规，其效力低于全国人大及其常委会所制定的法律，相关规定自然也必须和法律协调一致。强制执行属于《行政强制法》的内容，而《行政强制法》第13条明确规定：“行政强制执行由法律设定。法律没有规定行政机关强制执行的，作出行政决定的行政机关应当申请人民法院强制执行。”不难看出，作为下位法的《殡葬管理条例》有关强制执行的规定违背了作为上位法的《行政强制法》的规定，根据2000年《立法法》第87条的规定，应当由国务院改变或者撤销。国务院也于2012年11月9日修改了《殡葬管理条例》，删去了第20条中“拒不改正的，可以强制执行”的规定。

第一百零八条　改变或撤销规范性文件的权限

改变或者撤销法律、行政法规、地方性法规、自治条例和单行条例、规章的权限是：

（一）全国人民代表大会有权改变或者撤销它的常务委员会制定的不适当的法律，有权撤销全国人民代表大会常务委员会批准的违背宪法和本法第七十五条第二款规定的自治条例和单行条例；

（二）全国人民代表大会常务委员会有权撤销同宪法和法律相抵触的行政法规，有权撤销同宪法、法律和行政法规相抵触的地方性法规，有权撤销省、自治区、直辖市的人民代表大会常务委员会批准的违背宪法和本法第八十五条第二款规定的自治条例和单行条例；

（三）国务院有权改变或者撤销不适当的部门规章和地方政府规章；

（四）省、自治区、直辖市的人民代表大会有权改变或者撤销它的常务委员会制定的和批准的不适当的地方性法规；

（五）地方人民代表大会常务委员会有权撤销本级人民政府制定的不适当的规章；

（六）省、自治区的人民政府有权改变或者撤销下一级人民政府制定的不适当的规章；

（七）授权机关有权撤销被授权机关制定的超越授权范围或者违背授权目的的法规，必要时可以撤销授权。

【条文精释】

本条是有关改变或撤销规范性文件的权限的规定。《立法法》第 107 条规定了 5 种应当改变或撤销规范性文件的情形，当这些情形被触发之时，就应当由“有关机关”予以改变或撤销。本条所规定的，正是不同的规范性文件所对应的“有关机关”的具体所指。

本条第 1 项的规定“全国人民代表大会有权改变或者撤销它的常务委员会制定的不适当的法律，有权撤销全国人民代表大会常务委员会批准的违背宪法和本法第七十五条第二款规定的自治条例和单行条例”。本项规定源于宪法有关全国人民代表大会职权的规定。根据《宪法》第 62 条第 2 项的规定，全国人大“监督宪法的实施”，而法律、自治条例、单行条例的制定均属于对宪法的立法实施，全国人大自然有权对其进行监督。又根据《宪法》第 62 条第 12 项的规定，全国人大有权“改变或者撤销全国人大常委会不适当的决定”，这里的“决定”包括制定除应当由全国人大制定的法律以外的其他法律与批准自治区的自治条例和单行条例。因此，当全国人大常委会制定的法律被认定为“不适当”时，全国人大有权予以改变或撤销；当自治区的自治条例和单行条例所作出的变通规定违背了宪法，或违背法律和行政法规的基本原则，或对宪法和民族区域自治法的规定以及其他有关法律、行政法规专门就民族自治地方所作的规定作出变通时，全国人民代表大会同样有权予以改变或撤销。

本条第 2 项的规定“全国人民代表大会常务委员会有权撤销同宪法和法律相抵触的行政法规，有权撤销同宪法、法律和行政法规相抵触的地方性法规，有权撤销省、自治区、直辖市的人民代表大会常务委员会批准的违背宪法和本法第八十五条第二款规定的自治条例和单行条例”。本项规定同样源于宪法有关全国人民代表大会常务委员会职权的规定。根据《宪法》第 67 条第 1 项的规定，全国人大常委会同样负责“监督宪法的实施”，但是由于其是全国人大的常设机关，因此其对宪法实施的监督范围与全国人大有所不同。根据《宪法》第 67 条第 7、8 项的规定，全国人大常委会有权“撤销国务院制定的同宪法、法律相抵触的行政法规、决定和命令”“撤销省、自治区、直辖市国家权力机关制定的同宪法、法律和行政法规相抵触的地方性法规和决议”。因此，当行政法规、地方性法规出现上述的抵触情形之时，全国人大常委会有权予以撤销。同时，自治州、自治县的自治条例和单行条例，需要报省、自治区、直辖市的人大常委会批准后生效，因此省、自治区、直辖市的人大常委会对于自治条例和单行条例的批准反映了其意志，在实践中这一批准通常也是以决议的形式作出的，因此当自治条例和单行条例所作出的变通规定违背了宪法，或违背法律和行政法规的基本原则，或对宪法和民族区域自治法的规定以及其他有关法律、行政法规专门就民族自治地方所作的规定作出变通时，全国人民代表大会常务委员会同样有权予以改变或撤销。

根据本条第 3 项的规定，国务院有权改变或者撤销不适当的部门规章和地方政府规章。这是由于部门规章和地方政府规章的制定主体均属国务院领导，《宪法》第 89 条第 3、4 项明确规定国务院“统一领导各部和各委员会的工作”“统一领导全国地方各级国家行政机关的工作”。也正因如此，《宪法》第 89 条第 13、14 项进一步规定国务院有权“改变或者撤销各部、各委员会发布的不适当的命令、指示和规章”“改变或者撤销地方各级国家行政机关的不适当的决定和命令”。《立法法》重申了这些规定，当部门规章和地方政府规章被认定为“不适当”时，就应当由国务院予以改变或撤销。

根据本条第 4 项的规定，省、自治区、直辖市的人大有权改变或者撤销它的常务委员会制定的和批准的不适当的地方性法规。这体现出了地方人大与其常委会之间的权限划分。根据《宪法》第 99 条第 1 款的规定，地方各级人民代表大会在本行政区域内，保证宪法、法律、行政法规的遵守和执行。“遵守和执行”宪法、法律、行政法规的主体绝不仅限于公民、法人和其他组织，同样也包括了作为国家权力机关的地方人民代表大会常务委员会。因此，《宪法》第99条第2款进一步规定，县级以上的地方各级人民代表大会“有权改变或者撤销本级人民代表大会常务委员会不适当的决定”。据此，当省、自治区、直辖市的人大常委会制定和批准的地方性法规被认定为“不适当”时，就应当由相应的人大予以改变和撤销。

根据本条第5项的规定，地方人大常委会有权撤销本级人民政府制定的不适当的规章。这体现出了地方人大常委会与本级地方人民政府之间的权限划分。《宪法》第110条第1款规定：“地方各级人民政府对本级人民代表大会负责并报告工作。县级以上的地方各级人民政府在本级人民代表大会闭会期间，对本级人民代表大会常务委员会负责并报告工作。”因此地方人大常委会有权监督本级人民政府的工作，《宪法》第104条也进一步规定县级以上的地方人大常委会有权“撤销本级人民政府的不适当的决定和命令”。据此，当地方人民政府制定的地方政府规章被认定为“不适当”时，就应当由相应的人大常委会予以撤销。

根据本条第6项的规定，省、自治区的人民政府有权改变或者撤销下一级人民政府制定的不适当的规章。这一规定同样源于宪法有关地方人民政府职权的规定。《宪法》第108条规定：“县级以上的地方各级人民政府领导所属各工作部门和下级人民政府的工作，有权改变或者撤销所属各工作部门和下级人民政府的不适当的决定。”因此，对于下一级政府制定的不适当的规章，省、自治权的人民政府有权予以改变或者撤销。

根据本条第7项的规定，授权机关有权撤销被授权机关制定的超越授权范围或者违背授权目的的法规，必要时可以撤销授权。笔者认为，不应当机械地从字面来理解“超越授权范围或者违背授权目的”，而应当将其解释为是违背了授权机关所作出的授权决定。因此，当国务院根据授权所制定的行政法规超越了授权的事项、期限，违背了授权决定规定的应当遵循的原则时，全国人大及其常委会同样有权予以撤销。另一个需要注意的方面是，全国人大在授权经济特区制定法规时，同时规定经济特区所在地的市政府可以制定规章。从理论上说，授权机关也可以撤销被授权机关制定的超越授权范围或者违背授权目的的规章。但这里规章只享有一般地方政府规章的权限，可以按照一般规章的监督权限，由上级政府或本级权力机关予以撤销。

【适用指引】

本条在适用过程中可能存在的疑难点主要表现在以下两个方面：

第一，本条规定了“改变”和“撤销”两种行为形式，有些主体同时享有改变和撤销的权限，而有些主体只享有撤销的权限，那么其中的区别表现在什么地方呢？我们不妨先对其中的主体和对象进行一个类型化的整理。同时享有改变和撤销的权限的是：(1)全国人大——全国人大常委会；(2)国务院——各部、各委员会等国务院所属机构和地方人民政府；(3)省、自治区、直辖市的人大——本级人大常委会；(4)省、自治区的人民政府——下一级人民政府。仅享有撤销的权限的是：(1)全国人大常委会——国务院和地方人民代表大会及其常务委员会；(2)地方人民代表大会常务委员会——本级人民政府；(3)授权机关——被授权机关。从中我们可以看出，能够同时行使改变和撤销权限的主体与相对应的对象都属于同一套国家机关体系，例如全国人大和全国人大常委会都属于国家权力机关体系，国务院和各部委、地方人民政府都属于国家行政机关体系，同时这两者之间都具有显性或隐性的领导与被领导的关系。而仅享有撤销权限的主体与相对应的对象均分属于两套国家机关体系，例如全国人大常委会属于国家权力机关，而国务院属于国家行政机关，同时这两者之间并不具有领导与被领导的关系。其中唯一的例外是全国人大常委会和地方人民代表大会及其常务委员会，这两者均属于国家权力机关体系，但是更为关键的因素是全国人大常委会只是全国人大的常设机关，其并非地方人民代表大会及其常务委员会的上级机关。因此在“同一国家机关体系”和“领导与被领导的关系”这两个因素之间更具决定性的是后者，我们也可以从《宪法》的其他规定中印证这一点。《宪法》第 132 条第 2 款规定：“最高人民法院监督地方各级人民法院和专门人民法院的审判工作，上级人民法院监督下级人民法院的审判工作。”而第 137 条第 2 款规定：“最高人民检察院领导地方各级人民检察院和专门人民检察院的工作，上级人民检察院领导下级人民检察院的工作。”这表明上下级人民法院之间只有监督与被监督的关系，而上下级人民检察院之间则是领导与被领导的关系。因此，包括《关于加强上级人民检察院对下级人民检察院工作领导的意见》《人民检察院民事诉讼监督规则》等规范性文件均规定上级人民检察院对下级人民检察院作出的决定，有权予以撤销或者变更，而在人民法院系统内则不存在这一规定。

第二，《立法法》第 107 条规定了 5 种应当改变或撤销规范性文件的情形，并且明确规定当出现这 5 种情形之时，“由有关机关按照本法第一百零八条规定的权限予以改变或撤销”,而本条所涉及的情形与这5种情形之间并不能够形成完整的对应。展开来说,《立法法》第107条第1项规定了“超越权限的”情形,而第108条仅仅涉及了自治条例和单行条例的变通规定超越权限以及被授权机关制定的法规超越权限这两种情形;第107条第2项规定了“下位法违反上位法规定的”情形,第108条使用的是“相抵触”的表述,并且仅仅包括了行政法规“同宪法和法律相抵触”、地方性法规“同宪法、法律和行政法规相抵触”这两种情形;第107条第3项规定了“规章之间对同一事项的规定不一致,经裁决应当改变或者撤销一方的规定的”情形,第108条则完全没有涉及这一情形;第107条第4项规定了“规章的规定被认为不适当,应当予以改变或者撤销的”情形,第108条则将“不适当”的主体扩展到了法律和地方性法规;第107条第5项规定了“违背法律程序的”情形,第108条同样没有涉及这一情形。这种不完整对应有可能导致一系列问题,例如对于全国人大常委会超越权限制定的本应当由全国人大制定的基本法律,应当由谁来行使改变或撤销的权限?对于同宪法相抵触的法律,应当由谁来行使改变或撤销的权限?对于不适当的行政法规,是否可以予以撤销?对于违背法律程序的规范性文件,又应当如何予以处理?面对这一系列问题,在对《立法法》第107条和第108条进行解释的过程中,如何协调文义解释与目的解释的关系,无疑成了一大难题。

笔者认为,首先,对于《立法法》第107条第3项所规定的“规章之间对同一事项的规定不一致,经裁决应当改变或者撤销一方的规定的”情形,虽然第108条完全没有涉及,但是由于第106条第1款第3项已经明确规定此时应当由国务院作出裁决,因此综合这三个条文的规定,此种情形下国务院有权改变或者撤销相应的规章,因此这一问题并不是一个真正的问题。其次,比照前一个解决方案与《立法法》第108条第3项有关“国务院有权改变或者撤销不适当的部门规章和地方政府规章”的规定,我们可以发现该项规定实际上完全可以涵盖第107条第3项所规定的“规章之间对同一事项的规定不一致,经裁决应当改变或者撤销一方的规定的”情形,也就是说问题的突破口可能在于对第108条中“不适当”的解释。在对第107条进行解释与分析之时,我们指出“不适当”是就合理性和正当性而言的,这是由于在第107条中已经存在了“超越权限的”“下位法违反上位法规定的”“违背法定程序的”等就合法性而言的表述。但是正如前文所述,在第108条中这些情形或者没有得到完全的对应,或者压根就没有出现,因此如果要实现第107条和第108条的体系一致,就只能够对第108条中的“不适当”进行目的解释,使其能够囊括

“超越权限的”“下位法违反上位法规定的”“违背法定程序的”等情形。由此前文所设想的一系列问题也就有了解决的方案，例如全国人大常委会制定了本应当由全国人大制定的基本法律，按照第107条的规定属于“超越权限的”情形，而根据前述的解释方案则属于第108条第1项所称的全国人大常委会制定的不适当的法律，应当由全国人大改变或撤销。

但是，这样一种解释方案也确实存在一定的风险。将第108条中的“不适当”作目的解释（本质上是扩大解释）原本是为了实现第107条和第108条的体系一致，但是反过来却又导致了与第107条第4项中“不适当”的体系违背。而且，一旦将“不适当”作扩大解释，则这一扩大的界限也是一个难以把握的问题，“不适当”的泛滥化有可能危及整个法律体系的稳定性。与此同时，这一解释方案也面临着与《立法法》第109条至第114条有关规范性文件的备案审查规定相衔接的难题。因此，究竟应当如何解决第107条和第108条之间的不一致问题，仍有待于进一步的研究。

专题三十二　法规、条例、规章的备案与审查

第一百零九条　法规、条例、规章的备案

行政法规、地方性法规、自治条例和单行条例、规章应当在公布后的三十日内依照下列规定报有关机关备案：

（一）行政法规报全国人民代表大会常务委员会备案；

（二）省、自治区、直辖市的人民代表大会及其常务委员会制定的地方性法规，报全国人民代表大会常务委员会和国务院备案；设区的市、自治州的人民代表大会及其常务委员会制定的地方性法规，由省、自治区的人民代表大会常务委员会报全国人民代表大会常务委员会和国务院备案；

（三）自治州、自治县的人民代表大会制定的自治条例和单行条例，由省、自治区、直辖市的人民代表大会常务委员会报全国人民代表大会常务委员会和国务院备案；自治条例、单行条例报送备案时，应当说明对法律、行政法规、地方性法规作出变通的情况；

（四）部门规章和地方政府规章报国务院备案；地方政府规章应当同时报本级人民代表大会常务委员会备案；设区的市、自治州的人民政府制定的规章应当同时报省、自治区的人民代表大会常务委员会和人民政府备案；

（五）根据授权制定的法规应当报授权决定规定的机关备案；经济特区法规、浦东新区法规、海南自由贸易港法规报送备案时，应当说明变通的情况。

【条文精释】

本条是关于行政法规、地方性法规、自治条例和单行条例、规章备案的规定。2023 年修改《立法法》时，在本条第 5 项第 2 句中新增了“浦东新区法规”“海南自由贸易港法规”。

对于备案的性质，理论界存在不同看法。一种观点认为，备案仅仅意味着相关

国家机关有权知晓该文件，为了保障该知情权，制定机关应尽报送和通知的义务；与之相对应，备案机关不进行主动审查。另一种观点认为，凡报送备案的规范性文件都要由备案机关在一定期限内审查。备案是一种事后监督机制而非形式上的设计，不包含审查的备案是一种虚化的权力，根本无法起到其应当发挥的立法监督功能。应当认为，备案是立法监督的一个重要内容，它不仅包含着报备归档的制度内涵，还充当着审查乃至撤销制度的基础环节。

从法条来看，宪法和法律对备案制度早有原则规定。《宪法》第 100 条第 1 款规定："省、直辖市的人民代表大会和它们的常务委员会，在不同宪法、法律、行政法规相抵触的前提下，可以制定地方性法规，报全国人民代表大会常务委员会备案。"第 116 条规定："民族自治地方的人民代表大会有权依照当地民族的政治、经济和文化的特点，制定自治条例和单行条例。自治区的自治条例和单行条例，报全国人民代表大会常务委员会批准后生效。自治州、自治县的自治条例和单行条例，报省或者自治区的人民代表大会常务委员会批准后生效，并报全国人民代表大会常务委员会备案。"

《地方各级人民代表大会和地方各级人民政府组织法》第 10 条第 1、2 款规定："省、自治区、直辖市的人民代表大会根据本行政区域的具体情况和实际需要，在不同宪法、法律、行政法规相抵触的前提下，可以制定和颁布地方性法规，报全国人民代表大会常务委员会和国务院备案。设区的市、自治州的人民代表大会根据本行政区域的具体情况和实际需要，在不同宪法、法律、行政法规和本省、自治区的地方性法规相抵触的前提下，可以依照法律规定的权限制定地方性法规，报省、自治区的人民代表大会常务委员会批准后施行，并由省、自治区的人民代表大会常务委员会报全国人民代表大会常务委员会和国务院备案。"第 49 条第 1、2 款规定："省、自治区、直辖市的人民代表大会常务委员会在本级人民代表大会闭会期间，根据本行政区域的具体情况和实际需要，在不同宪法、法律、行政法规相抵触的前提下，可以制定和颁布地方性法规，报全国人民代表大会常务委员会和国务院备案。设区的市、自治州的人民代表大会常务委员会在本级人民代表大会闭会期间，根据本行政区域的具体情况和实际需要，在不同宪法、法律、行政法规和本省、自治区的地方性法规相抵触的前提下，可以依照法律规定的权限制定地方性法规，报省、自治区的人民代表大会常务委员会批准后施行，并由省、自治区的人民代表大会常务委员会报全国人民代表大会常务委员会和国务院备案。"根据《宪法》第 74 条第 1 款的规定，省、自治区、直辖市的人民政府可以根据法律、行政法规和本省、自治区、直辖市的地方性法规，制定规章，报国务院和本级人大常委会备案。设区的市、自治州的人民政府可以根据法律、行政法规和本省、自治区的地方性法规，依照法律规定的权限制定规章，报国务院和省、自治区的人大常委会、人民政府以及本级人大常委会备案。

《立法法》关于法规、条例和规章备案的规定，承袭了《宪法》和《地方各级人民代表大会和地方各级人民政府组织法》的有关内容，并根据立法权限的下放对备案的范围作出进一步调整。值得注意的是，《立法法》关于法规、条例、规章备案审查的规定，并不能涵盖备案审查机构所有的审查规范性文件的工作。《立法法》规范的对象是立法行为，而对于一些非立法性质的制定规范性文件的行为，如各地政府制定的决定、命令，地方人大通过的决议等，根据宪法和监督法的规定，各备案审查机构依然有权加以审查撤销。

此外，全国人大常委会委员长会议于2019年12月16日通过了《法规、司法解释备案审查工作办法》，其中第2条规定："对行政法规、监察法规、地方性法规、自治州和自治县的自治条例和单行条例、经济特区法规（以下统称法规）以及最高人民法院、最高人民检察院作出的属于审判、检察工作中具体应用法律的解释（以下统称司法解释）的备案审查，适用本办法。"同时，全国人大常委会于2019年10月26日通过的《关于国家监察委员会制定监察法规的决定》第3条第1款规定："监察法规应当在公布后的三十日内报全国人民代表大会常务委员会备案。"据此，监察法规和司法解释也需要依照相应规定报有关机关备案。《法规、司法解释备案审查工作办法》第二章对于备案的具体工作流程作出了较为详尽的规定。

第一百一十条　审查要求和审查建议

国务院、中央军事委员会、国家监察委员会、最高人民法院、最高人民检察院和各省、自治区、直辖市的人民代表大会常务委员会认为行政法规、地方性法规、自治条例和单行条例同宪法或者法律相抵触，或者存在合宪性、合法性问题的，可以向全国人民代表大会常务委员会书面提出进行审查的要求，由全国人民代表大会有关的专门委员会和常务委员会工作机构进行审查、提出意见。

前款规定以外的其他国家机关和社会团体、企业事业组织以及公民认为行政法规、地方性法规、自治条例和单行条例同宪法或者法律相抵触的，可以向全国人民代表大会常务委员会书面提出进行审查的建议，由常务委员会工作机构进行审查；必要时，送有关的专门委员会进行审查、提出意见。

【条文精释】

本条是关于对行政法规、地方性法规、自治条例和单行条例的审查要求与审查建议的规定。2023 年修改《立法法》时，将本条第 3 款有关主动审查的规定单独列为一条，同时在本条第 1 款规定的提出审查要求的条件中，增加了“存在合宪性、合法性问题的”。

根据本条第 1 款的规定，国务院、中央军事委员会、最高人民法院、最高人民检察院和省级人大常委会可以提出针对行政法规、地方性法规、自治条例和单行条例的审查要求。在这五类国家机关中，国务院、中央军事委员会、最高人民法院、最高人民检察院都是中央国家机关，各自的下级机关在法律实施中发现的问题都会逐级向上提出来，因此，《立法法》赋予它们提出审查要求的权力是必要的。省、自治区、直辖市人大常委会是地方一级权力机关，是保证宪法、法律和行政法规在本行政区域内贯彻实施的重要环节。在以往的工作中，对于宪法、法律、行政法规在本行政区域内贯彻时遇到的具体问题，它们经常向全国人大常委会的工作机构提出，要求予以解答；同时它们又是向全国人大常委会报送法规备案的单位，因此《立法法》赋予它们提出审查要求的权力。备案机关收到审查要求后，应当由常委会的工作机构分送有关的专门委员会进行审查。专门委员会承担具体的审查任务，是法规、自治条例和单行条例的审查机构。

如前所述，2023 年修改《立法法》时新增了“存在合宪性、合法性问题的”作为五类国家机关提出审查要求的条件。同原先的“同宪法或者法律相抵触”相比，两个条件在程度上存在差别。“同宪法或者法律相抵触”可以理解为明显违反宪法或者法律的规定、原则和精神，这种情况比较容易判断，在实践中发生的可能性不大；“存在合宪性、合法性问题”可以理解为是否符合宪法、法律有疑问，需要由全国人大宪法和法律委员会与有关的专门委员会、常委会工作机构进行研究，提出意见、作出判断，这种情况在实践中会发生。根据全国人大宪法和法律委员会与有关的专门委员会、常委会工作机构的意见，作出合宪性安排，比较符合中国实际。[①]

根据本条第 2 款的规定，第 1 款规定以外的其他国家机关、社会团体、企事业组织以及公民可以提出审查建议。如果说国家机关提出要求从而启动审查的方式是以权力来制约权力，那么，享有审查建议权的广大主体则是通过自己的权利来对抗公权的滥用；并且，作为与行政规范性文件利益攸关的行政相对人，这些主体也

---

① 参见童卫东：《新〈立法法〉的时代背景与内容解读》，载《中国法律评论》2023 年第 2 期。

往往更加具有启动审查的动力和愿望。一方面，权力机关监督的基础是人民民主，把行政规范性文件监督启动权——审查建议权赋予广大社会团体、企事业组织和公民，是我国权力监督民主化的实质性进步，也是他们行使宪法赋予的批评建议权、控告申诉权，参与国家管理的重要手段；另一方面，与行政规范性文件利益攸关的社会成员更有机会体会文件的实施效果，对其不合法和不合理之处具有切身感受，因而也往往更容易发现制定机关和权力机关所难以察觉的弊端。对提出的审查建议，由常委会的工作机构先进行研究，如果认为该项建议理由成立，可以根据建议审查的内容分送有关的专门委员会进行审查；如果认为该项建议理由不成立，则不必送专门委员会审查。

主动审查是本次立法法修改新增的内容，也是对地方立法和地方实践有益成果的借鉴和吸收。从我国依法治国、建设法治国家的战略方向来看，将法规、条例、规章纳入法治轨道就必须加强对其的监督，而主动审查作为监督机制的重要环节对整个监督体系的完善是不可或缺的。近年来，全国和各地人大常委会法规备案审查工作机构在工作中一直采取被动审查与主动审查相结合的工作方式，例如湖北省将主动审查列为规范性文件备案审查工作的原则之一，并规定"规范性文件备案审查工作应当做到有件必报、有备必审、有错必纠"；实践证明，主动审查对于发挥全国人大常委会法规备案审查工作机构的主动性、维护国家的法制统一发挥了重要作用。本次《立法法》修改对主动审查作了明确规定，其中所提到的"报送备案的规范性文件"不仅包括行政法规、地方性法规、自治条例和单行条例，还包括本法附则规定的最高人民法院、最高人民检察院作出的司法解释。

第一百一十一条　主动审查

> 全国人民代表大会专门委员会、常务委员会工作机构可以对报送备案的行政法规、地方性法规、自治条例和单行条例等进行主动审查，并可以根据需要进行专项审查。
>
> 国务院备案审查工作机构可以对报送备案的地方性法规、自治条例和单行条例，部门规章和省、自治区、直辖市的人民政府制定的规章进行主动审查，并可以根据需要进行专项审查。

【条文精释】

本条是关于主动审查的规定。2023 年修改《立法法》时，将 2015 年《立法法》

第99条第3款有关全国人大专门委员会、常委会工作机构主动审查的规定单列出来，作为本条第1款，并增加了有关国务院备案审查工作机构主动审查的规定作为本条第2款。同时，在原先规定的基础上，增加了“可以根据需要进行专项审查”。

根据本条第1款的规定，全国人大专门委员会、常委会工作机构可以对报送备案的行政法规等进行主动审查。2023年修改《立法法》时新增的专项审查，是近年来全国人大专门委员会、常委会工作机构在开展主动审查工作中的一项重要做法。例如，2017年6月，甘肃祁连山自然保护区存在的突出问题被通报后，原全国人大常委会法工委对专门规定自然保护区的49件地方性法规集中进行专项审查研究。在此次专项审查中，共有30个省区市人大常委会书面反馈清理情况和处理意见，包括设区的市、自治州、自治县在内，总共已修改、废止相关地方性法规35件，拟修改、废止680件。

根据本条第2款的规定，国务院备案审查工作机构可以对报送备案的地方性法规等进行主动审查。目前，这项工作由司法部的法治督察局具体承担。值得注意的是，本条第1款规定的全国人民代表大会专门委员会、常务委员会工作机构和第2款规定的国务院备案审查工作机构都可以对“地方性法规、自治条例和单行条例”进行主动审查。在具体工作中，应当注意按照《立法法》第115条的规定，建立健全备案审查衔接联动机制。

第一百一十二条　审查的处理程序

> 全国人民代表大会专门委员会、常务委员会工作机构在审查中认为行政法规、地方性法规、自治条例和单行条例同宪法或者法律相抵触，或者存在合宪性、合法性问题的，可以向制定机关提出书面审查意见；也可以由宪法和法律委员会与有关的专门委员会、常务委员会工作机构召开联合审查会议，要求制定机关到会说明情况，再向制定机关提出书面审查意见。制定机关应当在两个月内研究提出是否修改或者废止的意见，并向全国人民代表大会宪法和法律委员会、有关的专门委员会或者常务委员会工作机构反馈。
>
> 全国人民代表大会宪法和法律委员会、有关的专门委员会、常务委员会工作机构根据前款规定，向制定机关提出审查意见，制定机关按照所提意见对行政法规、地方性法规、自治条例和单行条例进行修改或者废止的，审查终止。
>
> 全国人民代表大会宪法和法律委员会、有关的专门委员会、常务委员会工作

机构经审查认为行政法规、地方性法规、自治条例和单行条例同宪法或者法律相抵触，或者存在合宪性、合法性问题需要修改或者废止，而制定机关不予修改或者废止的，应当向委员长会议提出予以撤销的议案、建议，由委员长会议决定提请常务委员会会议审议决定。

【条文精释】

本条是关于全国人大及其常委会对法规、条例的审查程序的规定。2023 年修改《立法法》时，在本条第 1 款和第 3 款增加了“存在合宪性、合法性问题的”，并将本条中的“法律委员会”统一修改为“宪法和法律委员会”。

根据本条规定，对法规、条例的审查分为审查意见提出阶段、反馈阶段、审查终止或提出撤销议案或建议阶段。

在审查意见提出阶段，全国人大专门委员会在审查中，常委会工作机构在研究中，如果认为行政法规、地方性法规、自治条例和单行条例同宪法或者法律相抵触，或者存在合宪性、合法性问题的，可以视情况需要采取以下两种方式处理：一是由专门委员会以书面方式直接向制定机关提出审查意见，或者由常委会工作机构向制定机关提出书面研究意见。二是由宪法和法律委员会与有关的专门委员会、常委会工作机构联合召开会议，要求制定机关到会，就存在的有关问题作出说明。经过审查机关与制定机关沟通后，再由审查机关向制定机关提出审查意见。要求制定机关到会说明情况，主要是为了便于审查机关全面、准确地了解制定机关的立法目的与立法依据。

值得注意的是，常委会工作机构发现违法问题时，可以向制定机关提出书面研究意见，其目的在于强化常委会工作机构的备案审查工作职责。常委会工作机构不是专门委员会，因此不能提出审查意见，只能提出研究意见。

第二阶段为反馈阶段，即制定机关针对宪法和法律委员会、有关的专门委员会、常务委员会工作机构提出的审查意见和研究意见，在两个月内提出是否修改的意见，并向审查意见或研究意见的提出部门反馈。这一反馈是强制的，无论决定是否修改，都必须进行。

根据反馈结果的不同，第三阶段分为两种情况。如制定机关按照宪法和法律委员会、有关的专门委员会、常务委员会工作机构提出的审查意见和研究意见对行政法规、地方性法规、自治条例和单行条例进行修改或者废止的，审查终止。由于制定机关按照意见进行修改,同宪法或者法律相抵触,或者存在合宪性、合法性问题的情况已然得到修正,此时已没有继续审查的必要。如全国人大宪法和法律委员会、有关的专门委员会、常委会工作机构认为法规、条例同宪法或者法律相抵触,或者存在合宪性、合法性问题的而制定机关不予修改,意见提出机关应当向委员长会议提出予以撤销的议案、建议,由委员长会议决定提请常务委员会会议审议决定。

在2015年修改《立法法》时,新增了常委会工作机构可以向委员长会议提出予以撤销的建议,其目的在于强化常委会工作机构的备案审查工作职责。常委会工作机构不是专门委员会,因此不能提出予以撤销的议案,只能提出撤销建议。此外,2015年《立法法》修改取消了"由委员长会议决定是否提请常委会会议审议决定"的表述,对于撤销的议案、建议,委员长会议没有否决的权力,应当提请常委会讨论决定。这样的修改既提高了备案审查乃至撤销工作的效率,也使得这一流程更加科学化。

第一百一十三条　审查的反馈与公开

> 全国人民代表大会有关的专门委员会、常务委员会工作机构应当按照规定要求,将审查情况向提出审查建议的国家机关、社会团体、企业事业组织以及公民反馈,并可以向社会公开。

【条文精释】

本条是关于全国人大及常委会在审查过程中的反馈与公开的规定。

审查建议是全国人大常委会启动审查制度的主要动力,也是国家机关、社会团体、企业事业单位和公民参与立法监督过程的重要表现。建立审查建议反馈和公开机制,符合备案审查工作的实际需要,在回应社会关切,保障审查建议人的知情权,提高公民、组织提出审查建议的积极性,激发社会公众参与备案审查工作的热情,督促制定机关尽早纠正违法问题等方面,具有重要意义。

根据本条规定,全国人大有关的专门委员会和常务委员会工作机构应当按照规定要求,将审查向提出审查建议的国家机关、社会团体、企业事业组织以及公民反馈。《法规、司法解释备案审查工作办法》第48条第2款规定:"国家机关、社会团体、企业事业组织以及公民对法规、司法解释提出审查建议的,在审查工作结束后，由法制工作委员会向提出审查建议的公民、组织进行反馈。”第 49 条规定：“反馈采取书面形式，必要时也可以采取口头形式。对通过备案审查信息平台提出的审查建议，可以通过备案审查信息平台进行反馈。”

除向提出审查建议的主体进行反馈外，本条还规定“可以向社会公开”审查情况。从 2017 年开始，原全国人大常委会法工委在每年年底向全国人大常委会作备案审查工作报告，并在报告中披露当年度的备案审查工作具体情况。例如，原全国人大常委会法工委所作的《关于十二届全国人大以来暨 2017 年备案审查工作情况的报告》中披露，“十二届全国人大以来，法制工作委员会共收到公民、组织提出的各类审查建议 1527 件，其中 2013 年 62 件，2014 年 43 件，2015 年 246 件，2016 年 92 件，2017 年 1084 件。审查建议中属于全国人大常委会备案审查范围，即建议对行政法规、地方性法规、司法解释进行审查的有 1206 件，占 79.0%；不属于全国人大常委会备案审查范围的有 321 件，占 21.0%。属于全国人大常委会备案审查范围的 1206 件审查建议中，建议对行政法规进行审查的 24 件，占 2.0%；建议对地方性法规进行审查的 66 件，占 5.5%；建议对司法解释进行审查的 1116 件，占 92.5%”“法制工作委员会对收到的审查建议逐一进行认真研究，对审查中发现存在与法律相抵触或者不适当问题的，积极稳妥作出处理”。这一方式为普通社会公众了解备案审查工作提供了有效的渠道，有利于更好地激发社会公众参与备案审查工作的热情。

第一百一十四条　其他备案机关的审查程序

> 其他接受备案的机关对报送备案的地方性法规、自治条例和单行条例、规章的审查程序，按照维护法制统一的原则，由接受备案的机关规定。

【条文精释】

本条是关于其他备案机关审查程序的规定。

《立法法》第 109 条规定，行政法规、地方性法规、自治条例和单行条例、规章应当在公布后的 30 日内依照下列规定报有关机关备案：(1)行政法规报全国人民代表大会常务委员会备案；(2)省、自治区、直辖市的人大及其常委会制定的地方性法规，报全国人大常委会和国务院备案；设区的市、自治州的人民代表大会及其常务委员会制定的地方性法规，由省、自治区的人大常委会报全国人大常委会和国务院备案;(3)自治州、自治县的人大制定的自治条例和单行条例,由省、自治区、直辖市的人大常委会报全国人大常委会和国务院备案;自治条例、单行条例报送备案时,应当说明对法律、行政法规、地方性法规作出变通的情况;(4)部门规章和地方政府规章报国务院备案;地方政府规章应当同时报本级人大常委会备案;设区的市、自治州的人民政府制定的规章应当同时报省、自治区的人大常委会和人民政府备案;(5)根据授权制定的法规应当报授权决定规定的机关备案;经济特区法规、浦东新区法规、海南自由贸易港法规报送备案时,应当说明变通的情况。

据此,其他接受备案的机关及其对应的情形包括:(1)国务院对地方性法规的备案;(2)国务院对自治条例和单行条例的备案;(3)国务院对规章的备案;(4)地方政府规章在本级人大常委会的备案;(5)设区的市、自治州的人民政府制定的规章在省、自治区的人大常委会和人民政府的备案;(6)授权决定规定的机关对根据授权制定的法规的备案。

目前,为了适应备案审查工作的需要,各备案机关各自出台了一系列法规、规章。针对法规、条例和规章在国务院的备案和审查,2002 年国务院出台了《法规规章备案条例》,其中第 9 条规定,国家机关、社会团体、企业事业组织、公民认为地方性法规同行政法规相抵触的,或者认为规章以及国务院各部门、省、自治区、直辖市和较大的市的人民政府发布的其他具有普遍约束力的行政决定、命令同法律、行政法规相抵触的,可以向国务院书面提出审查建议,由国务院法制机构研究并提出处理意见,按照规定程序处理。根据该条例第 10 条的规定,国务院法制机构对报送国务院备案的法规、规章,就下列事项进行审查:(1)是否超越权限;(2)下位法是否违反上位法的规定;(3)地方性法规与部门规章之间或者不同规章之间对同一事项的规定不一致,是否应当改变或者撤销一方的或者双方的规定;(4)规章的规定是否适当;(5)是否违背法定程序。根据第 11 条的规定,国务院法制机构审查法规、规章时,认为需要有关的国务院部门或者地方人民政府提出意见的,有关的机关应当在规定期限内回复;认为需要法规、规章的制定机关说明有关情况的,有关的制定机关应当在规定期限内予以说明。根据第 12 条的规定,经审查,地方性法规同行政法规相抵触的,由国务院提请全国人大常委会处理。第 14 条规定:"经审查,规章超越权限,违反法律、行政法规的规定,或者其规定不适当的,由国务院法制机构建议制定机关自行纠正;或者由国务院法制机构提出处理意见报国务院决定,并通知制定机关。"

除国务院《法规规章备案条例》外,各地人大常委会和人民政府也各自制定了相应的备案审查规范。地方人大常委会多参照《各级人民代表大会常务委员会监督法》和《立法法》的要求，建立了规范性文件备案审查制度，其中也包括规章的备案审查。例如，根据 2017 年修改后的《山东省各级人民代表大会常务委员会规范性文件备案审查规定》第 5 条规定，下列规范性文件，应当报送本级人民代表大会常务委员会备案：(1)省人民政府、设区的市的人民政府制定的规章；(2)省人民政府及其有关部门、设区的市的人民政府及其有关部门对本级人民代表大会及其常务委员会制定的地方性法规具体应用问题所作的解释，以及根据地方性法规的委任性规定对某一事项所作的具体规定；(3)县级以上人民政府发布的决定、命令以及其他规范性文件；(4)依法应当报送备案的其他规范性文件。同时，设区的市的人民政府制定的规章，设区的市的人民政府及其有关部门对本级人民代表大会及其常务委员会制定的地方性法规具体应用问题所作的解释，以及根据地方性法规的委任性规定对某一事项所作的具体规定，在报送本级人大常委会备案的同时，还应当报送省人大常委会备案。而省级人民政府多按照《法规规章备案条例》的要求，建立了行政系统内部的有关设区的市、自治州的人民政府所制定规章的备案审查程序。

第一百一十五条　备案审查衔接联动机制

备案审查机关应当建立健全备案审查衔接联动机制，对应当由其他机关处理的审查要求或者审查建议，及时移送有关机关处理。

【条文精释】

本条是关于备案审查衔接联动机制的规定，是 2023 年修改《立法法》时新增的条文。

根据《立法法》第 110 条和《法规、司法解释备案审查工作办法》第 2 条的规定，全国人大其常委会作为备案审查机关，负责审查的对象包括行政法规、监察法规、地方性法规、自治州和自治县的自治条例和单行条例、经济特区法规以及最高人民法院、最高人民检察院作出的属于审判、检察工作中具体应用法律的解释。相应地，其他备案审查机关也有固定的审查对象范围。但是在实践中，提出审查建议的主体可能由于不熟悉备案审查的工作流程，将原本应当由某一机关负责处理的审查建议提交至另一机关。这就凸显出建立健全备案审查衔接联动机制的必要性。

2015 年,中央办公厅出台工作指导性文件提出,建立党委、人大、政府和军队系统之间的规范性文件备案审查衔接联动机制。2023 年修改《立法法》新增这一规定,正是贯彻落实党中央要求的体现。以全国人大常委会法工委同中央办公厅、国务院法制工作机构、中央军委办公厅等部门之间的备案审查衔接联动机制为例,根据《法规、司法解释备案审查工作办法》第 26 条的规定,对不属于全国人大常委会备案审查范围的规范性文件提出的审查建议,法工委可以按照下列情况移送其他有关机关处理:(1)对党的组织制定的党内法规和规范性文件提出的审查建议,移送中央办公厅法规局;(2)对国务院各部门制定的规章和其他规范性文件提出的审查建议,移送司法部;对地方政府制定的规章和其他规范性文件提出的审查建议,移送制定机关所在地的省级人大常委会,并可同时移送司法部;(3)对军事规章和军事规范性文件提出的审查建议,移送中央军事委员会办公厅法制局;(4)对地方监察委员会制定的规范性文件提出的审查建议,移送制定机关所在地的省级人大常委会,并可同时移送国家监察委员会;(5)对地方人民法院、人民检察院制定的属于审判、检察工作范围的规范性文件提出的审查建议,移送制定机关所在地的省级人大常委会,并可同时移送最高人民法院、最高人民检察院。法工委在移送上述审查建议时,可以向有关机关提出研究处理的意见建议。

第一百一十六条　法律法规清理

> 对法律、行政法规、地方性法规、自治条例和单行条例、规章和其他规范性文件,制定机关根据维护法制统一的原则和改革发展的需要进行清理。

【条文精释】

本条是关于法律法规清理的规定,是 2023 年修改《立法法》时新增的条文。

法律法规清理是保证法律体系科学、和谐、统一的重要举措,是立法适应改革发展要求的必然要求。改革开放以来,我国经济社会快速发展的同时,法制建设也同步前进,短短 40 年多间,中国特色社会主义法律体系已形成并不断完善,截至 2022 年 12 月,已制定法律 295 部,行政法规 599 件,地方性法规 1.3 万多件,规章数量更为庞大。保证法律体系的内在和谐统一,是完善法律体系的当务之急。党的十八届四中全会《中共中央关于全面推进依法治国若干重大问题的决定》提出,对不适应改革要求的法律法规，要及时修改和废止。中央人大工作会议明确要求，进一步加强相关法律法规的集中清理。《法治中国建设规划（2020—2025 年）》提出，针对法律规定之间不一致、不协调、不适应问题，及时组织清理。

历史上，全国人大及其常委会先后进行过多次法律法规清理。1954 年 9 月 26 日，一届全国人大一次会议通过《关于中华人民共和国现行法律、法令继续有效的决议》，决定“中华人民共和国宪法已由第一届全国人民代表大会第一次会议通过，颁布全国。所有自从一九四九年十月一日中华人民共和国建立以来，由中央人民政府制定、批准的现行法律、法令，除开同宪法相抵触的以外，一律继续有效”。1979 年 11 月 29 日，五届全国人大常委会第十二次会议通过《关于中华人民共和国建国以来制定的法律、法令效力问题的决议》，决定“从一九四九年十月一日中华人民共和国建立以来，前中央人民政府制定、批准的法律、法令；从一九五四年九月二十日第一届全国人民代表大会第一次会议制定中华人民共和国宪法以来，全国人民代表大会和全国人民代表大会常务委员会制定、批准的法律、法令，除了同第五届全国人民代表大会制定的宪法、法律和第五届全国人民代表大会常务委员会制定、批准的法令相抵触的以外，继续有效”。这两份决议事实上都具有法律清理的性质。

1980 年五届全国人大三次会议上，全国人大常委会工作报告提出清理建国以来颁布的法律的要求。根据这一要求，全国人大常委会法工委对 1978 年年底以前颁布的法律（包括有关法律问题的决定）进行了一次全面清理。2008 年 7 月 21 日，全国人大常委会办公厅发出了关于开展法律清理工作的通知，这次法律清理工作的任务，是围绕确保到 2010 年形成中国特色社会主义法律体系的要求，对现行法律规定存在的明显不适应、不协调等问题进行一次集中梳理。[①] 这两次全面法律清理，废止、修改了不少过时或者明显不适应经济社会发展需要的法律。十三届全国人大常委会围绕党中央重大决策部署、政策调整和保障重要法律实施，在生态环保、优化营商环境、食品药品安全、人口与计划生育、民法典贯彻实施、行政处罚法等 20 多个领域的规范性文件开展专项审查和清理，督促推动制定机关废止或者修改 2.5 万件，维护了公民合法权益和国家法治统一。

---

① 参见李适时：《关于〈全国人民代表大会常务委员会关于废止部分法律的决定（草案）〉和〈全国人民代表大会常务委员会关于修改部分法律的决定（草案）〉的说明——2009 年 6 月 22 日在第十一届全国人民代表大会常务委员会第九次会议上》，载中国人大网，http://www.npc.gov.cn/zgrdw/huiyi/cwh/1110/2009-10/28/content_1867414.htm。

贯彻党中央决策部署，总结实践经验，2023 年《立法法》修改，增加规定：“对法律、行政法规、地方性法规、自治条例和单行条例、规章和其他规范性文件，制定机关根据维护法制统一的原则和改革发展的需要进行清理。”①

① 参见童卫东：《新〈立法法〉的时代背景与内容解读》，载《中国法律评论》2023 年第 2 期。

专题三十三　军事法规和军事规章

第一百一十七条　军事法规和军事规章

> 中央军事委员会根据宪法和法律，制定军事法规。
>
> 中国人民解放军各战区、军兵种和中国人民武装警察部队，可以根据法律和中央军事委员会的军事法规、决定、命令，在其权限范围内，制定军事规章。
>
> 军事法规、军事规章在武装力量内部实施。
>
> 军事法规、军事规章的制定、修改和废止办法，由中央军事委员会依照本法规定的原则规定。

【条文精释】

目前调整我国军事领域和军事法律关系的基本法律是1997年颁布的《国防法》，该法于2009年和2020年经历了两次修订，是我国军事法律体系中的"龙头法"，对我国国家机构的国防职权，武装力量，边防、海防、空防和其他重大安全领域防卫，国防科研生产和军事采购，国防经费和国防资产，国防教育，国防动员和战争状态，公民、组织的国防义务和权利，军人的义务和权益，对外军事关系等事项作出了基本规定。对于我国军队、国防的法治化建设起到了重要的基础性作用。除《国防法》外，与之相配套的军事关系法律文件还包括众多的军事法规、军事规章等，这些军事法规和军事规章主要包括《中国人民解放军军事训练条例》《中国人民解放军安全条例》《中国人民解放军内务条令（试行）》《中国人民解放军纪律条令（试行）》《军人勋表管理规定》《国际军事合作工作条例》《军队装备条例》《现役军官管理暂行条例》《军队后勤条例》《军队军事职业教育条例（试行）》《军队计量条例》《军队院校教育条例（试行）》《军队安全管理条例》《军队档案条例》《军事立法工作条例》等。在法律实践中，这些规定详细，富有可实施性的军事法规和规章起到了主要的规范作用。

军事法规和军事规章是军队建设和部队行动的基本依据，是官兵行为的基本准则。鉴于其重要地位，《立法法》设定专条对军事法规和军事规章的制定、修改、适用范围等作出明确规定，以使这些法规和规章本身也能够得到法律的规制，从而保证其制定和执行的质量。为了规范军事立法工作，保证军事立法质量，完善军事法规制度体系，深入推进依法治军，中央军事委员会根据《宪法》《立法法》《国防法》制定颁布了《军事立法工作条例》，对制定、修改、废止、解释军事法规，战区、军兵种制定、修改、废止、解释军事规章的原则、权限、规划与计划、起草与呈报、审查、决定与发布、备案、修改与废止、清理与汇编、适用与解释、体例规范等事项作出了详细规定。

军事法规。根据《立法法》《军事立法工作条例》的规定，军事法规的制定权专属于中央军事委员会。中央军事委员会是我国最高军事领导机关，领导全国的武装力量，对全国人大及其常委会负责。中央军事委员会这样的宪法地位，决定了其制定的军事法规的效力等级仅次于宪法和法律。中央军委根据宪法和法律，制定军事法规。军事法规主要规制以下事项：中国人民解放军的体制和编制；军委机关部门以及战区、军兵种和其他大单位的任务和职责；中国人民解放军作战指挥和建设管理的基本制度；中国人民解放军的奖惩制度；军队人员的基本权利义务；为执行法律规定需要制定军事法规的事项；其他需要由军事法规规范的事项。上述立法事项应当由中央军事委员会制定军事法规作出规定的立法事项，中央军事委员会可以根据需要，授权战区、军兵种先行制定军事规章。被授权的战区、军兵种应当严格按照授权的目的、事项、范围、期限和原则，及时制定军事规章，不得将该项立法授权转授给其他单位。授权立法事项经过实践检验，制定军事法规的条件成熟时，由中央军事委员会及时制定军事法规。军事法规制定后，相应立法事项的授权终止。中央军事委员会可以根据需要，决定就某一特定事项授权在一定范围、一定期限内，暂时调整或者暂时停止适用军事法规的部分规定。

军事规章。战区、军兵种可以根据法律、军事法规、中央军事委员会的决定和命令，制定适用于本战区、本军兵种的军事规章。战区、军兵种制定的军事规章，可以就下列事项作出规定：为执行法律、军事法规、中央军事委员会的决定和命令，需要制定军事规章的事项；属于本战区、本军兵种职权范围的事项。军委机关部门对职权范围内需要立法作出规范的事项，应当报请中央军事委员会制定军事法规、军事规范性文件；对业务工作方面需要作出具体规定的事项，可以制定军事规范性文件发全军各大单位相关业务部门执行。经中央军事委员会批准，军委机关部门可以与中央国家机关有关部门联合制定规章或者规范性文件。

军事规范性文件。军事规范性文件是军事法规制度体系的组成部分，是军事法规、军事规章的必要补充。《军事立法工作条例》规定暂不具备制定军事法规、军事规章条件的，可以先行制定军事规范性文件；条件成熟后，及时制定军事法规、军事规章，并对先行制定的军事规范性文件予以废止。制定军事规范性文件，必须遵循法制统一原则，不得超越职责权限，不得与法律、军事法规和上级规定相抵触；没有法律、军事法规、中央军事委员会的决定和命令依据的，不得规范权限，不得增减职能，不得创设奖惩。

效力范围。军事法规、军事规章在武装力量内部实施。所谓法的效力范围，即法在什么地方、对什么人和在什么时间内具有效力。军事法规和军事章程主要规制的是与军事领域和军队活动有关的法律关系，因而不同于一般法律法规所调整的普通的社会关系。这便决定了其适用效力范围的特殊性，即军事法规和规章在武装力量的内部实施。具体而言，其空间效力范围限于军事场所，主要包括国内各大战区、军事管理区、军事禁区等军事场合。其对人的效力限于军人以及在军队工作的人员，某些情况下对于符合服兵役条件的普通公民也会产生某种效力。军事法规和军事规章的时间效力，是指其在什么时间范围内生效。在理解法的时间效力之前，我们需要明确法的溯及力的概念，法的溯及力也称法溯及既往的效力，即法对于其制定出来以前发生的行为是否具有约束力的问题，如果有约束力，那么就说该法具有溯及力，如果没有，那么该法就没有溯及力。一般而言，法治要求法不溯及既往，即不能用今天的法律调整昨天的行为。但是对于某些情况，可能会作出一些特殊安排。比如对于军事法规和军事规章的时间效力而言，根据《军事立法工作条例》，军事法规、军事规章、军事规范性文件不溯及既往，但为更好地保护军人权益而作的特别规定除外。这种对于法的溯及力的处理原则得到了现代法治的肯定，刑法的溯及力问题一般也适用这种处理原则，被称为“从旧兼从轻”原则。

【适用指引】

《军事立法工作条例》由中央军委 2017 年 5 月 8 日发布并施行。该条例对于军事法规和军事规章的制定、修改、废止、解释，军事规范性文件的制定等程序作出了详尽规定，保证军事法规、军事规章和军事规范性文件的质量，推进依法治军，全文如下。

第一章　总　　则

第一条　为了规范军事立法工作，保证军事立法质量，完善军事法规制度体系，深入推进依法治军，根据宪法、立法法和国防法的有关规定，制定本条例。

第二条　中央军委制定、修改、废止、解释军事法规，战区、军兵种制定、修改、废止、解释军事规章的活动，适用本条例。

为贯彻执行军事法规、军事规章而制定具体规定、办法、细则等军事规范性文件的活动，因制定军事法规、军事规章条件尚不成熟，先行以文件形式制定规定、办法等军事规范性文件的活动，按照本条例规定执行。

军事法规、军事规章是军队建设和部队行动的基本依据，是官兵行为的基本准则。军事规范性文件是军事法规制度体系的组成部分，是军事法规、军事规章的必要补充。

第三条　军事立法工作，必须以马克思列宁主义、毛泽东思想、邓小平理论、"三个代表"重要思想、科学发展观为指导，深入贯彻习主席系列重要讲话精神特别是国防和军队建设重要论述，坚持党对军队的绝对领导，贯彻落实军委主席负责制，以党在新形势下的强军目标为引领，贯彻新形势下军事战略方针，坚持"五个更加注重"的战略指导，着力推进政治建军、改革强军、依法治军，聚焦能打仗、打胜仗，构建完善中国特色军事法规制度体系，为建设世界一流军队提供有力法规制度保障。

第四条　军事立法工作，必须坚持以宪法和法律为依据，遵循立法法确定的立法原则，符合法定权限、程序和立法体例规范的要求，维护社会主义法制的统一和尊严。

第五条　军事立法工作，必须从国防和军队建设实际出发，坚持科学立法、民主立法，加强体系设计，遵循综合集成、系统配套、精简管用的要求，提高军事法规制度的针对性、系统性、操作性。

第六条　各级必须严格按照本条例规定组织开展军事立法工作，把军事立法工作摆到重要位置，党委加强统一领导，机关周密组织实施，法制工作部门科学计划安排、加强指导协调、严格审查把关，确保军事立法质量。

第二章　权　　限

第七条　中央军委根据宪法和法律，制定军事法规。下列事项需要立法规范的，除制定法律作出规定外，由中央军委制定军事法规作出规定：

（一）中国人民解放军的体制和编制；

(二)军委机关部门以及战区、军兵种和其他大单位的任务和职责;

(三)中国人民解放军作战指挥和建设管理的基本制度;

(四)中国人民解放军的奖惩制度;

(五)军队人员的基本权利义务;

(六)为执行法律规定需要制定军事法规的事项;

(七)其他需要由军事法规规范的事项。

第八条　根据本条例第七条的规定应当由中央军委制定军事法规作出规定的立法事项,中央军委可以根据需要,授权战区、军兵种先行制定军事规章。

被授权的战区、军兵种应当严格按照授权的目的、事项、范围、期限和原则,及时制定军事规章,不得将该项立法授权转授给其他单位。

授权立法事项经过实践检验,制定军事法规的条件成熟时,由中央军委及时制定军事法规。军事法规制定后,相应立法事项的授权终止。

第九条　中央军委可以根据需要,决定就某一特定事项授权在一定范围、一定期限内,暂时调整或者暂时停止适用军事法规的部分规定。

第十条　战区、军兵种可以根据法律、军事法规、中央军委的决定和命令,制定适用于本战区、本军兵种的军事规章。

战区、军兵种制定的军事规章,可以就下列事项作出规定:

(一)为执行法律、军事法规、中央军委的决定和命令,需要制定军事规章的事项;

(二)属于本战区、本军兵种职权范围的事项。

第十一条　军委机关部门对职权范围内需要立法作出规范的事项,应当报请中央军委制定军事法规、军事规范性文件;对业务工作方面需要作出具体规定的事项,可以制定军事规范性文件发全军各大单位相关业务部门执行。

经中央军委批准,军委机关部门可以与中央国家机关有关部门联合制定规章或者规范性文件。

第十二条　本条例第七条、第十条规定的事项,暂不具备制定军事法规、军事规章条件的,可以先行制定军事规范性文件;条件成熟后,及时制定军事法规、军事规章,并对先行制定的军事规范性文件予以废止。

第十三条　制定军事规范性文件,必须遵循法制统一原则,不得超越职责权限,不得与法律、军事法规和上级规定相抵触;没有法律、军事法规、中央军委的决定和命令依据的,不得规范权限,不得增减职能,不得创设奖惩。

第三章　规划与计划

第十四条　中央军委、军委机关部门、战区、军兵种于每年年初编制年度立法计划。

第十五条　军委机关部门、战区、军兵种认为需要由中央军委制定军事法规、军事规范性文件的，应当于每年12月31日前，向中央军委提出列入下一年度中央军委立法计划的立项建议。

战区、军兵种所属单位认为需要由战区、军兵种制定军事规章、军事规范性文件的，应当向战区、军兵种提出列入下一年度本单位立法计划的立项建议。

军委机关部门所属单位认为需要由军委机关部门制定军事规范性文件的，应当向军委机关部门提出列入下一年度本部门立法计划的立项建议。

第十六条　制定军事法规、军事规章、军事规范性文件的立项建议，应当包括下列内容：

（一）军事法规、军事规章、军事规范性文件的名称；

（二）制定依据以及必要性、可行性；

（三）拟规范的主要事项；

（四）发布或者印发单位；

（五）草案的报送时间；

（六）起草单位及起草负责人。

军事规范性文件的立项建议，还应当对不具备制定军事法规、军事规章条件的情况作出说明。

第十七条　军委机关部门、战区、军兵种在研究提出拟列入年度立法计划的立项建议时，应当充分研究论证，必要时征求有关部门、部队官兵、专家学者的意见。

立项建议应当经本单位党委审议，由单位主要领导签署，以单位名义呈报。

第十八条　法制工作部门应当按照体系建设、综合集约的要求，对立项建议进行综合研究，必要时组织专题论证，于每年1月31日前拟订本级年度立法计划。

中央军委年度立法计划，经中央军委批准后，以中央军委文件或者中央军委办公厅文件印发。军委机关部门、战区、军兵种年度立法计划，经党委审议通过后，分别以军委机关部门、战区、军兵种文件印发。

军委机关部门、战区、军兵种的年度立法计划，由各单位法制工作部门报中央军委法制工作部门备案。

第十九条　中央军委编制五年立法规划。军委机关部门、战区、军兵种根据立法工作需要,编制五年立法规划。

中央军委、军委机关部门、战区、军兵种根据开展专项建设或者执行专项任务的需要,编制专项立法规划。

编制五年立法规划和专项立法规划的程序、方法和要求,参照编制年度立法计划的有关规定执行。

第二十条　立法计划、立法规划应当对计划、规划期内立法工作的基本原则、立法项目、起草单位、完成时限和相关要求作出明确;其中,综合性、全局性、基础性立法项目,有关管理职能权限不够明确,由机关部门承担起草任务确有困难的,可以明确由有关法制工作部门牵头组织起草。

第二十一条　立法计划、立法规划必须严格执行。

法制工作部门应当加强对立法计划、立法规划执行情况的监督检查,并适时对执行情况进行通报。

年度立法计划在执行过程中,因情况变化需要调整时,有关单位应当及时提出书面报告,说明理由,由法制工作部门研究后,按照规定的权限报批。

第四章　起草与呈报

第二十二条　列入年度立法计划的军事法规、军事规章、军事规范性文件,由年度立法计划确定的起草单位负责起草。

起草单位党委应当加强对起草工作的组织领导,审定起草工作方案,组织指导立法调研论证,讨论确定法规制度的起草原则、重要制度,定期听取情况汇报,研究解决起草工作中的问题,督促推进立法进程。

起草单位根据需要,可以委托有关院校、科研机构等单位承担部分起草任务,也可以邀请有关专家参加起草工作。

法制工作部门应当提前参与军事法规、军事规章、军事规范性文件的起草工作,加强对起草工作的指导。

第二十三条　起草军事法规、军事规章、军事规范性文件,应当深入调查研究,总结实践经验,广泛听取意见;专业性、技术性较强的立法项目,应当组织有关专家进行研究论证;涉及官兵切身利益的立法项目,应当采取书面、网上以及召开座谈会、研讨会等多种形式听取官兵的意见。

涉及重大政策制度调整改革的立法项目,经中央军委批准,可以根据需要组织先行试点试验。

第二十四条　起草军事法规、军事规章、军事规范性文件,涉及重大事项需要上级决策的，起草单位应当组织专题论证，提出具体方案，按照规定的权限和程序报上级决定。

第二十五条　军事法规、军事规章、军事规范性文件草案形成后，起草单位应当将草案连同说明送有关单位征求意见。有关单位应当认真研究，提出书面意见，经本单位主要领导审定后，加盖公章，按期回复。

起草单位应当充分考虑并合理吸收有关单位对草案提出的意见；对有争议的问题，应当通过协商取得一致意见；经充分协商仍有分歧的，应当在呈报草案时作出说明。

第二十六条　军事法规、军事规章、军事规范性文件草案完成起草后，应当及时呈报审批。呈报审批的草案应当经单位党委审议，由单位主要领导签署，以单位名义呈报；两个以上单位联合呈报的，由联合呈报单位主要领导共同签署。

呈报单位审议拟呈报审批的军事法规、军事规章、军事规范性文件草案，审议前，由本单位法制工作部门对草案进行审核；审议时，由法制工作部门报告审核意见。

第二十七条　呈报军事法规、军事规章、军事规范性文件草案，应当同时附送草案说明、发布命令或者印发文件代拟稿；发布或者印发后需要公开宣传报道的，还应当附送新闻稿。

草案说明应当包括下列内容：

（一）制定的必要性；

（二）起草依据和简要经过；

（三）总体考虑和把握的原则；

（四）草案的主要内容；

（五）有关单位的意见以及协调结果；

（六）关于发布或者印发的建议；

（七）宣传报道和贯彻落实工作的考虑和建议。

第五章　审　　查

第二十八条　呈报中央军委审批的军事法规、军事规范性文件草案，由中央军委法制工作部门负责审查。

呈报战区、军兵种审批的军事规章、军事规范性文件草案，呈报军委机关部门审批的军事规范性文件草案，由各单位法制工作部门负责审查。

未经审查，草案不得提请审批。

第二十九条　法制工作部门应当从下列方面对军事法规、军事规章、军事规范性文件草案进行审查：

（一）制定条件是否成熟；

（二）是否符合本条例确定的立法指导思想和原则；

（三）是否与上位法相抵触、与有关同位法相矛盾；

（四）是否符合本条例有关立法权限和程序的规定；

（五）是否符合本条例有关体例规范的要求；

（六）是否正确处理有关单位对草案的各种意见；

（七）其他需要审查的事项。

法制工作部门可以根据审查需要，要求草案呈报单位提供国内外相关政策制度、调研报告、专题论证材料等资料。

第三十条　法制工作部门应当将审查的军事法规、军事规章、军事规范性文件草案送有关单位征求意见。有关单位应当认真研究，提出书面意见，经本单位主要领导审定后，加盖公章，按期回复。

第三十一条　军事法规、军事规章、军事规范性文件草案涉及重大问题的，法制工作部门应当深入调查研究，通过座谈会、研讨会、论证会等多种形式，广泛听取意见，充分研究论证。

第三十二条　法制工作部门可以根据需要，组织对军事法规、军事规章、军事规范性文件草案中主要制度规范的可行性、出台时机、实施效果和可能出现的问题等进行评估。评估情况在审查报告中予以说明。

第三十三条　法制工作部门对军事法规、军事规章、军事规范性文件草案进行审查后，按照下列规定处理：

（一）制定条件成熟、草案的内容符合本条例的规定、有关单位对草案的意见基本一致的，提出审查报告，报请审议；

（二）制定条件成熟、但草案的部分内容需要修改或者有关单位对草案有分歧意见的，组织有关单位协商协调，会同起草单位进行修改，提出审查报告，连同草案修改文本，一并报请审议；有关单位对草案的重大分歧意见，经协商协调未达成一致的，还应当将争议的主要问题、有关单位的意见以及处理建议，一并报请审议；

（三）制定军事法规、军事规章条件不成熟，但具备制定军事规范性文件条件的，提出改以军事规范性文件形式印发的建议；

（四）制定条件不成熟的，提出退回呈报单位的建议，按照规定权限和程序报批后，连同草案文本一并退回呈报单位。

第三十四条　法制工作部门提出的军事法规、军事规章、军事规范性文件草案审查报告，应当简要说明立法的必要性、可行性和草案的质量，征求意见、采纳意见情况，与有关单位协商以及对草案修改的情况，并提出提请审议的建议。

法制工作部门认为草案内容与现行的军事法规、军事规章、军事规范性文件存在不一致，确需修改或者废止现行相关规定的，应当在审查报告中提出处理意见。

第六章　决定与发布

第三十五条　中央军委制定的军事法规、军事规范性文件草案，由中央军委常务会议审议。中央军委常务会议审议草案时，呈报单位或者起草单位主要领导到会作起草说明，中央军委法制工作部门主要领导到会报告审查意见。

军事法规、军事规范性文件草案经中央军委常务会议审议通过后，报中央军委主席审批。军事法规由中央军委主席签署命令发布；军事规范性文件按照军队机关公文处理的有关规定印发。

特殊情况下，中央军委制定的军事法规、军事规范性文件可以按照其他规定的程序审批。

第三十六条　战区、军兵种制定的军事规章、军事规范性文件草案，由战区、军兵种党委常委会议审议。党委常委会议审议草案时，呈报单位或者起草单位主要领导到会作起草说明，法制工作部门主要领导到会报告审查意见。

军事规章、军事规范性文件草案经党委常委会议审议通过后，军事规章由战区、军兵种军政主官签署命令发布；军事规范性文件按照军队机关公文处理的有关规定印发。

特殊情况下，战区、军兵种制定的军事规章、军事规范性文件可以按照其他规定的程序审批。

第三十七条　军委机关部门制定的军事规范性文件草案，由军委机关部门党委会议审议。党委会议审议草案时，起草单位主要领导到会作起草说明，法制工作部门主要领导到会报告审查意见。

军事规范性文件草案经党委会议审议通过后，按照军队机关公文处理的有关规定印发。

特殊情况下，军委机关部门制定的军事规范性文件可以按照其他规定的程序审批。

第三十八条　发布军事法规、军事规章的命令，应当载明制定单位、文件序号、通过日期、军事法规或者军事规章名称、施行日期、首长署名以及发布日期。

军事法规、军事规章的内容涉及军事秘密的，应当按照保密规定准确定密，并在发布命令中标明秘密等级。

第三十九条　中央军委制定的军事法规、军事规范性文件，军委机关部门制定的军事规范性文件，不涉及军事秘密的，发布或者印发后，应当及时在全军性媒体和军事法制信息网上刊登。战区、军兵种制定的军事规章、军事规范性文件，不涉及军事秘密的，发布或者印发后，应当及时在相关军内媒体和军事法制信息网上刊登。

涉及军事秘密的军事法规、军事规章、军事规范性文件，发布或者印发后，可以根据需要在相关媒体发布消息，报道军事法规、军事规章、军事规范性文件的主要内容及施行时间等。

第四十条　军事法规、军事规章、军事规范性文件实行统一编号管理。中央军委法制工作部门负责编号管理工作。

第七章　备　　案

第四十一条　战区、军兵种制定的军事规章和军委机关部门、战区、军兵种制定的军事规范性文件，自发布或者印发之日起30日内，报送中央军委备案；两个以上单位联合制定的军事规章、军事规范性文件，由主办单位报送备案。

军事规章、军事规范性文件报送备案的具体工作，由各单位法制工作部门办理。

军事规章、军事规范性文件报送备案，应当将正式文本、备案报告、说明以及电子文本，径送中央军委法制工作部门。

第四十二条　军事规章、军事规范性文件报送备案，报送的文件材料符合本条例第四十一条规定的，由中央军委法制工作部门予以备案登记；不符合规定的，中央军委法制工作部门通知报送单位法制工作部门限期补正。

第四十三条　中央军委法制工作部门从下列方面对予以备案登记的军事规章和军事规范性文件进行审查：

（一）是否与法律、军事法规、中央军委制定的军事规范性文件相抵触；

（二）是否符合本条例有关权限和程序的规定；

（三）是否与其他军事规章和军事规范性文件对同一事项的规定有矛盾；

（四）是否符合本条例有关体例规范的要求。

第四十四条　中央军委法制工作部门可以根据需要，将报送备案的军事规章、军事规范性文件送有关单位征求意见，也可以要求制定单位或者起草单位说明有关情况。有关单位应当按期书面回复意见、说明情况。

第四十五条　军事规章、军事规范性文件经审查，没有本条例第四十三条所列情形的，中央军委法制工作部门予以备案，列入军事规章、军事规范性文件备案目录；有本条例第四十三条所列情形的，按照下列规定处理：

（一）与法律、中央军委制定的军事法规、军事规范性文件相抵触的，或者不符合权限规定的，提出修改或者废止的意见，报中央军委批准后，通知制定单位予以修改或者废止；

（二）与其他军事规章、军事规范性文件对同一事项的规定有矛盾的，提出修改或者废止有关规定的意见，告制定单位处理；

（三）不符合本条例有关军事规章、军事规范性文件制定程序规定和体例规范要求的，提出纠正意见，告制定单位处理。

军事规章、军事规范性文件制定单位接到中央军委法制工作部门的通知后，应当按照要求及时作出处理；属于前款规定的第（一）项、第（二）项情形的，还应当暂停执行相关规定。处理情况由制定单位法制工作部门及时告中央军委法制工作部门。对军事规章、军事规范性文件作出修改处理的，应当重新报送备案。

第四十六条　军队单位和人员认为军事规章、军事规范性文件与法律、中央军委制定的军事法规、军事规范性文件相抵触或者存在其他重大问题的，可以向中央军委法制工作部门提出审查建议；中央军委法制工作部门研究后，按照本条例第四十五条的规定处理。

第四十七条　军事规章、军事规范性文件制定单位的法制工作部门，应当于每年1月31日前，将本单位上一年度制定的军事规章、军事规范性文件目录报送中央军委法制工作部门。

中央军委法制工作部门应当对军事规章、军事规范性文件备案情况进行汇总，向中央军委报告，并通报有关单位。

第四十八条　未报送备案或者未按时报送备案的军事规章、军事规范性文件，以及应当按照本条例第四十五条的规定作出处理而未作出处理的军事规章、军事规范性文件，不编入中央军委法制工作部门统一组织编辑出版的军事规章、军事规范性文件汇编。

制定单位未按照规定将军事规章、军事规范性文件报送备案的，由中央军委法制工作部门通知制定单位法制工作部门纠正。

第八章　修改与废止

第四十九条　军事法规、军事规章、军事规范性文件有下列情形之一的，应当及时修改：

（一）所依据的上位法、上级制定的军事规范性文件修改或者废止，需要作相应修改的；

（二）规定事项的领导管理和指挥体制发生重大变化的；

（三）适用的实际情况发生较大变化的；

（四）其他需要修改的情形。

第五十条　军事法规、军事规章、军事规范性文件规定的主要制度或者多数内容需要修改的，应当对军事法规、军事规章、军事规范性文件作出全面修改，并在修改后的军事法规、军事规章、军事规范性文件中明确规定废止原军事法规、军事规章、军事规范性文件。

第五十一条　军事法规、军事规章的个别条款或者部分内容需要修改的，可以作出修改决定，对该军事法规、军事规章的部分规定作出修改。

需要同时对两部以上军事法规、军事规章中涉及同一事项的个别条款作出修改的，可以通过一个修改决定一并作出修改。

对军事法规、军事规章作出修改决定的，应当以制定单位命令形式，将修改决定与修改后的军事法规、军事规章文本一并发布。

第五十二条　军事法规、军事规章、军事规范性文件有下列情形之一的，应当及时废止：

（一）所依据的上位法、上级制定的军事规范性文件修改或者废止，需要废止的；

（二）规定的事项已经执行完毕的；

（三）实际已经停止适用的；

（四）被新的军事法规、军事规章、军事规范性文件取代的；

（五）其他需要废止的情形。

第五十三条　废止军事法规、军事规章、军事规范性文件，应当由制定单位作出决定。废止军事法规、军事规章、军事规范性文件的决定，可以同时废止两部以上军事法规、军事规章、军事规范性文件。

废止军事法规、军事规章、军事规范性文件的决定，以制定单位文件印发。

第五十四条　新的军事法规、军事规章取代原军事法规、军事规章的，应当在新的军事法规、军事规章中明确废止被取代的军事法规、军事规章。

军事规范性文件被取代的，应当在取代该军事规范性文件的军事法规、军事规章、军事规范性文件中明确废止该军事规范性文件。

第五十五条　修改和废止军事法规、军事规章、军事规范性文件的权限和程序，按照本条例有关制定军事法规、军事规章、军事规范性文件的权限和程序规定执行。

第九章　清理与汇编

第五十六条　中央军委法制工作部门通常每1至2年组织一次军事法规、军事规章、军事规范性文件清理汇编。

中央军委制定的军事法规、军事规范性文件的清理汇编工作，由中央军委法制工作部门承办。战区、军兵种制定的军事规章和军委机关部门、战区、军兵种制定的军事规范性文件的清理汇编工作，由制定单位法制工作部门承办。

法制工作部门可以根据需要，对专门领域的军事法规、军事规章、军事规范性文件进行清理汇编。

第五十七条　法制工作部门组织开展军事法规、军事规章、军事规范性文件清理汇编，应当于当年10月底前对清理工作作出安排，明确纳入本级清理范围的军事法规、军事规章、军事规范性文件目录，以及清理任务分工、步骤安排和具体要求等事项。

第五十八条　中央军委制定的军事法规、军事规范性文件，由军委机关部门、战区、军兵种按照清理任务分工，逐件提出继续有效、建议修改、应予废止的审核鉴定意见。中央军委法制工作部门对各单位的审核鉴定意见进行综合研究后，形成清理意见。对应当修改的军事法规、军事规范性文件，及时纳入中央军委年度立法计划予以安排；对应予废止的军事法规、军事规范性文件，由中央军委法制工作部门起草废止决定，报中央军委审批发布。

战区、军兵种制定的军事规章和军委机关部门、战区、军兵种制定的军事规范性文件的清理，参照前款规定执行。

第五十九条　军事法规、军事规章、军事规范性文件清理工作完成后，中央军委法制工作部门组织编辑出版中央军委制定的军事法规、军事规范性文件汇编；各单位法制工作部门分别组织编辑出版各单位制定的军事规章、军事规范性文件汇编。

第十章　适用与解释

第六十条　中央军委制定的军事法规、军事规范性文件的效力，高于战区、军兵种制定的军事规章和军委机关部门、战区、军兵种制定的军事规范性文件。

军委机关部门制定的军事规范性文件的效力，高于战区、军兵种制定的军事规章、军事规范性文件。

战区、军兵种制定的军事规章具有同等效力，战区、军兵种制定的军事规范性文件具有同等效力，分别在本战区、本军兵种范围内施行。

第六十一条　同等效力的军事规章、军事规范性文件对同一事项的规定不一致，难以确定如何适用时，由中央军委法制工作部门提出适用意见，报中央军委决定。

第六十二条　同一单位制定的军事法规、军事规章与军事规范性文件对同一事项规定不一致的，以军事法规、军事规章为准，但中央军委为推行重大改革举措先行制定的军事规范性文件除外。

第六十三条　中央军委制定的军事法规、军事规范性文件之间，同一单位制定的军事规章、军事规范性文件之间，对同一事项的特别规定与一般规定不一致的，适用特别规定；新的规定与旧的规定不一致的，适用新的规定。

第六十四条　军事法规、军事规章、军事规范性文件不溯及既往，但为更好地保护军人权益而作的特别规定除外。

第六十五条　中央军委制定的军事法规、军事规范性文件之间，对同一事项的新的一般规定与旧的特别规定不一致，难以确定如何适用时，由中央军委法制工作部门提出适用意见，报中央军委决定。

同一单位制定的军事规章、军事规范性文件之间对同一事项的新的一般规定与旧的特别规定不一致，难以确定如何适用时，由制定单位法制工作部门提出适用意见，报制定单位决定。

第六十六条　军事法规、军事规章、军事规范性文件有下列情形之一的，由制定单位解释：

（一）军事法规、军事规章、军事规范性文件的规定需要进一步明确具体含义的；

（二）制定后出现新的情况，需要进一步明确适用军事法规、军事规章、军事规范性文件依据的。

军事规章、军事规范性文件制定单位被撤销的，其原制定的军事规章、军事规范性文件的解释，由中央军委决定。

对军事法规、军事规章、军事规范性文件的解释，应当符合制定该军事法规、军事规章、军事规范性文件的原意。

第六十七条　中央军委制定的军事法规、军事规范性文件有本条例第六十六条所列情形的，由中央军委法制工作部门研究起草解释草案，报中央军委审批后，以中央军委文件或者中央军委办公厅文件印发。

战区、军兵种制定的军事规章和军委机关部门、战区、军兵种制定的军事规范性文件有本条例第六十六条所列情形的，由制定单位法制工作部门研究起草解释草案，报制定单位审批后，以制定单位文件印发，并按照本条例第七章的规定报送备案。

第六十八条　对军事法规、军事规章、军事规范性文件的解释，与被解释的军事法规、军事规章、军事规范性文件具有同等效力。

第十一章　体例规范

第六十九条　军事法规、军事规章、军事规范性文件应当结构合理，用语准确、规范、简洁，条理清晰，逻辑严密，具有可操作性。

第七十条　军事法规、军事规章通常应当包括：

（一）名称；

（二）立法目的和依据；

（三）适用范围；

（四）领导指挥体制；

（五）行为规范；

（六）奖惩规定；

（七）施行日期。

第七十一条　军事法规、军事规章的名称，应当准确反映其适用主体、规范事项和效力等级。

军事法规的名称通常称“条令”“条例”；规范事项比较单一、专业，不宜使用“条令”“条例”的，也可以称“规定”“办法”“大纲”“纲要”。军事规章的名称通常称“规定”“办法”“细则”；除规范作战行动的军事规章可以称“条令”外，军事规章不得称“条令”“条例”。

军事法规的名称中通常应当冠有“中国人民解放军”或者“军队”；军事规章的名称中应当冠有制定单位的名称。

根据暂行的上位法或者根据授权制定的军事法规、军事规章,可以在名称中注明“暂行”;需要在一定时间、一定范围内试用的军事法规、军事规章,可以在名称中注明“试行”。

第七十二条　军事法规、军事规章的内容应当分条表述。每一条可以由若干款组成,款下可以分项、目。条文较多的,根据内容需要和各项规定之间的逻辑关系,可以分编、章、节。编、章、节、条的序号用中文数字依次表述,款不编序号,项的序号用中文数字加括号依次表述,目的序号用阿拉伯数字加实心句号依次表述。

第七十三条　军事法规、军事规章的用语应当完整准确地表达立法本意,含义明确;表达同一概念应当使用同一词语;涉及法律、军事和其他专业内容的,应当使用规范的法律术语、军语和其他专业术语。对含义复杂或者涉及适用范围的重要词语,应当在条文中对其含义予以明确界定。

第七十四条　军事规范性文件的体例规范,按照军队机关公文处理的有关规定执行;采用条款格式表述的,参照本章的有关规定执行。

军事规范性文件的名称不得称“条令”“条例”。

第十二章　附　　则

第七十五条　拟定由中央军委或者国务院、中央军委提请全国人民代表大会或者全国人民代表大会常务委员会审议的法律草案的活动,拟定由国务院、中央军委联合发布或者批准发布的军事行政法规和规范性文件草案的活动,以及拟定由中央国家机关有关部门、军委机关部门联合发布的规章和规范性文件草案的活动,参照本条例的有关规定执行。

第七十六条　拟定军事条约草案的活动,参照本条例的有关规定执行;法律、法规另有规定的,从其规定。

第七十七条　中国人民武装警察部队制定、修改、废止和解释军事规章、军事规范性文件的活动,适用本条例。

中国人民武装警察部队制定的军事规章、军事规范性文件与军兵种制定的军事规章、军事规范性文件具有同等效力,其适用按照本条例有关军兵种军事规章、军事规范性文件适用的规定执行。

第七十八条　本条例自2017年5月8日起施行。2003年4月3日中央军委发布的《军事法规军事规章条例》同时废止。

专题三十四　监 察 法 规

第一百一十八条　监察法规

国家监察委员会根据宪法和法律、全国人民代表大会常务委员会的有关决定，制定监察法规，报全国人民代表大会常务委员会备案。

【条文精释】

本条是关于国家监察委员会制定监察法规的规定，是2023年修改《立法法》时新增的条文。

全国人大常委会于2019年10月26日发布《关于国家监察委员会制定监察法规的决定》，决定国家监察委员会根据宪法和法律，制定监察法规。《关于〈全国人民代表大会常务委员会关于国家监察委员会制定监察法规的决定（草案）〉的说明》中较为详尽地介绍了出台这份决定的背景：2019年8月，国家监察委员会致函全国人大常委会办公厅提出，随着国家监察体制改革不断深入，监察工作中一些深层次问题逐渐显现，监察法中一些原则性表述需要进一步具体化。为便于各级监察机关更好地执行和适用法律，国家监察委员会拟制定出台《监察法实施条例》，建议全国人大常委会修改立法法或者作出相关决定，为国家监察委员会制定监察法规提供法律依据。

该说明中也特别指出，“我国宪法规定，监察委员会的组织和职权由法律规定。对监察法规作出明确规定，较为理想的解决方式是修改立法法”，但由于当时《立法法》的修改尚未提上立法工作日程，为了“适应国家监察委员会的实际工作需要”，因此“采取由全国人大常委会作决定的方式”明确国家监察委员会可以制定监察法规。

在随后由全国人大宪法和法律委员会作出的《关于〈全国人民代表大会常务委员会关于国家监察委员会制定监察法规的决定（草案）〉审议结果的报告》，再一次提及了应当通过何种方式对国家监察委员会制定监察法规作出规定的问题。报告中提及,“有的常委委员、专委会委员提出,国家监察委员会制定监察法规,涉及立法体制,应当通过修改立法法作出规定”。宪法和法律委员会经过研究之后认为,“国家监察委员会是最高监察机关,制定监察法规是国家监察委员会履行宪法法律职责所需要的职权。我国宪法规定,监察委员会的组织和职权由法律规定。在立法法修改前,由全国人大常委会作出关于国家监察委员会制定监察法规的决定,是必要的,符合宪法和监察法的原则和精神”。与此同时,宪法和法律委员会也建议“对立法法的修改抓紧研究,对国家监察委员会制定监察法规及相关问题作出规定”。这也为2023年《立法法》修改增加有关监察法规的规定提供了直接背景。

根据全国人大常委会的上述决定,国家监察委员会已经于2021年9月通过了《监察法实施条例》。

在2023年立法法修改过程中,全国人大常委会于2022年10月公布的《立法法(修正草案)》中就已经新增了有关监察法规的规定,当时的条文表述是“国家监察委员会根据宪法、法律和全国人民代表大会常务委员会的决定,制定监察法规,报全国人民代表大会常务委员会备案”。2022年12月,全国人大常委会公布《立法法(修正草案二次审议稿)》,该条规定的表述调整为“国家监察委员会根据宪法和法律、全国人民代表大会常务委员会的决定,制定监察法规,报全国人民代表大会常务委员会备案”,这也是最终修改通过的立法法中的条文表述。从一开始的“根据宪法、法律和全国人民代表大会常务委员会的决定”,到后来的“根据宪法和法律、全国人民代表大会常务委员会的有关决定”,表明作为监察法规制定依据的“宪法”“法律”和“全国人民代表大会常务委员会的有关决定”三者之间并非简单的并列关系,而是具有一个主次顺序。国家监察委员会在制定监察法规时,应当首先根据“宪法和法律”的规定和精神来进行。

根据全国人大常委会通过的《关于国家监察委员会制定监察法规的决定》,国家监察委员会根据宪法和法律,制定监察法规。监察法规可以就下列事项作出规定:(1)为执行法律的规定需要制定监察法规的事项;(2)为履行领导地方各级监察委员会工作的职责需要制定监察法规的事项。监察法规不得与宪法、法律相抵触。监察法规应当经国家监察委员会全体会议决定,由国家监察委员会发布公告予以公布。监察法规应当在公布后的30日内报全国人大常委会备案。全国人大常委会有权撤销同宪法和法律相抵触的监察法规。

专题三十五　司 法 解 释

第一百一十九条　司法解释

最高人民法院、最高人民检察院作出的属于审判、检察工作中具体应用法律的解释,应当主要针对具体的法律条文,并符合立法的目的、原则和原意。遇有本法第四十八条第二款规定情况的,应当向全国人民代表大会常务委员会提出法律解释的要求或者提出制定、修改有关法律的议案。

最高人民法院、最高人民检察院作出的属于审判、检察工作中具体应用法律的解释,应当自公布之日起三十日内报全国人民代表大会常务委员会备案。

最高人民法院、最高人民检察院以外的审判机关和检察机关,不得作出具体应用法律的解释。

【条文精释】

司法解释是司法机关在法律具体运用的过程中对法律条文所作的解释活动。在我国,司法解释是正式解释、有权解释,对于司法机关的司法活动具有法律上的约束力。在我国,并非所有的司法机关都具有对法律的规范解释权。根据《立法法》的规定,只有最高人民法院和最高人民检察院在法律适用过程中遇到法律上的疑难问题时,能够作出适用方面的有效解释。除此之外,其他各级审判机关和检察机关都无权作出司法解释。仅赋予最高司法机关在一定范围内有权作出司法解释,有助于统一法律适用,正确适用法律,不至于造成法律适用上混乱的困境,具有现实合理性。

司法解释的形式。《立法法》确定了最高司法机关的司法解释权,那么最高人民法院和最高人民检察院主要以什么方式来发布它们所作的司法解释呢?根据《最高人民法院关于司法解释工作的若干规定》和《最高人民检察院司法解释工作规定》,对于最高人民法院的审判解释,其形式分为“解释”“规定”“批复”三种。具体而言,对于如何应用某一法律或者对某一类案件、某一类问题如何适用法律所作的规定，采用“解释”的形式。根据审判工作需要，对于审判工作提出的规范、意见，采用“规定”的形式。对于高级人民法院、解放军军事法院就审判工作中具体应用法律问题的请示所作的答复，采用“批复”的形式。对于最高人民检察院的检察解释，检察解释文件一般采用“解释”“规定”“规则”“意见”“批复”等形式。最高人民检察院的司法解释同最高人民法院的司法解释有原则性分歧的，应当协商解决。通过协商不能解决的，依法报请全国人大常委会解释或者决定。

最高司法机关取得对法律的解释权，来源于全国人大常委会的授权。1981 年 6 月 10 日五届全国人大常委会第十九次会议通过的全国人大常委会《关于加强法律解释工作的决议》对于法律解释活动进行了具体规定，主要是对规范性法律文件的解释主体作出了明确的划分，决定如下。

1. 凡关于法律、法令条文本身需要进一步明确界限或作补充规定的，由全国人大常委会进行解释或用法令加以规定。

2. 凡属于法院审判工作中具体应用法律、法令的问题，由最高人民法院进行解释。凡属于检察院检察工作中具体应用法律、法令的问题，由最高人民检察院进行解释。最高人民法院和最高人民检察院的解释如果有原则性的分歧，报请全国人大常委会解释或决定。

3. 不属于审判和检察工作中的其他法律、法令如何具体应用的问题，由国务院及主管部门进行解释。

4. 凡属于地方性法规条文本身需要进一步明确界限或作补充规定的，由制定法规的省、自治区、直辖市人民代表大会常务委员会进行解释或作出规定。凡属于地方性法规如何具体应用的问题，由省、自治区、直辖市人民政府主管部门进行解释。

以上规定对于我国规范性法律文件的解释主体作出了比较明确的划分，是我国目前所形成的以全国人大常委会的解释权为核心和主体的各机关分工配合的法律解释体制的规范性依据，对我国的法律解释工作的开展具有重要的促进作用。

1981 年通过的全国人大常委会《关于加强法律解释工作的决议》中，规定最高人民法院、最高人民检察院对审判、检察工作中具体应用法律的问题作出解释，对于指导地方各级人民法院、人民检察院正确适用法律以及统一执法尺度有重要意义。但在实践中仍存在一些需要解决的问题，主要包括以下几个方面。

第一，有的司法解释名为“解释”，但实际上是一部全面、系统的配套规定，其中有的内容在法律中没有相应条文，不存在解释的对象，使得这类“司法解释”不再是于具体案件适用法律时对法律文本的阐释说明,而变成了创设规则的“准立法”活动,从而超越了权限范围。2013 年 1 月 1 日,修改后的《民事诉讼法》正式施行,最高人民法院 2015 年发布《关于适用〈中华人民共和国民事诉讼法〉的解释》。这部号称“史上最长”的司法解释,其条文最多、篇幅最长,共计 552 条、7 万余字,而 2013 年实施的《民事诉讼法》本身不过才 284 条,很难说其是一部法律解释,还是间接的“立法活动”。而且司法机关在具体的审判和检察实践中,往往实质上依据的是最高人民法院或者最高人民检察院所作的法律解释,而不是依据相应的法律条文,从而大大削弱了法律的权威性和作为审判和检察依据的作用,不利于充分发挥法律的规范作用和树立法律权威。这种情况受到了法学界的广泛诟病。

第二,有的司法解释明显与法律规定不一致,使本应属于“具体应用法律的解释”变成了对法律的修改,损害了法律的权威。司法解释是司法机关所作的法律解释,其缺乏必要的民主性,而且宪法并未授权其可以创制规则。司法解释的法律定位是具体应用法律的解释,其基本前提和依据是既有法律的明文规定,而且只能从既有法律条文所能够承载的最大可能含义的范围内去运作,并且不得超出法律理性人的预期。可见司法解释所受到的约束是很大的,但是目前由于缺乏必要的对司法解释的监督,使得司法解释时有与基础法律规定不一致的情况,这种解释乱象严重扰乱了法律秩序的统一和法律的权威。

第三,有的司法解释不符合立法的目的、原则和原意,对法律规定作出失当的扩大或者限缩性解释,影响了法律的正确适用。法律规定是司法解释的前提和基础,因此司法解释必须符合被解释法律的立法目的、立法原则和立法愿意,否则就是脱离了基础性法律,就是对法律条文的一种背弃和偏离。扩大解释和限缩性解释是法律解释中经常使用的解释方法。法律规定出于法治稳定性的要求,一般具有一定的弹性,这为法律解释留下了必要的解释空间。但是扩大或缩小不同于类推,这种解释方法也是具有一定限度的,不能够超出最一般人的理解预期。司法解释同样具有这样的要求,并且必须在立法的目的、原则和愿意的范围内进行解释,从而使司法解释不超出法律规定的合理范围。

第四,有的地方人民法院、人民检察院也制定和发布抽象的“司法解释”,不利于执法尺度的统一。司法解释的解释权限只属于最高人民法院和最高人民检察院,其他任何审判机关和检察机关都不得行使这项权力。但是由于《立法法》修改前没有效力层级高的“法律”对此作出明确规定,从而导致某些地方人民法院、人民检察院制定在本辖区普遍适用的、涉及具体应用法律问题的“指导意见”“规定”等司法解释性质文件。例如，广西壮族自治区高级人民法院曾作出“关于处理房屋、宅基地案件贯彻执行有关政策法律若干问题的意见”，被最高人民法院以批复的形式否认其效力，并指出其中存在的多项与当时法律相违背的情况。

针对以上司法解释在实践中所出现的一些问题，《立法法》进行了比较全面的规范化处理，主要内容作如下分析。

司法解释的主体。《立法法》以法律的形式明确规定了司法解释的权力专属于最高人民法院和最高人民检察院，最高人民法院、最高人民检察院以外的审判机关和检察机关，不得作出具体应用法律的解释。这便有助于规范司法解释权的行使，形成统一的法解释秩序。

司法解释的范围。《立法法》明确规定司法解释是最高人民法院、最高人民检察院作出属于审判、检察工作中具体应用法律的解释，其范围局限于司法机关在具体适用法律过程中所遇到的法律适用问题进行确定性解释，也就是说，司法解释所要解决的问题只能是司法实践中所遇到的。而立法解释的范围是，凡关于法律、法令条文本身需要进一步明确界限或作补充规定的，由全国人大常委会进行解释或用法令加以规定，可见二者的区别。司法解释应当主要针对具体的法律条文，并符合立法的目的、原则和原意。从这点规定来看，司法解释的限度要小于立法解释，其应当严格限制在法律条文本身承受的含义的限度内，并受到立法的目的、原则和原意的限制，而不能超出立法和法律的界限。

《立法法》规定，遇有需要立法机关对法律进行解释的情形时，最高司法机关应当向全国人大常委会提出法律解释的要求或者提出制定、修改有关法律的议案。这款规定也表明了司法解释的权限不能超越立法解释，因为《立法法》规定全国人大常委会的立法解释与法律具有同等的法律效力。而司法解释的效力却依赖和从属于其所解释的法律条文，二者的地位明显不同。

司法解释的监督。司法解释的权力不是不受限制的，它也要受到其他国家机关和团体、公民的监督。《立法法》规定，最高人民法院、最高人民检察院作出的属于审判、检察工作中具体应用法律的解释，应当自公布之日起30日内报全国人大常委会备案。

专题三十六　生 效 时 间

第一百二十条　生效时间

本法自2000年7月1日起施行。

【条文精释】

本条具体规定的是法的实施施行时间，即法的生效时间。根据《立法法》第61条的规定，法律应当明确规定施行日期。从现阶段我国的立法实践来看，法律的施行时间主要有以下三种安排：一是法律条文中明确规定，从其公布之日起生效施行。例如《国家安全法》第84条规定，本法自公布之日起施行。二是法律公布后，并不立即生效施行，经过一定时期后才开始施行，法律中明确规定生效施行的日期。例如《立法法》自2000年3月15日公布，自2000年7月1日起施行，《物权法》（已废止）于2007年3月16日公布，自2007年10月1日起施行，《侵权责任法》（已废止）于2009年12月26日公布，自2010年7月1日起施行。三是规定法律公布后符合一定条件时生效。例如《会计专业职务试行条例》1986年4月10日公布，并在其第26条规定本条例自批准之日起施行。我国目前大部分法律法规的施行时间采取的是上述第二种生效方式，即在法的公布时间之后，在条文中具体规定某个日期为该法的正式施行日期。当然，一部法律具体采取何种生效方式，应当结合该法所规制的社会关系的性质以及需要进行法律调整的紧迫性程度进行综合考量。

法律的施行时间，即法律的生效时间。在法律的公布时间和实际施行时间之间，具有一定的时间差。这在我国法律的制定颁布中是一个很常见的技术安排。法律的公布时间和施行时间隔出一段时间，是具有一定现实道理的。一部新的法律出台，其规定内容往往与当前正在适用的规则有所不同。因此在法的公布时间和正式施行期间设置一定的缓冲期，有利于使旧的规则所调整的法律关系在新法生效前有充分的时间进行处理，从而保证旧法的失效时间和新法的生效时间进行有效衔接，避免新法立即生效而带来法律之间的冲突和矛盾问题,从而使得先前依据旧法所作的某些准备工作不至于因新法的立即生效而失去效力。这也是法治的权威性和相对稳定性的必然要求。否则,仅仅因为新法的颁布生效就否定依据旧法所实施的法律行为的话,那么法的权威性和稳定性便荡然无存了。另外,一部新的法律法规的出台,往往包含大量的新的规则内容,因此为了更好地适用法律和进行守法,需要一段充足的时间来对新法进行研究、学习以及宣传。只有社会各方面主体对新法有一定的了解之后,才能为以后更有效地贯彻执行新法提供夯实的社会基础。

谈到法的生效时间,避不开分析法的溯及力问题。所谓法的溯及力,又称法溯及既往的效力,即法能否对其生效以前发生的未决行为产生约束力,法的溯及力探讨的是法生效以前的发生未决行为,如果是已经按照当时的法律作出了法律处理,那么便不涉及法的溯及力的问题了。如果一部新法可以调整其生效以前的行为,那么该法就有溯及力,否则就称该法无溯及力。根据现代法治的一般要求,法不溯及既往,即不能用今天的法律去规范昨天的行为,因为这样无法给人们以心理预期,从而使其适时地调整其行为。应当说这主要是针对当新法作出不利于当事人的规定时的情形的。当新法的规定至少从形式上看是有利于当事人时,那么也可以接受法的这种溯及力,理论上称之为有利追溯原则,又称从旧兼从轻原则。例如我国《刑法》就坚持这种观点,新法原则上不具有溯及力,但是当新法的规定有利于犯罪嫌疑人或者被告人时,那么按照新法的规定去执行。《立法法》第104条也对法的溯及力问题作出了相关规定:"法律、行政法规、地方性法规、自治条例和单行条例、规章不溯及既往,但为了更好地保护公民、法人和其他组织的权利和利益而作的特别规定除外。"《立法法》以法律的名义实际上承认了有利追溯原则,我国的规范性法律文件一般也会根据实际情况在条文中对法的溯及力问题作出特别规定。

【适用指引】

我国主要法律关于施行时间的规定。

《立法法》第120条规定:"本法自2000年7月1日起施行。"

《刑法》第452条规定:"本法自1997年10月1日起施行。"

《民事诉讼法》第291条规定:"本法自公布之日起施行,《中华人民共和国民事诉讼法(试行)》同时废止。"

《行政处罚法》第86条规定:"本法自2021年7月15日起施行。"

附　　录

关于《中华人民共和国立法法(修正草案)》的说明

——2023 年 3 月 5 日在第十四届全国人民代表大会第一次会议上

第十三届全国人民代表大会常务委员会副委员长　王　晨

各位代表:

我受第十三届全国人大常委会委托,作关于《中华人民共和国立法法(修正草案)》的说明。

一、修改的必要性和重大意义

立法是国家的重要政治活动,是把党的主张和人民的意志通过法定程序转化为国家意志的过程,关系党和国家事业发展全局。立法法是规范国家立法制度和立法活动、维护社会主义法治统一的基本法律。我国现行立法法是 2000 年 3 月九届全国人大三次会议通过的,2015 年 3 月十二届全国人大三次会议作了部分修改。立法法的颁布施行,对完善立法体制机制,健全立法制度,规范立法活动,推动形成和完善以宪法为核心的中国特色社会主义法律体系,推进全面依法治国,发挥了重要作用。

党的十八大以来,以习近平同志为核心的党中央从坚持和发展中国特色社会主义的全局和战略高度,对全面依法治国作出一系列重大部署,推进一系列重大工作,取得历史性成就。习近平总书记深刻阐述全面依法治国一系列重大理论和实践问题,习近平法治思想为新时代全面依法治国、加强和改进立法工作提供了根本遵循。2019 年,党的十九届四中全会决定提出,完善立法体制机制,坚持科学立法、民主立法、依法立法,不断提高立法质量和效率。2021 年,党中央首次召开中央人大工作会议,对新时代坚持和完善人民代表大会制度、加强和改进人大工作作出全面部署,明确提出要加快完善中国特色社会主义法律体系、以良法促进发展保障善治等任务要求。2022 年 10 月，党的二十大报告对完善以宪法为核心的中国特色社会主义法律体系提出新的要求。

深入贯彻习近平新时代中国特色社会主义思想特别是习近平法治思想，践行全过程人民民主重大理念，落实党中央重大决策部署，需要认真总结新时代立法工作实践经验，适应统筹推进“五位一体”总体布局、协调推进“四个全面”战略布局新形势新要求，对立法法作出修改完善，进一步健全立法体制机制，规范立法活动，为提高立法质量和效率、加快形成完备的法律规范体系、建设中国特色社会主义法治体系、在法治轨道上全面建设社会主义现代化国家提供有力制度支撑。

（一）修改立法法是新时代加强党对立法工作的全面领导，通过法治保证党的路线方针政策和决策部署贯彻执行的必然要求

党的领导是推进全面依法治国、加快建设社会主义法治国家最根本的保证，是中国特色社会主义法治之魂。做好新时代立法工作，必须坚持党的领导这一最高政治原则。2018 年，党中央成立中央全面依法治国委员会，加强党中央对全面依法治国的集中统一领导。2019 年《中共中央关于加强党的政治建设的意见》提出，制定和修改有关法律法规要明确规定党领导相关工作的法律地位。修改立法法，突出立法坚持中国共产党领导，与时俱进完善关于坚持党和国家指导思想的表述，明确建设中国特色社会主义法治体系的战略目标，对于新时代更好推进全面依法治国，确保党的主张通过法定程序成为国家意志，从法律制度上保证党的路线方针政策和决策部署得到全面贯彻和有效执行，具有重要意义。

（二）修改立法法是新时代坚持和发展全过程人民民主，通过法治保障人民当家作主的客观要求

人民民主是社会主义的生命，是全面建设社会主义现代化国家的应有之义。全过程人民民主是社会主义民主政治的本质属性，是最广泛、最真实、最管用的民主。发展全过程人民民主，保障人民当家作主，是党中央明确提出的任务要求。立法制度和立法活动必须坚持以人民为中心，坚持人民主体地位，全面贯彻全过程人民民主重大理念和实践要求，在立法制度上作出相关安排，确保在立法活动和立法工作各个环节都能听到来自人民的声音、都能了解来自基层的情况，积极回应人民群众新要求新期待，站稳人民立场、把握人民愿望、尊重人民创造、集中人民智慧。修改立法法，明确立法坚持和发展全过程人民民主，尊重和保障人权，保障和促进社会公平正义，有利于拓展人民群众有序参与立法、表达意愿关切的途径和形式，丰富我国人民当家作主的生动实践，从制度上保证立法为了人民、依靠人民、造福人民、保护人民。

（三）修改立法法是新时代推进全面依法治国、依宪治国，建设社会主义法治国家的重要举措

全面依法治国是中国特色社会主义的本质要求和重要保障，是国家治理的一场深刻革命。党的十八大以来，以习近平同志为核心的党中央围绕保障和促进社会公平正义，坚持依法治国、依法执政、依法行政共同推进，坚持法治国家、法治政府、法治社会一体建设，推动我国社会主义法治建设发生历史性变革、取得历史性成就。立法是全面依法治国的前提和基础，是建设社会主义法治国家的首要环节。适应国家改革发展的新形势新要求，有必要认真总结新时代立法工作的实践经验，完善我国立法制度机制。修改立法法的一个重要目的，就是根据党中央全面依法治国战略部署，紧紧抓住立法这个关键环节，加强和改进新时代立法工作，完善以宪法为核心的中国特色社会主义法律体系，建设中国特色社会主义法治体系，建设社会主义法治国家。

党的十八大以来，以习近平同志为核心的党中央把全面贯彻实施宪法摆在全面依法治国的突出位置，推进宪法理论和宪法实践创新，深化了对我国宪法制度建设的规律性认识，采取一系列有力措施加强宪法实施和监督工作，取得重要成果和进展。党的二十大报告强调坚持依法治国首先要坚持依宪治国，要求加强宪法实施和监督，健全保证宪法全面实施的制度体系，更好发挥宪法在治国理政中的重要作用，维护宪法权威。立法制度是宪法的重要内容之一。宪法对立法体制、立法权限等作出基本规定，立法法以宪法为依据对立法体制、权限、程序和立法监督制度等作出系统化规定，是通过法律实施宪法有关规定的重要体现。修改立法法，总结宪法实施和监督工作的实践经验，明确合宪性审查的环节和要求，用科学有效、系统完备的制度体系保证宪法实施，有利于维护宪法权威，维护社会主义法制的统一、尊严、权威，不断提高依宪治国、依宪执政的能力和水平。

（四）修改立法法是总结新时代正确处理改革和法治关系的实践经验，更好坚持在法治下推进改革和在改革中完善法治相统一的现实需要

改革和法治相辅相成、相伴相生。习近平总书记指出“改革与法治如鸟之两翼、车之两轮”，强调“要坚持改革决策和立法决策相统一、相衔接，立法主动适应改革需要，积极发挥引导、推动、规范、保障改革的作用”。党的十八大以来，全国人大及其常委会积极适应改革开放和经济社会发展需要，坚持在法治下推进改革和在改革中完善法治相统一，加强涉及改革有关法律的立改废释工作，通过“打包”修改、作出授权决定和改革决定等方式及时为推进相关改革提供法律依据，保

障党和国家机构改革、经济社会发展各领域重大改革措施顺利实施，形成了一些行之有效的做法和经验。修改立法法，总结实践中立法主动适应改革发展需要的成功经验和有益做法，完善立法引领和推动改革创新的体制机制，有利于更好实现立法决策和改革决策相统一、相衔接，为改革发展提供法治支撑和法治保障，更好发挥法治固根本、稳预期、利长远的保障作用。

二、修改的指导思想、遵循的原则和工作过程

修改立法法，必须高举中国特色社会主义伟大旗帜，全面贯彻落实党的二十大精神，坚持以习近平新时代中国特色社会主义思想为指导，深入贯彻习近平法治思想、习近平总书记关于坚持和完善人民代表大会制度的重要思想，深刻领悟“两个确立”的决定性意义，增强“四个意识”，坚定“四个自信”，做到“两个维护”，坚定不移走中国特色社会主义法治道路，坚持党的领导、人民当家作主、依法治国有机统一，推进科学立法、民主立法、依法立法，进一步健全立法体制、完善立法程序、规范立法活动、提高立法效能，更好为全面建设社会主义现代化国家提供法治保障。

修改工作遵循的原则：一是认真贯彻落实中央人大工作会议精神和党中央重大决策部署，加强党对立法工作的全面领导，通过完善立法体制机制保障党的路线方针政策有效实施。二是坚持以人民为中心，坚持和发展全过程人民民主，充分发挥人大的民主民意表达平台载体的功能作用，健全吸纳民意、汇集民智的工作机制，不断拓展和健全人民群众有序参与立法的途径和形式。三是适应新时代新要求，总结吸收立法工作实践经验，坚持问题导向、需求导向，完善立法体制机制、明确相关工作要求。此次修改立法法是部分修改，对确有必要修改的予以修改完善；属于可改可不改的，一般不作修改。四是适应全面深化改革的需要，坚持立法和改革相辅相成、相伴而生、同步推进、内在统一，更好发挥法治固根本、稳预期、利长远的重要作用。五是遵循宪法的原则和规定，注意处理好与近年来新修改的全国人大组织法、全国人大议事规则、全国人大常委会议事规则、地方组织法等法律的关系，做好衔接，增强立法系统性、整体性、协同性、时效性。

以习近平同志为核心的党中央高度重视立法法修改工作。2022 年 9 月，习近平总书记主持召开中央政治局常委会会议，听取审议并原则同意全国人大常委会党组关于立法法修正草案有关问题的请示和汇报，为立法法修改工作提供了重要指导和遵循。

根据立法工作安排，全国人大常委会法工委于 2022 年初启动立法法修改工作，经广泛征求各方面意见和认真研究，提出了立法法修正草案。期间主要开展了以下工作：一是深入学习领会习近平法治思想和习近平总书记关于立法工作的重要论述，全面梳理党的十八大以来党中央关于加强和改进立法工作的重大决策部署和工作要求。二是认真梳理近年来全国人大代表、全国政协委员提出的有关议案、建议和提案，组织对修改立法法有关问题开展专题研究。三是多次召开座谈会，听取中央和国家有关部门、全国人大各专门委员会和常委会工作机构、地方人大以及部分专家学者的意见和建议。四是将修正草案印发中央和国家有关部门、全国人大各专门委员会和常委会工作机构、各省（自治区、直辖市）和部分设区的市的人大常委会、基层立法联系点、部分高等院校和研究机构征求意见。五是到部分地方进行专题调研，深入了解近年来地方立法工作的新实践新经验。

2022 年 10 月，十三届全国人大常委会第三十七次会议对立法法修正草案进行了初次审议。常委会组成人员普遍认为，修正草案深入贯彻落实习近平法治思想、习近平总书记关于坚持和完善人民代表大会制度的重要思想，全面贯彻党的二十大精神、中央人大工作会议精神和党中央重大决策部署，总结吸收新时代立法实践的新经验新成果，深入推进科学立法、民主立法、依法立法，完善立法的指导思想和原则，健全宪法的实施和监督制度，完善立法权限、程序和备案审查制度，有利于提高立法质量和效率，使法律体系更加科学完备、统一权威，为全面建设社会主义现代化国家提供更加坚实的法治保障。2022 年 12 月，十三届全国人大常委会第三十八次会议对立法法修正草案进行了再次审议，认为修正草案二次审议稿贯彻落实党中央重大决策部署，较好地吸收了常委会组成人员的审议意见和各方面的意见，已经趋于成熟，决定将立法法修正草案提请十四届全国人大一次会议审议。

立法法修正草案经十三届全国人大常委会两次会议审议后，先后两次在中国人大网全文公布草案征求社会公众意见。全国人大常委会办公厅将修正草案印发十四届全国人大代表，组织部署全国人大代表研读讨论并征求意见。2023 年 2 月 16 日，十三届全国人大宪法和法律委员会召开会议，根据全国人大常委会组成人员的审议意见、代表研读讨论中提出的意见和各方面的意见，对立法法修正草案作了进一步修改完善。全国人大宪法和法律委员会认为，经过全国人大常委会两次会议审议、广泛征求意见和多次修改完善，立法法修正草案充分吸收各方面的意见建议，已经比较成熟。据此，形成了提请本次会议审议的《中华人民共和国立法法（修正草案）》。

三、修正草案的主要内容

《中华人民共和国立法法（修正草案）》共 37 条，主要修改内容如下：

（一）完善立法的指导思想和原则。根据新形势新要求，对立法的指导思想和原则进行充实完善。一是贯彻落实宪法规定和党的二十大精神，根据新时代党的重大理论创新成果，对立法的指导思想与时俱进作了完善，将现行立法法第三条改为两条，明确立法应当坚持中国共产党的领导，坚持以马克思列宁主义、毛泽东思想、邓小平理论、“三个代表”重要思想、科学发展观、习近平新时代中国特色社会主义思想为指导，推进中国特色社会主义法治体系建设，保障在法治轨道上全面建设社会主义现代化国家；立法应当坚持以经济建设为中心，坚持改革开放，贯彻新发展理念，保障以中国式现代化全面推进中华民族伟大复兴。二是完善依宪立法、依法立法的原则，将现行立法法第四条修改为：立法应当符合宪法的规定、原则和精神，依照法定的权限和程序，从国家整体利益出发，维护社会主义法制的统一、尊严、权威。三是完善民主立法原则，贯彻落实党的二十大精神和全过程人民民主重大理念，在现行立法法第五条中增加一款规定：立法应当坚持和发展全过程人民民主，尊重和保障人权，保障和促进社会公平正义。四是贯彻党中央关于社会主义核心价值观融入法治建设的部署要求，增加规定：立法应当倡导和弘扬社会主义核心价值观，坚持依法治国和以德治国相结合，铸牢中华民族共同体意识，推动社会主义精神文明建设。五是明确立法决策与改革决策相衔接相统一的原则要求，增加规定：立法应当适应改革需要，坚持在法治下推进改革和在改革中完善法治相统一，引导、推动、规范、保障相关改革，发挥法治在国家治理体系和治理能力现代化中的重要作用。

（二）明确合宪性审查相关要求。根据宪法精神和党中央关于推进合宪性审查工作的部署要求，总结近年来的实践经验，一是明确法律案起草和审议过程中的合宪性审查要求，增加规定：法律草案的说明应当包括涉及合宪性问题的相关意见；对法律案中涉及的合宪性问题，宪法和法律委员会应当在修改情况的汇报或者审议结果报告中予以说明。二是明确备案审查工作中的合宪性审查要求，增加规定：有关国家机关认为行政法规、地方性法规、自治条例和单行条例存在合宪性、合法性问题的，可以向全国人大常委会书面提出进行审查的要求；对存在合宪性、合法性问题的，规定了处理的主体和程序。此外，落实 2018 年宪法修正案的有关规定和全国人大常委会有关决定，将现行立法法中的“法律委员会”修改为“宪法和法律委员会”。

（三）完善立法决策与改革决策相衔接、相统一的制度机制。贯彻党中央要求，总结实践经验，根据有关方面意见，作出如下修改完善：一是完善全国人大及其常委会专属立法权规定，将只能制定法律事项中的“仲裁制度”修改为“仲裁基本制度”。二是根据实践中成熟的经验和做法，对现行立法法第十三条关于授权决定的规定作出完善，明确全国人大及其常委会可以根据改革发展的需要，决定就“特定事项”授权在“规定期限和范围”内暂时调整或者暂时停止适用法律的部分规定；同时增加规定：暂时调整或者暂时停止适用法律的部分规定的事项，对实践证明可行的，由全国人大及其常委会及时修改有关法律；修改法律的条件尚不成熟时，可以延长授权的期限，或者恢复施行有关法律规定。三是增加规定：国务院可以根据改革发展的需要，决定就行政管理等领域的特定事项，在规定期限和范围内暂时调整或者暂时停止适用行政法规的部分规定。

（四）完善全国人大及其常委会的立法权限、立法程序和工作机制。近年来，全国人大及其常委会在加强和改进立法工作、完善立法制度机制方面有不少创新举措。总结实践经验，对全国人大及其常委会的立法权限、立法程序和工作机制作如下修改完善：一是根据实践需要，进一步明确全国人民代表大会和全国人大常委会“根据宪法规定”行使国家立法权，并增加规定：全国人民代表大会可以授权全国人大常委会制定法律。二是根据实践做法，并与修改后的全国人大议事规则相衔接，进一步明确：常委会决定提请全国人民代表大会会议审议的法律案，可以适时组织代表研读讨论，征求代表的意见。三是适应特殊情况下紧急立法的需要，增加规定：列入常委会会议议程的法律案，遇有紧急情形的，也可以经一次常委会会议审议即交付表决。四是完善法律案的终止审议程序，将现行立法法关于法律案终止审议的规定修改为：列入常委会会议审议的法律案，因各方面对制定该法律的必要性、可行性等重大问题存在较大意见分歧搁置审议满两年的，或者因暂不付表决经过两年没有再次列入常委会会议议程审议的，委员长会议可以决定终止审议，并向常委会报告；必要时，委员长会议也可以决定延期审议。五是根据实践需要，在现行立法法规定有关国家机关可以向全国人大常委会提出法律解释要求的基础上，明确国务院、中央军事委员会、国家监察委员会、最高人民法院、最高人民检察院和全国人大各专门委员会可以向全国人大常委会“提出相关法律案”。六是贯彻党中央关于推进科学立法、民主立法、依法立法，丰富立法形式，统筹立改废释纂等要求，总结实践经验，增加规定：全国人大及其常委会坚持科学立法、民主立法、依法立法，通过制定、修改、废止、解释法律和编纂法典等多种形式，增强立法的系统性、整体性、协同性、时效性；全国人大及其常委会作出有关法律问题的决定，适用本法的有关规定。七是总结实践经验，增加规定“专项立法计划”；全国人大常委会工作机构编制立法技术规范;全国人大常委会工作机构加强立法宣传工作,通过多种形式发布立法信息,介绍情况,回应关切。八是总结实践做法,明确法律签署公布后,法律文本以及发布的公告,草案的说明、审议结果报告等,应当及时在全国人大常委会公报和中国人大网以及在全国范围内发行的报纸上刊载;同时,进一步明确地方性法规公布后,法规、条例文本以及发布的公告,草案的说明、审议结果报告等也要相应公开。九是根据党中央精神和实践做法,明确基层立法联系点的地位和作用,增加规定:全国人大常委会工作机构根据实际需要设立基层立法联系点,深入听取基层群众和有关方面对法律草案和立法工作的意见。

(五)适应监察体制改革需要补充相关内容。根据宪法和监察法的规定,与全国人大组织法等有关法律、决定相衔接,对监察委员会的有关内容作了如下补充完善:一是在有关立法权限的规定中明确:监察委员会的产生、组织和职权属于只能制定法律的事项。二是在有关立法程序的规定中明确:国家监察委员会可以向全国人大及其常委会提出法律案、审查相关法规等方面的要求。三是增加规定:国家监察委员会根据宪法和法律、全国人大常委会的决定,制定监察法规,报全国人大常委会备案。

(六)完善地方性法规、规章的权限和程序。根据新情况新需要,总结实践经验,对地方性法规、规章的立法权限和程序作出修改完善:一是关于设区的市可以行使地方立法权的事项,将“环境保护”修改为“生态文明建设”,并增加规定“基层治理”。二是贯彻国家区域协调发展战略,根据地方实践经验,增加规定:省、自治区、直辖市和设区的市、自治州的人大及其常委会根据区域协调发展的需要,可以协同制定地方性法规,在本行政区域或者有关区域内实施;省、自治区、直辖市和设区的市、自治州可以建立区域协同立法工作机制。三是扩大规章的制定主体,根据有关法律规定和实践需要,在部门规章制定主体中增加规定“法律规定的机构”。

(七)完善备案审查制度。对法规、规章和其他规范性文件实行备案审查,是维护国家法治统一的一项重要制度。贯彻党中央精神,总结近年来的实践经验,进一步完善备案审查制度。一是完善主动审查制度,明确专项审查相关内容,修改现行立法法第九十九条第三款并单列一条,第一款规定:全国人大专门委员会、常委会工作机构可以对报送备案的行政法规、地方性法规、自治条例和单行条例等进行主动审查,并可以根据需要进行专项审查;增加一款,作为第二款:国务院备案审查工作机构可以对报送备案的地方性法规、自治条例和单行条例,部门规章和省、自治区、直辖市的人民政府制定的规章进行主动审查,并可以根据需要进行专项审查。二是建立健全备案审查衔接联动机制,增加规定:备案审查机关应当建立健全备案审查衔接联动机制,对应当由其他机关处理的审查要求或者审查建议,及时移送有关机关处理。三是贯彻党中央精神,总结实践做法,明确法律法规清理制度,增加规定:对法律、行政法规、地方性法规、自治条例和单行条例、规章和其他规范性文件,应当根据维护法制统一的原则和改革发展的需要进行清理。

此外,还作了一些文字表述和法律衔接方面的修改完善,并对个别条文顺序作了调整。

《中华人民共和国立法法(修正草案)》和以上说明,请审议。

《立法法》新旧条文对照表（2015—2023年）

注：条文中加灰部分为增删改内容。

2015年修正文本	2023年修正文本
中华人民共和国立法法(2015修正) （2000年3月15日第九届全国人民代表大会第三次会议通过　根据2015年3月15日第十二届全国人民代表大会第三次会议《关于修改〈中华人民共和国立法法〉的决定》修正）	**中华人民共和国立法法(2023修正)** （2000年3月15日第九届全国人民代表大会第三次会议通过　根据2015年3月15日第十二届全国人民代表大会第三次会议《关于修改〈中华人民共和国立法法〉的决定》第一次修正　根据2023年3月13日第十四届全国人民代表大会第一次会议《关于修改〈中华人民共和国立法法〉的决定》第二次修正）
第一章　总　　则	**第一章　总　　则**
第一条　为了规范立法活动，健全国家立法制度，提高立法质量，完善中国特色社会主义法律体系，发挥立法的引领和推动作用，保障和发展社会主义民主，全面推进依法治国，建设社会主义法治国家，根据宪法，制定本法。	**第一条**　为了规范立法活动，健全国家立法制度，提高立法质量，完善中国特色社会主义法律体系，发挥立法的引领和推动作用，保障和发展社会主义民主，全面推进依法治国，建设社会主义法治国家，根据宪法，制定本法。
第二条　法律、行政法规、地方性法规、自治条例和单行条例的制定、修改和废止，适用本法。 国务院部门规章和地方政府规章的制定、修改和废止，依照本法的有关规定执行。	**第二条**　法律、行政法规、地方性法规、自治条例和单行条例的制定、修改和废止，适用本法。 国务院部门规章和地方政府规章的制定、修改和废止，依照本法的有关规定执行。
第三条　立法应当遵循宪法的基本原则，以经济建设为中心，坚持社会主义道路、坚持人民民主专政、坚持中国共产党的领导、坚持马克思列宁主义毛泽东思想邓小平理论，坚持改革开放。	**第三条**　立法应当坚持中国共产党的领导，坚持以马克思列宁主义、毛泽东思想、邓小平理论、“三个代表”重要思想、科学发展观、习近平新时代中国特色社会主义思想为指导，推进中国特色社会主义法治体系建设，保障在法治轨道上全面建设社会主义现代化国家。

续表

2015 年修正文本	2023 年修正文本
第三条 立法应当遵循宪法的基本原则，以经济建设为中心，坚持社会主义道路、坚持人民民主专政、坚持中国共产党的领导、坚持马克思列宁主义毛泽东思想邓小平理论，坚持改革开放。	**第四条** 立法应当坚持以经济建设为中心，坚持改革开放，贯彻新发展理念，保障以中国式现代化全面推进中华民族伟大复兴。
第四条 立法应当依照法定的权限和程序，从国家整体利益出发，维护社会主义法制的统一和尊严。	**第五条** 立法应当符合宪法的规定、原则和精神，依照法定的权限和程序，从国家整体利益出发，维护社会主义法制的统一、尊严、权威。
第五条 立法应当体现人民的意志，发扬社会主义民主，坚持立法公开，保障人民通过多种途径参与立法活动。	**第六条** 立法应当坚持和发展全过程人民民主，尊重和保障人权，保障和促进社会公平正义。 立法应当体现人民的意志，发扬社会主义民主，坚持立法公开，保障人民通过多种途径参与立法活动。
第六条 立法应当从实际出发，适应经济社会发展和全面深化改革的要求，科学合理地规定公民、法人和其他组织的权利与义务、国家机关的权力与责任。 法律规范应当明确、具体，具有针对性和可执行性。	**第七条** 立法应当从实际出发，适应经济社会发展和全面深化改革的要求，科学合理地规定公民、法人和其他组织的权利与义务、国家机关的权力与责任。 法律规范应当明确、具体，具有针对性和可执行性。
	第八条 立法应当倡导和弘扬社会主义核心价值观，坚持依法治国和以德治国相结合，铸牢中华民族共同体意识，推动社会主义精神文明建设。
	第九条 立法应当适应改革需要，坚持在法治下推进改革和在改革中完善法治相统一，引导、推动、规范、保障相关改革，发挥法治在国家治理体系和治理能力现代化中的重要作用。
第二章　法　　律	**第二章　法　　律**
第一节　立 法 权 限	第一节　立 法 权 限
第七条 全国人民代表大会和全国人民代表大会常务委员会行使国家立法权。 全国人民代表大会制定和修改刑事、民事、国家机构的和其他的基本法律。 全国人民代表大会常务委员会制定和修改除应当由全国人民代表大会制定的法律以外的其他法律；在全国人民代表大会闭会期间，对全国人民代表大会制定的法律进行部分补充和修改，但是	**第十条** 全国人民代表大会和全国人民代表大会常务委员会根据宪法规定行使国家立法权。 全国人民代表大会制定和修改刑事、民事、国家机构的和其他的基本法律。 全国人民代表大会常务委员会制定和修改除应当由全国人民代表大会制定的法律以外的其他法律；在全国人民代表大会闭会期间，对全国人民代表大会制定的法律进行部分补充和修改，但是

续表

2015 年修正文本	2023 年修正文本
不得同该法律的基本原则相抵触。	不得同该法律的基本原则相抵触。 全国人民代表大会可以授权全国人民代表大会常务委员会制定相关法律。
第八条　下列事项只能制定法律： （一）国家主权的事项； （二）各级人民代表大会、人民政府、人民法院和人民检察院的产生、组织和职权； （三）民族区域自治制度、特别行政区制度、基层群众自治制度； （四）犯罪和刑罚； （五）对公民政治权利的剥夺、限制人身自由的强制措施和处罚； （六）税种的设立、税率的确定和税收征收管理等税收基本制度； （七）对非国有财产的征收、征用； （八）民事基本制度； （九）基本经济制度以及财政、海关、金融和外贸的基本制度； （十）诉讼和仲裁制度； （十一）必须由全国人民代表大会及其常务委员会制定法律的其他事项。	**第十一条**　下列事项只能制定法律： （一）国家主权的事项； （二）各级人民代表大会、人民政府、监察委员会、人民法院和人民检察院的产生、组织和职权； （三）民族区域自治制度、特别行政区制度、基层群众自治制度； （四）犯罪和刑罚； （五）对公民政治权利的剥夺、限制人身自由的强制措施和处罚； （六）税种的设立、税率的确定和税收征收管理等税收基本制度； （七）对非国有财产的征收、征用； （八）民事基本制度； （九）基本经济制度以及财政、海关、金融和外贸的基本制度； （十）诉讼制度和仲裁基本制度； （十一）必须由全国人民代表大会及其常务委员会制定法律的其他事项。
第九条　本法第八条规定的事项尚未制定法律的，全国人民代表大会及其常务委员会有权作出决定，授权国务院可以根据实际需要，对其中的部分事项先制定行政法规，但是有关犯罪和刑罚、对公民政治权利的剥夺和限制人身自由的强制措施和处罚、司法制度等事项除外。	**第十二条**　本法第十一条规定的事项尚未制定法律的，全国人民代表大会及其常务委员会有权作出决定，授权国务院可以根据实际需要，对其中的部分事项先制定行政法规，但是有关犯罪和刑罚、对公民政治权利的剥夺和限制人身自由的强制措施和处罚、司法制度等事项除外。
第十条　授权决定应当明确授权的目的、事项、范围、期限以及被授权机关实施授权决定应当遵循的原则等。 授权的期限不得超过五年，但是授权决定另有规定的除外。 被授权机关应当在授权期限届满的六个月以前，向授权机关报告授权决定实施的情况，并提出是否需要制定有关法律的意见；需要继续授权的，	**第十三条**　授权决定应当明确授权的目的、事项、范围、期限以及被授权机关实施授权决定应当遵循的原则等。 授权的期限不得超过五年，但是授权决定另有规定的除外。 被授权机关应当在授权期限届满的六个月以前，向授权机关报告授权决定实施的情况，并提出是否需要制定有关法律的意见；需要继续授权的，

续表

2015 年修正文本	2023 年修正文本
可以提出相关意见，由全国人民代表大会及其常务委员会决定。	可以提出相关意见，由全国人民代表大会及其常务委员会决定。
第十一条 授权立法事项，经过实践检验，制定法律的条件成熟时，由全国人民代表大会及其常务委员会及时制定法律。法律制定后，相应立法事项的授权终止。	**第十四条** 授权立法事项，经过实践检验，制定法律的条件成熟时，由全国人民代表大会及其常务委员会及时制定法律。法律制定后，相应立法事项的授权终止。
第十二条 被授权机关应当严格按照授权决定行使被授予的权力。 被授权机关不得将被授予的权力转授给其他机关。	**第十五条** 被授权机关应当严格按照授权决定行使被授予的权力。 被授权机关不得将被授予的权力转授给其他机关。
第十三条 全国人民代表大会及其常务委员会可以根据改革发展的需要，决定就行政管理等领域的特定事项授权在一定期限内在部分地方暂时调整或者暂时停止适用法律的部分规定。	**第十六条** 全国人民代表大会及其常务委员会可以根据改革发展的需要，决定就特定事项授权在规定期限和范围内暂时调整或者暂时停止适用法律的部分规定。 暂时调整或者暂时停止适用法律的部分规定的事项，实践证明可行的，由全国人民代表大会及其常务委员会及时修改有关法律；修改法律的条件尚不成熟的，可以延长授权的期限，或者恢复施行有关法律规定。
第二节　全国人民代表大会立法程序	第二节　全国人民代表大会立法程序
第十四条 全国人民代表大会主席团可以向全国人民代表大会提出法律案，由全国人民代表大会会议审议。 全国人民代表大会常务委员会、国务院、中央军事委员会、最高人民法院、最高人民检察院、全国人民代表大会各专门委员会，可以向全国人民代表大会提出法律案，由主席团决定列入会议议程。	**第十七条** 全国人民代表大会主席团可以向全国人民代表大会提出法律案，由全国人民代表大会会议审议。 全国人民代表大会常务委员会、国务院、中央军事委员会、国家监察委员会、最高人民法院、最高人民检察院、全国人民代表大会各专门委员会，可以向全国人民代表大会提出法律案，由主席团决定列入会议议程。
第十五条 一个代表团或者三十名以上的代表联名，可以向全国人民代表大会提出法律案，由主席团决定是否列入会议议程，或者先交有关的专门委员会审议、提出是否列入会议议程的意见，再决定是否列入会议议程。 专门委员会审议的时候，可以邀请提案人列席会议，发表意见。	**第十八条** 一个代表团或者三十名以上的代表联名，可以向全国人民代表大会提出法律案，由主席团决定是否列入会议议程，或者先交有关的专门委员会审议、提出是否列入会议议程的意见，再决定是否列入会议议程。 专门委员会审议的时候，可以邀请提案人列席会议，发表意见。

续表

2015 年修正文本	2023 年修正文本
第十六条　向全国人民代表大会提出的法律案，在全国人民代表大会闭会期间，可以先向常务委员会提出，经常务委员会会议依照本法第二章第三节规定的有关程序审议后，决定提请全国人民代表大会审议，由常务委员会向大会全体会议作说明，或者由提案人向大会全体会议作说明。 常务委员会依照前款规定审议法律案，应当通过多种形式征求全国人民代表大会代表的意见，并将有关情况予以反馈；专门委员会和常务委员会工作机构进行立法调研，可以邀请有关的全国人民代表大会代表参加。	**第十九条**　向全国人民代表大会提出的法律案，在全国人民代表大会闭会期间，可以先向常务委员会提出，经常务委员会会议依照本法第二章第三节规定的有关程序审议后，决定提请全国人民代表大会审议，由常务委员会向大会全体会议作说明，或者由提案人向大会全体会议作说明。 常务委员会依照前款规定审议法律案，应当通过多种形式征求全国人民代表大会代表的意见，并将有关情况予以反馈；专门委员会和常务委员会工作机构进行立法调研，可以邀请有关的全国人民代表大会代表参加。
第十七条　常务委员会决定提请全国人民代表大会会议审议的法律案，应当在会议举行的一个月前将法律草案发给代表。	**第二十条**　常务委员会决定提请全国人民代表大会会议审议的法律案，应当在会议举行的一个月前将法律草案发给代表，并可以适时组织代表研读讨论，征求代表的意见。
第十八条　列入全国人民代表大会会议议程的法律案，大会全体会议听取提案人的说明后，由各代表团进行审议。 各代表团审议法律案时，提案人应当派人听取意见，回答询问。 各代表团审议法律案时，根据代表团的要求，有关机关、组织应当派人介绍情况。	**第二十一条**　列入全国人民代表大会会议议程的法律案，大会全体会议听取提案人的说明后，由各代表团进行审议。 各代表团审议法律案时，提案人应当派人听取意见，回答询问。 各代表团审议法律案时，根据代表团的要求，有关机关、组织应当派人介绍情况。
第十九条　列入全国人民代表大会会议议程的法律案，由有关的专门委员会进行审议，向主席团提出审议意见，并印发会议。	**第二十二条**　列入全国人民代表大会会议议程的法律案，由有关的专门委员会进行审议，向主席团提出审议意见，并印发会议。
第二十条　列入全国人民代表大会会议议程的法律案，由法律委员会根据各代表团和有关的专门委员会的审议意见，对法律案进行统一审议，向主席团提出审议结果报告和法律草案修改稿，对重要的不同意见应当在审议结果报告中予以说明，经主席团会议审议通过后，印发会议。	**第二十三条**　列入全国人民代表大会会议议程的法律案，由宪法和法律委员会根据各代表团和有关的专门委员会的审议意见，对法律案进行统一审议，向主席团提出审议结果报告和法律草案修改稿，对涉及的合宪性问题以及重要的不同意见应当在审议结果报告中予以说明，经主席团会议审议通过后，印发会议。

续表

2015 年修正文本	2023 年修正文本
第二十一条 列入全国人民代表大会会议议程的法律案，必要时，主席团常务主席可以召开各代表团团长会议，就法律案中的重大问题听取各代表团的审议意见，进行讨论，并将讨论的情况和意见向主席团报告。 主席团常务主席也可以就法律案中的重大的专门性问题，召集代表团推选的有关代表进行讨论，并将讨论的情况和意见向主席团报告。	**第二十四条** 列入全国人民代表大会会议议程的法律案，必要时，主席团常务主席可以召开各代表团团长会议，就法律案中的重大问题听取各代表团的审议意见，进行讨论，并将讨论的情况和意见向主席团报告。 主席团常务主席也可以就法律案中的重大的专门性问题，召集代表团推选的有关代表进行讨论，并将讨论的情况和意见向主席团报告。
第二十二条 列入全国人民代表大会会议议程的法律案，在交付表决前，提案人要求撤回的，应当说明理由，经主席团同意，并向大会报告，对该法律案的审议即行终止。	**第二十五条** 列入全国人民代表大会会议议程的法律案，在交付表决前，提案人要求撤回的，应当说明理由，经主席团同意，并向大会报告，对该法律案的审议即行终止。
第二十三条 法律案在审议中有重大问题需要进一步研究的，经主席团提出，由大会全体会议决定，可以授权常务委员会根据代表的意见进一步审议，作出决定，并将决定情况向全国人民代表大会下次会议报告；也可以授权常务委员会根据代表的意见进一步审议，提出修改方案，提请全国人民代表大会下次会议审议决定。	**第二十六条** 法律案在审议中有重大问题需要进一步研究的，经主席团提出，由大会全体会议决定，可以授权常务委员会根据代表的意见进一步审议，作出决定，并将决定情况向全国人民代表大会下次会议报告；也可以授权常务委员会根据代表的意见进一步审议，提出修改方案，提请全国人民代表大会下次会议审议决定。
第二十四条 法律草案修改稿经各代表团审议，由法律委员会根据各代表团的审议意见进行修改，提出法律草案表决稿，由主席团提请大会全体会议表决，由全体代表的过半数通过。	**第二十七条** 法律草案修改稿经各代表团审议，由宪法和法律委员会根据各代表团的审议意见进行修改，提出法律草案表决稿，由主席团提请大会全体会议表决，由全体代表的过半数通过。
第二十五条 全国人民代表大会通过的法律由国家主席签署主席令予以公布。	**第二十八条** 全国人民代表大会通过的法律由国家主席签署主席令予以公布。
第三节 全国人民代表大会常务委员会立法程序	第三节 全国人民代表大会常务委员会立法程序
第二十六条 委员长会议可以向常务委员会提出法律案，由常务委员会会议审议。 国务院、中央军事委员会、最高人民法院、最高人民检察院、全国人民代表大会各专门委员会，可以向常务委员会提出法律案，由委员长会议决定列入常务委员会会议议程，或者先交有关的专门委员会审议、提出报告，再决定列入常务委员会会议议程。如果委员长会议认为法律案有重大问题需要进一步研究，可以建议提案人修改完善后再向常务委员会提出。	**第二十九条** 委员长会议可以向常务委员会提出法律案，由常务委员会会议审议。 国务院、中央军事委员会、国家监察委员会、最高人民法院、最高人民检察院、全国人民代表大会各专门委员会，可以向常务委员会提出法律案，由委员长会议决定列入常务委员会会议议程，或者先交有关的专门委员会审议、提出报告，再决定列入常务委员会会议议程。如果委员长会议认为法律案有重大问题需要进一步研究，可以建议提案人修改完善后再向常务委员会提出。

续表

2015 年修正文本	2023 年修正文本
第二十七条　常务委员会组成人员十人以上联名，可以向常务委员会提出法律案，由委员长会议决定是否列入常务委员会会议议程，或者先交有关的专门委员会审议、提出是否列入会议议程的意见，再决定是否列入常务委员会会议议程。不列入常务委员会会议议程的，应当向常务委员会会议报告或者向提案人说明。 专门委员会审议的时候，可以邀请提案人列席会议，发表意见。	**第三十条**　常务委员会组成人员十人以上联名，可以向常务委员会提出法律案，由委员长会议决定是否列入常务委员会会议议程，或者先交有关的专门委员会审议、提出是否列入会议议程的意见，再决定是否列入常务委员会会议议程。不列入常务委员会会议议程的，应当向常务委员会会议报告或者向提案人说明。 专门委员会审议的时候，可以邀请提案人列席会议，发表意见。
第二十八条　列入常务委员会会议议程的法律案，除特殊情况外，应当在会议举行的七日前将法律草案发给常务委员会组成人员。 常务委员会会议审议法律案时，应当邀请有关的全国人民代表大会代表列席会议。	**第三十一条**　列入常务委员会会议议程的法律案，除特殊情况外，应当在会议举行的七日前将法律草案发给常务委员会组成人员。 常务委员会会议审议法律案时，应当邀请有关的全国人民代表大会代表列席会议。
第二十九条　列入常务委员会会议议程的法律案，一般应当经三次常务委员会会议审议后再交付表决。 常务委员会会议第一次审议法律案，在全体会议上听取提案人的说明，由分组会议进行初步审议。 常务委员会会议第二次审议法律案，在全体会议上听取法律委员会关于法律草案修改情况和主要问题的汇报，由分组会议进一步审议。 常务委员会会议第三次审议法律案，在全体会议上听取法律委员会关于法律草案审议结果的报告，由分组会议对法律草案修改稿进行审议。 常务委员会审议法律案时，根据需要，可以召开联组会议或者全体会议，对法律草案中的主要问题进行讨论。	**第三十二条**　列入常务委员会会议议程的法律案，一般应当经三次常务委员会会议审议后再交付表决。 常务委员会会议第一次审议法律案，在全体会议上听取提案人的说明，由分组会议进行初步审议。 常务委员会会议第二次审议法律案，在全体会议上听取宪法和法律委员会关于法律草案修改情况和主要问题的汇报，由分组会议进一步审议。 常务委员会会议第三次审议法律案，在全体会议上听取宪法和法律委员会关于法律草案审议结果的报告，由分组会议对法律草案修改稿进行审议。 常务委员会审议法律案时，根据需要，可以召开联组会议或者全体会议，对法律草案中的主要问题进行讨论。
第三十条　列入常务委员会会议议程的法律案，各方面意见比较一致的，可以经两次常务委员会会议审议后交付表决；调整事项较为单一或者部分修改的法律案，各方面的意见比较一致的，也可以经一次常务委员会会议审议即交付表决。	**第三十三条**　列入常务委员会会议议程的法律案，各方面的意见比较一致的，可以经两次常务委员会会议审议后交付表决；调整事项较为单一或者部分修改的法律案，各方面的意见比较一致，或者遇有紧急情形的，也可以经一次常务委员会会议审议即交付表决。

续表

2015 年修正文本	2023 年修正文本
第三十一条　常务委员会分组会议审议法律案时，提案人应当派人听取意见，回答询问。 常务委员会分组会议审议法律案时，根据小组的要求，有关机关、组织应当派人介绍情况。	**第三十四条**　常务委员会分组会议审议法律案时，提案人应当派人听取意见，回答询问。 常务委员会分组会议审议法律案时，根据小组的要求，有关机关、组织应当派人介绍情况。
第三十二条　列入常务委员会会议议程的法律案，由有关的专门委员会进行审议，提出审议意见，印发常务委员会会议。 有关的专门委员会审议法律案时，可以邀请其他专门委员会的成员列席会议，发表意见。	**第三十五条**　列入常务委员会会议议程的法律案，由有关的专门委员会进行审议，提出审议意见，印发常务委员会会议。 有关的专门委员会审议法律案时，可以邀请其他专门委员会的成员列席会议，发表意见。
第三十三条　列入常务委员会会议议程的法律案，由法律委员会根据常务委员会组成人员、有关的专门委员会的审议意见和各方面提出的意见，对法律案进行统一审议，提出修改情况的汇报或者审议结果报告和法律草案修改稿，对重要的不同意见应当在汇报或者审议结果报告中予以说明。对有关的专门委员会的审议意见没有采纳的，应当向有关的专门委员会反馈。 法律委员会审议法律案时，应当邀请有关的专门委员会的成员列席会议，发表意见。	**第三十六条**　列入常务委员会会议议程的法律案，由宪法和法律委员会根据常务委员会组成人员、有关的专门委员会的审议意见和各方面提出的意见，对法律案进行统一审议，提出修改情况的汇报或者审议结果报告和法律草案修改稿，对涉及的合宪性问题以及重要的不同意见应当在修改情况的汇报或者审议结果报告中予以说明。对有关的专门委员会的审议意见没有采纳的，应当向有关的专门委员会反馈。 宪法和法律委员会审议法律案时，应当邀请有关的专门委员会的成员列席会议，发表意见。
第三十四条　专门委员会审议法律案时，应当召开全体会议审议，根据需要，可以要求有关机关、组织派有关负责人说明情况。	**第三十七条**　专门委员会审议法律案时，应当召开全体会议审议，根据需要，可以要求有关机关、组织派有关负责人说明情况。
第三十五条　专门委员会之间对法律草案的重要问题意见不一致时，应当向委员长会议报告。	**第三十八条**　专门委员会之间对法律草案的重要问题意见不一致时，应当向委员长会议报告。
第三十六条　列入常务委员会会议议程的法律案，法律委员会、有关的专门委员会和常务委员会工作机构应当听取各方面的意见。听取意见可以采取座谈会、论证会、听证会等多种形式。 法律案有关问题专业性较强，需要进行可行性评价的，应当召开论证会，听取有关专家、部门和全国人民代表大会代表等方面的意见。论证情况应当向常务委员会报告。 法律案有关问题存在重大意见分歧或者涉及利益关系重大调整，需要进行听证的，应当召开听证会，听取有关基层和群体代表、部门、人民团体、	**第三十九条**　列入常务委员会会议议程的法律案，宪法和法律委员会、有关的专门委员会和常务委员会工作机构应当听取各方面的意见。听取意见可以采取座谈会、论证会、听证会等多种形式。 法律案有关问题专业性较强，需要进行可行性评价的，应当召开论证会，听取有关专家、部门和全国人民代表大会代表等方面的意见。论证情况应当向常务委员会报告。 法律案有关问题存在重大意见分歧或者涉及利益关系重大调整，需要进行听证的，应当召开听

续表

2015 年修正文本	2023 年修正文本
专家、全国人民代表大会代表和社会有关方面的意见。听证情况应当向常务委员会报告。 　　常务委员会工作机构应当将法律草案发送相关领域的全国人民代表大会代表、地方人民代表大会常务委员会以及有关部门、组织和专家征求意见。	证会，听取有关基层和群体代表、部门、人民团体、专家、全国人民代表大会代表和社会有关方面的意见。听证情况应当向常务委员会报告。 　　常务委员会工作机构应当将法律草案发送相关领域的全国人民代表大会代表、地方人民代表大会常务委员会以及有关部门、组织和专家征求意见。
第三十七条　列入常务委员会会议议程的法律案，应当在常务委员会会议后将法律草案及其起草、修改的说明等向社会公布，征求意见，但是经委员长会议决定不公布的除外。向社会公布征求意见的时间一般不少于三十日。征求意见的情况应当向社会通报。	**第四十条**　列入常务委员会会议议程的法律案，应当在常务委员会会议后将法律草案及其起草、修改的说明等向社会公布，征求意见，但是经委员长会议决定不公布的除外。向社会公布征求意见的时间一般不少于三十日。征求意见的情况应当向社会通报。
第三十八条　列入常务委员会会议议程的法律案，常务委员会工作机构应当收集整理分组审议的意见和各方面提出的意见以及其他有关资料，分送法律委员会和有关的专门委员会，并根据需要，印发常务委员会会议。	**第四十一条**　列入常务委员会会议议程的法律案，常务委员会工作机构应当收集整理分组审议的意见和各方面提出的意见以及其他有关资料，分送宪法和法律委员会、有关的专门委员会，并根据需要，印发常务委员会会议。
第三十九条　拟提请常务委员会会议审议通过的法律案，在法律委员会提出审议结果报告前，常务委员会工作机构可以对法律草案中主要制度规范的可行性、法律出台时机、法律实施的社会效果和可能出现的问题等进行评估。评估情况由法律委员会在审议结果报告中予以说明。	**第四十二条**　拟提请常务委员会会议审议通过的法律案，在宪法和法律委员会提出审议结果报告前，常务委员会工作机构可以对法律草案中主要制度规范的可行性、法律出台时机、法律实施的社会效果和可能出现的问题等进行评估。评估情况由宪法和法律委员会在审议结果报告中予以说明。
第四十条　列入常务委员会会议议程的法律案，在交付表决前，提案人要求撤回的，应当说明理由，经委员长会议同意，并向常务委员会报告，对该法律案的审议即行终止。	**第四十三条**　列入常务委员会会议议程的法律案，在交付表决前，提案人要求撤回的，应当说明理由，经委员长会议同意，并向常务委员会报告，对该法律案的审议即行终止。
第四十一条　法律草案修改稿经常务委员会会议审议，由法律委员会根据常务委员会组成人员的审议意见进行修改，提出法律草案表决稿，由委员长会议提请常务委员会全体会议表决，由常务委员会全体组成人员的过半数通过。 　　法律草案表决稿交付常务委员会会议表决前，委员长会议根据常务委员会会议审议的情况，	**第四十四条**　法律草案修改稿经常务委员会会议审议，由宪法和法律委员会根据常务委员会组成人员的审议意见进行修改，提出法律草案表决稿，由委员长会议提请常务委员会全体会议表决，由常务委员会全体组成人员的过半数通过。 　　法律草案表决稿交付常务委员会会议表决前，委员长会议根据常务委员会会议审议的情况，

续表

2015 年修正文本	2023 年修正文本
可以决定将个别意见分歧较大的重要条款提请常务委员会会议单独表决。 单独表决的条款经常务委员会会议表决后，委员长会议根据单独表决的情况，可以决定将法律草案表决稿交付表决，也可以决定暂不付表决，交法律委员会和有关的专门委员会进一步审议。	可以决定将个别意见分歧较大的重要条款提请常务委员会会议单独表决。 单独表决的条款经常务委员会会议表决后，委员长会议根据单独表决的情况，可以决定将法律草案表决稿交付表决，也可以决定暂不付表决，交宪法和法律委员会、有关的专门委员会进一步审议。
第四十二条 列入常务委员会会议审议的法律案，因各方面对制定该法律的必要性、可行性等重大问题存在较大意见分歧搁置审议满两年的，或者因暂不付表决经过两年没有再次列入常务委员会会议议程审议的，由委员长会议向常务委员会报告，该法律案终止审议。	**第四十五条** 列入常务委员会会议审议的法律案，因各方面对制定该法律的必要性、可行性等重大问题存在较大意见分歧搁置审议满两年的，或者因暂不付表决经过两年没有再次列入常务委员会会议议程审议的，委员长会议可以决定终止审议，并向常务委员会报告；必要时，委员长会议也可以决定延期审议。
第四十三条 对多部法律中涉及同类事项的个别条款进行修改，一并提出法律案的，经委员长会议决定，可以合并表决，也可以分别表决。	**第四十六条** 对多部法律中涉及同类事项的个别条款进行修改，一并提出法律案的，经委员长会议决定，可以合并表决，也可以分别表决。
第四十四条 常务委员会通过的法律由国家主席签署主席令予以公布。	**第四十七条** 常务委员会通过的法律由国家主席签署主席令予以公布。
第四节　法律解释	第四节　法律解释
第四十五条 法律解释权属于全国人民代表大会常务委员会。 法律有以下情况之一的，由全国人民代表大会常务委员会解释： （一）法律的规定需要进一步明确具体含义的； （二）法律制定后出现新的情况，需要明确适用法律依据的。	**第四十八条** 法律解释权属于全国人民代表大会常务委员会。 法律有以下情况之一的，由全国人民代表大会常务委员会解释： （一）法律的规定需要进一步明确具体含义的； （二）法律制定后出现新的情况，需要明确适用法律依据的。
第四十六条 国务院、中央军事委员会、最高人民法院、最高人民检察院和全国人民代表大会各专门委员会以及省、自治区、直辖市的人民代表大会常务委员会可以向全国人民代表大会常务委员会提出法律解释要求。	**第四十九条** 国务院、中央军事委员会、国家监察委员会、最高人民法院、最高人民检察院、全国人民代表大会各专门委员会，可以向全国人民代表大会常务委员会提出法律解释要求或者提出相关法律案。 省、自治区、直辖市的人民代表大会常务委员会可以向全国人民代表大会常务委员会提出法律解释要求。

续表

2015 年修正文本	2023 年修正文本
第四十七条　常务委员会工作机构研究拟订法律解释草案，由委员长会议决定列入常务委员会会议议程。	**第五十条**　常务委员会工作机构研究拟订法律解释草案，由委员长会议决定列入常务委员会会议议程。
第四十八条　法律解释草案经常务委员会会议审议，由法律委员会根据常务委员会组成人员的审议意见进行审议、修改，提出法律解释草案表决稿。	**第五十一条**　法律解释草案经常务委员会会议审议，由宪法和法律委员会根据常务委员会组成人员的审议意见进行审议、修改，提出法律解释草案表决稿。
第四十九条　法律解释草案表决稿由常务委员会全体组成人员的过半数通过，由常务委员会发布公告予以公布。	**第五十二条**　法律解释草案表决稿由常务委员会全体组成人员的过半数通过，由常务委员会发布公告予以公布。
第五十条　全国人民代表大会常务委员会的法律解释同法律具有同等效力。	**第五十三条**　全国人民代表大会常务委员会的法律解释同法律具有同等效力。
第五节　其他规定	第五节　其他规定
第五十一条　全国人民代表大会及其常务委员会加强对立法工作的组织协调，发挥在立法工作中的主导作用。	**第五十四条**　全国人民代表大会及其常务委员会加强对立法工作的组织协调，发挥在立法工作中的主导作用。
	第五十五条　全国人民代表大会及其常务委员会坚持科学立法、民主立法、依法立法，通过制定、修改、废止、解释法律和编纂法典等多种形式，增强立法的系统性、整体性、协同性、时效性。
第五十二条　全国人民代表大会常务委员会通过立法规划、年度立法计划等形式，加强对立法工作的统筹安排。编制立法规划和年度立法计划，应当认真研究代表议案和建议，广泛征集意见，科学论证评估，根据经济社会发展和民主法治建设的需要，确定立法项目，提高立法的及时性、针对性和系统性。立法规划和年度立法计划由委员长会议通过并向社会公布。 全国人民代表大会常务委员会工作机构负责编制立法规划和拟订年度立法计划，并按照全国人民代表大会常务委员会的要求，督促立法规划和年度立法计划的落实。	**第五十六条**　全国人民代表大会常务委员会通过立法规划和年度立法计划、专项立法计划等形式，加强对立法工作的统筹安排。编制立法规划和立法计划，应当认真研究代表议案和建议，广泛征集意见，科学论证评估，根据经济社会发展和民主法治建设的需要，按照加强重点领域、新兴领域、涉外领域立法的要求，确定立法项目。立法规划和立法计划由委员长会议通过并向社会公布。 全国人民代表大会常务委员会工作机构负责编制立法规划、拟订立法计划，并按照全国人民代表大会常务委员会的要求，督促立法规划和立法计划的落实。

续表

2015 年修正文本	2023 年修正文本
第五十三条 全国人民代表大会有关的专门委员会、常务委员会工作机构应当提前参与有关方面的法律草案起草工作;综合性、全局性、基础性的重要法律草案,可以由有关的专门委员会或者常务委员会工作机构组织起草。 专业性较强的法律草案,可以吸收相关领域的专家参与起草工作,或者委托有关专家、教学科研单位、社会组织起草。	**第五十七条** 全国人民代表大会有关的专门委员会、常务委员会工作机构应当提前参与有关方面的法律草案起草工作;综合性、全局性、基础性的重要法律草案,可以由有关的专门委员会或者常务委员会工作机构组织起草。 专业性较强的法律草案,可以吸收相关领域的专家参与起草工作,或者委托有关专家、教学科研单位、社会组织起草。
第五十四条 提出法律案,应当同时提出法律草案文本及其说明,并提供必要的参阅资料。修改法律的,还应当提交修改前后的对照文本。法律草案的说明应当包括制定或者修改法律的必要性、可行性和主要内容,以及起草过程中对重大分歧意见的协调处理情况。	**第五十八条** 提出法律案,应当同时提出法律草案文本及其说明,并提供必要的参阅资料。修改法律的,还应当提交修改前后的对照文本。法律草案的说明应当包括制定或者修改法律的必要性、可行性和主要内容,涉及合宪性问题的相关意见以及起草过程中对重大分歧意见的协调处理情况。
第五十五条 向全国人民代表大会及其常务委员会提出的法律案,在列入会议议程前,提案人有权撤回。	**第五十九条** 向全国人民代表大会及其常务委员会提出的法律案,在列入会议议程前,提案人有权撤回。
第五十六条 交付全国人民代表大会及其常务委员会全体会议表决未获得通过的法律案,如果提案人认为必须制定该法律,可以按照法律规定的程序重新提出,由主席团、委员长会议决定是否列入会议议程;其中,未获得全国人民代表大会通过的法律案,应当提请全国人民代表大会审议决定。	**第六十条** 交付全国人民代表大会及其常务委员会全体会议表决未获得通过的法律案,如果提案人认为必须制定该法律,可以按照法律规定的程序重新提出,由主席团、委员长会议决定是否列入会议议程;其中,未获得全国人民代表大会通过的法律案,应当提请全国人民代表大会审议决定。
第五十七条 法律应当明确规定施行日期。	**第六十一条** 法律应当明确规定施行日期。
第五十八条 签署公布法律的主席令载明该法律的制定机关、通过和施行日期。 法律签署公布后,及时在全国人民代表大会常务委员会公报和中国人大网以及在全国范围内发行的报纸上刊载。 在常务委员会公报上刊登的法律文本为标准文本。	**第六十二条** 签署公布法律的主席令载明该法律的制定机关、通过和施行日期。 法律签署公布后,法律文本以及法律草案的说明、审议结果报告等,应当及时在全国人民代表大会常务委员会公报和中国人大网以及在全国范围内发行的报纸上刊载。 在常务委员会公报上刊登的法律文本为标准文本。

续表

2015 年修正文本	2023 年修正文本
第五十九条　法律的修改和废止程序，适用本章的有关规定。 法律被修改的，应当公布新的法律文本。 法律被废止的，除由其他法律规定废止该法律的以外，由国家主席签署主席令予以公布。	**第六十三条**　法律的修改和废止程序，适用本章的有关规定。 法律被修改的，应当公布新的法律文本。 法律被废止的，除由其他法律规定废止该法律的以外，由国家主席签署主席令予以公布。
第六十条　法律草案与其他法律相关规定不一致的，提案人应当予以说明并提出处理意见，必要时应当同时提出修改或者废止其他法律相关规定的议案。 法律委员会和有关的专门委员会审议法律案时，认为需要修改或者废止其他法律相关规定的，应当提出处理意见。	**第六十四条**　法律草案与其他法律相关规定不一致的，提案人应当予以说明并提出处理意见，必要时应当同时提出修改或者废止其他法律相关规定的议案。 宪法和法律委员会、有关的专门委员会审议法律案时，认为需要修改或者废止其他法律相关规定的，应当提出处理意见。
第六十一条　法律根据内容需要，可以分编、章、节、条、款、项、目。 编、章、节、条的序号用中文数字依次表述，款不编序号，项的序号用中文数字加括号依次表述，目的序号用阿拉伯数字依次表述。 法律标题的题注应当载明制定机关、通过日期。经过修改的法律，应当依次载明修改机关、修改日期。	**第六十五条**　法律根据内容需要，可以分编、章、节、条、款、项、目。 编、章、节、条的序号用中文数字依次表述，款不编序号，项的序号用中文数字加括号依次表述，目的序号用阿拉伯数字依次表述。 法律标题的题注应当载明制定机关、通过日期。经过修改的法律，应当依次载明修改机关、修改日期。 全国人民代表大会常务委员会工作机构编制立法技术规范。
第六十二条　法律规定明确要求有关国家机关对专门事项作出配套的具体规定的，有关国家机关应当自法律施行之日起一年内作出规定，法律对配套的具体规定制定期限另有规定的，从其规定。有关国家机关未能在期限内作出配套的具体规定的，应当向全国人民代表大会常务委员会说明情况。	**第六十六条**　法律规定明确要求有关国家机关对专门事项作出配套的具体规定的，有关国家机关应当自法律施行之日起一年内作出规定，法律对配套的具体规定制定期限另有规定的，从其规定。有关国家机关未能在期限内作出配套的具体规定的，应当向全国人民代表大会常务委员会说明情况。
第六十三条　全国人民代表大会有关的专门委员会、常务委员会工作机构可以组织对有关法律或者法律中有关规定进行立法后评估。评估情况应当向常务委员会报告。	**第六十七条**　全国人民代表大会有关的专门委员会、常务委员会工作机构可以组织对有关法律或者法律中有关规定进行立法后评估。评估情况应当向常务委员会报告。
	第六十八条　全国人民代表大会及其常务委员会作出有关法律问题的决定，适用本法的有关规定。

续表

2015 年修正文本	2023 年修正文本
第六十四条 全国人民代表大会常务委员会工作机构可以对有关具体问题的法律询问进行研究予以答复,并报常务委员会备案。	**第六十九条** 全国人民代表大会常务委员会工作机构可以对有关具体问题的法律询问进行研究予以答复,并报常务委员会备案。
	第七十条 全国人民代表大会常务委员会工作机构根据实际需要设立基层立法联系点,深入听取基层群众和有关方面对法律草案和立法工作的意见。
	第七十一条 全国人民代表大会常务委员会工作机构加强立法宣传工作,通过多种形式发布立法信息、介绍情况、回应关切。
第三章 行政法规	**第三章 行政法规**
第六十五条 国务院根据宪法和法律,制定行政法规。 行政法规可以就下列事项作出规定: (一)为执行法律的规定需要制定行政法规的事项; (二)宪法第八十九条规定的国务院行政管理职权的事项。 应当由全国人民代表大会及其常务委员会制定法律的事项,国务院根据全国人民代表大会及其常务委员会的授权决定先制定的行政法规,经过实践检验,制定法律的条件成熟时,国务院应当及时提请全国人民代表大会及其常务委员会制定法律。	**第七十二条** 国务院根据宪法和法律,制定行政法规。 行政法规可以就下列事项作出规定: (一)为执行法律的规定需要制定行政法规的事项; (二)宪法第八十九条规定的国务院行政管理职权的事项。 应当由全国人民代表大会及其常务委员会制定法律的事项,国务院根据全国人民代表大会及其常务委员会的授权决定先制定的行政法规,经过实践检验,制定法律的条件成熟时,国务院应当及时提请全国人民代表大会及其常务委员会制定法律。
第六十六条 国务院法制机构应当根据国家总体工作部署拟订国务院年度立法计划,报国务院审批。国务院年度立法计划中的法律项目应当与全国人民代表大会常务委员会的立法规划和年度立法计划相衔接。国务院法制机构应当及时跟踪了解国务院各部门落实立法计划的情况,加强组织协调和督促指导。 国务院有关部门认为需要制定行政法规的,应当向国务院报请立项。	**第七十三条** 国务院法制机构应当根据国家总体工作部署拟订国务院年度立法计划,报国务院审批。国务院年度立法计划中的法律项目应当与全国人民代表大会常务委员会的立法规划和立法计划相衔接。国务院法制机构应当及时跟踪了解国务院各部门落实立法计划的情况,加强组织协调和督促指导。 国务院有关部门认为需要制定行政法规的,应当向国务院报请立项。
第六十七条 行政法规由国务院有关部门或者国务院法制机构具体负责起草,重要行政管理的法律、行政法规草案由国务院法制机构组织起	**第七十四条** 行政法规由国务院有关部门或者国务院法制机构具体负责起草,重要行政管理的法律、行政法规草案由国务院法制机构组织起

续表

2015 年修正文本	2023 年修正文本
草。行政法规在起草过程中，应当广泛听取有关机关、组织、人民代表大会代表和社会公众的意见。听取意见可以采取座谈会、论证会、听证会等多种形式。 行政法规草案应当向社会公布，征求意见，但是经国务院决定不公布的除外。	草。行政法规在起草过程中，应当广泛听取有关机关、组织、人民代表大会代表和社会公众的意见。听取意见可以采取座谈会、论证会、听证会等多种形式。 行政法规草案应当向社会公布，征求意见，但是经国务院决定不公布的除外。
第六十八条　行政法规起草工作完成后，起草单位应当将草案及其说明、各方面对草案主要问题的不同意见和其他有关资料送国务院法制机构进行审查。 国务院法制机构应当向国务院提出审查报告和草案修改稿，审查报告应当对草案主要问题作出说明。	**第七十五条**　行政法规起草工作完成后，起草单位应当将草案及其说明、各方面对草案主要问题的不同意见和其他有关资料送国务院法制机构进行审查。 国务院法制机构应当向国务院提出审查报告和草案修改稿，审查报告应当对草案主要问题作出说明。
第六十九条　行政法规的决定程序依照中华人民共和国国务院组织法的有关规定办理。	**第七十六条**　行政法规的决定程序依照中华人民共和国国务院组织法的有关规定办理。
第七十条　行政法规由总理签署国务院令公布。 有关国防建设的行政法规，可以由国务院总理、中央军事委员会主席共同签署国务院、中央军事委员会令公布。	**第七十七条**　行政法规由总理签署国务院令公布。 有关国防建设的行政法规，可以由国务院总理、中央军事委员会主席共同签署国务院、中央军事委员会令公布。
第七十一条　行政法规签署公布后，及时在国务院公报和中国政府法制信息网以及在全国范围内发行的报纸上刊载。 在国务院公报上刊登的行政法规文本为标准文本。	**第七十八条**　行政法规签署公布后，及时在国务院公报和中国政府法制信息网以及在全国范围内发行的报纸上刊载。 在国务院公报上刊登的行政法规文本为标准文本。
	第七十九条　国务院可以根据改革发展的需要，决定就行政管理等领域的特定事项，在规定期限和范围内暂时调整或者暂时停止适用行政法规的部分规定。
第四章　地方性法规、自治条例和单行条例、规章	**第四章　地方性法规、自治条例和单行条例、规章**
第一节　地方性法规、自治条例和单行条例	第一节　地方性法规、自治条例和单行条例
第七十二条　省、自治区、直辖市的人民代表大会及其常务委员会根据本行政区域的具体情况和实际需要，在不同宪法、法律、行政法规相抵触的前提下，可以制定地方性法规。	**第八十条**　省、自治区、直辖市的人民代表大会及其常务委员会根据本行政区域的具体情况和实际需要，在不同宪法、法律、行政法规相抵触的前提下，可以制定地方性法规。

续表

2015 年修正文本	2023 年修正文本
设区的市的人民代表大会及其常务委员会根据本市的具体情况和实际需要，在不同宪法、法律、行政法规和本省、自治区的地方性法规相抵触的前提下，可以对城乡建设与管理、环境保护、历史文化保护等方面的事项制定地方性法规，法律对设区的市制定地方性法规的事项另有规定的，从其规定。设区的市的地方性法规须报省、自治区的人民代表大会常务委员会批准后施行。省、自治区的人民代表大会常务委员会对报请批准的地方性法规，应当对其合法性进行审查，同宪法、法律、行政法规和本省、自治区的地方性法规不抵触的，应当在四个月内予以批准。 省、自治区的人民代表大会常务委员会在对报请批准的设区的市的地方性法规进行审查时，发现其同本省、自治区的人民政府的规章相抵触的，应当作出处理决定。 除省、自治区的人民政府所在地的市，经济特区所在地的市和国务院已经批准的较大的市以外，其他设区的市开始制定地方性法规的具体步骤和时间，由省、自治区的人民代表大会常务委员会综合考虑本省、自治区所辖的设区的市的人口数量、地域面积、经济社会发展情况以及立法需求、立法能力等因素确定，并报全国人民代表大会常务委员会和国务院备案。 自治州的人民代表大会及其常务委员会可以依照本条第二款规定行使设区的市制定地方性法规的职权。自治州开始制定地方性法规的具体步骤和时间，依照前款规定确定。 省、自治区的人民政府所在地的市，经济特区所在地的市和国务院已经批准的较大的市已经制定的地方性法规，涉及本条第二款规定事项范围以外的，继续有效。	**第八十一条**　设区的市的人民代表大会及其常务委员会根据本市的具体情况和实际需要，在不同宪法、法律、行政法规和本省、自治区的地方性法规相抵触的前提下，可以对城乡建设与管理、生态文明建设、历史文化保护、基层治理等方面的事项制定地方性法规，法律对设区的市制定地方性法规的事项另有规定的，从其规定。设区的市的地方性法规须报省、自治区的人民代表大会常务委员会批准后施行。省、自治区的人民代表大会常务委员会对报请批准的地方性法规，应当对其合法性进行审查，认为同宪法、法律、行政法规和本省、自治区的地方性法规不抵触的，应当在四个月内予以批准。 省、自治区的人民代表大会常务委员会在对报请批准的设区的市的地方性法规进行审查时，发现其同本省、自治区的人民政府的规章相抵触的，应当作出处理决定。 除省、自治区的人民政府所在地的市，经济特区所在地的市和国务院已经批准的较大的市以外，其他设区的市开始制定地方性法规的具体步骤和时间，由省、自治区的人民代表大会常务委员会综合考虑本省、自治区所辖的设区的市的人口数量、地域面积、经济社会发展情况以及立法需求、立法能力等因素确定，并报全国人民代表大会常务委员会和国务院备案。 自治州的人民代表大会及其常务委员会可以依照本条第一款规定行使设区的市制定地方性法规的职权。自治州开始制定地方性法规的具体步骤和时间，依照前款规定确定。 省、自治区的人民政府所在地的市，经济特区所在地的市和国务院已经批准的较大的市已经制定的地方性法规，涉及本条第一款规定事项范围以外的，继续有效。
第七十三条　地方性法规可以就下列事项作出规定： （一）为执行法律、行政法规的规定，需要根据本行政区域的实际情况作具体规定的事项；	**第八十二条**　地方性法规可以就下列事项作出规定： （一）为执行法律、行政法规的规定，需要根据本行政区域的实际情况作具体规定的事项；

续表

2015 年修正文本	2023 年修正文本
(二)属于地方性事务需要制定地方性法规的事项。 除本法第八条规定的事项外,其他事项国家尚未制定法律或者行政法规的,省、自治区、直辖市和设区的市、自治州根据本地方的具体情况和实际需要,可以先制定地方性法规。在国家制定的法律或者行政法规生效后,地方性法规同法律或者行政法规相抵触的规定无效,制定机关应当及时予以修改或者废止。 设区的市、自治州根据本条第一款、第二款制定地方性法规,限于本法第七十二条第二款规定的事项。 制定地方性法规,对上位法已经明确规定的内容,一般不作重复性规定。	(二)属于地方性事务需要制定地方性法规的事项。 除本法第十一条规定的事项外,其他事项国家尚未制定法律或者行政法规的,省、自治区、直辖市和设区的市、自治州根据本地方的具体情况和实际需要,可以先制定地方性法规。在国家制定的法律或者行政法规生效后,地方性法规同法律或者行政法规相抵触的规定无效,制定机关应当及时予以修改或者废止。 设区的市、自治州根据本条第一款、第二款制定地方性法规,限于本法第八十一条第一款规定的事项。 制定地方性法规,对上位法已经明确规定的内容,一般不作重复性规定。
	第八十三条　省、自治区、直辖市和设区的市、自治州的人民代表大会及其常务委员会根据区域协调发展的需要,可以协同制定地方性法规,在本行政区域或者有关区域内实施。 省、自治区、直辖市和设区的市、自治州可以建立区域协同立法工作机制。
第七十四条　经济特区所在地的省、市的人民代表大会及其常务委员会根据全国人民代表大会的授权决定,制定法规,在经济特区范围内实施。	**第八十四条**　经济特区所在地的省、市的人民代表大会及其常务委员会根据全国人民代表大会的授权决定,制定法规,在经济特区范围内实施。 上海市人民代表大会及其常务委员会根据全国人民代表大会常务委员会的授权决定,制定浦东新区法规,在浦东新区实施。 海南省人民代表大会及其常务委员会根据法律规定,制定海南自由贸易港法规,在海南自由贸易港范围内实施。
第七十五条　民族自治地方的人民代表大会有权依照当地民族的政治、经济和文化的特点,制定自治条例和单行条例。自治区的自治条例和单行条例,报全国人民代表大会常务委员会批准后生效。自治州、自治县的自治条例和单行条例,报省、自治区、直辖市的人民代表大会常务委员会批准后生效。	**第八十五条**　民族自治地方的人民代表大会有权依照当地民族的政治、经济和文化的特点,制定自治条例和单行条例。自治区的自治条例和单行条例,报全国人民代表大会常务委员会批准后生效。自治州、自治县的自治条例和单行条例,报省、自治区、直辖市的人民代表大会常务委员会批准后生效。

续表

2015 年修正文本	2023 年修正文本
自治条例和单行条例可以依照当地民族的特点，对法律和行政法规的规定作出变通规定，但不得违背法律或者行政法规的基本原则，不得对宪法和民族区域自治法的规定以及其他有关法律、行政法规专门就民族自治地方所作的规定作出变通规定。	自治条例和单行条例可以依照当地民族的特点，对法律和行政法规的规定作出变通规定，但不得违背法律或者行政法规的基本原则，不得对宪法和民族区域自治法的规定以及其他有关法律、行政法规专门就民族自治地方所作的规定作出变通规定。
第七十六条 规定本行政区域特别重大事项的地方性法规，应当由人民代表大会通过。	**第八十六条** 规定本行政区域特别重大事项的地方性法规，应当由人民代表大会通过。
第七十七条 地方性法规案、自治条例和单行条例案的提出、审议和表决程序，根据中华人民共和国地方各级人民代表大会和地方各级人民政府组织法，参照本法第二章第二节、第三节、第五节的规定，由本级人民代表大会规定。 地方性法规草案由负责统一审议的机构提出审议结果的报告和草案修改稿。	**第八十七条** 地方性法规案、自治条例和单行条例案的提出、审议和表决程序，根据中华人民共和国地方各级人民代表大会和地方各级人民政府组织法，参照本法第二章第二节、第三节、第五节的规定，由本级人民代表大会规定。 地方性法规草案由负责统一审议的机构提出审议结果的报告和草案修改稿。
第七十八条 省、自治区、直辖市的人民代表大会制定的地方性法规由大会主席团发布公告予以公布。 省、自治区、直辖市的人民代表大会常务委员会制定的地方性法规由常务委员会发布公告予以公布。 设区的市、自治州的人民代表大会及其常务委员会制定的地方性法规报经批准后，由设区的市、自治州的人民代表大会常务委员会发布公告予以公布。 自治条例和单行条例报经批准后，分别由自治区、自治州、自治县的人民代表大会常务委员会发布公告予以公布。	**第八十八条** 省、自治区、直辖市的人民代表大会制定的地方性法规由大会主席团发布公告予以公布。 省、自治区、直辖市的人民代表大会常务委员会制定的地方性法规由常务委员会发布公告予以公布。 设区的市、自治州的人民代表大会及其常务委员会制定的地方性法规报经批准后，由设区的市、自治州的人民代表大会常务委员会发布公告予以公布。 自治条例和单行条例报经批准后，分别由自治区、自治州、自治县的人民代表大会常务委员会发布公告予以公布。
第七十九条 地方性法规、自治区的自治条例和单行条例公布后，及时在本级人民代表大会常务委员会公报和中国人大网、本地方人民代表大会网站以及在本行政区域范围内发行的报纸上刊载。 在常务委员会公报上刊登的地方性法规、自治条例和单行条例文本为标准文本。	**第八十九条** 地方性法规、自治条例和单行条例公布后，其文本以及草案的说明、审议结果报告等，应当及时在本级人民代表大会常务委员会公报和中国人大网、本地方人民代表大会网站以及在本行政区域范围内发行的报纸上刊载。 在常务委员会公报上刊登的地方性法规、自治条例和单行条例文本为标准文本。

续表

2015 年修正文本	2023 年修正文本
	第九十条　省、自治区、直辖市和设区的市、自治州的人民代表大会常务委员会根据实际需要设立基层立法联系点，深入听取基层群众和有关方面对地方性法规、自治条例和单行条例草案的意见。
第二节　规　　章	第二节　规　　章
第八十条　国务院各部、委员会、中国人民银行、审计署和具有行政管理职能的直属机构，可以根据法律和国务院的行政法规、决定、命令，在本部门的权限范围内，制定规章。 部门规章规定的事项应当属于执行法律或者国务院的行政法规、决定、命令的事项。没有法律或者国务院的行政法规、决定、命令的依据，部门规章不得设定减损公民、法人和其他组织权利或者增加其义务的规范，不得增加本部门的权力或者减少本部门的法定职责。	**第九十一条**　国务院各部、委员会、中国人民银行、审计署和具有行政管理职能的直属机构以及法律规定的机构，可以根据法律和国务院的行政法规、决定、命令，在本部门的权限范围内，制定规章。 部门规章规定的事项应当属于执行法律或者国务院的行政法规、决定、命令的事项。没有法律或者国务院的行政法规、决定、命令的依据，部门规章不得设定减损公民、法人和其他组织权利或者增加其义务的规范，不得增加本部门的权力或者减少本部门的法定职责。
第八十一条　涉及两个以上国务院部门职权范围的事项，应当提请国务院制定行政法规或者由国务院有关部门联合制定规章。	**第九十二条**　涉及两个以上国务院部门职权范围的事项，应当提请国务院制定行政法规或者由国务院有关部门联合制定规章。
第八十二条　省、自治区、直辖市和设区的市、自治州的人民政府，可以根据法律、行政法规和本省、自治区、直辖市的地方性法规，制定规章。 地方政府规章可以就下列事项作出规定： （一）为执行法律、行政法规、地方性法规的规定需要制定规章的事项； （二）属于本行政区域的具体行政管理事项。 设区的市、自治州的人民政府根据本条第一款、第二款制定地方政府规章，限于城乡建设与管理、环境保护、历史文化保护等方面的事项。已经制定的地方政府规章，涉及上述事项范围以外的，继续有效。 除省、自治区的人民政府所在地的市，经济特区所在地的市和国务院已经批准的较大的市以外，其他设区的市、自治州的人民政府开始制定规章的时间，与本省、自治区人民代表大会常务委员	**第九十三条**　省、自治区、直辖市和设区的市、自治州的人民政府，可以根据法律、行政法规和本省、自治区、直辖市的地方性法规，制定规章。 地方政府规章可以就下列事项作出规定： （一）为执行法律、行政法规、地方性法规的规定需要制定规章的事项； （二）属于本行政区域的具体行政管理事项。 设区的市、自治州的人民政府根据本条第一款、第二款制定地方政府规章，限于城乡建设与管理、生态文明建设、历史文化保护、基层治理等方面的事项。已经制定的地方政府规章，涉及上述事项范围以外的，继续有效。 除省、自治区的人民政府所在地的市，经济特区所在地的市和国务院已经批准的较大的市以外，其他设区的市、自治州的人民政府开始制定规章的时间，与本省、自治区人民代表大会常务委员

续表

2015 年修正文本	2023 年修正文本
会确定的本市、自治州开始制定地方性法规的时间同步。 应当制定地方性法规但条件尚不成熟的，因行政管理迫切需要，可以先制定地方政府规章。规章实施满两年需要继续实施规章所规定的行政措施的，应当提请本级人民代表大会或者其常务委员会制定地方性法规。 没有法律、行政法规、地方性法规的依据，地方政府规章不得设定减损公民、法人和其他组织权利或者增加其义务的规范。	会确定的本市、自治州开始制定地方性法规的时间同步。 应当制定地方性法规但条件尚不成熟的，因行政管理迫切需要，可以先制定地方政府规章。规章实施满两年需要继续实施规章所规定的行政措施的，应当提请本级人民代表大会或者其常务委员会制定地方性法规。 没有法律、行政法规、地方性法规的依据，地方政府规章不得设定减损公民、法人和其他组织权利或者增加其义务的规范。
第八十三条　国务院部门规章和地方政府规章的制定程序，参照本法第三章的规定，由国务院规定。	**第九十四条**　国务院部门规章和地方政府规章的制定程序，参照本法第三章的规定，由国务院规定。
第八十四条　部门规章应当经部务会议或者委员会会议决定。 地方政府规章应当经政府常务会议或者全体会议决定。	**第九十五条**　部门规章应当经部务会议或者委员会会议决定。 地方政府规章应当经政府常务会议或者全体会议决定。
第八十五条　部门规章由部门首长签署命令予以公布。 地方政府规章由省长、自治区主席、市长或者自治州州长签署命令予以公布。	**第九十六条**　部门规章由部门首长签署命令予以公布。 地方政府规章由省长、自治区主席、市长或者自治州州长签署命令予以公布。
第八十六条　部门规章签署公布后，及时在国务院公报或者部门公报和中国政府法制信息网以及在全国范围内发行的报纸上刊载。 地方政府规章签署公布后，及时在本级人民政府公报和中国政府法制信息网以及在本行政区域范围内发行的报纸上刊载。 在国务院公报或者部门公报和地方人民政府公报上刊登的规章文本为标准文本。	**第九十七条**　部门规章签署公布后，及时在国务院公报或者部门公报和中国政府法制信息网以及在全国范围内发行的报纸上刊载。 地方政府规章签署公布后，及时在本级人民政府公报和中国政府法制信息网以及在本行政区域范围内发行的报纸上刊载。 在国务院公报或者部门公报和地方人民政府公报上刊登的规章文本为标准文本。
第五章　适用与备案审查	**第五章　适用与备案审查**
第八十七条　宪法具有最高的法律效力，一切法律、行政法规、地方性法规、自治条例和单行条例、规章都不得同宪法相抵触。	**第九十八条**　宪法具有最高的法律效力，一切法律、行政法规、地方性法规、自治条例和单行条例、规章都不得同宪法相抵触。

续表

2015 年修正文本	2023 年修正文本
第八十八条　法律的效力高于行政法规、地方性法规、规章。 行政法规的效力高于地方性法规、规章。	**第九十九条**　法律的效力高于行政法规、地方性法规、规章。 行政法规的效力高于地方性法规、规章。
第八十九条　地方性法规的效力高于本级和下级地方政府规章。 省、自治区的人民政府制定的规章的效力高于本行政区域内的设区的市、自治州的人民政府制定的规章。	**第一百条**　地方性法规的效力高于本级和下级地方政府规章。 省、自治区的人民政府制定的规章的效力高于本行政区域内的设区的市、自治州的人民政府制定的规章。
第九十条　自治条例和单行条例依法对法律、行政法规、地方性法规作变通规定的，在本自治地方适用自治条例和单行条例的规定。 经济特区法规根据授权对法律、行政法规、地方性法规作变通规定的，在本经济特区适用经济特区法规的规定。	**第一百零一条**　自治条例和单行条例依法对法律、行政法规、地方性法规作变通规定的，在本自治地方适用自治条例和单行条例的规定。 经济特区法规根据授权对法律、行政法规、地方性法规作变通规定的，在本经济特区适用经济特区法规的规定。
第九十一条　部门规章之间、部门规章与地方政府规章之间具有同等效力，在各自的权限范围内施行。	**第一百零二条**　部门规章之间、部门规章与地方政府规章之间具有同等效力，在各自的权限范围内施行。
第九十二条　同一机关制定的法律、行政法规、地方性法规、自治条例和单行条例、规章，特别规定与一般规定不一致的，适用特别规定；新的规定与旧的规定不一致的，适用新的规定。	**第一百零三条**　同一机关制定的法律、行政法规、地方性法规、自治条例和单行条例、规章，特别规定与一般规定不一致的，适用特别规定；新的规定与旧的规定不一致的，适用新的规定。
第九十三条　法律、行政法规、地方性法规、自治条例和单行条例、规章不溯及既往，但为了更好地保护公民、法人和其他组织的权利和利益而作的特别规定除外。	**第一百零四条**　法律、行政法规、地方性法规、自治条例和单行条例、规章不溯及既往，但为了更好地保护公民、法人和其他组织的权利和利益而作的特别规定除外。
第九十四条　法律之间对同一事项的新的一般规定与旧的特别规定不一致，不能确定如何适用时，由全国人民代表大会常务委员会裁决。 行政法规之间对同一事项的新的一般规定与旧的特别规定不一致，不能确定如何适用时，由国务院裁决。	**第一百零五条**　法律之间对同一事项的新的一般规定与旧的特别规定不一致，不能确定如何适用时，由全国人民代表大会常务委员会裁决。 行政法规之间对同一事项的新的一般规定与旧的特别规定不一致，不能确定如何适用时，由国务院裁决。
第九十五条　地方性法规、规章之间不一致时，由有关机关依照下列规定的权限作出裁决： （一）同一机关制定的新的一般规定与旧的特别规定不一致时，由制定机关裁决；	**第一百零六条**　地方性法规、规章之间不一致时，由有关机关依照下列规定的权限作出裁决： （一）同一机关制定的新的一般规定与旧的特别规定不一致时，由制定机关裁决；

续表

2015 年修正文本	2023 年修正文本
（二）地方性法规与部门规章之间对同一事项的规定不一致，不能确定如何适用时，由国务院提出意见，国务院认为应当适用地方性法规的，应当决定在该地方适用地方性法规的规定；认为应当适用部门规章的，应当提请全国人民代表大会常务委员会裁决； （三）部门规章之间、部门规章与地方政府规章之间对同一事项的规定不一致时，由国务院裁决。 根据授权制定的法规与法律规定不一致，不能确定如何适用时，由全国人民代表大会常务委员会裁决。	（二）地方性法规与部门规章之间对同一事项的规定不一致，不能确定如何适用时，由国务院提出意见，国务院认为应当适用地方性法规的，应当决定在该地方适用地方性法规的规定；认为应当适用部门规章的，应当提请全国人民代表大会常务委员会裁决； （三）部门规章之间、部门规章与地方政府规章之间对同一事项的规定不一致时，由国务院裁决。 根据授权制定的法规与法律规定不一致，不能确定如何适用时，由全国人民代表大会常务委员会裁决。
第九十六条　法律、行政法规、地方性法规、自治条例和单行条例、规章有下列情形之一的，由有关机关依照本法第九十七条规定的权限予以改变或者撤销： （一）超越权限的； （二）下位法违反上位法规定的； （三）规章之间对同一事项的规定不一致，经裁决应当改变或者撤销一方的规定的； （四）规章的规定被认为不适当，应当予以改变或者撤销的； （五）违背法定程序的。	**第一百零七条**　法律、行政法规、地方性法规、自治条例和单行条例、规章有下列情形之一的，由有关机关依照本法第一百零八条规定的权限予以改变或者撤销： （一）超越权限的； （二）下位法违反上位法规定的； （三）规章之间对同一事项的规定不一致，经裁决应当改变或者撤销一方的规定的； （四）规章的规定被认为不适当，应当予以改变或者撤销的； （五）违背法定程序的。
第九十七条　改变或者撤销法律、行政法规、地方性法规、自治条例和单行条例、规章的权限是： （一）全国人民代表大会有权改变或者撤销它的常务委员会制定的不适当的法律，有权撤销全国人民代表大会常务委员会批准的违背宪法和本法第七十五条第二款规定的自治条例和单行条例； （二）全国人民代表大会常务委员会有权撤销同宪法和法律相抵触的行政法规，有权撤销同宪法、法律和行政法规相抵触的地方性法规，有权撤销省、自治区、直辖市的人民代表大会常务委员会批准的违背宪法和本法第七十五条第二款规定的自治条例和单行条例；	**第一百零八条**　改变或者撤销法律、行政法规、地方性法规、自治条例和单行条例、规章的权限是： （一）全国人民代表大会有权改变或者撤销它的常务委员会制定的不适当的法律，有权撤销全国人民代表大会常务委员会批准的违背宪法和本法第八十五条第二款规定的自治条例和单行条例； （二）全国人民代表大会常务委员会有权撤销同宪法和法律相抵触的行政法规，有权撤销同宪法、法律和行政法规相抵触的地方性法规，有权撤销省、自治区、直辖市的人民代表大会常务委员会批准的违背宪法和本法第八十五条第二款规定的自治条例和单行条例；

续表

2015 年修正文本	2023 年修正文本
（三）国务院有权改变或者撤销不适当的部门规章和地方政府规章； （四）省、自治区、直辖市的人民代表大会有权改变或者撤销它的常务委员会制定的和批准的不适当的地方性法规； （五）地方人民代表大会常务委员会有权撤销本级人民政府制定的不适当的规章； （六）省、自治区的人民政府有权改变或者撤销下一级人民政府制定的不适当的规章； （七）授权机关有权撤销被授权机关制定的超越授权范围或者违背授权目的的法规，必要时可以撤销授权。	（三）国务院有权改变或者撤销不适当的部门规章和地方政府规章； （四）省、自治区、直辖市的人民代表大会有权改变或者撤销它的常务委员会制定的和批准的不适当的地方性法规； （五）地方人民代表大会常务委员会有权撤销本级人民政府制定的不适当的规章； （六）省、自治区的人民政府有权改变或者撤销下一级人民政府制定的不适当的规章； （七）授权机关有权撤销被授权机关制定的超越授权范围或者违背授权目的的法规，必要时可以撤销授权。
第九十八条　行政法规、地方性法规、自治条例和单行条例、规章应当在公布后的三十日内依照下列规定报有关机关备案： （一）行政法规报全国人民代表大会常务委员会备案； （二）省、自治区、直辖市的人民代表大会及其常务委员会制定的地方性法规，报全国人民代表大会常务委员会和国务院备案；设区的市、自治州的人民代表大会及其常务委员会制定的地方性法规，由省、自治区的人民代表大会常务委员会报全国人民代表大会常务委员会和国务院备案； （三）自治州、自治县的人民代表大会制定的自治条例和单行条例，由省、自治区、直辖市的人民代表大会常务委员会报全国人民代表大会常务委员会和国务院备案；自治条例、单行条例报送备案时，应当说明对法律、行政法规、地方性法规作出变通的情况； （四）部门规章和地方政府规章报国务院备案；地方政府规章应当同时报本级人民代表大会常务委员会备案；设区的市、自治州的人民政府制定的规章应当同时报省、自治区的人民代表大会常务委员会和人民政府备案； （五）根据授权制定的法规应当报授权决定规定的机关备案；经济特区法规报送备案时，应当说明对法律、行政法规、地方性法规作出变通的情况。	**第一百零九条**　行政法规、地方性法规、自治条例和单行条例、规章应当在公布后的三十日内依照下列规定报有关机关备案： （一）行政法规报全国人民代表大会常务委员会备案； （二）省、自治区、直辖市的人民代表大会及其常务委员会制定的地方性法规，报全国人民代表大会常务委员会和国务院备案；设区的市、自治州的人民代表大会及其常务委员会制定的地方性法规，由省、自治区的人民代表大会常务委员会报全国人民代表大会常务委员会和国务院备案； （三）自治州、自治县的人民代表大会制定的自治条例和单行条例，由省、自治区、直辖市的人民代表大会常务委员会报全国人民代表大会常务委员会和国务院备案；自治条例、单行条例报送备案时，应当说明对法律、行政法规、地方性法规作出变通的情况； （四）部门规章和地方政府规章报国务院备案；地方政府规章应当同时报本级人民代表大会常务委员会备案；设区的市、自治州的人民政府制定的规章应当同时报省、自治区的人民代表大会常务委员会和人民政府备案； （五）根据授权制定的法规应当报授权决定规定的机关备案；经济特区法规、浦东新区法规、海南自由贸易港法规报送备案时，应当说明变通的情况。

续表

2015 年修正文本	2023 年修正文本
第九十九条 国务院、中央军事委员会、最高人民法院、最高人民检察院和各省、自治区、直辖市的人民代表大会常务委员会认为行政法规、地方性法规、自治条例和单行条例同宪法或者法律相抵触的，可以向全国人民代表大会常务委员会书面提出进行审查的要求，由常务委员会工作机构分送有关的专门委员会进行审查、提出意见。 前款规定以外的其他国家机关和社会团体、企业事业组织以及公民认为行政法规、地方性法规、自治条例和单行条例同宪法或者法律相抵触的，可以向全国人民代表大会常务委员会书面提出进行审查的建议，由常务委员会工作机构进行研究，必要时，送有关的专门委员会进行审查、提出意见。 有关的专门委员会和常务委员会工作机构可以对报送备案的规范性文件进行主动审查。	**第一百一十条** 国务院、中央军事委员会、国家监察委员会、最高人民法院、最高人民检察院和各省、自治区、直辖市的人民代表大会常务委员会认为行政法规、地方性法规、自治条例和单行条例同宪法或者法律相抵触，或者存在合宪性、合法性问题的，可以向全国人民代表大会常务委员会书面提出进行审查的要求，由全国人民代表大会有关的专门委员会和常务委员会工作机构进行审查、提出意见。 前款规定以外的其他国家机关和社会团体、企业事业组织以及公民认为行政法规、地方性法规、自治条例和单行条例同宪法或者法律相抵触的，可以向全国人民代表大会常务委员会书面提出进行审查的建议，由常务委员会工作机构进行审查；必要时，送有关的专门委员会进行审查、提出意见。 **第一百一十一条** 全国人民代表大会专门委员会、常务委员会工作机构可以对报送备案的行政法规、地方性法规、自治条例和单行条例等进行主动审查，并可以根据需要进行专项审查。 国务院备案审查工作机构可以对报送备案的地方性法规、自治条例和单行条例，部门规章和省、自治区、直辖市的人民政府制定的规章进行主动审查，并可以根据需要进行专项审查。
第一百条 全国人民代表大会专门委员会、常务委员会工作机构在审查、研究中认为行政法规、地方性法规、自治条例和单行条例同宪法或者法律相抵触的，可以向制定机关提出书面审查意见、研究意见；也可以由法律委员会与有关的专门委员会、常务委员会工作机构召开联合审查会议，要求制定机关到会说明情况，再向制定机关提出书面审查意见。制定机关应当在两个月内研究提出是否修改的意见，并向全国人民代表大会法律委员会和有关的专门委员会或者常务委员会工作机构反馈。 全国人民代表大会法律委员会、有关的专门委员会、常务委员会工作机构根据前款规定，向制	**第一百一十二条** 全国人民代表大会专门委员会、常务委员会工作机构在审查中认为行政法规、地方性法规、自治条例和单行条例同宪法或者法律相抵触，或者存在合宪性、合法性问题的，可以向制定机关提出书面审查意见；也可以由宪法和法律委员会与有关的专门委员会、常务委员会工作机构召开联合审查会议，要求制定机关到会说明情况，再向制定机关提出书面审查意见。制定机关应当在两个月内研究提出是否修改或者废止的意见，并向全国人民代表大会宪法和法律委员会、有关的专门委员会或者常务委员会工作机构反馈。 全国人民代表大会宪法和法律委员会、有关

续表

2015年修正文本	2023年修正文本
定机关提出审查意见、研究意见，制定机关按照所提意见对行政法规、地方性法规、自治条例和单行条例进行修改或者废止的，审查终止。 全国人民代表大会法律委员会、有关的专门委员会、常务委员会工作机构经审查、研究认为行政法规、地方性法规、自治条例和单行条例同宪法或者法律相抵触而制定机关不予修改的，应当向委员长会议提出予以撤销的议案、建议，由委员长会议决定提请常务委员会会议审议决定。	的专门委员会、常务委员会工作机构根据前款规定，向制定机关提出审查意见，制定机关按照所提意见对行政法规、地方性法规、自治条例和单行条例进行修改或者废止的，审查终止。 全国人民代表大会宪法和法律委员会、有关的专门委员会、常务委员会工作机构经审查认为行政法规、地方性法规、自治条例和单行条例同宪法或者法律相抵触，或者存在合宪性、合法性问题需要修改或者废止，而制定机关不予修改或者废止的，应当向委员长会议提出予以撤销的议案、建议，由委员长会议决定提请常务委员会会议审议决定。
第一百零一条　全国人民代表大会有关的专门委员会和常务委员会工作机构应当按照规定要求，将审查、研究情况向提出审查建议的国家机关、社会团体、企业事业组织以及公民反馈，并可以向社会公开。	**第一百一十三条**　全国人民代表大会有关的专门委员会、常务委员会工作机构应当按照规定要求，将审查情况向提出审查建议的国家机关、社会团体、企业事业组织以及公民反馈，并可以向社会公开。
第一百零二条　其他接受备案的机关对报送备案的地方性法规、自治条例和单行条例、规章的审查程序，按照维护法制统一的原则，由接受备案的机关规定。	**第一百一十四条**　其他接受备案的机关对报送备案的地方性法规、自治条例和单行条例、规章的审查程序，按照维护法制统一的原则，由接受备案的机关规定。
	第一百一十五条　备案审查机关应当建立健全备案审查衔接联动机制，对应当由其他机关处理的审查要求或者审查建议，及时移送有关机关处理。
	第一百一十六条　对法律、行政法规、地方性法规、自治条例和单行条例、规章和其他规范性文件，制定机关根据维护法制统一的原则和改革发展的需要进行清理。
第六章　附　　则	**第六章　附　　则**
第一百零三条　中央军事委员会根据宪法和法律，制定军事法规。 中央军事委员会各总部、军兵种、军区、中国人民武装警察部队，可以根据法律和中央军事委员会的军事法规、决定、命令，在其权限范围内，制定军事规章。	**第一百一十七条**　中央军事委员会根据宪法和法律，制定军事法规。 中国人民解放军各战区、军兵种和中国人民武装警察部队，可以根据法律和中央军事委员会的军事法规、决定、命令，在其权限范围内，制定军事规章。

续表

2015 年修正文本	2023 年修正文本
军事法规、军事规章在武装力量内部实施。 军事法规、军事规章的制定、修改和废止办法，由中央军事委员会依照本法规定的原则规定。	军事法规、军事规章在武装力量内部实施。 军事法规、军事规章的制定、修改和废止办法，由中央军事委员会依照本法规定的原则规定。
	第一百一十八条 国家监察委员会根据宪法和法律、全国人民代表大会常务委员会的有关决定，制定监察法规，报全国人民代表大会常务委员会备案。
第一百零四条 最高人民法院、最高人民检察院作出的属于审判、检察工作中具体应用法律的解释，应当主要针对具体的法律条文，并符合立法的目的、原则和原意。遇有本法第四十五条第二款规定情况的，应当向全国人民代表大会常务委员会提出法律解释的要求或者提出制定、修改有关法律的议案。 最高人民法院、最高人民检察院作出的属于审判、检察工作中具体应用法律的解释，应当自公布之日起三十日内报全国人民代表大会常务委员会备案。 最高人民法院、最高人民检察院以外的审判机关和检察机关，不得作出具体应用法律的解释。	**第一百一十九条** 最高人民法院、最高人民检察院作出的属于审判、检察工作中具体应用法律的解释，应当主要针对具体的法律条文，并符合立法的目的、原则和原意。遇有本法第四十八条第二款规定情况的，应当向全国人民代表大会常务委员会提出法律解释的要求或者提出制定、修改有关法律的议案。 最高人民法院、最高人民检察院作出的属于审判、检察工作中具体应用法律的解释，应当自公布之日起三十日内报全国人民代表大会常务委员会备案。 最高人民法院、最高人民检察院以外的审判机关和检察机关，不得作出具体应用法律的解释。
第一百零五条 本法自 2000 年 7 月 1 日起施行。	**第一百二十条** 本法自 2000 年 7 月 1 日起施行。